财政部“十三五”规划教材

高等学校经济管理类课程“十三五”系列教材

U0791445

财务会计

（第七版）

盖地 ◎主编

Financial Accounting

(Seventh Edition)

中国财经出版传媒集团

经济科学出版社

Economic Science Press

图书在版编目（CIP）数据

财务会计／盖地主编．—7版．—北京：经济科学出版社，2018.8（2023.1重印）
ISBN 978－7－5141－9552－1

Ⅰ.①财…　Ⅱ.①盖…　Ⅲ.①财务会计－教材
Ⅳ.①F234.4

中国版本图书馆CIP数据核字（2018）第161665号

责任编辑：齐伟娜　侯加恒　赵　蕾
责任校对：王苗苗　刘　昕
责任印制：李　鹏

财务会计（第七版）
盖　地　主编
经济科学出版社出版、发行　新华书店经销
社址：北京市海淀区阜成路甲28号　邮编：100142
总编部电话：010－88191217　发行部电话：010－88191540
网址：www.esp.com.cn
电子邮件：esp@esp.com.cn
天猫网店：经济科学出版社旗舰店
网址：http://jjkxcbs.tmall.com
北京季蜂印刷有限公司印装
787×1092　16开　26.25印张　620000字
2018年8月第7版　2023年1月第4次印刷
ISBN 978－7－5141－9552－1　定价：68.00元

编　写（按姓氏笔画为序）

毕晓方　吕志明

孟　茜　盖　地

前 言（第七版）

本书自2002年出版以来，迄今已有10余年。期间，我国的财务会计经历了由《企业会计制度》《小企业会计制度》到《企业会计准则》《小企业会计准则》的沿革过程。目前，我国财务会计已真正过渡到以会计准则为规范的历史时期。

2010年4月2日，财政部发布了《中国企业会计准则与国际财务报告准则持续趋同路线图》。根据《路线图》的规划，计划用1~2年的时间与IASB同步修订或制定我国会计准则，于2011年底前完成现行企业会计准则的修订与完善工作。但现实是该“规划”未能如期实现，因为会计准则的国际趋同过程也是国家（地区）之间的利益博弈过程。君不见，IASB与FASB于2010年9月发布合作研究成果——财务报告概念框架中的“通用财务报告目标”和“有用财务信息质量特征”之后，迄今未见概念框架的后续合作研究成果。IASB于2012年重启了概念框架项目，2013年5月发布了讨论稿《财务报告概念框架审议》，在反馈意见的基础上，2015年5月28日发布了《财务报告概念框架（征求意见稿）》，它比现行概念框架更加完整，阐明了现行概念框架中包含或不够详尽的内容，如计量、财务业绩（包括其他综合收益的使用）、列报与披露、终止确认、报告主体等，明确了满足财务报告目标所需的信息，解释了审慎性和实质重于形式在财务报告中的作用，明确了计量上的高度不确定性可能使财务信息相关性降低，提供了对资产和负债更为清晰的定义，明确了可能性在资产和负债定义中的作用等。但在学术界，“财务报告概念框架”现在是，而且未来仍将是值得探讨的会计基本理论。以“概念框架”为制定基础的会计准则，是财务会计实务的规范标准和处理依据，也是财务会计理论研究的重要内容。

本书以我国现行企业会计准则为规范标准和处理依据，以会计基本假设为前提，阐述企业日常会计事项的确认、计量、记录和报告等，属于中级财务会计范畴。

财务会计虽然也要处理涉税事项，但它是以会计准则为处理依据，是为了提供符合会计信息质量要求的财务报表（报告）。凡是以税收法规为确认计量依据的交易事项，属于税务会计范畴，本书不予阐述，仅在有关涉税会计分录中列示其确认计量结果，体现其与财务会计的“混合”。

从2012年起，财政部着手启动企业会计准则的修订工作。2014年，财政部对《基本准则》进行了局部修订，并发布了修订后企业会计准则第2、9、30、33号和新制定的企业会计准则第39、40、41号；2017年发布了修订后的企业会计准则第14、16、22、23、24、37号和新制定的企业会计准则第42号；2018年发布了修订后的企业会计准则第21号，2019年发布了修订后的企业会计准则第7、12号。在此期间，陆续发布了企业会计准则解释第1～13号及相关会计制度、办法等。对此，在本书中尽可能予以体现并将全书章节结构做了较大调整，对有关内容也做了较多更新。

本次再版，作者分工如下（按“章”的顺序）：

盖地教授撰写第一章，毕晓方教授撰写第二、四、八、十一章，吕志明副教授撰写第三、五、十二至十五章，孟茜副教授撰写第六、七、九、十章。

本次重印，根据近期颁布或修订的相关会计法规制度，各位作者对有关部分进行了修改（吕志明老师还承担了对第二、四、八、十一章的修改）。

我们力求随着我国会计制度建设的变化而变化，随着作者的不断学习和认知的不断深化而逐步进行结构调整和内容更新。即便如此，但限于水平，书中不尽人意之处仍不可免，竭诚欢迎广大读者不吝指正。

对曾经为天津财经大学会计学科做出奠基性贡献的李宝震教授、管锦康教授，我们永远感念；对此前曾经参加过本书撰写的各位老师深表谢忱。

感谢财政部会计司张娟博士、冷冰博士给我们提供相关材料和信息。感谢本书的前任责编侯加恒老师、侯晓霞老师，感谢本书的现任责编齐伟娜老师、赵蕾老师，感谢广大读者对本书的厚爱！

编著者

2019年12月

前言（第一版）

本书是天津市教委批准的“天津市普通高等学校‘十五’期间重点教材”的立项项目。采用市场经济运行机制的国家，有两个职业（专业）是必不可少的：一个是律师（法律），一个是会计，它们支撑着社会、经济的运行秩序（或“游戏规则”）。而作为会计家族的核心成员、传统会计的主要继承者——财务会计，因为要向广大投资者（股东）、债权人、政府等提供财务会计信息，当然更要讲究秩序和规则（规范）。本书是在天津财经学院原《中级财务会计》（经济科学出版社，1997 年版）、《财务会计学》（南开大学出版社，1999 年版）的基础上，以 2000 年 7 月 1 日实施的新修订的《中华人民共和国会计法》、当年 6 月 21 日国务院颁布的《企业财务会计报告条例》和年底财政部颁布的《企业会计制度》，以及财政部陆续发布和修订的具体会计准则为主要法规依据，借鉴国外和国内兄弟院校同类教材，比较完整、系统地阐明资产、负债、所有者权益、收入、费用和利润等财务会计要素的确认、计量、记录和报告。美国会计教育改革委员会在《会计教育的目标》中指出：“学校会计教育的目的不在于训练学生在毕业时即成为一名专业人员，而在于培养他们未来成为一个专业人员应有的素质”。为加强会计专业的素质教育，书中适当介绍了一些不同观点和做法，并在各章中设计了“案例”，以培养学生分析问题和解决问题的能力。

本课程的前导课程是会计原理，后续课程是税务会计（涉税事项的会计调整和处理，在财务会计中尽可能回避，在税务会计中系统阐述）、管理会计、成本会计、财务管理、会计信息系统、审计、高级财务会计等。本书保持了体系的完整性、结构的合理性、内容的创新性和作为教材的配套性（除本书各栏目之外，还有财务会计实验教材及相关辅助资料）。

本书是会计学（含审计）专业、财务管理专业的专业教材，此外也可作为工商管理类学科的其他专业、经济类、法学类、理学类学科的专业教材或辅助教材。除了主要用于普通高校本科生外，也可以作为其他层次、其他形式的会计知识教育和培训的参考用书。学习本书，不仅希望读者能够掌握财务会计的理论、方法和技能，还希望逐步形成会计人的思维方式和思维逻辑；不论现在和将来，不论从事何种职业、担任何种职务，能够用会计人的眼光、从会计的角度去看社会、看人生。

本书的参编教师（按“章”的顺序）是：盖地（第一、十章）、王维雄（第二、三章）、袁世彤（第四章）、于德惠（第五、六章）、赵颖（第七章）、孟茜（第八章）、王晓炜（第九章）、赵书和（第十一、十三章、附录中的“总习题及参考答案”）、张翠荷（第十二章）。盖地、赵书和为本书主编，负责教材编写大纲的拟订和对全书书稿修改、总纂。囿于作者的水平，书中缺憾，诚望广大读者不吝赐教。

编著者

2002年10月

目录

第一章

财务会计基本理论

【学习目标】

通过本章的学习，理解并掌握财务会计目标、基本假设、信息质量特征、会计要素及其基本特征、财务会计确认计量的基本含义和原则、计量属性等，为后续的学习奠定坚实的理论基础；了解财务会计定义、财务会计分类，财务会计概念框架及其作用。

第一节　财务会计及其概念框架

一、财务会计的基本认知

在我国会计实务中，财务会计俗称会计、企业会计、会计核算等；但从理论上讲，它们之间是不能等同的。企业会计应该包括财务会计、管理会计、税务会计等专业会计，“财务会计、管理会计和税务会计这三个术语通常被用来描述企业界广泛使用的三种会计信息。”[①] 三种会计信息共同构成了完整的企业会计信息体系。财务会计还要承担一定的财务责任，即对社会的重要性，如其中的养老金会计、衍生金融工具会计等。

财务会计之所以从传统会计中分离出来，主要原因是企业会计的外部环境发生了变化，尤其是商品经济的高度发展，使企业的经营权与所有权逐渐分离，在企业外部形成了直接和间接的利益相关者。他们不直接参与企业的经营管理，但都是企业会计信息的外部使用者。这些外部使用者要想了解企业的财务状况和经营成果等，只能从企业定期递送或公布的财务会计报告中取得。出于自身利益的需要，经营管理当局可能有意歪曲或不愿意披露足够翔实的会计信息；即使不是有目的地这样做，也可能因为运用了不恰当的会计政策而不能提供符合相关性要求的会计信息；再者，那些会计信息的外部使用者，基于不同的需求，他们对财务会计报告中所揭示信息的具体要求也

① ［美］简·R. 威廉姆斯等：《会计学：企业决策的基础（财务会计分册）》（英文版·原书第 17 版，赵银德译注），机械工业出版社 2017 年版。

不一样，投资者要求财务报告侧重反映企业的获利能力，而债权人则要求财务报告侧重反映企业的偿债能力……目的不同，要求各异，不一而足。但财务会计不可能因人而异，提供多种、多套财务会计报告，应以较为统一的会计政策和方法，提供统一的财务会计报告，以满足主要使用者的决策需要为目标。这就需要公认权威部门制定和颁布统一的会计准则，财务会计应按会计准则的要求处理会计数据，提供财务会计报告。为了监督企业提供的财务会计报告的真实性和可靠性，财务会计报告一般要经过注册会计师审计。随着会计准则（制度）的建立健全以及注册会计师审计制度的逐步完善，又会推动财务会计的不断发展和进一步规范。

何谓财务会计，其定义（概念）与会计定义（概念）同样是言人人殊。1970 年，美国注册会计师协会所属会计原则委员会（APB）发表的第 4 号说明书："财务会计是会计的一个分支，它着眼于有关财务状况与经营成果的通用报告，即财务报表"。"财务报表是一种媒介，财务会计通过它将积累和处理的信息，按期传递给使用者。借助财务会计程序，一个企业经济活动错综复杂的业务，便可据此积累、分析、定量、分类、汇总并报告两种基本类型的信息：（1）与某一时点有关的财务信息；（2）与一定期间有关的财务状况的变动。"

1980 年，芬恩（Finney）与米勒（Miller）在其《会计原理——导论》一书中写道：凡有助于提供给投资人、债权人、政府机构或其他外部组织信息的对外报告，称为财务会计。

凯索（Kieso）、威基纳德（Weygnadt）在其合著的《中级财务会计》中写道："财务会计是以编报财务报告为终端的会计处理过程。财务报告是以企业为整体来编制，供企业内部和外部双方使用的。财务报告的使用者包括投资人、债权人、管理当局、工会和政府机构。"

1987 年，在美国出版的一本《会计词典》中，将财务会计定义为"按照公认会计原则所产生的信息。"

本书试图对财务会计概念进行界定：财务会计是以企业会计准则为主要依据（规范），通过对已经发生的交易、事项按照确认、计量、记录和报告等规范标准和程序进行加工处理，将各项会计要素的数据转换为有助于会计决策或合乎其他目标的有用信息的一种专业会计。

财务会计又可以具体划分为初级财务会计（亦称初级会计或会计原理）、中级财务会计（简称财务会计）和高级财务会计（亦称高级会计）。本书即属中级财务会计，它是财务会计中的核心部分，是传统会计的主要继承者和发展者。它主要运用财务会计理论与方法，对企业一般会计事项进行确认、计量、记录和报告等。它与高级财务会计在内容界定上的最主要标志是：会计事项与会计基本假设（会计假设）之间的依存关系；换言之，中级财务会计所处理的会计事项都是以会计基本假设（会计假设）（详见本章第二节）为基础的一般会计事项，即各类企业在日常经营活动中通常存在和发生的会计事项，而非特定企业、特殊时期、特殊环境、特殊情况下出现的特殊事项，这些特殊会计事项是高级财务会计研究的范围。因此，高级财务会计也可称为特殊业务会计或企业特种会计。

中级财务会计提供的最终产品是财务会计报告，而财务会计报告（尤指财务会计报表）是由会计要素构成的（详见本章第二节）。因此，中级财务会计是财务会计目标为导向，以会计基本假设为前提，以财务会计要素为构成框架并对其进行确认、计量、记录和报告的专业会计。

二、财务会计概念框架

1. 财务会计概念框架的含义

财务会计概念框架（conceptual framework of financial accounting，CF）亦称财务会计概念结构。美国财务会计准则委员会（FASB）曾为此下过定义："概念框架是一个宪章、一套目标与基本原理相关联的、有内在逻辑性的体系。这个体系能导致前后一贯的（会计）准则，并指出财务会计与财务报表的性质、作用和局限性。"财务会计概念框架是相互关联的目标和基本协调一致的系统，是有关该领域的众多的规律、规则、公理及其他基本概念的总和。也就是说，财务会计概念框架是一套将会计目标与有关的概念联结起来的凝固体系，或称概念体系。

在英美等国家及国际会计准则理事会（IASB），财务会计概念框架属于会计理论，不属于会计准则。财务会计概念框架是会计理论的重要组成部分，是直接支撑会计准则的有关会计理论的集合。它既指导会计准则的制定和修改，又是对会计准则的理论说明。但在我国，类似的内容是在《企业会计准则——基本准则》中，是我国会计法规体系的组成部分。

2. 研究财务会计概念框架的意义

研究财务会计概念框架，可以避免会计准则与会计理论之间的矛盾，其目的在于建立一套科学、严密的概念体系，用以指导会计准则（具体准则）的制定，逐步完善会计准则（具体准则）。

（1）缩小会计准则与相关法规、制度的差异或矛盾，减少有关利益单位的干扰和抵触，有利于提高会计准则的公认性和权威性。

（2）加强财务会计，尤其是财务会计报告的有用性，有助于财务会计报告使用者、利益相关者了解财务会计及其报告的基本原理、基本概念，正确理解财务报表各项指标及其相互关系，以便进行正确的分析和决策。

（3）有利于对现代会计理论的深入研究，使财务会计不断适应社会环境（经济、政治、法律、文化等）变化的需要。

3. 财务会计概念框架的基本内容

财务会计概念框架一般分为目标、基础、运行和呈报四个层次，其基本内容，比较一致的意见是：

（1）财务会计目标。财务会计目标体现设置财务会计系统的目的与要求。为此要明确：谁是财务会计信息的使用者？会计信息使用者需要哪些会计信息？财务会计又能提供什么（哪些）会计信息？

财务会计目标引导着财务会计信息系统的运行方向，居于财务会计概念框架的中心和枢纽地位，它将财务会计概念有机地联系起来，使"概念框架"更具整体性和目的性

（见本节“三”）。

（2）财务会计对象。财务会计对象是指财务会计确认、计量、记录、控制的内容，阐明会计的客体，它是在社会分工及长期会计实践中逐步形成的一个特定领域，有一定的客观性。界定会计对象是确定会计目标、会计要素的前提。

（3）财务会计基本假设（基本假设）。财务会计的基本假设体现财务会计的基本特点（或特征）。

（4）财务会计信息质量特征。

（5）财务会计要素。

财务会计概念框架可见图示 1－1。

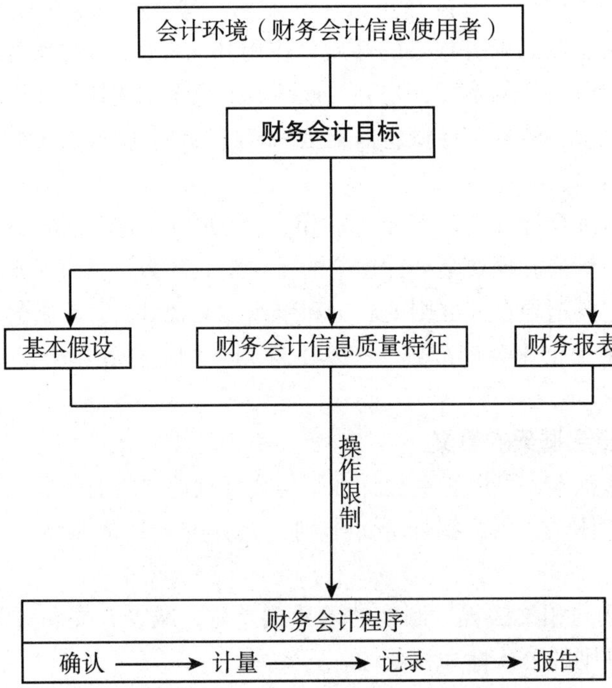

图 1－1　财务会计概念框架示意

4. IASB 的财务报告概念框架

“概念框架”为国际财务报告准则（IFRS）提供支撑，并帮助 IASB 制定准则以改善全球金融市场的透明度、强化问责制以及提高效率等。

1989 年 7 月，IASC 公布了《编报财务报表的框架》（2001 年 4 月被 IASB 采纳，以下简称《框架》），《框架》共分七章，即财务报表的目标、基础性假设、财务报表的质量特征、财务报表的要素、财务报表要素的确认、财务报表的计量、资本及资本保全概念。可见，1989 年版的《框架》仅限于对财务报表的规范。

2004 年 10 月，IASB 与 FASB 将制定联合概念框架项目列入备忘录，开始共同致力于“概念框架”的修订。

2010 年 9 月，IASB 发布《财务报告概念框架（2010）》，替代《编报财务报表的框架》，明确其范围包括财务报告目标，有用财务信息的定性特征，构成财务报表要素的定义、确认和计量，资本和资本保全概念；并将 IASB 与 FASB 的合作研究成果分别作为其第 1 章和第 3 章，第 2 章内容有待添加，第 4 章内容为 1989 年框架的“其余部分”。

2015 年 5 月 28 日，IASB 发布了《财务报告概念框架（征求意见稿）》。IASB 主席汉斯·胡格沃斯特（Hans Hoogervorst）认为，“坚实的概念框架是必不可少的，它塑造了 IASB 制定准则时所采取的决策。我们今天所提出的修改建议涉及两个非常重要的领域，一是明确损益表作为公司财务业绩指标所发挥的关键作用，二是新增一个章节以说明按历史成本和现值进行计量所提供的信息。”

三、现代企业会计的发展

根据现代企业制度对企业会计的要求，企业会计应是以财务会计为核心，由管理（成本）会计、税务会计、社会责任会计、人力资源会计等共同组成的企业会计体系。其中财务会计、管理（成本）会计和税务会计构成企业会计的主体，这是现代企业会计为适应市场经济的发展，充分发挥会计作用的必然结果。它们密切联系，各司其职，共同服务于企业的整体目标。

随着世界经济一体化、全球化日趋明显，对会计的要求也越来越高，会计的内容、范围不断扩展，会计人员的知识结构也应该不断更新和拓展。现代企业会计知识范围的扩展情况见图示 1－2。

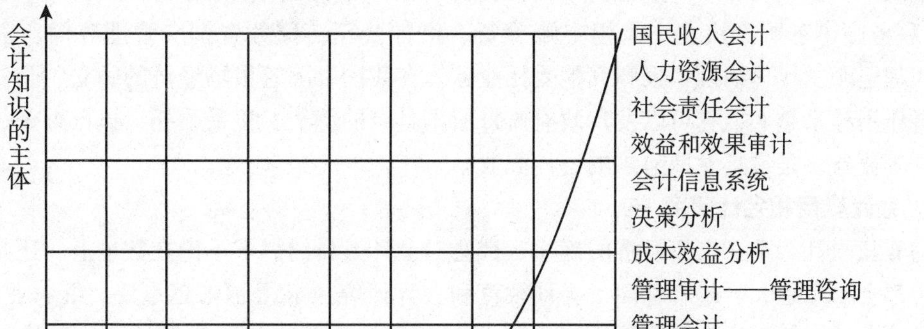

图 1－2　会计知识范围拓展情况示意

资料来源：陈今池，《西方现代会计理论》（第 2 版），中国财政经济出版社 2008 年版。

四、会计职业

“会计是一种实用而且有魅力的职业”（约翰·布雷思《顶上的房间》）“会计职业实质上是诚实人的职业”（卢卡·帕乔利《论账户与记录》）。但在计划经济体制下，我国的会计职业范围较窄、内容单一，会计职业不被重视，会计的作用远未发挥出来（也不可能发挥出来）。改革开放后，尤其是在社会主义市场经济条件下，我国的会计职业将是一个大有发展前途、充满希望、令人羡慕的职业。按会计从业部门分类，会计职业可以分为：

1. 企业会计

它是指在各个行业、各种类型的企业（公司）中，担任财务会计、成本（管理）会计、税务会计、会计系统开发、财务管理和分析、内部审计等项工作的人，包括具体实务操作人员、会计机构负责人、总会计师、财务经理、财务总监、税务总监等。这是会计职业的主体，我国绝大多数会计人员都在从事企业会计工作。

2. 政府及非营利组织会计

它是指在各级政府以及相应的权力部门、管理部门、医院、学校、文化团体、科研院所、慈善机构等单位从事会计工作。

3. 公共（社会中介）会计

这类会计人员（一般都要通过国家有关部门组织的统一考试）业务水平较高（要经过严格的、多次的考试）、待遇较丰，在会计公司、财务公司、会计师事务所（会计师行）、税务师事务所等执业，承担查账验资、审计公正、税务咨询、管理咨询、资产评估、代理记账、代理纳税申报和其他受托业务。在我国，随着市场经济的确立，会计的社会监督作用越来越大，它可以发挥政府监督所不具有的特长，接受委托，执行查账、咨询和公证等业务，是最具发展前景的会计职业。

4. 会计教育和会计研究

随着我国社会主义市场经济的确立，社会对会计人员的需求不论在数量上、还是在质量上，都会越来越大、越来越高，会计教育和会计研究也显得越来越重要。继农业经济、工业经济之后，知识经济正扑面而来，21 世纪的会计教育应是适应知识经济时代需要的注重创新的会计教育。

只有不断充实和增加具有较高学历层次的、诚实守信、敬业爱岗的会计教育和会计研究人员，才能适应我国会计事业高速发展的需要。会计教育对象不仅仅是会计专业的学生，在工商管理类其他专业、经济类各专业，甚至在法律和工科类等专业，都应该开设一些会计课程，使学生有一定的会计知识。在某些发达国家的高中课程中，就开始讲授簿记和理财知识①。从建立社会主义市场经济的要求看，这对我国来说也不是没有借鉴意义

---

① 在美国，有 28 个州的学校对孩子实行强制性理财教育。让他们学习预算、信用管理、收支平衡、复利和其他投资技巧。美国高中的理财教育计划对学生的影响是显而易见的。英国从 2006 学年开始，将理财和储蓄作为学校的个人、社会和健康教育以及公民品行课的部分内容；从 2010 年开始，基本理财技能将作为普通中学教育证书考试中应用数学的一部分（参见 2006 年 8 月 25 日《参考消息》，译自英国《每日电讯报》）。

的。不仅如此，我们还应在全社会进行会计意识的培养和教育，以适应经济全球化和贸易一体化的要求。

第二节　财务会计目标与基本假设

一、财务会计目标

财务会计作为一个经济信息系统，主要通过定期的财务会计报告，向投资人、债权人等提供企业的财务状况、财务成果和现金流量的会计信息，为其经营决策提供可靠的依据。

1. 财务会计信息的使用者

财务会计信息的使用者分为企业内部使用者和外部使用者。

企业内部的信息使用者主要是企业的经营管理当局。作为企业经营者，他们必然十分关心企业的经营状况和经营成果，这既与其业绩评价、工薪报酬、职位升迁息息相关，又是其进行经营决策、经营管理必不可少的信息。此外，企业职工也是财务会计信息的重要使用者，根据国务院颁布的《企业财务会计报告条例》第三十五条规定，企业“应当至少每年一次向本企业的职工代表大会公布财务会计报告”，重点说明与职工利益密切相关的信息、各种审计发现的问题及纠正情况、重大的投资、融资和资产处置情况等。

企业外部的信息使用者主要有企业现实和潜在的投资人、债权人、供应商、客户，另外还有税务机关等政府部门、证券机构、工会组织等。他们不直接参与企业经营管理，但出于各自的利益和目的，都希望了解和掌握企业的财务会计信息。

2. 提供财务会计信息的载体

企业都是通过财务会计报告提供财务会计信息，财务会计报告由资产负债表、利润表、现金流量表、所有者权益变动表和报表附注等组成（详见本书第十三章）。为保证财务会计信息质量，企业财务会计报告应按国家统一会计制度的要求编制和报送。

3. 财务会计目标观

在财务会计理论中，关于财务会计目标主要有两大学派：受托责任学派与决策有用学派，其产生都是以市场经济条件下资源所有权与经营权的分离为背景，只是两者的思路有所不同。受托责任学派认为两权分离后，普遍存在委托代理关系，即受托责任关系，作为代理人的经营者对委托人即资源所有者委托交其经营的财产负有受托责任。决策有用学派认为两权分离后，由于资本市场的高度发展，作为委托人的所有者关注的不仅是企业的资本保值与增值，而是整个资本市场的风险和报酬水平以及投资企业的风险和报酬水平。在这种情况下，投资者进行投资决策需要大量可靠并相关的财务会计信息。由于两种认识的出发点不同或者站的角度不同，导致对财务会计目标理论的认识不尽一致。

受托责任学派认为，财务会计目标是反映受托者对受托责任的履行情况；财务会计人员与委托者、受托者是双重关系，只有提供客观、真实并可验证的财务会计信息，才能公正、有效地维护和协调代理双方的利益关系，强调或突出财务会计信息的可靠性。因此，特别看重历史成本计量属性和历史成本计量模式。

决策有用学派认为，财务会计信息的使用者主要是资本市场的参与者（现实的和潜在的投资者、债权人及其他资源提供者）。财务会计人员应为信息使用者，尤其是主要使用者服务，为其进行决策提供有用的信息。因此，与信息可靠性相比，信息相关性更为重要，将相关性作为财务会计信息最重要的质量特征，这是基于主要信息使用者最为关注的财务会计信息是“一个企业创造未来有利现金流动的能力”，主张各种计量属性（见本章第五节）并存择优。由于未来存在不确定性，对未来现金流动的计量不可能是完全可靠的。

在 IASB 和 FASB 发布的“联合概念框架”第一阶段成果“目标和质量特征”中，确立了“决策有用性”为主导的财务报告目标观。在“联合概念框架”中，财务报告目标是概念框架的基础或逻辑起点，它决定其他基本概念。以“决策有用性”为主导的财务报告目标观，在强调“通用目的财务报告”（而非“财务报表”）时，避免使用“受托责任”概念。

第 1 章“通用目的财务报告的目标”是为现有及潜在投资者、贷款人和其他债权人提供报告主体的财务信息，以有助于其向报告主体做出的资源决策。同时，为评价主体未来现金净流入的前景，现有和潜在投资者、贷款人和其他债权人需要关于主体的资源、对主体的要求权以及该主体管理当局及治理委员会是否有效履行了使用该主体资源的责任等方面的信息。从其对目标的具体阐述中可以看出，在突出使用者做出资源配置决策的同时，也是评价管理者是否能够有效使用资源的决策。

在决策有用性目标观下，近年来，又延伸出用户需求观和投资者保护论观。

用户需求观。用户需求观认为会计信息质量是因会计信息对信息使用者的有用性决定的。会计数据（信息）在资本市场上是有用的，也是稀缺的，发挥着信号传递的功能，但其实际有用程度并不理想。为了提高会计信息的有用性，会计准则制定机构开始明确会计的目的是满足市场的需求，其目标是为用户提供与其决策相关的信息。

投资者保护观。投资者保护观是市场监管者为了维护资本市场运行秩序，促进资源优化配置，在投资者与管理人之间存在信息不对称的情况下，为保护处于信息劣势的投资者利益而提出来的一种目标观。自 20 世纪 80 年代中后期尤其是 90 年代以来，资本市场的监管者对企业盈余管理行为越来越关注，代理人在签订和执行契约时做出的“逆向选择”和“道德风险”直接导致投资者的损失，严重侵蚀了财务报告的可信性，对资本市场的正常、有序运行构成潜在的威胁。因此，作为证券监管者尤其作为中小投资者利益的忠实代表，SEC 提出了投资者利益保护的问题，明确财务会计的基本目标就是保护投资者，发表了一系列研究报告。

FASB 建立在“满足用户需求”目标基础上所形成的一系列质量标准概念及其体系，标志着会计信息评估的“用户需求观”，即 FASB 模式的形成。会计信息质量评价标准由用户需求观到投资者保护观的发展，实际上是会计环境发生改变的结果，是在准则制定机构追求会计信息有用性的过程中，盈余管理问题日渐成为投资者与市场监管者关注的焦点，市场参与者对会计信息质量评价博弈的结果。

本书认为，财务会计目标的两大学派（观点）其实并无根本冲突和矛盾，只是视角不同。不同组织形式的企业，甚至同一企业的不同发展时期，由于经营者和投资者站的角度不同，对财务会计目标的理解与认识也有差异。一般而言，反映受托责任的履行情况应是财务会计的基础目标，为财务会计信息使用者提供对其决策有用的信息，应是财务会计的基本目标。

在会计学术界，有人将财务会计目标与编报财务会计报表的目标相区别，有人将编报财务会计报表的目标等同于财务会计目标，如IASB《编报财务报表的框架》第12段中提出："财务报表的目标，是提供在经济决策中有助于一系列使用者的关于主体财务状况、经营业绩和财务状况变动的信息。"

二、财务会计基本假设

财务会计的基本假设亦称会计假定。面对变化的经济环境和复杂的经营活动，只有明确会计核算的基本假设，才能对企业经营活动进行正确、合乎规范的确认、计量、记录和报告，以反映企业经营活动的真实情况，并对其进行管理和控制。因此，财务会计的基本假设既是企业会计处理的基本依循，也是制定会计准则的指导思想。正是有了不同的会计假设，才形成了财务会计千变万化的处理方法。

1. 会计主体

会计主体亦称会计实体，它是会计为其服务的特定单位。会计主体思想的产生起源于经营主体概念。明确会计主体就是要确定"这一个会计"的空间，明确其核算范围，这是组织会计核算的首要前提。会计只为"这一个"会计主体记账并编报会计报表，这个会计主体与其他会计主体相区别，而且还独立于其所有者（业主）之外。就是说，不管会计服务的对象是营利性组织，还是非营利性组织；也不论企业的组织形式是独资、合伙，还是公司的形式，会计反映的乃是一个特定会计主体的经济业务，而不是其他会计主体的经济业务，更不是所有者（业主）个人的经济活动。会计主体的界定就是明确会计所服务的对象。会计主体的弹性较大，它既非限于一个经营企业，也不一定一个企业只能有一个会计主体。会计主体既可以扩大至专业公司，乃至由若干个企业通过控股关系组织起来的集团公司（企业集团），也可以是一个企业内部的各责任单位（独立核算）。

一般说来，凡是独立核算、自负盈亏、独立编制会计报表的特定实体，都能构成一个会计主体。会计主体一般应具备三点：（1）实体性。会计主体必须拥有独立的、可供自主支配的资金，独立开展经营业务，独立核算、自负盈亏。（2）独立性。会计主体在经济上是完全独立的，即要划清会计主体之间的经济关系、会计主体的财务活动与企业主的关系、会计主体与企业职工个人的财务关系。（3）整体性。会计主体是一个整体，反映和监督某一会计主体的生产、经营活动都要从该会计主体这个整体出发，企业内部的财产移动、资金调拨和往来结算业务的发生，既不会使该主体的资金和负债发生变动，也不会使该主体的损益发生变化。

会计主体不同于法律主体（法人），法律主体（法人）肯定是会计主体，但会计主体不一定都是法律主体。独资与合伙企业通常不具有法人资格，不是法律主体，因而不能独立地具有权利能力和行为能力，即独资企业与合伙企业的财产和债务，在法律上仍是业主或合伙人的。但从会计上看，则必须将独资企业与合伙企业作为独立的会计主体对待。还有集团公司，它是由若干个具有法人地位的企业或公司组成，但集团公司本身可能是没有法人地位的，在编制集团公司的会计报表（合并报表）时，要把集团公司视为一个独立的会计主体。具有法人资格的公司或企业同时也是会计主体。

2. 持续经营

持续经营是指在正常情况下，企业将按照既定的经营方针、目标和形式，无限期地经营下去，即在可以预见的将来，会计主体不会停业或破产清算。在这个假定前提下，会计主体所持有的资产，将按照预定目的，在正常经营过程中被耗用、出售或转让，它所承担的债务也将如约偿还。

持续经营这一假定前提为财务会计中许多常见的财产计价和费用摊销、分配等提供了理论依据。正是在这一前提下，企业的固定资产价值一般不能一次全部记入生产、经营成本，要采取折旧的形式分期摊销；在企业的经营收入和费用的发生与其货币收付发生一定程度的分离时，企业不能以是否收付货币资金作为收入、费用是否发生（实现）的标准，而应按权责发生制原则确认；企业的资产才需要划分为流动资产和长期资产，负债才需要划分为流动负债和非流动负债。

在市场经济条件下，由于种种原因而可能导致企业关、停、并、转，甚至破产清算。事实上，每个企业都有经营失败的风险，都有可能出现资不抵债而被迫宣告破产并进行法律上的改组，当有足够的证据证明一个会计主体已无法履行其所承担的义务时，持续经营这一假定前提就不再成立，在此前提下建立的有关会计原则也将不再适用，而只能按其他会计规范去进行会计处理。

3. 会计分期

在持续经营的假定前提下，企业生产经营的实际成果，只有在企业停业或破产清算后才能比较准确地计算出来，但这样满足不了会计信息使用者的要求，因此必须有会计分期假设。它是指会计确认、计量、记录与报告的是每一个经营期的活动，而不是企业在其生存期内发生的全部经济活动。在此前提下，要将持续不断的全部经营期间，人为地划分为若干个相等的、较短的期间作为会计期间，定期归集、确定每一会计期间的收入、费用和损益等，确定每一个会计期间的期初、期末资产、负债和所有者权益额，进行结账并编制财务报告，将各期的会计信息及时传达给信息使用者。

会计期间分为年度和中期。会计年度既可以与日历年度一致，也可以不一致（我国是一致的）。中期是指短于一个完整的会计年度的报告期间，如月份、季度、半年。

因划分会计期间，才有本期与非本期的区别，才产生权责发生制和收付实现制两种不同的记账基础；因划分会计期间，才需要对各种成本、费用在各个会计期间进行分配，即如何在各个会计期间合理计算和分摊费用；因划分会计期间，才可以对各个会计期间财务状况和经营成果的比较；因划分会计期间，才要求不同会计期间的会计处理方法应保持一致。因此，会计分期假设又是一致（一贯）性原则的基础。

4. 货币计量

货币计量是指用币值稳定的货币作为会计的计量手段，将会计主体的经济活动和财务状况的数据转化为按统一货币单位反映的会计信息。会计虽然可以采用实物计量、劳动计量、货币计量等多种计算尺度，但作为价值尺度的货币计算，能够使会计核算连续、系统、全面地反映企业的资产、负债、所有者权益、收入、费用和损益等信息。其他计量单位，如实物单位，不能总括反映企业的全部资产，而劳动计量也只限于劳动工资和某些费用的计算与分配，只有货币单位才能把实物单位和劳动单位换算成统一的价值尺度，达到综合反映企业经营状况的目的。货币天然不是会计计量尺度，但会计计量尺度天然是货币。

在会计实务中，货币计量是基本计量，其他计量只能是辅助性质的。在我国境内的企业，应以人民币作为记账本位币，收支业务以外币为主的企业，也可以选定某种外币作为记账本位币，但在向中方编送会计报表时，必须折合为人民币。我国在境外设立的企业，一般以当地货币进行经营活动，可以当地币种进行计量，但在向国内报送会计报表时，应当折合为人民币，以人民币为计量单位反映企业的经营情况。货币计量单位实际上是借助于价格来完成的，而价格是在市场交换中形成的，但企业的某些经济业务没有客观形成的价格作为计量依据（如企业内部财产转移、接受捐赠、盘盈、非货币性资产交换等），这就需要选择合理的计价方法进行计量。

以货币作为统一计量单位，同时要假定币值不变，即货币本身的价值是稳定的，但货币作为一种特殊商品而受诸多因素影响，其自身的价值是经常变动的。如果货币本身的价值波动不大，在会计核算中可以不考虑其变动，即认为币值是稳定的，从而可以坚持历史成本原则。但在发生恶性通货膨胀时，就需要采用特殊的会计准则进行处理。

目前，网络化、信息化迅速发展，上述基本假设受到一定的挑战。对此，需要有新的认识、新的理解，并对现行假设做必要的修正和调整。

第三节 财务会计基础与信息质量特征

一、财务会计基础

在公认会计原则产生后，传统会计逐步演变为财务会计。财务会计为了适应商业信用的存在，由收付实现制改为采用权责发生制，这是基于以下事实：交易虽然发生，但现金却可能尚未收到或尚未支付，这就产生应收和应付款项，而且可能不在同一会计期间进行结算。如果一项收入在交易时已经发生，是在得到购买方或接受服务方承诺时确认，还是在实际收到款项（现金）时确认？如果一项费用在交易已经发生，是在承担未来向对方支付现金的责任时确认，还是在实际支付现金时确认？这就产生了收付实现制和权责发生制两种交易计量记录的会计基础。

目前，逐步形成如下惯例：收入是在收取现金权利发生时确认，而费用是在支付现金的责任承诺时确认，这就是所谓权责发生制。权责发生制主要是为了解决收入和费用确认时点问题，同时也连带决定了在商业信用中资产与负债的确认时点。因为在确认一项收入时，按照复式簿记规则，必然同时确认一项资产的增加或负债的减少；相反，在确认一项费用时，必然同时确认一项资产的减少或负债的增加。因此，按权责发生制可以解决所有要素的确认时点。在权责发生制下，只要交易事项已经发生，并对企业的经济资源和义务的变化产生了财务影响，就要在账内、表内确认；以后，如果需要新起点计量，则须进行后续确认。

权责发生制会计基础提供的会计信息具有较强的可验证性、相关性和可操作性，符合财务会计基于历史交易的本质特征，并且能够较好地体现财务会计目标。但权责发生制是以完备的社会信用基础为假定前提，即所有的权利和义务都能得到与预期一致的实现或偿付。在这一前提下，应收款项才可能体现为收回等量现金的权利，而负债项目才代表着未来等量现金的流出。如果社会信用状况欠佳，那么采用权责发生制就会存在较大风险。例如，某些上市公司可能会向客户虚开发票而相应确认收入和应收账款、可能虚列费用及应付账项、计提秘密准备等，以隐瞒利润、避税、回避对于投资者的分红义务，或者为避免退市而虚增收入、利润。这些操纵往往会导致企业净资产、负债、收入和费用出现虚增或虚减，既不利于企业内部经营决策，也不利于外部信息使用者对企业的营运状况进行正确地判断和投资决策。

权责发生制作为基本的会计基础，解决了收入和费用何时予以确认及确认多少的问题，适应了交易类型多样化的需求和法律环境变化的要求。随着企业经营活动日趋多样化和复杂化，企业经营风险、财务风险也在增加，权责发生制的不足也愈加明显。从权责发生制自身发展看，其核心已从“收入和费用”转移到“权责发生”。在未来发展中，其他确认基础和会计原则将对权责发生制进行辅助、补充和修正。信息使用者对企业预期现金流动信息的需求将可能会形成现金流动制辅助下的权责发生制会计，在某些会计领域和会计处理中，其他确认基础将对权责发生制会计进行补充，其他会计原则与惯例将对权责发生制会计进行修正等。正如葛家澍教授所言，现行市价和未来现金流量现值计量属性符合现金流动制的要求，未来会计确认的基础是权责发生制与现金流动制的融合。

现金流动制是以收付实现制为基础，从盘存制思想出发，只确认和处理期初和期末净资产的现金流量，在报告企业绩效时，以现实发生的或预期可能发生的现金流入或者流出为标准，以反映企业实际承担的风险与报酬，其利润即是前后两期的净资产价值的变动额，其资产以现行市价进行计量。因此，现金流动制不仅可以及时提供企业现金流动情况的现实信息，还可以提供未来的现金流量信息，能够全面满足投资者对过去和未来会计信息的要求。“现金流动制会计并非新生事物，部分意义上它可能同会计本身一样古老——最早的会计就是按现金或其等价的交易方式记录和报告企业交易的。”① 现金流动制会计，既可以体现财务会计的受托责任观，又可以体现其决策有用观；既是财务会计目标所需，又是管理会计目标所需，因为“管理会计的对象就是现金流动”（余绪缨，1990）。

二、财务会计信息特征

如果说财务会计是一个经济信息系统，那么这个系统的目标则主要是面向企业外

① 参见 T. A. Lee，“The Nature and Purpose of Cash Flow Reporting”，*The Accountants Magazine*，April 1972.

部。由于财务会计在服务对象上的这种特性，要求财务会计应遵循企业会计准则，以保证其所提供信息的通用性、公开性和公正性。因此，财务会计信息应主要具有以下特征：

第一，财务会计信息是反映（描述）一个特定会计主体的经济信息。企业会计准则中有“会计主体”假设，财务会计所提供的信息只能是“这一个”主体的，而不论它是否独立核算、是否为一个企业、企业集团或单位。

第二，财务会计信息是反映特定会计主体、特定会计期间的信息。会计基本假设决定了财务会计要定期揭示会计主体的会计信息，以保证其及时性与可比性。

第三，财务会计信息主要是能够以货币计价的历史信息。以货币计量的会计事项一般都是已经发生或已经完成的经济事项，并且要按会计事项发生时的交易价格确定。

第四，在对外提供财务会计信息之前，一般要经过注册会计师审计，以保证其规范、客观和公正。

第五，财务会计所提供的会计信息作为一种商业语言，正在向国际化的方向发展，符合各国经济发展的国际化趋势。因此，不宜过分强调、强化各国财务会计“特色”[①]。

三、IASB、FASB 财务会计信息质量特征

财务会计信息质量应服从、服务于财务会计目标，尽管各国都希望财务会计能够提供高质量的会计信息，但在不同国家、在各国的不同历史时期，对财务会计信息质量的具体衡量标准也是有差异的。财务会计信息质量特征是指财务会计报告提供的信息对报告使用者有用性的标识。

1. 国际会计准则委员会（IASB）关于财务会计信息质量特征

在 IASB《编报财务报表的框架》中，提出了四项主要特征：可理解性、相关性、可靠性与可比性。另外，还提出了对信息质量特征的限制因素：及时性、效益和成本之间的平衡、各质量特征之间的平衡。

2. 美国财务会计准则委员会（FASB）关于财务会计信息质量特征

1980 年 5 月，FASB 发布的 SFAC No. 2“会计信息质量特征”中就将会计信息的有用性视为最重要的质量特征。

在 FASB1980 年公布的《财务会计概念公告（第 2 辑）：会计信息的质量特征》中，将财务会计质量特征划分为四个层次，见图 1－3。从中看出，美国的财务会计信息质量特征与 IASB 大同小异，仅在侧重点上有些差异。

3. 联合概念框架第一阶段成果

2010 年 9 月 28 日，IASB 与 FASB 发布合作研究成果——财务报告概念框架中的“通用目的财务报告的目标”和“有用财务信息的定性特征”。

FASB 将其列为财务会计概念公告第 8 号（SFAC8）“财务报告概念框架”的第 1 章和第 3 章。IASB 以《财务报告概念框架》取代 1989 年《编报财务报表的框架》，在第 3

---

① 所谓“特色”，实际上就是差异，而差异总是会有的，但我们应向着减少差异的方向去努力。

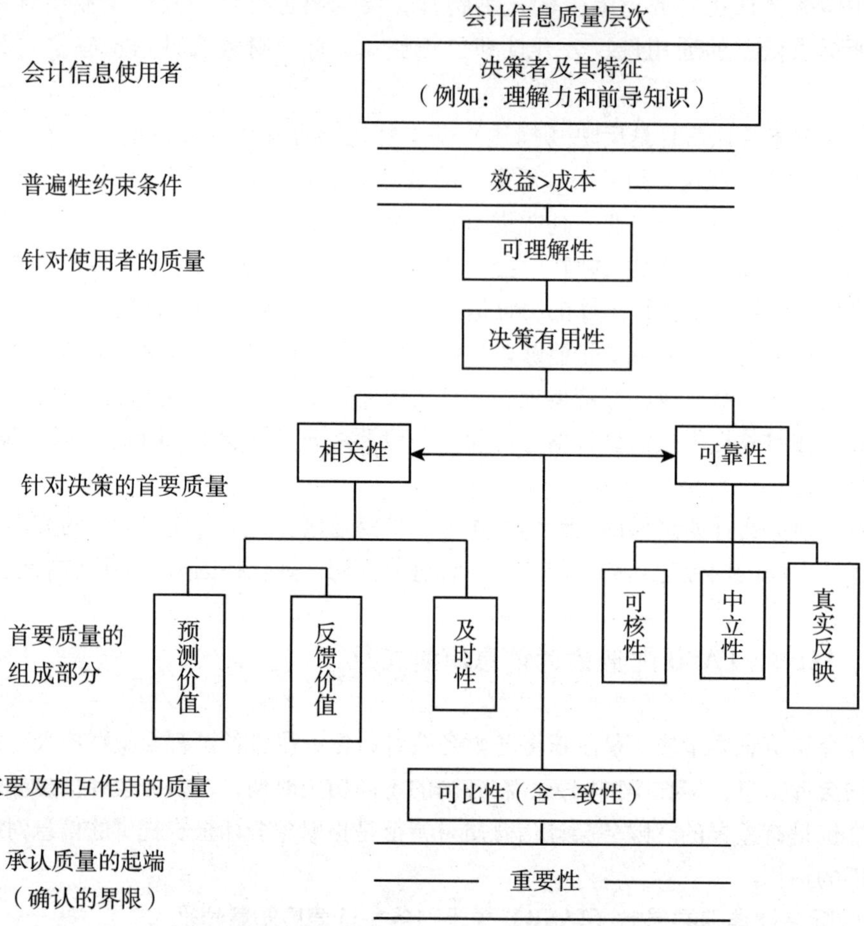

图1-3　会计信息质量的层次结构

资料来源：FASB，《论财务会计概念》（娄尔行译），中国财政经济出版社1992年版。

章“有用财务信息的定性特征”中，将有用财务信息的定性特征分为基本定性特征和高级（提升性）定性特征。基本定性特征包括相关性和忠实表达（如实反映），高级定性特征包括可比性、可验证性、及时性和可理解性。财务报告应尽可能最大限度地应用提升性定性特征，但若信息不相关或无法实现忠实表达，则提升性特征无论是单独还是作为一个整体，均不能使信息有用。

由于财务信息的收集、处理、验证和提供等均需要付出成本，而报告财务信息所带来的利益应该能够证明相关成本是合理的，因此，成本对财务报表可提供的信息构成普遍限制（约束）。

对特定会计主体而言，重要性也是其相关性的体现。但每个特定会计主体的财务报告信息所涉及的项目性质或（和）金额大小，难以用一个统一的量化标准或预先决定的特定情况来判定其“重要性”。

有用财务信息的定性特征层次结构见表1-1。

表1-1 有用财务信息定性特征

限制（约束）条件	成本效益原则、重要性原则
基本定性特征	相关性、忠实表达（如实反映）
相关性的特征	预测价值、证实价值或两者兼有
忠实表达的特征	完整、中立、无误
提升性定性特征	可比性、可验证性、及时性和可理解性

四、我国财务会计信息质量特征

2000年7月1日实施的修订《中华人民共和国会计法》明确提出会计资料的真实性和完整性，这应是我国会计法律对财务会计信息质量特征的基本要求。在2006年2月15日财政部颁布的《企业会计准则——基本准则》第二章“会计信息质量要求”中，提出了以下原则：

1. 真实性原则

真实性原则亦称客观性原则、可靠性原则。只有真实才能客观、才可靠。它是指企业应当以实际发生的交易或者事项为依据进行会计确认、计量和报告，如实反映符合确认和计量要求的各项会计要素及其他相关信息，保证会计信息真实可靠、内容完整。

真实性是对会计核算工作和会计信息的基本质量要求。会计信息是国家宏观经济管理部门、投资者、债权人、企业经营者等进行决策的重要依据，真实的会计信息能够使之做出正确的决策，虚假的、扭曲的会计信息则会使之做出错误的决策。因此，该原则要求会计核算的各个环节、各个方面（凭证、账簿、报表等）都必须真实，不得虚构、不得造假。

2. 相关性原则

相关性原则亦称有用性原则。它是指企业提供的会计信息应当与财务会计报告使用者的经济决策需要相关，有助于财务会计报告使用者对企业过去、现在或未来发展做出正确评价和预测。

美国FASB第2号财务会计概念公告对相关性的定义：“信息导致差别的能力”。IASB中列示相关性的判别标准：“当信息能够通过帮助使用者评价过去、现在和未来事项或确认、更改其过去的评价，从而影响到使用者的经济决策时，信息就具有相关性”。由此可见，相关性有预测价值和反馈价值两个基本质量标志。会计的相关性原则是一个历史范畴，它随企业内外环境的变化而变化。

3. 清晰性原则

清晰性原则亦称明晰性、可理解性、可辨认性原则。它是指企业提供的会计信息应当清晰明了，便于财务会计报告使用者理解和使用。坚持该项原则，有利于会计信息的使用者准确、完整地把握会计信息所要说明的内容，也有利于审计人员进行查账和验证工作的进行。

4. 可比性原则

企业提供的会计信息应当具有可比性。可比性包括纵向可比与横向可比，即同一企业不同时期发生的相同或者相似的交易或者事项，应当采用一致的会计政策，不得随意变更。确需变更的，应当在附注中说明；不同企业发生的相同或者相似的交易或者事项，应当采用规定的会计政策，确保会计信息口径一致、相互可比。

纵向可比（一致性、一贯性）并不意味着企业所采用的会计方法不能变动。如果企业的经营方式、产品性质、计价方法等发生重要变化或发现企业原有的方法不再适应本单位的实际情况时，原先使用的会计政策、会计估计也可以变更，但要将变更原因、变更内容、变更的累积影响数以及累积影响数不能合理确定的理由等，在财务会计报表附注中加以说明。

5. 实质重于形式原则

实质重于形式原则是指企业应当按照交易或者事项的经济实质进行会计确认、计量和报告，不应仅以交易、事项的法律形式为依据。在会计实务中，交易、事项的实质，与其法律形式或人为形式的明显表象并不总是一致的，当两者不一致时，应该根据实质重于形式的原则进行判断，以确保会计信息质量。如对收入的确认，不能仅以商品是否交付购买方或货款是否收到这些表面形式判断收入是否实现，而是以合同中的履约义务等实质条件来判断。

6. 重要性原则

重要性原则是指企业提供的会计信息应当反映与企业财务状况、经营成果和现金流量等有关的所有重要交易或者事项。

财务会计在全面反映企业财务状况和经营成果的同时，对各类会计事项应当区分其重要程度，采用不同的会计处理方法，有简有详，区别对待；对资产、负债、损益等有较大影响，且进而影响财务会计报告使用者做出合理判断的重大会计事项，必须按照国家规定的会计方法和程序进行会计处理，并在财务会计报告中予以充分、准确地披露。但对次要的会计事项，在不影响会计信息真实性和不致误导财务会计报告使用者做出正确判断的前提下，则可以适当简化。

对重要性原则的理解，一般应注意：（1）重要性原则的运用是为了正确把握问题的实质，不被纷繁复杂的事项所干扰，兼顾效率和效果，体现成本效益原则。（2）“如果省略或误报某信息会影响使用者基于财务信息做出的关于特定报告主体的决策，则该信息就具有重要性。”① 当然，它是以使用者具备一定的专业基础，能够理性地做出判断和决策为假定前提。（3）重要性的判断是在特定的环境下。某一事项过去是重要的，现在可能就不是重要的，或者相反；对这个企业是重要的，对另一企业可能就不重要。因此，重要性是相对的，需要具有判断能力。再则，还要考虑交易事项的性质，如果是违纪、违法行为，不论金额不大，都应单独列示。（4）重要性与相关性虽然都要考虑对决策的影响，而且使用者需要的相关性信息往往也是重要的信息，但两者是有明显区别的。

7. 谨慎性原则

谨慎性原则亦称审慎原则、稳健原则。它是指企业对交易、事项进行会计确认、计量和报告应当保持应有的谨慎，不应高估资产或者收益、低估负债或者费用。为保障企业资源不受侵害，不给会计信息使用者提供致使其盲目乐观的信息，在会计上应尽可能选择一

① 中国会计准则委员会组织翻译：《国际财务报告准则》（A 部分），中国财政经济出版社 2015 年版。

种不会导致虚增收入、利润的做法为原则。由于在经济生活中存在着不确定因素和风险因素，表现在财务会计上，对会计事项的确认、计量需要运用一定的判断或估计，按谨慎性原则，凡是可以预见的损失和费用都应予以确认和计量，而对不符合确认条件的收入则不能予以确认和计量，即不得高估资产或收益、低估负债或费用。

在西方会计中，普遍认为稳健原则（其实是保守主义）的宗旨是："损失要算足，而无视可能的利益"。其典型表现就是存货按"成本与市价孰低法"计价和为各项资产计提减值或跌价准备。如果运用不当，则会演变为有意多计费用、成本，少计利润，建立"秘密准备金"。

8. 及时性原则

及时性原则是指企业对于已经发生的交易或者事项，应当及时进行会计确认、计量和报告，不得提前或者延后。其具体含义是：要及时收集会计信息；会计事项的会计处理应在本期内进行；再则，就是会计报告要在规定时间内及时报出。

第四节 财务会计报表要素

财务会计报表要素亦称财务报表要素、会计要素（accounting elements）。它是对财务会计对象的基本分类，其分类应该服从于财务报表目标。因为财务会计要向其信息使用者提供相关信息，而提供信息的载体就是财务报表，因此对财务报表内容的基本分类就成为会计要素。在基本分类下，还可以根据需要进行具体分类，即报表项目，它是在会计账簿记录的基础上，按财务报表的编制要求转换而来的。

虽然目前各国的财务报表要素划分（数量）不尽相同，但都限于资产负债表和利润表（收益表），未对其他报表明确规范其"要素"。

IASB 将会计要素分为反映财务状况和业绩两类要素，前者有资产、负债和权益三个要素，后者有收益和费用两个要素。美国财务会计概念公告第 6 号界定的会计要素有资产、负债、权益或净资产、业主投资、派给业主款、综合收益、收入、费用、利得和损失 10 项。我国会计准则（基本准则）将会计要素分类和分项如下：

一、反映企业财务状况的会计要素

反映企业财务状况的会计要素有资产、负债和所有者权益，它们之间的关系是：

$$资产 = 负债 + 所有者权益$$

或者：

$$资产 - 负债 = 所有者权益 = 净资产$$

符合资产、负债定义和确认条件的项目以及所有者权益项目，应当列入资产负债表。

1. 资产

资产是指企业过去的交易或者事项形成的、由企业拥有或者控制的、预期会给企业带来经济利益的资源。由此可见，资产具有以下三个基本特征：

（1）企业过去的交易或者事项包括购买、生产、建造行为或其他交易或者事项。就是说，资产是现实的资产，预期在未来发生的交易或者事项不能形成资产。

（2）资产是企业拥有或控制的，是指企业享有某项资源的所有权，或者虽然不享有某项资源的所有权，但该资源能被企业所控制。

（3）资产预期会给企业带来经济利益，是指未来会直接或者间接地导致现金和现金等价物流入企业的潜力。

符合资产定义的“资源”，应同时满足以下条件：

（1）与该资源有关的经济利益很可能流入企业；

（2）该资源的成本或者价值能够可靠地计量。

资产可以是有形的，也可以是无形的；可以是货币性的，也可以是非货币性的。它包括流动资产、长期投资、固定资产、无形资产与其他资产等。

2. 负债

负债是指企业过去的交易或者事项形成的、预期会导致经济利益流出企业的现时义务。负债具有以下四个基本特征：

（1）它是基于过去的交易、事项形成的，就是说，导致负债的交易或事项必须已经发生。

（2）现时义务是指企业在现行条件下已承担的义务；未来发生的交易或者事项形成的义务不属于现时义务，不应当确认为负债。

（3）现时义务的履行，会导致企业资产的减少，因此负债也可以称为负资产。

（4）通常是在未来某一时日通过交付资产或提供劳务或用新负债来清偿。

符合负债定义的“义务”，应同时满足以下条件：

（1）与该义务有关的经济利益很可能流出企业；

（2）未来流出的经济利益的金额能够可靠地计量。

为了便于分析企业的财务状况和偿债能力，按负债的流动性，将负债划分为流动负债与长期负债两种。其划分标准是按 1 年或超过 1 年的一个营业周期为界限，超过这个时限的，为长期负债，相反为流动负债。

3. 所有者权益

所有者权益是指企业资产扣除负债后由所有者享有的剩余权益。公司的所有者权益又称为股东权益，所有者权益金额取决于资产和负债的确认计量。

所有者权益的来源包括所有者投入的资本、直接记入所有者权益的利得和损失、留存收益等。直接记入所有者权益的利得和损失，是指不应记入当期损益、会导致所有者权益发生增减变动的、与所有者投入资本或者向所有者分配利润无关的利得或损失。

二、反映企业经营成果的会计要素

反映企业经营成果的会计要素有收入、费用和利润。从抽象意义上说，它们之间的关系是：

$$收入 - 费用 = 利润$$

由于收入、费用有广义和狭义之分，在会计实务中，它们之间并非是上述的简单关系式。符合收入、费用定义和确认条件的项目以及利润项目，应当列入利润表。

1. 收入

收入是指企业在日常活动中形成的、会导致所有者权益增加的、与所有者投入资本无关的经济利益的总流入。

企业应当在履行了合同中的履约义务，即在客户取得相关商品或服务控制权时确认收入。取得相关商品或服务控制权是指能够主导该商品或服务的使用并从中获得几乎全部的经济利益。客户是指通过与企业订立合同以向该企业购买其日常活动产出的商品或服务并支付对价的一方。合同（书面、口头及其他形式）是指双方或多方之间订立有法律约束力的权利和义务的协议。

2. 费用

费用是指企业在日常活动中发生的、会导致所有者权益减少的、与向所有者分配利润无关的经济利益的总流出。它具有以下两个基本特征：

（1）费用的发生会导致资产的减少或负债的发生，或者两者兼而有之；

（2）最终会减少企业的所有者权益。

费用与成本密切相关。企业为生产产品、提供劳务服务等发生的可归属于产品成本、劳务成本等的费用，应当在确认销售收入、劳务服务收入等时，将已销售产品（商品）、已提供劳务服务的成本等记入当期损益。

企业发生的支出不产生经济利益的，或者即使能够产生经济利益但不符合或者不再符合资产确认条件的，应当在发生时确认为费用，记入当期损益。

企业发生的交易或者事项导致其承担了一项负债而又不确认为一项资产的，应当在发生时确认为费用，记入当期损益。

只有在经济利益很可能流出从而导致企业资产减少或者负债增加，且经济利益的流出额能够可靠计量时，费用才能予以确认。

3. 利润

利润是企业在一定会计期间的经营成果。利润是收入减去费用后的净额，再加减直接计入当期利润的利得和损失。利润反映企业日常活动的经营业绩，是评价企业管理层业绩的指标之一，也是投资者决策的重要参考依据。

在一般情况下，如果企业获得了利润，企业所有者权益将会增加，业绩将会提升；反之，如果企业发生了亏损（利润为负数），企业所有者权益将会减少，业绩将会下降。

4. 利得和损失

现行会计准则对收入、费用要素的确认计量不能涵盖利得和损失，利得损失与收入费用的性质和作用不同。

利得是指由企业非日常活动所形成的、会导致所有者权益增加的、与所有者投入资本无关的经济利益的流入，利得通常从偶发的经济业务中取得，属于那种不经过经营过程就能取得或不曾期望获得的收益。损失是指由企业非日常活动所发生的、会导致所有者权益减少的、与向所有者分配利润无关的经济利益的流出。利得和损失分为两类：一类是直接计入当期利润的利得或损失；另一类是计入所有者权益的利得或损失。换言之，利得、损失会分别反映在利润表和资产负债表（或所有者权益变动表）中。

收入与费用通常以毛额（总流入、总流出）列示，期末通过转账处理，得出净额（净流入、净流出）；利得与损失通常以净额列示，即利得要扣除相关的支出，损失要扣除相关的收益。利得、损失作为两个独立的会计要素似乎更好，而利润则可不必作为独立的会计要素，因为它是由以下会计要素加减计算而得：

$$利润 = 收入 - 费用 + 利得 - 损失$$

第五节　财务会计要素的确认与计量

财务会计要素的确认、计量、记录和报告过程也就是财务会计信息的生成过程。中级财务会计的基本内容就是对企业日常发生的交易、事项所涉会计要素所进行的确认、计量、记录和报告。

一、财务会计确认

1. 确认定义

IASB《财务报告概念框架》对确认的界定是："确认是指将符合要素定义和第 4.38 段规定的确认标准的项目纳入资产负债表或收益表的过程。它涉及以文字和金额表述一个项目并将该金额包括在资产负债表或收益表的总额中。符合确认标准的项目，应当在资产负债表或收益表内得到确认。"

美国财务会计准则委员会（FASB）1984 年 12 月发布的第 5 号财务会计概念公告（SFAC No. 5）对确认的定义是："确认是指把某一个事项作为资产、负债、收入和费用等正式加以记录和列入财务报表的过程。确认包括用文字和数字来描述一个项目，其金额包括在财务报表的合计数中。"广义的确认概念却可以涵盖计量、记录和报告过程。这是基于：第一，何时、以何种金额并通过什么要素记录（具体表现为记账）；第二，何时、以何种金额并通过什么要素列入财务报表（具体表现为结账和编制财务报表）。

确认包括初始确认和再确认（后续确认）两个环节。初始确认是对新发生的交易、事项的初次确认，再确认是对某一入账后的交易、事项发生变动后的确认，即在初始确认后因故再次确认。财务会计确认过程首先是定性判断，即对企业发生的交易、事项做出是否应在财务会计中反映的判断，如果应予反映，则应在哪项会计要素中反映（即涉及哪一项或哪几项会计要素）；然后是定时判断，即对应予在财务会计中反映的交易、事项，在确认其所涉会计要素后，进一步确认其在何时反映。

确认时间的选择同时涉及计量问题，倘若某一项目符合定义，但无法计量，也就无从确认。此外，确认还涉及对会计信息质量的倚重。例如，当重视会计信息的可靠性时，就会采用实现制和权责发生制为确认标准，不论平时记录或财务报表上的计量，均按历史成本，即必须按一个确定性的时间、金额确认某一项会计要素。当重视会计信息的相关性时，就有可能撇开实现原则，而确认价格变动的影响，其结果又反过来影响到计量基础的选择。

2. 确认标准

IASB《财务报告概念框架》第4.38段明确的确认标准是：（1）与该项目有关的未来经济利益将很可能流入或流出主体；（2）该项目的成本或价值能够可靠地计量。

SFAC No.5 在《企业财务报表的确认和计量》中，要求确认一个项目和有关的信息，要符合四项基本确认标准。凡符合确认标准的，均应在效益大于成本以及重要性这两个约束前提下予以确认。它们是：（1）可定义性；（2）可计量性；（3）相关性；（4）可靠性。从这四项标准中可以看出，美国财务会计准则委员会是将确认与计量以及人们对会计信息的倚重情况一并讨论的。

二、财务会计计量

1. 计量定义

计量即定量。IASB《财务报告概念框架》对计量的界定是："计量是指为了在资产负债表和收益表内确认和列示财务报表的要素而确定其金额的过程。这一过程涉及选择具体的计量基础。"计量过程包括两方面：第一，某一项目的实物数量；第二，项目的货币金额。其中，而金额又取决于两个因素：计量单位（尺度）和计量属性。在财务会计计量中，主要是货币金额的计量。

确认与计量是密不可分的，确认是计量的前提，计量是将已经确认的交易、事项量化后入账或列入财务报表的必要手段。与确认相对应，计量也分为初始计量与再（后续）计量。

2. 计量单位

在计量过程中，货币一直充当着记账单位或通用标准。然而，货币具有的两重特性，给会计计量带来了一个实际问题，即货币购买力的变动。相应地，计量单位也就存在两种选择：一是名义货币，二是货币的购买力。当通货膨胀率居高不下时，如果无视货币购买力的变化，就会严重扭曲会计信息。为此，发达国家曾要求在较高的通货膨胀率下，应补充编制不变货币购买力的财务信息。由于需要考虑成本与效益的关系，按照国际会计惯例，只要物价变动未达到恶性通货膨胀的程度（其主要标志是3年的累计通货膨胀率接近或超过100%），一般都以各国法定的名义货币为计量单位，而不考虑其购买力的变化对企业财务信息产生的影响。

3. 计量属性

IASB 明确的计量属性有历史成本、现行成本、可变现价值（结算价值）和现值。我国会计准则规定的计量属性有历史成本、重置成本、可变现净值、现值和公允价值。

（1）历史成本。在历史成本计量下，资产按照购置时支付的现金或者现金等价物的金额，或者按照购置资产时所付出的对价的公允价值计量。负债按照因承担现时义务而实际收到的款项或者资产的金额，或者承担现时义务的合同金额，或者按照日常活动中为偿还负债预期需要支付的现金或者现金等价物的金额计量。

（2）重置成本。在重置成本计量下，资产按照现在购买相同或者相似资产所需支付的现金或者现金等价物的金额计量。负债按照现在偿付该项债务所需支付的现金或者现金等价物的金额计量。

（3）可变现净值。在可变现净值计量下，资产按照其正常对外销售所能收到现金或者现金等价物的金额扣减该资产至完工时估计将要发生的成本、估计的销售费用以及相关税费后的金额计量。

（4）现值。在现值计量下，资产按照预计从其持续使用和最终处置中所产生的未来净现金流入量的折现金额计量。负债按照预计期限内需要偿还的未来净现金流出量的折现金额计量。

（5）公允价值。公允价值是指市场参与者在计量日发生的有序交易中，出售一项资产所能收到的或者转移一项负债所需支付的价格。企业以公允价值计量相关资产或负债，应当假定市场参与者在计量日出售资产或者转移负债的交易是当前市场条件下的有序交易。有序交易是指在计量日前的一段时期内，相关资产或负债具有惯常市场活动的交易，即双方是自愿的，交易是公平的，而且市场应是主要市场或最有利的市场。

企业应以主要市场的价格计量相关资产或负债的公允价值；不存在主要市场时，应以最有利市场的价格计量相关资产或负债的公允价值。当计量日不存在能够提供出售资产或转移负债相关价格信息的可观察市场时，企业应当从持有资产或承担负债的市场参与者角度，假定计量日发生了出售资产或转移负债的交易，并以该假定交易价格为基础计量相关资产或负债的公允价值。

“历史成本和公允价值在逻辑上是一致的，历史成本常被称为过去时点的公允价值；重置成本是现在的公允价值；而可实现净值和未来现金流量的现值是根据预期的未来现金流量估计的公允价值（现值是折现后的结果，可实现净值不考虑折现）。……公允价值概念的提出，反映了会计界在会计计量方面一个明确的努力方向，而在会计计量属性体系中，与历史成本、重置成本及可变现净值并列的，应当还是未来现金流量的现值，而由于在对某些资产和负债计量时，无法取得可以观察的市场金额，只能改用未来现金流量的现值或估计值来进行计量，即现值计量更能反映形成市场价格即公允价值的各种要素，但应在未来现金流量的现值之前加一个定语，即以公允价值为计量目标的现值。因此，公允价值本身并非特指某一具体的计量属性，而是一个检验标准，体现的是一种计量观念。”①

公允价值能否作为一个独立的计量属性，学术界一直存在争议。有人根据 FASB 第 157 号（公允价值计量）对公允价值的定义：“在计量日，市场参与者之间在有序的市场交易中，出售资产所获得的价格或清偿债务所出的价格。”认为“公允价值本质上是一种价格，应当属于计量属性的范畴。不能因为公允价值含有‘价值’二字而认为公允价值本质上是一种价值。”“公允价值作为一种价格并不能成为另一种价格的取舍标准，价格的取舍标准是‘公允性’。所谓公允性，是指‘真实’和‘公允’，它与公允价值的区别在于，公允性是一种性质，而公允价值是一种价格，是对这种性质的一种体现方式。”②

---

① 盖地、颜蕾：《公允价值：问题与对策》，载于《会计之友》2007 年第 4 期。

② 焦授青、杨成文：《公允价值新论》，载于《财会月刊（理论）》2007 年第 5 期。

4. 计量模式：资本保全

计量单位与计量属性的不同组合，形成了不同的计量模式。计量模式主要有：历史成本/名义货币；历史成本/固定购买力；现时成本/名义货币；现时成本/固定购买力。计量模式的选择是与不同的资本保全（capital maintenance）概念密切相关的。资本保全概念关系到会计主体如何定义其力求保全的资本。因为它提供了计量利润的参照点，从而也就规定了资本概念与利润概念的联系。在 IASB《编报财务报表的框架》中，提出了财务资本保全和实物资本保全两种计量模式。

（1）财务资本保全。“根据这一概念，在扣除本期内对业主的分配和业主的出资以后，期末净资产的财务（或货币）金额必须大于期初净资产的财务（或货币）金额时，才算赚得利润。”（IASB）财务资本保全，既可以用名义货币单位计量，也可以用固定购买力单位计量。

根据财务资本保全概念，当资本按名义货币单位定义时，利润代表了这一期间内名义货币资本的增加。因此，在这一期间内所持有资产在价格上的提高，通常称为持有利得，在概念上是利润。然而，只有到发生交换业务使得资产被处置时，才能确认这种利润。这一保全概念导致了历史成本/名义货币计量模式，这是目前大多数国家所采用的计量模式。当财务资本保全的概念根据固定购买力单位定义时，利润代表了这一期间投入购买力的增加。因此，在资产价格提高中，只有超过价格一般水平的部分，才能看作是利润。其余部分应作为资本保全调整数，即作为权益的一部分进行处理。这一保全概念导致了历史成本/固定购买力计量模式。

（2）实物资本保全。“根据这一概念，在扣除本期内对业主的分配和业主的出资以后，主体的期末实物生产能力（或营运能力），或主体期末达到上述实物生产能力所需的资源或资金，必须大于期初实物生产能力，才算赚得利润”（IASB）。

实物资本保全概念要求采用现时成本计量基础。其计量单位既可以是名义货币，也可以是固定购买力。前者的计量模式称为现时成本/名义货币，后者的计量模式称为现时成本/固定购买力。

根据实物资本保全概念，当资本按实物生产能力定义时，利润代表了这一期间实物资本的增加。所有影响企业资产和负债的价格变动，都被认为是企业实物生产能力计量上的变动，因此它们应作为权益中的一部分的资本保全调整处理，而不作为利润处理。

对计量属性和资本保全概念的选择，将决定在编制财务报表中会计模式的使用。不同的会计模式表现出不同程度的相关性和可靠性，如同在其他方面一样，管理当局必须在相关性和可靠性之间做出权衡。

大多数会计主体在编制财务报表时，都采用了资本的财务概念。按照资本的财务概念，资本视同投入的货币或投入购买力，是主体的净资产或权益的同义语。

三、财务会计确认与计量原则

确认与计量犹如一枚硬币的两面，缺一不可。当记录一项经济业务时，判断借记或贷记的账户（包括其后编制的财务报表项目）就是确认，而借贷金额、报表项目金额的确定就是计量。因此，确认和计量的原则是共同的。财务会计确认与计量的原则一般有：

1. 权责发生制原则（基础）

权责发生制原则是指当期已经实现的收入和已经发生或应负担的费用，不论款项是否收付，都应当作为本期的收入和费用处理；凡是不属当期的收入和费用，即使款项已经在当期收付，都不应作为当期收入和费用。旨在将财务成果或损失归入导致发生收入或支出的那个报告期，而不归之于实际收付现金的那个报告期。

权责发生制是与收付实现制（现金制）相对应的一种记账基础，亦称应计制或应计基础，它主要适用于企业会计，能够比较客观地反映企业某一特定会计期间的财务状况和经营成果。

尽管权责发生制有其优越性，但在反映企业财务状况时也有其缺憾。当企业应收账款、应收票据数额较大时，可能产生垫支税款，就会加剧资金的紧张，影响企业的正常经营。因此，在财务会计中，除了按权责发生制进行日常会计处理外，期末还要以收付实现制为基础编制现金流量表，反映企业现金净流量、实际支付能力等财务状况。

2. 历史成本原则

历史成本原则亦称实际（原始）成本原则。它是指企业的各种资产应当按其取得或购建时发生的实际支出计价、入账。根据这一原则，企业取得的资产必须以其购进或建造的原始成本记账；发生的费用和损失，也必须以历史成本记账，负债也同样应以发生时的金额予以清算偿还。

历史成本计量有其优点：一是数据真实可靠，并且容易取得，便于核算；二是具有客观性，因为是在业务发生的当时取得的；三是具有可验证性，有凭有据，便于查核。

以历史成本作为会计计价标准是以币值稳定为先决条件的，但在实务中，物价可能是经常变动的。在许多国家（包括我国）都发生着或发生过不同程度的通货膨胀，这对历史成本原则是个很大的冲击。为此，会计理论界和实务界也在研究物价变动会计（通货膨胀会计），主张资产按重置成本或现行价格等计价，但要付诸实施或全面实施，尚需时日和条件。其实，在历史成本原则下，对某些特殊会计事项，也允许采用非历史成本原则，如外币业务事项，结账时，可用期末汇率折合成记账本位币；在资产重估时，可用重置成本反映企业资产价值。

3. 配比原则

配比原则是指企业取得的某项收入必须与为取得这项收入所耗费的成本或费用相配合、相比较，以便确定其净收益或净损失。配比原则的含义是：某种产品的收入必须与该产品的成本相配比，以确定该产品耗费的补偿；企业某个部门的收入或某项收入必须与该部门或该项耗费相配比，以确定该部门或该项业务的成果；企业某个会计期间的收入必须与该期间的耗费相配比，以确定该期间的经营成果。狭义的配比仅指后者，配比时可采用直接配比、间接配比和期间配比三种做法。

配比原则与权责发生制原则既有联系，又有区别。两者都是为了正确计算收益，都是为了说明某一收入是已经实现的某一时期或某一产品的收入，某一费用是已经发生的某一时期或某一产品的支出；但权责发生制是为了正确地确认收入和费用，而配比原则是为了正确地确认收益，它是在正确确认收入和费用的基础上，进一步确认收益，两者不能相互代替。

4. 划分收益性支出与资本性支出原则

收益性（经营性）支出是支出的效益仅涉及本会计期间的那部分支出，资本性支出是支出的效益涉及若干个会计期间的支出。在会计核算中，正确划分收益性支出与资本性支出的界限，是为了正确计算当期损益和应纳税额。

在会计处理时，对收益性支出，如销售费用、管理费用、财务费用等，应直接记入当期费用，从当期实现的收入中补偿。对于资本性支出，如固定资产购建等，由于这些支出构成了长期资产的价值，因此要在生产经营中以折旧、摊销的方式逐步收回，但对数额较小或所形成的资产单位价值较低时，也可以按收益性支出处理。

5. 充分揭示原则

充分揭示原则，亦称财务报告原则。是指为公正表达企业经济事项所必要的信息，企业应及时、完整地提供并使用户易于理解，亦即财务报告应揭示所有对用户的理解及决策有用的重要信息。换言之，如果某项信息被忽略或遗漏时，其结果将引起用户对财务报告的误解或误导其决策，则该项信息就应予以揭示。如本章第二节述及的重要性原则，过多的信息可能会掩盖真正相关的信息，从而会导致决策失误。因此，充分揭示原则并不意味着事无巨细地揭示信息，而是简洁明确地提供重要信息。

由于财务报表存在的局限性，充分揭示原则要求提供的信息包括基本财务报表和一定的注释及补充说明，即财务报表附注（详见本书第十三章）。

知识题

1. 何谓财务会计？试述中级财务会计与初级、高级财务会计的主要区别。
2. 试述财务会计概念及概念框架。
3. 简述财务会计目标及基本假设。
4. 简述财务会计基础及信息质量特征。
5. 简述财务会计要素定义及其相互关系。
6. 试述会计计量定义、计量单位、计量属性。
7. 如何理解会计准则的“国际趋同”？

案例分析

济南轻骑（全称“济南轻骑摩托车股份有限公司”），1993 年 12 月先是 A 股在上交所上市，1997 年 6 月 B 股又上市。公司从证券市场募集资金超过 16 亿元。该公司从 1993 年上市至 2003 年的 10 年间，前 5 年可谓一帆风顺，但从 1998 年开始，效益下滑。到 2000 年公司出现了亏损，亏损额达 2.72 亿元；2002 年亏损额高达 34 亿元。由于连续 3 年亏损，公司股票自 2003 年 4 月 28 日起暂停交易。

2003 年 4 月 25 日，济南轻骑公布的年报显示：公司 2002 年的亏损额高达 34 亿元。这一数字创下了我国股市单个公司亏损额之最。而令人不可思议的是，在 2002 年 12 月

31 日，公司还曾发布公告称：经初步测算，公司预计 2003 年将实现盈利。更为出奇的是，2003 年 8 月公司真的公布上半年盈利 1 613 万元！这对于不熟知会计的人来说，简直如神话一般！其实，对于懂会计的人来说，这些离奇的数字并不神秘，无非是一些会计造假、利润操纵手法的翻版，其采用的具体手法就是利用会计谨慎原则所留有的选择空间操纵会计数据。

2002 年年报显示，公司总共提取了高达 42 亿元的坏账准备，其中的 38.65 亿元是对轻骑集团 3 笔应收款全额计提坏账准备形成的。而在这之前，公司对上述款项的计提比例一直保持在 3%。可见，济南轻骑巨亏的主要原因是"突击"计提坏账准备所致。从会计的角度看，这既是对谨慎原则的滥用，又严重违背了一贯性原则。从 3% 的小比例计提一下猛增到 100% 的全额计提，而且涉及数额如此巨大，是会计政策选择中极端的机会主义行为。济南轻骑的这一做法反映了会计制度所具有的局限性，也暴露了公司治理及监管制度所存在的问题，值得深思。

一、谨慎原则：企业持续经营的守护神，还是会计信息操纵的手段

会计上的谨慎原则一直被当作增强企业持续经营能力的法宝。原因是，谨慎原则充分考虑了企业可能面临的不确定因素，奉行宁肯高估可能发生的费用和损失而不预计可能获得的收益和利得的理念。由于单一僵化的历史成本计价原则无法客观地反映企业真实的财务状况和经营成果，因此由企业根据变化了的资产价值，按照谨慎原则加以重新估计并对外披露相关信息是十分必要的。但遗憾的是，这一原则成为有些企业随意调节利润的手段。企业常常通过少计提准备或者上年度多提、下年度冲回准备的办法，达到其操纵利润的目的。事实上，这一原则隐含了两个重要前提：会计人员具有良好的职业判断能力；企业管理当局具备良好的诚信操守。缺少其中任何一个前提，都可能使这一原则的结果走向其目的的反面，导致不实甚至是欺诈性会计信息的产生。济南轻骑的做法已经充分证明了这一点。

济南轻骑坏账准备金的提取比例由 3% 猛提到 100%，绝不是真实职业判断的结果，而是盈余操纵的需要。公司的主要业务是生产摩托车产品，但产品的技术含量并不高，而且同类企业众多，激烈的行业竞争使利润普遍下降，这种状况在短期内不会有大的改观。而控股股东的 30 多亿元巨额欠款就像压在公司头上的一座大山，严重影响了其竞争力。陷于极度困境的济南轻骑在重组无望的情况下，希望将大量不良债权进行一次性处理，以甩掉财务包袱。按证监会规定，对大股东欠钱不还的，可以回购股权的方式抵债，但济南轻骑却以其母公司轻骑集团"经营状况持续恶化、自身经营和偿债能力低下"为由，主动计提全额准备，其计提秘密准备、操纵盈余的动机是显而易见的。然而从遵循会计制度的角度看，人们似乎又不能拿它是问。这就连训练有素、技术高超的 CPA 也拿它无可奈何，境内外两家会计师事务所出具的都是"无法表示意见"的审计报告。它们称：会计师事务所无法取得充分适当的审计证据对该公司 2002 年 12 月 31 日应收中国轻骑集团有限公司和其他关联公司往来欠款计提数额的恰当性做出判断。

二、规范与监管：抑制会计操纵的必然选择

谨慎原则客观上留下了企业进行会计选择的空间，取消这些选择空间显然有悖于会计中的"相关性"原则。但正是这些会计选择空间常常成为企业进行会计操纵的"基地"，所以对这些选择空间及企业的选择行为进行限制和规范是十分必要的。济南轻骑的做法告诉我们：谨慎原则是一种十分模糊的会计原则，独立的第三者很难对企业遵循这一原则的程度做出证据充分的检查和鉴证，利益相关者对此做出客观公正的评价更是难上加难；而且这一原则本身就允许不同的企业采用不同程度的谨慎标准。因此，通过适当缩小会计判断空间，阻断会计操纵才是当务之急。

针对我国会计人员业务素质普遍不高、公司治理结构和会计监管效果尚不理想的现实，应有意识地减少会计的职业判断空间并有针对性地制定易于操作、科学、适度的谨慎标准，以指导会计人员正确理解和应用会计政策，使企业既保持适度谨慎，又避免有意识地计提秘密准备。财政部发布的《关于执行（企业会计制度）和相关会计准则有关问题解答（二）》，明显地缩小了会计选择的空间。这正是规范会计选择行为的具体体现，也是目前我国市场经济体制发育不完善、会计人员业务素质不高和执法守法观念不强情况下的理性做法。

此外，为有效地抑制会计操纵行为，必须加大监管和惩罚的力度，这可谓是抑制会计操纵行为的一剂苦口良药。市场制度不光彩的一面就是滋生商业欺诈，会计操纵正是商业欺诈的一种表现形式。治理会计操纵必须有效地识别和发现会计操纵，并加大对会计操纵者的惩罚力度，提高操纵者的违规成本，使会计操纵者不能从操纵中得到好处。由于会计操纵是一种管理舞弊行为，进行惩罚的重点应是企业最高负责人和财务负责人。在这方面，美国2002年《萨班斯——奥克斯利法案》加大对CEO和CFO会计造假惩处力度的做法值得我们借鉴。

三、公司治理结构：对会计信息质量至关重要

为了防止管理当局可能根据自己的利益最大化进行逆向选择，只能采用激励与监督并用的所谓“胡萝卜加大棒”的办法，而会计信息就成为激励和监督所依赖的基本信息。对会计信息有控制权的管理当局为了实现自身利益最大化就可能利用会计选择空间随意变更会计政策，操纵不同会计期间的收益指标。济南轻骑2002年对会计工作进行了一次大“洗礼”，正是对以前年度所累积的不良资产的集中处理。济南轻骑虽为上市公司，但其原材料采购以及产品的销售都依靠母公司轻骑集团进行，济南轻骑只负责生产，更像是轻骑集团的一个生产车间，因而多年来济南轻骑与其集团基本是“两块牌子一套人马”，双方高管人员交叉任职，干部全部由集团领导任免，大小决策也由集团来定夺。济南轻骑2002年的一笔笔糊涂账充分暴露出其在公司治理方面存在的问题。例如：2002年4月23日济南轻骑公告，1998年以前集团公司在本公司不知情的情况下，以本公司的名义贷款8 000万元，直到担保方国泰君安证券股份有限公司向本公司追偿时才知晓；而2002年5月13日公司公告，在本公司不知情的情况下，集团公司以本公司名义于1999年6月27日在华夏银行济南分行贷款6 000万元，1998年5月13日在国泰君安证券有限公司借款2 000万元（集团公司已还款770万元，截至2002年5月10日借款余额为1 230万元）。由于各种原因，使集团公司累计拖欠济南轻骑的款项逐年增加：2000年底为25.8亿元，2001年底为28.12亿元，2002年底达30多亿元。就这样，本该用于济南轻骑的大量资金被集团公司长期占用，使济南轻骑经营性资金严重短缺，经营业绩迅速下滑，操纵业绩便在所难免。

四、退市制度：将企业“逼上梁山”

退市制度的建立是一个国家证券市场是否健全和成熟的主要标志之一。2001 年 2 月，中国证监会发布了《亏损上市公司暂停上市和终止上市实施办法》，对上市公司暂停上市和终止上市的条件、程序和信息披露等做出了规定。这标志着我国证券市场将逐步走向成熟，也使上市公司退市机制具备了可操作性。该办法规定“证券交易所依法决定上市公司股票的暂停、恢复或者终止上市”“公司出现最近三年连续亏损的情形，证券交易所应自公司公布年度报告之日起十个工作日内做出暂停其股票上市的决定。”暂停上市后第一个半年度仍未扭亏，证交所将直接做出终止其上市的决定；反之，如果公司盈利，则可申请恢复上市。这一退市制度尽管在与国际惯例接轨、优胜劣汰、优化资源配置等方面起到了推动作用，但根据其规定，如果公司在暂停上市后第一个半年度盈利，则可申请恢复上市。这样在上市公司经营业绩欠佳的情况下，为了免遭退市的厄运，势必产生操纵会计信息的动机，而操纵会计信息最为含蓄也相对安全的办法即“灵活”运用会计政策。从这个意义上讲，济南轻骑正是灵活运用会计政策的“典范”。在 2002 年度前之所以计提的坏账准备较低，主要是想不能亏得太惨，以保住上市资格。当经营失败难以继续掩盖时，就索性大量计提坏账准备，干脆一次亏个够，以甩掉包袱，来年就可轻而易举地实现报表盈利。否则的话，如果在暂停上市后的第一个半年度继续亏损，毫无疑问就会退出股票市场。正所谓“留得青山在，不怕没柴烧”。2003 年 8 月 30 日济南轻骑披露其 2003 年上半年盈利的信息，也正好验证了这一动机。因此，如何进一步完善上市公司的退市制度，也是中国证监会必须考虑的问题。

（资料来源：王乐锦，《财务与会计》2003 年第 12 期，有删节。）

案例分析要求：通过“济南轻骑”案例，你如何理解谨慎性原则的应用？如何理解会计信息质量要求与会计信息质量的关系？

第二章

货币资金与应收款项

【学习目标】

通过本章的学习，掌握现金和银行存款日常收付的会计处理、现金清查的核算方法以及银行存款与银行对账的方法；掌握其他货币资金的内容及会计处理；掌握应收账款发生、收回的会计处理、坏账的会计处理方法、应收票据取得和收回的会计处理；掌握预付账款和其他应收款的会计处理。熟悉货币资金的范围和主要会计科目、国家有关现金和银行存款的管理制度，以及银行支付结算办法的种类及其相关规定；熟悉应收账款、应收票据预付账款和其他应收款的概念、范围与计价原则；熟悉应收票据贴现和转让的会计处理。了解应收账款抵借和受让的账务处理。

第一节　货币资金概述

一、货币资金的概念与性质

1. 货币资金的概念与范围

货币资金（cash，monetary resources）是指企业可以立即投入流通，用于购买商品或劳务，或用以偿还债务的交换媒介，是以货币形态表现的资金。

货币资金一般包括企业存于银行或其他金融机构的存款，以及本票和汇票款等可以立即支付使用的资金。凡是不能立即支付使用的（如银行冻结存款等）一般不能视为货币资金。库存现金、银行存款和其他货币资金是货币资金的主要分类。

2. 货币资金的性质

资产可以分类为货币性资产和非货币性资产。货币性资产是指企业拥有的货币资金以及将以固定或可确定的金额收取的资产，如应收账款、应收票据以及准备持有至到期的债权投资等。非货币性资产指货币性资产以外的其他资产，包括存货、固定资产、无形资产、股权投资以及不准备持有到期的债权投资等。

货币资金是企业货币性资产的重要组成部分，也是企业的一项流动资产。在流动资产中，货币资金的流动性最强，并且是唯一能够直接转化为其他任何资产形态的流动性资产，也是最能够代表企业现实购买力水平的资产。为了确保生产经营活动的正常进行，企业必须拥有一定数量的货币资金，以便购买材料、缴纳税金、发放工资、支付利息及股利或进行投资等。企业所拥有的货币资金是分析和判断企业偿债能力与支付能力的重要指标。

二、货币资金的管理制度概述

根据我国中央银行（中国人民银行）关于现金管理制度和结算制度规定，每个企业都必须在银行或其他金融机构开立存款账户，以办理存款、取款和结算业务。我国有关货币资金管理的主要法规有《现金管理暂行条例》和《银行存款管理制度》。

货币资金管理的总原则是：职责分工；交易分开；内部稽核；定期换岗。企业的货币资金，在规定限额内可以保存少量现金外，其余必须存入银行；企业的款项收付，除在规定范围内采用现金结算外，其余都必须通过银行办理转账结算。

1. 货币资金内部控制制度的基本要求

内部控制制度（internal control system）是企业重要的内部管理制度，指处理各种业务活动时，依照分工负责的原则在有关人员之间建立的相互联系、制约的管理体系。货币资金的内部控制制度是企业最重要的内部控制制度，其主要特征是：要求货币资金收支与记录的岗位分离，收支凭证经过有效复核或核准，收支及时入账且收支分开处理，建立严密的清查和核对制度，做到账实相符，制定严格的现金管理及检查制度等。

2. 货币资金内部控制制度的主要内容

企业建立的货币资金内部控制制度的具体内容因企业的规模大小和货币收支量多少而有所不同，但一般应包括以下主要内容：（1）货币资金收支业务的全过程分工完成、各负其责；（2）货币资金收支业务的会计处理程序制度化；（3）货币资金收支业务与会计记账分开处理；（4）货币资金收入与货币资金支出分开处理；（5）内部稽核人员对货币资金实施制度化的检查。

2010 年颁布的《企业内部控制应用指引》还提出以下具体规定：

企业在生产经营及其他业务活动中取得的资金收入应当及时入账，不得账外设账，严禁收款不入账、设立“小金库”。

企业办理资金支付业务，应当明确支出款项的用途、金额、预算、限额、支付方式等内容，并附原始单据或相关证明，履行严格的授权审批程序后，方可安排资金支出。

企业办理资金收付业务，应当遵守现金和银行存款管理的有关规定，不得由一人办理货币资金全过程业务，严禁将办理资金支付业务的相关印章和票据集中一人保管。

三、主要会计科目与报表列示

不同形式的货币资金有不同的管理方式和管理内容，为了适应货币资金管理的需要，一般设置“库存现金”“银行存款”和“其他货币资金”等科目。

“库存现金”科目用以核算企业的库存现金，但不包括企业内部周转备用金。“银行存款”科目用以核算企业存入银行或其他金融机构的各种存款，但不包括企业的外埠存款、银行本票存款和银行汇票存款等。“其他货币资金”科目用以核算企业的外埠存款、银行汇票存款、银行本票存款等。有外币存款的企业，一般还应按币种设置相应的明细账进行明细核算。

为了总括反映企业货币资金的基本情况，资产负债表上一般只列示“货币资金”项目，不再按货币资金的各组成项目单独列示。

第二节 库存现金

一、库存现金的管理制度

库存现金（cash on hand）是指留存于企业、用于日常零星开支的现钞。根据国务院颁布的《现金管理暂行条例》规定，库存现金的管理主要包括以下几个方面：

1. 库存现金的使用范围

根据国务院发布的《现金管理暂行条例》的规定，企业可用现金支付的项目一般包括：(1) 支付给个人的款项。如支付的职工工资、津贴；(2) 个人劳务报酬；(3) 根据国家规定颁发给个人的科学技术、文学艺术、体育等各种奖金；(4) 各种劳保、福利费用以及国家规定的对个人的其他支出；(5) 向个人收购农副产品和其他物资的款项；(6) 出差人员必须随身携带的差旅费；(7) 结算起点为1 000元以下的零星支出；(8) 中国人民银行确定需要支付现金的其他支出。除上述可用现金支付的项目外，企业的一切付款均需通过银行转账结算。

2. 库存现金的限额管理

企业应根据开户银行核定的现金限额，对库存现金进行限额管理。当现金库存超过限额时，应将超过部分及时送存银行，当库存现金不敷使用时，应从银行存款中提取现金，补足限额。银行给每个开户企业核定库存现金的最高限度库存额称为库存限额。各企业现金库存限额应根据企业规模业务量，日常零星开支现金需要量以及企业距离开户银行远近等条件予以核定。现金限额一般应为企业3~5天零星开支现金需要量。边远地区和交通不变地区的企业的库存限额可以多于5天，但最多不得超过15天的日常零星开支需要量。企业零星开支需要量，不包括发放工资和借支差旅费等大额现金支付，发生这些支付应签发现金支票，随时从银行提取现金。企业必须严格按照限额规定控制现金结余量，超过限额的部分必须及时送存银行，库存现金低于限额时可以签发现金支票从银行提取现金，以补足限额。

3. 库存现金日常收支管理

为保证库存现金的安全完整，库存现金日常收支管理的内容主要有：

(1) 为了加强现金收支手续，出纳与会计人员必须分清责任，实行相互制约，加强现金收付业务的手续。现金的收付保管应由出纳人员负责办理，非出纳人员不得经管现金。

(2) 现金收入都应开具收款收据，收入现金签发收据与经手收款，按要求也应当分开，由两个经办人分工办理，如销货收入应由经销人员负责填制发票单据，出纳人员据以收款，以防差错与作弊。

（3）企业收入的现金应于当天送存开户银行，当天送存有困难的，应取得开户银行同意后，按双方协商的时间送存。

（4）现金支出都要有原始凭证，由经办人签名，经主管和有关人员审核后，出纳人员才能据以付款，在付款后，应加盖“现金付讫”戳记，妥善保管。

（5）开户单位支付现金，可以从本单位库存现金限额中支付或者从开户银行提取，不得从本单位的现金收入中直接支付（即坐支）。企业从开户银行提取现金时，应如实写明用途，由企业财会部门负责人签章，经开户银行审核批准后予以支付。因特殊情况需要坐支现金的，应当事先报经开户银行审查批准，由开户银行核定坐支范围和限额。坐支单位应当定期向开户银行报送坐支金额和使用情况。

（6）企业必须建立健全库存现金账目，严格执行现金清查盘点制度。除设置库存现总分类账户对现金进行总分类核算以外，还必须设置库存现金日记账进行库存金收支的明细核算，逐笔登记现金收入和支出。出纳人员每天盘点现金实有数，与现金日记账的账面余额核对，保证账实相符。企业会计部门必须定期或不定期地进行清查盘点，及时发现或防止差错以及挪用、贪污、盗窃等不法行为的发生。如果出现长短款，必须及时查找原因。

库存现金要定期或不定期地由内部审计人员核查，出纳岗位应定期轮换。

二、库存现金收付与清查的会计处理

1. 库存现金的收付

为了总括地反映企业库存现金的收支和结存情况，企业应设置“库存现金”科目对库存现金进行总分类核算，还必须设置库存现金日记账进行序时核算。有外币现金的企业，应当分别人民币和各种外币设置“现金日记账”进行明细核算。

库存现金日记账一般采用三栏式订本账格式，由出纳人员根据审核以后的原始凭证、现金收款凭证、现金付款凭证逐日逐笔序时登记，每日营业终了，应当计算当日的现金收入合计额、现金支出合计额和结余额，并将结余额与实际库存额核对，做到账款相符。库存现金总账账户根据现金收、付款凭证登记或定期汇总登记。月末，库存现金日记账余额与库存现金总账余额核对一致。

企业的库存现金收入主要包括：从银行提取现金；收取不足转账起点的小额销货款；职工交回的多余出差借款等。企业收到现金时，应根据审核无误的会计凭证，借记“库存现金”科目，贷记有关科目。

企业的库存现金支出包括现金开支范围以内的各项支出。企业实际支付现金时，应根据审核无误的会计凭证，借记有关科目，贷记“库存现金”科目。

现金的核算举例（不考虑增值税因素，下同）：

【例2－1】零星销售商品收到货款1 000元。

借：库存现金	1 000	
贷：主营业务收入		1 000

【例2－2】采购员××借支差旅费2 000元。

借：其他应收款——采购员××　　2 000

　　贷：库存现金　　2 000

【例2－3】采购员××出差归来，报销差旅费1 800元，余款交回元。

借：库存现金　　200

　　管理费用　　1 800

　　贷：其他应收款——采购员××　　2 000

企业内部的部门、单位周转使用的备用金，应在“其他应收款”账户下设置“备用金”明细账户核算，不在“库存现金”账户核算。

2. 库存现金的清查

为了加强现金管理，应对库存现金进行实地盘点清查，然后再与现金日记账余额进行核对，以确定账实是否相符。库存现金清查包括两部分内容，一是出纳人员每日营业终了进行账款核对；二是清查小组进行定期或不定期盘点和核对。

对库存现金进行账实核对，如发现账实不符，应立即查明原因及时更正。现金清查后，应及时编制库存现金盘点报告表，列明现金账存额、现金实存额、差异额及其原因，对无法确定原因的差异，应及时报告有关负责人。

库存现金清查中发现的长款或短款，应根据现金盘点报告表进行账务处理，并据以调整现金日记账的余额，以确保账实相符。发生的现金盈余或短缺暂时通过“待处理财产损溢——待处理流动资产损溢”账户进行核算，待查明原因后，再根据不同原因及处理结果，将其转入有关科目。

对现金溢余进行处理的一般原则：

（1）属于应支付给有关人员或单位的，应借记“待处理财产损溢——待处理流动资产损溢”科目，贷记“其他应付款——应付现金溢余（××个人）”科目；

（2）属于无法查明原因的现金溢余，经批准后，借记“待处理财产损溢——待处理流动资产损溢”科目，贷记“营业外收入——现金溢余”科目。

对库存现金短缺进行处理的一般原则：

（1）属于由责任人赔偿的部分，借记“其他应收款——应收现金短缺款（××个人）”或“库存现金”等科目，贷记“待处理财产损溢——待处理流动资产损溢”科目；

（2）属于应由保险公司赔偿的部分，借记“其他应收款——应收保险赔款”科目，贷记“待处理财产损溢——待处理流动资产损溢”科目；

（3）属于无法查明的其他原因，根据管理权限，经批准后处理，借记“管理费用——现金短缺”科目，贷记“待处理财产损溢——待处理流动资产损溢”科目。

【例2－4】在现金清查中发现溢余200元，原因待查。

借：库存现金　　200

　　贷：待处理财产损溢——待处理流动资产损溢　　200

【例2－5】以上溢余，原因无法查明，经批准转为营业外收入处理。

借：待处理财产损溢——待处理流动资产损溢　　200

　　贷：营业外收入　　200

【例2-6】现金短缺100元，原因待查。

借：待处理财产损溢——待处理流动资产损溢　　100

　　贷：库存现金　　100

【例2-7】以上盘亏，经核查系出纳员失责造成，经理批示由其赔偿，向出纳人员发出赔偿通知书。企业随后收到赔偿的现金。

借：其他应收款——出纳员××　　200

　　贷：待处理财产损溢——待处理流动资产损溢　　200

借：库存现金　　200

　　贷：其他应收款——出纳员××　　200

企业清查的库存现金损溢，一般应于期末前查明原因，并根据企业的管理权限，报经股东大会或董事会或经理（厂长）会议或类似机构批准后，在期末结账前处理完毕。如清查的现金损溢在期末前尚未批准的，在对外提供财务报告时先按上述原则进行处理，并在财务报表附注中做出说明；如果其经批准处理的金额与已处理的金额不一致的，再按资产负债表日后事项的处理则调整财务报表相关项目的年初数。

第三节　银行存款

一、银行存款的账户管理

根据中国人民银行《银行账户管理办法》规定，企业在银行或其他金融机构开立的存款账户分为以下几种：

1. 基本存款账户

基本存款账户是存款人的主办账户，存款人日常经营活动的资金收付及其工资、奖金和现金的支取，应通过该账户办理。单位银行卡账户的资金必须由其基本存款账户转账存入。

2. 一般存款账户

一般存款账户是存款人因借款或其他结算需要，在基本存款账户开户银行以外的银行营业机构开立的银行结算账户。一般存款账户用于办理存款人借款转存、借款归还和其他结算的资金收付，该账户可以办理现金缴存，但不得办理现金支取。

3. 临时存款账户

临时存款账户是存款人因临时经营活动需要而开立的存款账户。通过本账户企业可办理转账和根据规定办理现金收付。临时存款账户的有效期最长不得超过2年。

4. 专用存款账户

专用存款账户是存款人按照法律、行政法规和规章，对其特定用途资金（如用于基建项目的专项资金、农副产品资金）进行专项管理和使用而开立的银行结算账户。专用存款账户用于办理各项专用资金的收付，但不得办理现金收付业务。

为了加强对基本存款账户的管理，对企事业单位开立基本存款户实行开户许可证制度。必须凭中国人民银行当地分支机构核发的开户许可证办理，不得为还贷、还债和套取现金而多头开立基本存款账户。企业不得在多家银行开立基本存款户，不得在同一家银行的几个分支机构开立一般存款账户。不得出租出借账户，不得违反规定在异地存款、贷款而开立账户。任何人不得将单位资金以个人名义开立账户储存。

二、银行存款结算管理

结算是指款项的收付行为。企业因各种业务办理结算，现金开支范围以外的各项款项收付，都必须通过银行办理转账结算。不同国家和地区以及不同的经济业务采用的转账结算方式存在差别。企业应根据业务特点，采用恰当的结算方式办理各种结算。

根据中国人民银行《支付结算办法》的规定，国内银行结算办法分为两类，一类是票据化的结算方式，包括支票、银行本票、银行汇票、商业汇票4种；另一类是银行通过记账形式划转款项的结算方式，包括汇兑、委托收款、托收承付、信用证4种。此外，还有网络银行结算方式。

企业办理转账结算必须遵守《中华人民共和国票据法》和中国人民银行《支付结算办法》的各项规定。在银行开立存款账户的企业办理支付结算，账户内需有足够的资金保证支付，必须以合法、有效的票据和结算凭证为依据；不准签发没有资金保证的票据或远期支票套取银行信用；不准签发、取得和转让没有真实交易和债权债务的票据套取银行及他人资金；不准无理拒付款项而任意占用他人资金；不准违反规定开立和使用账户。企业应该根据业务特点，采取恰当的结算方式办理各种结算业务。

三、银行结算方式

我国企业发生货币资金收付业务，可以采用银行汇票、商业汇票、银行本票、支票、信用卡、汇兑、托收承付、委托收款和国内信用证等结算方式。企业应按照《支付结算办法》及《中华人民共和国票据法》等有关规定办理各项结算业务。结算票据是办理银行支付结算的工具，属于有价证券。

1. 支票

支票（check）是出票人签发的，委托办理支票存款业务的银行在见票时无条件支付确定的金额给收款人或持票人的票据。支票的出票人，应为在经中国人民银行当地分支行批准办理支票业务的银行机构开立可以使用支票的存款账户的单位和个人。

支票上印有“现金”字样的为现金支票，现金支票只能用于支取现金；支票上印有“转账”字样的为转账支票，转账支票只能用于转账。支票上未印有“现金”和“转账”字样的为普通支票，普通支票既可用于支取现金，也可用于转账，但在普通支票左上角划两条平行线的，称为划线支票，划线支票只能用于转账，不能支取现金。支票的持票人可以委托开户银行收款或直接向出票人开户银行提示付款，但现金支票只能由收款人向付款人提示付款。

签发现金支票和用于支取现金的普通支票，必须符合国家现金管理的规定。严禁签发空头支票。企业财会部门在签发支票之前，出纳员应认真查明银行存款日记账的结余数额，防止签发超过存款余额的空头支票。支票的提示付款期限为自出票日起 10 日内，另有规定的除外。超过期限的，持票人开户银行不予受理，付款人不予以付款。

付款人签发支票后，应根据支票存根和收款人开出的收据或发票等原始凭证借记有关账户，贷记“银行存款”账户。收款人收到支票后，委托开户银行收款时，应作委托收款背书，即在支票背面背书人签章栏签章，记载“委托收款”字样和背书日期，在被背书栏记载开户银行名称，将支票和填制的进账单送交开户银行，根据银行盖章退回的进账单第一联和有关原始凭证借记“银行存款”，贷记有关账户。

2. 银行本票

银行本票（bank cashier order）是银行签发的，承诺自己在见票时无条件支付确定金额给收款人或持票人的票据。银行本票的出票人为经中国人民银行当地分支行批准办理银行本票业务的银行机构。该出票人负有无条件支付票款的责任。

单位和个人在同一票据交换区域须支付的各种款项，均可使用银行本票。银行本票用于转账，但票面注明“现金”字样的可以用于支取现金。银行本票的提示付款期为自出票日起 2 个月。

申请人使用银行本票，应填写“银行本票申请书”，出票银行收妥银行本票存款签发银行本票。申请人应将本票交付给本票上记明的收款人。付款单位收到银行签发的银行本票后，根据申请书存根联编制付款凭证。

收款人受理银行本票时，应审查下列事项：收款人是否为本单位或本人；票据是否在提示付款期限内；必须记载的事项；出票人签章是否符合规定等。审查后，应将银行本票连同进账单送交银行办理转账，根据银行盖章退回的进账单第一联和其他原始凭证，编制收款凭证。

3. 银行汇票

银行汇票（bank draft）是出票银行签发的，由其在见票时按照实际结算金额无条件支付给收款人或持票人的票据。银行汇票的出票银行即银行汇票的付款人。银行汇票用于单位和个人在异地办理结算或支取现金。企业使用银行汇票，应向银行提交银行汇票申请书并将款项交存银行。银行汇票可以用于转账，填明现金字样的银行汇票，也可以用于支取现金。银行汇票的提示付款期限为自出票日起 1 个月。

付款企业向银行提交银行汇票申请书并将款项交存银行，收到银行签发的银行汇票和解讫通知后，应根据银行汇票申请书存根联编制付款凭证，根据多余款项收账通知，编制收款凭证。收款单位应将汇票、解讫通知和进账单送交银行，根据银行退回并加盖转讫章的进账单和有关原始凭证，编制收款凭证。

4. 商业汇票

商业汇票（commercial draft）是出票人签发的，委托付款人在指定日期无条件支付特定的金额给收款人或者持票人的票据。在银行开立存款账户的法人以及其他组织之间，必须具有真实的交易关系或债权债务关系，才能使用商业汇票。商业汇票的付款期限，最长不得超过 6 个月。商业汇票的提示付款期限为自汇票到期日起 10 日。

商业汇票分为银行承兑汇票和商业承兑汇票。银行承兑的汇票为银行承兑汇票。银行承兑汇票只能由在承兑银行开立存款账户的单位作为出票人。银行承兑汇票应由持票人在提示付款期内通过开户银行委托收款银行承兑汇票到期，承兑银行应无条件向持票人付款，此时如出票人银行存款不足支付票款，银行对其未支付的金额按照每日万分之五计收利息。

银行以外的单位承兑的汇票为商业承兑汇票。商业承兑汇票应由持票人在提示付款期内送交银行，银行留存汇票并通知付款人，付款人应在收到通知的次日起 3 日内通知银行付款。超过 3 日未通知银行付款的，银行于第 4 日晨开始营业时将票款划给持票人。银行办理划款时，如付款人不能支付，应将商业承兑汇票及未付款项通知书退给持票人。

在会计核算中，采用商业承兑汇票的，收款单位应将到期的汇票和委托收款凭证一并送交银行办理收款。收到银行的收账通知时，编制收款凭证。付款单位在收到银行的付款通知时，编制付款凭证。采用银行承兑汇票的，收款单位将要到期的汇票和委托收款凭证送交银行办理收款。收到银行收账通知时，编制收款凭证。付款单位在收到银行的付款通知时，编制付款凭证。

收款人持有的应收票据在到期前，可以按规定向开户银行申请贴现。收款单位持未到期的商业汇票向银行申请贴现时，应根据汇票填制贴现凭证并在其第一联上签章后，连同汇票送交银行，根据银行退回并盖转讫章的贴现凭证收账通知联，编制收款凭证。

5. 汇兑

汇兑（exchange）是汇款人委托银行将其款项支付给收款人的结算方式。单位和个人各种款项的结算，均可办理汇兑。汇兑分为信汇和电汇两种。信汇是指委托银行通过邮寄方式将款项划给收款人。电汇是指汇款人委托银行，通过电报或其他电子方式将款项划给收款人。

6. 委托收款

委托收款（entrusted collection of payment）是收款人委托银行向付款人收取款项的结算方式。单位和个人凭已承兑商业汇票、债券、存单等付款人债务证明办理款项结算，均可使用委托收款方式。委托收款方式下，款项的划回方式，分为邮寄和电报两种。委托收款在同城和异地均可以使用。

7. 托收承付

托收承付（collection with acceptance）是根据购销合同由收款人发货后，委托银行向异地付款人收取款项，由付款人向银行承认付款的结算方式。

使用托收承付的收、付款双方单位，必须是国有企业、供销合作社以及经营管理较好，并经开户银行审查同意的城乡集体所有制工业企业。办理托收承付的款项，必须是商品交易以及因商品交易而产生的劳务供应的款项。同时，双方必须签订购销合同并在合同上明确规定使用托收承付方式结算。代销、赊销、寄销商品的款项，不得办理托收承付。

收款人按合同发货后，必须凭商品确已发运的证件到银行办理托收（发货证件包括铁路、航运、公路等运输部门签发的运单、运单副本和邮局包裹回执）。收款人开户银行接到托收凭证及附件，应对托收条件、范围等认真审查，必要时还应查验购销合同，凡不符合要求或违反合同发货的均不得办理。

付款人开户银行收到托收凭证及附件后，应及时通知付款人。付款人应在承付期内审查核对，安排资金承付货款，承付的方式有验单付款和验货付款两种，由收、付款双方协商选用，并在合同中明确规定。对下列情况，付款人在承付期内，可向银行提出部分或全部拒绝付款：未签订购销合同或合同未订明采用托收承付结算方式的款项；未经双方事先达成协议，收款人提前交货或因逾期交货付款人不再需要该项货物的货款；未按合同规定的到货地址发货的款项；代销、赊销、寄销商品的款项；验单付款，发现所列货物的品种、规格、数量、价格与合同规定不符，或货物已到，经查验货物与合同规定或发货清单不符的款项；验货付款，经查验货物与合同规定或发货清单不符的款项；货款已经支付或计算有错误的款项。对于外贸部门托收进口商品的款项，在承付期内订货部门除因商品的质量问题外不能提出拒绝付款，应另行向外贸部门提出索赔。

8. 银行卡

银行卡（bank card）是指商业银行（含邮政金融机构）向社会发行的具有消费信用、转账结算、存取现金等全部或部分功能的电子支付工具。

银行卡按币种不同分为人民币卡、外币卡和双币种卡；按发行对象不同分为单位卡（商务卡）、个人卡；按照是否给予持卡人授信额度分为借记卡和贷记卡。

借记卡按功能不同分为转账卡（含储蓄卡，下同）、专用卡、储值卡。借记卡不具备透支功能。转账卡是实时扣账的借记卡，具有转账结算、存取现金和消费功能。专用卡是具有专门用途、在特定区域使用的借记卡，具有转账结算、存取现金功能。存放在借记卡的存款可以从银行获得活期利息。

贷记卡又称信用卡，是指发卡银行给予持卡人一定的信用额度，持卡人可在信用额度内先消费、后还款的银行卡。信用卡按透支后是否有免息期，又可以分为贷记卡和准贷记卡。贷记卡是指发卡银行给予持卡人一定的信用额度，持卡人可在信用额度内先消费后还款的银行卡，一般可以透支取现，但存放在贷记卡里的存款一般不计利息。准贷记卡是指持卡人先按发卡银行要求交存一定金额的备用金（可以立即消费或提现），当备用金账户余额不足支付时，可在发卡银行规定的信用额度内透支的信用卡，准贷记卡可以透支消费，但一般不可以透支取现，透支消费后一般没有免息期。存放在准贷记卡的存款可以从银行获得活期利息。

9. 信用证

信用证（letter of credit）是指开证行依照申请人（买方）的要求并按其指示向受益人开立的载有一定金额的、在一定期限内凭符合规定的单据付款的书面保证文件。信用证起源于国际间的贸易结算，银行充当进出口商之间的中间人和保证人，以银行信用代替商业信用。

依照信用证项下的汇票是否附有货运单据，信用证分为跟单信用证和光票信用证。跟单信用证是凭跟单汇票或仅凭单据付款的信用证，光票信用证是凭不随附货运单据的光票付款的信用证，银行凭光票信用证付款，有时也可要求受益人交付一些非货运单据，如发票，垫款清单等。在国际贸易的货款结算中，绝大部分使用跟单信用证。

依照信用证的开证银行所承担的责任，信用证可分为可撤销信用证和不可撤销信用证。不可撤销信用证一经开出，在有效期内，未经受益人及有关当事人的同意，开证行不能片面修改和撤销，只要受益人提供的单据符合信用证规定，开证行必须履行付款义务。可撤销信用证，指开证行不必征得受益人或有关当事人同意，有权随时撤销的信用证。选用时应在信用证上注明“可撤销”“不可撤销”字样。

我国在国际经贸中使用的结算方式主要是信用证。为适应国内贸易的需要，1997 年 6 月中国人民银行发布了《国内信用证结算办法》，信用证遂可用于国内结算。只有经中国人民银行批准经营结算业务的商业银行总行，以及经商业银行总行批准开办信用证结算业务的分支机构，才可办理国内信用证结算业务。信用证只限于转账结算，不得支取现金。信用证与作为其依据的购销合同相互独立，银行在处理信用证业务时，不受购销合同的约束，申请人交存的保证金和其存款余额不足支付的，开证行仍应按规定的时间付款，对不足支付的部分作逾期贷款处理。

在国际经济交往中，对于一些小额交易、清算交易尾欠或支付小额佣金等也可使用托收、汇兑结算方式。

不同结算方式中，银行本票、银行汇票、信用证属于银行信用，其余属于商业信用。支票、银行本票只能用于收付款双方处于同城或可交换票据区域内的结算。汇兑和托收承付只能用于办理异地结算。委托收款、商业汇票、银行汇票和信用卡则同城异地均可使用。

四、银行存款的会计处理

为了总括反映企业银行存款的收支和结存情况，应设置“银行存款”账户，账户的借方反映企业存入银行或其他金融机构的款项的增加，贷方反映提取和支出引起的存款减少，月末借方余额反映银行存款现金结存额。

企业除应设置“银行存款”总账，还应当按照开户银行和其他金融机构、存款种类等，分别设置“银行存款日记账”，有外币存款的企业，应当分别人民币和各种外币设置“银行存款日记账”，进行明细核算。由出纳人员根据收付款凭证，按照业务的发生顺序逐笔登记。每日终了应结出余额。

外埠存款、银行本票存款、银行汇票存款、信用卡存款、信用证保证金存款、存出投资款等，不在“银行存款”账户核算，而应在“其他货币资金”账户核算。

【例 2－8】某企业收到甲公司转账支票一张，金额 1 万元，归还以前欠款。支票已送存银行。

根据有关原始凭证，编制会计分录：

借：银行存款	10 000	
贷：应收账款——甲公司		10 000

【例 2－9】甲公司开出转账支票一张，金额 10 000 元，归还以前欠款。

根据有关原始凭证，编制会计分录：

借：应付账款	10 000	
贷：银行存款		10 000

五、银行存款的核对

企业应加强对银行存款的管理，并定期对银行存款进行检查核对。“银行存款日记账”应定期与“银行对账单”核对，至少每月核对一次。月末，企业银行存款账面余额与银行对账单余额之间如有差额，应按月编制“银行存款余额调节表”调节相符。

银行存款的清查是通过与开户银行转来的对账单进行核对，确定银行存款的实有数额。在对账时，如果银行存款的金额与开户银行转来的对账单的金额不一致，其原因可能有两个方面：一是存在未达账项因素；二是发生了记账的错误。

对未达账项因素应通过编制银行存款余额调节表进行调整。对企业记账的错误则应按照会计更正错误的方法进行更正。

未达账项是指企业与银行取得有关凭证的时间不同，发生的一方已取得凭证并已登记入账，而另一方由于未取得凭证而尚未入账的款项。

通常未达账项分为银行未达账项和企业未达账项两类，具体有四种方式。

1. 企业已收银行未收的款项

企业已收银行未收是指企业根据有关收款的原始凭证编制了记账凭证，并据以登记了银行存款日记账，此时企业的银行存款增加；由于银行没有收到有关原始凭证，因此银行没有进行登记而形成了银行未达账项。此项未达账项使企业银行存款日记账上的金额大于银行对账单上的金额。

2. 企业已付银行未付的款项

企业已付银行未付是指企业根据有关付款的原始凭证编制了记账凭证，并据以登记了银行存款日记账，此时企业的银行存款减少；由于银行没收到有关原始凭证，因此银行没有进行登记而形成了银行未达账项。此项未达账项使企业银行存款日记账的金额小于银行对账单的金额。

3. 银行已收企业未收的款项

银行已收企业未收是指银行已根据有关收款的原始凭证进行了登记，但由于企业没有收到有关原始的凭证，因此企业没有进行登记而形成了企业未达账项。此项未达账项使企业银行存款日记账的金额小于银行对账单上的金额。

4. 银行已付企业未付的款项

银行已付企业未付是指银行已根据有关付款凭证进行了登记，由于企业没有收到有关的原始凭证，因此企业没有进行登记而形成了企业未达账项。此项未达账项使企业银行存款日记账金额大于银行对账单上的金额。

企业一般通过编制“银行存款余额调节表”调整未达账项。出纳员在编制银行存款余额调节表时，应将未达账项视为已达账项来调整。计算关系如下：

$$\text{调整后的余额} = \frac{\text{企业银行存款}}{\text{日记账余额}} + \frac{\text{银行已收企业}}{\text{未收的款项}} - \frac{\text{银行已付企业}}{\text{未付的款项}}$$

$$\text{调整后的余额} = \text{银行对账单余额} + \frac{\text{企业已收银行}}{\text{未收的款项}} - \frac{\text{企业已付银行}}{\text{未付的款项}}$$

【例 2-10】某企业 6 月 30 日银行存款日记账余额为 10 万元，银行转来对账单余额 12 万元，经核对发现有下列未达账项：

（1）企业收到转账支票一张，金额 1.5 万元，企业已记账，银行尚未记账。

（2）企业开出转账支票一张，金额 2.6 万元，用于购买原材料，企业已记账银行尚未记账。

（3）企业委托银行收款1万元，银行已收妥入账，企业未接到银行的收款通知。

（4）银行代企业支付电话费1 000元，银行已记账，企业尚未登记。

根据以上资料进行分析，业务（1）、（2）是银行的未达账项，调整银行对账单余额；业务（3）、（4）是企业未达账项，调整企业银行存款日记账余额。根据上述公式的计算关系编制银行存款余额调节表，格式见表2－1。

表2－1　　银行存款余额调节表　　单位：元

项　　目	金　额	项　　目	金　额
企业银行存款日记账余额	100 000	银行对账单余额	120 000
加：银行已收企业未收的款项	10 000	加：企业已收银行未收的款项	15 000
减：银行已付企业未付的款项	1 000	减：企业已付银行未付的款项	26 000
调整后余额	109 000	调整后余额	109 000

编制银行存款余额调节表是为了核对账目，并不能作为调整银行存款账面余额的原始凭证。如果是企业未达账项，必须等到有关凭证到达企业并经审核后再进行相应的会计处理。

【例2－11】接上例。7月2日，企业接到银行的收款通知及相关原始凭证，企业委托银行收款1万元，银行已收妥入账。

根据有关原始凭证，编制会计分录：

借：银行存款　　10 000

　　贷：应收账款　　10 000

【例2－12】接上例。7月2日，企业接到银行的通知及相关原始凭证，银行代企业支付电话费1 000元。

根据有关原始凭证，编制会计分录：

借：管理费用　　1 000

　　贷：银行存款　　1 000

第四节　其他货币资金

其他货币资金是指因存放地点和用途的不同而区别于库存现金和一般银行存款的货币资金。其他货币资金主要包括外埠存款、银行汇票存款、银行本票存款、信用卡存款、信用证保证金存款和存出投资款等。为了反映和监督企业其他货币资金的收支和结存情况，应设置“其他货币资金”总账，借方登记增加数，贷方登记减少数，其借方余额表示其结存额。在“其他货币资金”总账下，可按不同种类设置明细账户，同时应进一步按外埠存款的开户银行，银行本票或汇票、信用证的收款单位等设置明细账。有信用卡业务的企业，还应在“信用卡”明细账户下按发卡银行和信用卡种类设置明细账。

一、外埠存款的会计处理

外埠存款是指企业到外地进行临时和零星采购时，汇往采购地银行开立采购专用临时存款户中的存款。

企业到外地采购物资时，往往由于供货单位分散等原因，导致采购时间较长。为此，可将采购资金汇往采购地的银行开立临时存款账户。采购人员用于差旅费目的可从该账户支取现金，采购物资的款项均应转账支付。采购完毕，外地银行将剩余款项划回企业开户银行。

【例 2 - 13】企业到外地某市采购，汇往该市某银行办事处资金 10 万元，采购员赴该市采购各种物资共 9 万元（不考虑增值税），并支取差旅费现金 0.5 万元，采购结束银行将余款转回采购企业开户银行。

汇出采购资金时：

借：其他货币资金——外埠存款　　100 000

　　贷：银行存款　　100 000

企业收到采购员交来的发票账单时：

借：原材料　　90 000

　　其他应收款　　5 000

　　贷：其他货币资金——外埠存款　　95 000

收到银行转账通知，余款已转回：

借：银行存款　　5 000

　　贷：其他货币资金——外埠存款　　5 000

采购员归来，报销差旅费：

借：管理费用　　5 000

　　贷：其他应收款　　5 000

二、银行本票存款的会计处理

银行本票是由银行签发的承诺见票无条件支付确定金额给收款人或持票人的票据。银行本票存款是本票申请人为取得银行本票按照规定存入银行专户的款项。

【例 2 - 14】企业申请办理银行本票用于偿还应付账款 8 万元，银行受理后开出定额本票 1 张。

企业收到银行本票

借：其他货币资金——银行本票存款　　80 000

　　贷：银行存款　　80 000

以银行本票存款支付欠款，根据发票账单等有关凭证。

借：应付账款　　80 000

　　贷：其他货币资金——银行本票存款　　80 000

三、银行汇票存款的会计处理

银行汇票是出票银行签发的，由其在见票时按照实际结算金额无条件支付给收款人或持票人的票据。银行汇票存款是银行汇票申请人为取得银行汇票按规定专户存入出票行的款项。

【例 2－15】企业申请办理银行汇票用于偿还应付账款，银行受理后开出金额为 8 万元汇票 1 张。实际办理结算的金额为 7.8 万元，余款由银行划回。

企业填制“银行汇票申请书”并将票款交存银行，银行签发银行汇票后：

借：其他货币资金——银行汇票存款　　80 000
　　贷：银行存款　　80 000

收到收款人收款凭证时：

借：应付账款　　78 000
　　贷：其他货币资金——银行汇票存款　　78 000

接银行通知，银行汇票剩余款项划回时：

借：银行存款　　2 000
　　贷：其他货币资金——银行汇票存款　　2 000

四、信用证保证金存款的会计处理

信用证保证金是购货方或进口人申请银行开立信用证时，按银行规定交存的一笔押金。

【例 2－16】企业申请办理信用证用于境外采购，银行受理后开出金额为 8 万元汇票 1 张。实际货款金额为 10 万元，差额由银行存款补齐。

企业申请银行开立信用证，交纳保证金时：

借：其他货币资金——信用证保证金存款　　80 000
　　贷：银行存款　　80 000

根据出证行转来的信用证来单通知书，向出证行付款赎单时：

借：物资采购或原材料　　100 000
　　贷：其他货币资金——信用证保证金存款　　80 000
　　　　银行存款　　20 000

五、信用卡存款的会计处理

信用卡是商业银行或邮政金融机构发行的信用支付工具。

【例 2－17】企业申请办理信用卡，从其基本存款账户转账存入信用卡 5 万元。用于消费性支出和其他零星支付 0.5 万元。根据有关原始凭证，编制会计分录。

企业申领信用卡并存入资金时：

借：其他货币资金——信用卡存款　　50 000
　　贷：银行存款　　50 000

用信用卡在特约单位购物或消费时：

借：管理费用等　　5 000
　　贷：其他货币资金——信用卡存款　　5 000

企业向信用卡账户中续存资金时：

借：其他货币资金——信用卡存款
　　贷：银行存款

六、存出投资款的会计处理

存出投资款是指企业已存入证券公司但尚未进行短期投资的资金。

【例2－18】企业拟短期投资于股票，将80万元保证金存入证券公司。10天后，购入股票2万股，金额共计30万元，作为交易性金融资产进行管理。根据有关原始凭证，编制会计分录。

向证券公司划出80万元资金时：

借：其他货币资金——存出投资款　　800 000
　　贷：银行存款　　800 000

将存入证券公司的投资款项用于购买股票时：

借：交易性金融资产　　300 000
　　贷：其他货币资金——存出投资款　　300 000

第五节　应收账款

企业的应收款项主要包括应收票据、应收账款、其他应收款及预付账款等。

一、应收账款的入账价值

应收账款（receivables）是指企业因销售商品、提供劳务等经营活动所形成的债权，包括应向客户收取的货款、增值税款和为客户代垫的运杂费。应收账款属于企业的金融资产。

企业应设置“应收账款”账户，并应当按照债务人进行明细核算。“应收账款”的借方反映销售收入的实际发生额，按专用发票上注明的增值税额以及代购货单位垫付的包装费、运杂费等；贷方反映收回的价款（含增值税）及代垫费用等，本账户期末借方余额，反映企业尚未收回的应收账款。

应收账款应按买卖双方成交时的实际发生额入账。企业为了确保货物的销售，可能实行折让制度，会不同程度地影响应收账款的入账价值。商业折扣和现金折扣是两种不同形式的折扣，其对应收账款入账价值的影响也不同。商业折扣是对商品价目单所列的价格给予一定的折扣，在会计核算上，应收账款的入账只以业务实际发生时的成交价入账，不需要考虑商业折扣的部分。现金折扣是指销货企业为了鼓励客户在一定期间内早日偿还货款，在客户满足特定还款条件下，对销售价格给予的一定比率的扣减。现金折扣条件一般表示为“2/10，1/20，n/30”等，其含义是：客户10天内付款可以享受实际售价2%的折扣，20天内付款可以享受1%的折扣，超过20天则无折扣。我国会计制度规定对赊销形成的现金折扣采用总价法进行核算，即客户可能享受的现金折扣包含在应收账款的入账价值内，待现金折扣实际发生时增加销货企业的财务费用。

【例2-19】某企业赊销产品一批，扣除商业折扣后的货物价款总额为10万元（适用增值税税率为16%），规定的现金折扣条件是：2/10，1/20，n/30。企业在确认应收账款和销售收入时记：

借：应收账款	116 000	
贷：主营业务收入		100 000
应交税费——应交增值税（销项税额）		16 000

客户在销售完成后第10天付款，享受了售价2%的现金折扣，销货企业收到货款和增值税时记：

借：银行存款	114 000	
财务费用	2 000	
贷：应收账款		116 000

二、应收账款的抵借和让售

应收账款的抵借和让售（receivable to borrow and make sales）又称保理安排（factoring arrangements）或应收账款保理，是指应收账款转让方将收取应收账款的权利转让给第三方（保理人）并获取现金的交易事项。应收账款的抵借和让售是企业以应收账款保理业务获得融资并防范坏账的常用手段。

在比较发达的资本市场会产生专门从事资金融通业务的机构，这些机构一般通过收购企业持有的股票、债券等形式向企业提供资金，但有时也通过收购企业的应收账款或以企业的应收账款作抵押的形式向企业提供资金。这些机构一般称为保理人，主要是信贷机构或金融机构（在我国主要是指银行或非银行金融机构）。

1. 应收账款的抵借

应收账款的抵借又称为具有追索权的保理（factoring with recourse），是指对应收账款进行的附带追索权的保理安排，应收账款转让方向保理人提供全部或部分追索权，并有义务根据追索权条款向保理人支付款项，或在特定情况下回购已出售的应收账款。这种情况下，追索权条款导致应收账款转让方几乎保留了应收账款所有的风险和报酬，应继续确认而不能终止确认被保理的应收账款，同时应收账款受让人（保理人）一般不能出售保理的应收账款。

企业以应收账款抵借方式取得借款时，在抵借合同中主要规定借款限额和借款期限。

借款限额是企业可以取得的最高借款额。应收账款中，借款限额以外的部分，主要是为应对销货折扣、销货退回、销货折让等事项，并用以支付部分或全部借款利息。一般情况下，企业在借款限额和借款期限内可随时取得借款。借款限额一般按应收账款金额的一定比率计算确定。比率的大小根据赊购方的信誉程度以及借款企业的财务状况等因素确定，一般在30%～80%不等。借款利息一般根据实际取得的借款额按日计算。

企业以应收账款作抵押取得借款，可只将应收账款作抵押，也可在将应收账款作抵押的同时，以开具有关票据的方式作出还款承诺。无论采用哪种方式，取得的借款只是以应收账款作担保。应收账款抵借后，并不改变应收账款的所有权，不需要通知赊购方，在会计上也不符合金融资产终止确认的条件，因此不需要冲减应收账款科目。待企业收到应收账款后，再将取得的借款归还，并支付一定的利息。

取得借款时，按借款额借记“银行存款”科目，贷记“短期借款”或“应付票据”科目。收到应收账款时，借记“银行存款”科目，贷记“应收账款”科目，同时按归还金融机构的借款本金借记“短期借款”或“应付票据”科目，按支付的利息借记“财务费用”科目；按支付的本息合计贷记“银行存款”科目。资产负债表日，需要将用于抵借的应收账款进行表外披露。

【例2－20】某企业根据发生的有关应收账款抵借的经济业务，编制相关会计分录。

（1）5月16日以应收账款10 000元作为抵押，向某银行取得70%的借款，计7 000元。

借：银行存款	7 000	
贷：短期借款		7 000

如果企业同时开出票据对借款的归还作出承诺，则：

借：银行存款	7 000	
贷：应付票据		7 000

（2）6月21日收回现款9000元，发生销货退回1000元，其中，价款862.07元，增值税137.93元（适用增值税税率为16%）。

借：银行存款	9 000.00	
主营业务收入	862.07	
应交税费——应交增值税（销项税额抵减）	137.93	
贷：应收账款		10 000.00

（3）归还银行借款7 000元，并按日利率0.3‰支付利息。

利息＝7 000×35×0.3‰＝73.5（元）

借：短期借款	7 000	
财务费用	73.50	
贷：银行借款		7 073.50

2. 应收账款的让售

应收账款的让售又称为无追索权的保理（factoring without recourse），是指对应收账款进行的无追索权的保理安排，即应收账款的转让方不向受让方提供应收账款履约情况的担保，也就是说不论应收账款的收款时间长短和金额大小，转让方都无义务偿还让售应收账款的任何款项。这种情况下，应收账款的转让方几乎转移了应收账款所有的风险和报酬，应对应收账款整体予以终止确认（derecognise the receivables in their entirety），同时应收账款受让方保理人可以出售保理的应收账款。

企业采用让售应收账款的方式取得资金时，应与金融机构签订应收账款让售合同。让售合同主要规定手续费、利息和信贷公司扣留款等事项。

手续费主要用于金融机构支付收取应收账款的费用，并用以应对无法收回账款的风险。手续费一般按扣除最大现金折扣后的应收账款净额的一定比率计算，比率的大小，根据收回账款的工作量和承担的风险程度加以确定，一般在1% ~5%不等。

扣留款（又称置留款）是金融机构为了应对销售退回、销售折让以及其他减少应收账款的事项，而从应收账款总额中扣留的部分，具有保证金的性质。金融机构收到应收账款后，需将未用扣留款退还企业。扣留款占应收账款总额的比率，由让售企业与金融机构协商确定，一般不超过应收账款总额的20%。

应收账款总额扣除最大现金折扣额、手续费以及扣留款后的余额，即为企业可向金融机构取得的筹款总额，包括企业筹措资金的本金和利息两部分。利息一般根据筹措的资金额、规定的利率及自资金筹措日至收回账款前一日的实际天数计算。由于在筹措资金时就需要明确利息额的大小，在无法准确估计账款收回日的情况下，只能预先估计借款天数。一般地，人们把最后现金折扣日以后的第10天作为估计的账款收回日。

企业将应收账款让售后，应收账款的所有权发生改变，同时将应收账款可能带来的损失风险转移给了金融机构。因此，应收账款让售后，应立即告知赊购方，并通知其将账款直接付给金融机构。在会计上，企业的该笔应收账款已满足金融资产终止确认的条件，应冲销应收账款账面金额。

企业可设置“应收金融机构款”及“应收扣留款”等科目核算应收账款的让售业务。让售应收账款时，借记“财务费用”（手续费部分）、“应收扣留款”（扣留款部分）、“应收金融机构款”（可筹款限额）等科目，贷记“应收账款”科目。

实际筹款时，按实际筹措现款额借记“银行存款”科目，按负担的利息借记“财务费用”科目，按实际使用的可筹款限额贷记“应收金融机构款”科目。

发生销货折让、销货退回等业务时，借记“主营业务收入”等科目，贷记“应收扣留款”科目。

收到信贷公司退还的未用扣留款时，借记“银行存款”科目，贷记“应收扣留款”科目，企业也可以将应收金融机构款和应收扣留款并入“其他应收款”科目核算。

【例2-21】某企业根据发生的有关应收账款让售的经济业务，编制相关会计分录。

（1）5月20日赊销产品，货款总价10 000元，其中，价款8 620.7元，增值税1 379.3元（适用增值税税率为16%），付款条件为：2/10，1/20，n/30。让售该笔应收账款给某商业银行，手续费费率为2%（按应收账款净额计算），扣留款比率为10%（按按应收账款总额计算）。

扣除最大现金折扣的应收账款净额 = 10 000 ×（1 - 2%）= 9 800（元）

让售手续费 = 9 800 × 2% = 196（元）

扣留数 = 10 000 × 10% = 1 000（元）

可筹款限额 = 9 800 - 196 - 1 000 = 8 604（元）

借：应收账款　　10 000.00
　　贷：主营业务收入　　8 620.70
　　　　应交税费——应交增值税（销项税额）　　1 379.30
借：财务费用——现金折扣　　200
　　　　　　——手续费　　196
　　其他应收款——扣留款（××商业银行）　　1 000
　　　　　　　——筹款（××商业银行）　　8 604
　　贷：应收账款　　10 000

（2）6 月 13 日筹措现款，现金折扣的最后日期为 6 月 9 日，估计筹款到期日为 6 月 19 日，筹款年利率为 5.4%，筹款天数 6 天。

$$筹款金额 = 8\ 604 \div (1 + 5.4\% \times \frac{6}{360}) = 8\ 596.26（元）$$

$$筹款利息 = 8\ 596.26 \times 5.4\% \times \frac{6}{360} = 7.74（元）$$

借：银行存款　　8 596.26
　　财务费用　　7.74
　　贷：其他应收款——筹款（××商业银行）　　8 604.00

（3）6 月 19 日，金融机构将扣减销货折让 700 元转入企业的银行存款账户。

借：银行存款　　300
　　主营业务收入　　700
　　贷：其他应收款——扣留款（××商业银行）　　1 000

在资产负债表上，应收金融机构款和应收扣留款应作为流动资产项目（其他应收款）列示。

应收账款的抵借和让售是应收账款融通的两种方式，两者的性质是截然不同的。抵借的应收账款，并不改变应收账款的所有权，只是一种抵押行为，不符合金融资产终止确认的条件，企业仍应对其计提坏账准备；应收账款的让售，改变了其所有权，让售的应收账款已满足金融资产终止确认的条件，会计实务中，一般也不再对应收金融机构款和应收扣留款计提坏账准备。

三、坏账及其会计处理

坏账（bad debt）是指企业无法收回或收回的可能性极小的应收账款。由于坏账而发生的损失，称为坏账损失。

企业确认坏账损失，应符合下列条件之一：

（1）债务人发生严重财务困难；

（2）债务人违反了合同条款，如较长时期内未履行偿债义务，发生违约或逾期等；

（3）债务人很可能倒闭或进行其他财务重组；

（4）其他表明无法收回或收回的可能性极小的客观证据。

坏账损失有两种核算方法，直接转销法和备抵法。

1. 直接转销法

直接转销法（direct write - off method）是指在确认坏账时，将该损失全额记入“信用减值损失”，同时注销该笔应收账款。

已核销的应收账款并未自动失去法律上的追索权，企业仍应继续追讨。如已核销的应收账款又被收回，应同时编制两笔分录，将已作为坏账转销的应收账款转回，并做收款处理：借记“应收账款”，贷记“信用减值损失”账户；同时，借记“银行存款”，贷记“应收账款”账户。

【例 2 - 22】甲企业赊销给乙公司产品一批，价款 10 万元。甲企业记：

借：应收账款　　100 000

　　贷：主营业务收入　　100 000

经多次催收，乙公司的上述债务终未收回。一年后乙公司破产且无破产财产以供偿债。经批准注销该项应收账款：

借：信用减值损失　　80 000

　　贷：应收账款　　80 000

如已核销的该债权以后又被收回：

借：应收账款　　80 000

　　贷：信用减值损失　　80 000

同时：

借：银行存款　　80 000

　　贷：应收账款　　80 000

直接转销法的会计处理较为简单，但主要存在三个缺点：一是应收账款是销售企业情愿或不情愿的赊销业务产生的，在实践中经常发生，自确认销售收入到核销坏账期间对坏账损失不作任何会计处理不符合权责发生制前提；二是在核销坏账之前未对很可能最终无法收回的债权预做准备，提取坏账准备去备抵企业的应收账款债权资产，这会导致核销该债权前虚增企业的资产和利润，不符合谨慎性原则。三是与备抵法比较而言，容易给一些企业经营者调节利润以可乘之机。在符合确认条件，应确认坏账损失时，企业管理者出于种种考虑会要求财会部门不作转销处理，将该应收账款长期挂账，以虚增报表中的利润。所以，企业会计制度规定，企业应采用备抵法进行坏账的核算。

2. 备抵法

备抵法（allowance method）是按期估计可能发生的坏账损失，提取坏账准备金，确认坏账损失时，以该准备金抵补该损失并转销相应的应收款项金额。

采用备抵法核算，分期提取坏账准备金，记入各期损益，符合权责发生制前提的要求，使会计信息不致明盈实亏。同时，在报表上列示扣除坏账准备后的应收款项的净额，避免了虚列资产，使报表使用人能了解应收款项的可变现金额。企业应该对应收账款、其他应收款等应收款项计提坏账准备。企业持有的未到期应收票据，如有确凿证据证明不能够收回或收回的可能性不大时，应将其账面余额转入应收账款，并计提相应的坏账准备。企业的预付账款如有确凿证据表明其不符合预付账款性质，或者因供货单位破产、撤销等原因，已无望再收到所购货物的，应将原记入预付账款的金额转入其他应收款，并计提相应的坏账准备。

企业对应收款项进行减值测试，应根据本单位的实际情况分为单项金额重大和非重大的应收款项。对于单项金额重大的应收款项，应当单独进行减值测试，有客观证据表明其发生了减值的，应当根据其未来现金流量现值低于其账面价值的差额，确认减值损失计提坏账准备。对于单项金额非重大的应收款项以及单独测试后未发生减值的单项金额重大的应收款项，应当采用组合方式进行减值测试，分析判断是否发生减值。企业应根据以往的经验、债务单位的实际财务状况及其现金流量情况等，进行合理的估计，不准人为操纵利润而提取和设置秘密准备。秘密准备是指超过资产实际损失金额而计提的准备。

企业设置“坏账准备”账户作为“应收账款”“其他应收款”等应收款项的备抵账户。该账户贷方登记提取的坏账准备和已核销的坏账损失以后又收回金额；借方登记确认并转销的坏账损失和冲回多计提的坏账准备金额。该账户期末贷方余额，反映企业已提取的坏账准备。

（1）资产负债表日，企业根据应收款项发生的减值，计提坏账准备金额：

借：信用减值损失

　　贷：坏账准备

（2）对于确实无法收回的应收款项，按管理权限报经批准后作为坏账损失，转销应收款项：

借：坏账准备

　　贷：应收账款

（3）已核销的坏账损失以后又收回时：

借：应收账款

　　贷：坏账准备

同时：

借：银行存款

　　贷：应收账款

采用备抵法定期预计坏账损失的方法有：余额百分比法、销货百分比法、账龄分析法。根据企业会计制度，企业应定期或者至少于每年年度终了时全面检查各项应收款项，预计其可能发生的坏账，对于没有把握能够收回的应收款项，应当计提坏账准备。计提方法由企业自定。

企业应列出目录，具体注明计提坏账准备的范围、提取方法、账龄的划分和提取比例，然后按照管理权限，经股东大会或董事会或经理（厂长）会议或类似机构批准，并且按照法律、行政法规的规定报有关各方备案，并备置于公司所在地，以供投资者查阅。上述坏账准备提取方法一经确定，不得随意变更，如需变更，仍然应按上述程序，经批准后报送有关各方备案，并在会计报表附注中予以说明。

企业预计未来发生坏账损失金额的方法和程序如下：

（1）余额百分比法。这是以会计期末应收账款账户余额乘以估计的坏账率作为当期期末估计的坏账准备账户余额，并据此确定提取坏账准备金额的方法。通常情况下，可以将这些应收款项按类似信用风险特征划分为若干组合，再按这些应收款项组合在资产负债表日余额的一定比例，计算确定减值损失，计提坏账准备。

企业应当根据以前年度与之相同或相类似的、具有类似信用风险特征的应收款项组合的实际损失率为基础，结合现时情况确定本期各项组合计提坏账准备的比例。以公式表达即为：

坏账准备期末应有余额 = 应收账款期末余额 × 坏账比率

根据这一基本公式，当期提取的坏账准备金额的计算公式为：

当期应计提的坏账准备金额 = 坏账准备期末应有余额 − 计提前坏账准备贷方余额（+计提前坏账准备借方余额）

【例2－23】某公司第1年末初次提取坏账准备，应收账款账户年末余额为100万元，估计坏账损失率为5%。第2年末，应收账款账户余额为160万元。第3年5月12日确认一笔坏账损失12万元，当年年末应收账款账户余额为60万元。第4年3月20日已核销的坏账12万元又被收回，当年年末应收账款账户余额为220万元。

第1年末提取坏账准备时：

借：信用减值损失　　50 000

　　贷：坏账准备　　50 000

第2年末：

借：信用减值损失　　30 000

　　贷：坏账准备　　30 000

第3年5月12日：

借：坏账准备　　120 000

　　贷：应收账款　　120 000

第3年末：

借：信用减值损失　　70 000

　　贷：坏账准备　　70 000

第4年3月20日：

借：应收账款　　120 000

　　贷：坏账准备　　120 000

同时：

借：银行存款　　120 000

　　贷：应收账款　　120 000

第4年末：

借：坏账准备　　40 000

　　贷：信用减值损失　　40 000

（2）账龄分析法。账龄分析法也是根据应收账款余额来估计坏账，只是将应收账款入账时间的长短，即账龄作为又一个因素加入到估计坏账中的方法。具体做法是将企业的多笔应收账款按账龄长短分档，并为各档确定一个估计损失率，按应收账款被拖欠的时间越长，收回的可能性越小，发生坏账的可能性越大的假设，分档计算坏账准备余额。

【例 2－24】某公司某年末计算坏账准备应有余额的资料见表 2－2。

表 2－2　　坏账准备计算表

账　龄	应收账款金额（元）	估计损失率（%）	估计坏账准备余额（元）
未到期	50 000	1	500
过期 1 个月	10 000	3	300
过期 6 个月	30 000	5	1 500
过期 1 年	20 000	10	2 000
过期超 1 年	10 000	20	2 000
合 计	120 000		6 300

再根据“当期应计提的坏账准备金额＝坏账准备期末应有余额－计提前坏账准备贷方余额（＋计提前坏账准备借方余额）”的公式确定应记入当期损益的坏账金额。

如坏账准备期初贷方余额为 1 000 元，则：

借：信用减值损失　　5 300

　　贷：坏账准备　　5 300

坏账准备期初借方余额为 1 000 元，则：

借：信用减值损失　　7 300

　　贷：坏账准备　　7 300

（3）销货百分比法。销货百分比法是根据赊销金额和估计坏账损失占赊销金额的比率（即坏账损失率）估算坏账损失的方法。以公式表达即为：

当期坏账准备计提金额＝当期赊销金额×坏账比率

坏账损失率可根据过去的经验和资料估计确定，确定后还应根据企业生产经营情况的变化及时调整。

【例 2－25】某公司第 1 年末初次提取坏账准备，当年赊销总额 100 万元，估计坏账损失率为 5%。第 2 年赊销总额为 160 万元。第 3 年 5 月 12 日确认一笔坏账损失 12 万元，当年赊销总额为 60 万元。第 4 年 3 月 20 日已核销的坏账 12 万元又被收回，当年赊销总额 220 万元。

第 1 年末提取坏账准备时：

借：信用减值损失　　50 000

　　贷：坏账准备　　50 000

第 2 年末：

借：信用减值损失　　80 000

　　贷：坏账准备　　80 000

第3年5月12日：

借：坏账准备　　120 000

　　贷：应收账款　　120 000

第3年末：

借：信用减值损失　　30 000

　　贷：坏账准备　　30 000

第4年3月20日：

借：应收账款　　120 000

　　贷：坏账准备　　120 000

同时：

借：银行存款　　120 000

　　贷：应收账款　　120 000

第4年末：

借：信用减值损失　　110 000

　　贷：坏账准备　　110 000

第六节　应收票据

应收票据（notes receivable）是企业因销售商品、产品、提供劳务等而收到的尚未到期兑现商业汇票，包括银行承兑汇票和商业承兑汇票，属于企业的金融资产。

一、商业汇票的种类

商业汇票按承兑人不同，分为由付款人承兑的商业承兑汇票和由银行承兑的银行承兑汇票。按偿还期限长短，商业汇票可分为短期应收票据和长期应收票据。目前，我国规定商业汇票付款期最长6个月。按是否支付利息的不同，商业汇票又分为带息票据和不带息票据。带息票据是到期时，按票据面额和票面利率收取本息的票据，即其到期值为票面本息合计。不带息票据则是到期时按票据面额收款的票据，其到期值为票据面额。无论带息还是不带息的商业汇票均应按面额计价入账。按是否带有追索权，商业汇票分为带追索权的商业汇票和不带追索权的商业汇票。在我国，商业票据可以背书转让，持票人可以对背书人、出票人以及票据的其他债务人行使追索权。

二、应收票据到期日的确定

企业对持有的即将到期的商业汇票，应匡算划款时间，提前委托开户银行收款。一般来说，银行承兑汇票的票款能够及时收妥入账。商业承兑汇票的票款视付款人账户资金是否足额，有两种可能：一是付款人足额支付票款，结清有关的债权债务关系；二是付款人账户资金不足，将托收的汇票退回，由收付款双方自行处理。

商业汇票到期时，应按商业汇票的到期值借记有关科目，按商业汇票的账面金额贷记“应收票据”科目，按两者的差额（未计提利息部分）贷记“财务费用”科目。

根据《中华人民共和国票据法》的规定，汇票到期被拒绝付款的，持票人可以对有关债务人行使追索权。因此，到期未兑现的应收票据，应按汇票到期值反映企业的债权（包括应收票据面值和应收利息两部分）情况。商业汇票到期值是指票据到期应收的票款额，对于不带息票据来说，到期值就是票据面值；对于带息票据来说，其到期值是票据面值与应收票据到期利息的合计金额。计算应收票据到期利息的公式是：

$$\text{应收票据利息应收票据面值} \times \text{利率} \times \text{时期}$$

式中：应收票据面值是指商业汇票票面记载的金额；时期是指票据的有效期限；利率是指票据所规定的利率（一般以年利率表示）。

当商业汇票的期限按天数表示时，应收票据到期利息的计算公式是：

$$\text{应收票据利息} = \text{应收票据面值} \times \text{利率} \times \frac{\text{时期（天数）}}{360}$$

当商业汇票的期限按月数表示时，应收票据到期利息的计算公式是：

$$\text{应收票据利息} = \text{应收票据面值} \times \text{利率} \times \frac{\text{时期（月数）}}{12}$$

【例 2－26】应收票据面额 10 万元，票面利率 5%，出票日为 3 月 5 日，付款期限为 90 天的商业汇票。

票面利息 $= 100\ 000 \times 5\% \times 90/360 = 1\ 250$（元）

【例 2－27】资料仍如上例，若票面规定付款期限为 2 个月。

票面利息 $= 100\ 000 \times 5\% \times 2/12 = 833.33$（元）

三、取得应收票据的会计处理

企业应设置“应收票据”账户，企业应当按照开出、承兑商业汇票的单位对应收票据进行明细核算。企业应在收到经承兑的商业汇票时，按其票面价值记入“应收票据”账户借方；应收票据到期收回款项、中途贴现、背书转让或遭拒付时按其票面价值记入“应收票据”账户贷方。账户期末借方余额，反映企业持有的商业汇票的票面金额。企业应当设置“应收票据备查簿”，逐笔登记每一商业汇票的种类、号数和出票日、票面金额、交易合同号和付款人、承兑人、背书人的姓名或单位名称、到期日、背书转让日、贴现日、贴现率和贴现净额以及收款日和收回金额、退票情况等资料，商业汇票到期结清票款或退票后，应当在备查簿内逐笔注销。

企业应在收到经承兑的商业汇票时，按应收票据的票面价值入账。如企业间发生交易并形成债权债务关系时，未签发商业汇票，应记入“应收账款”账户。在该项债务清偿前，如双方签发商业汇票，则应自“应收账款”账户转入“应收票据”账户。在商品购销业务采用赊销形式使用商业汇票时，签发汇票的面额可包括货物价款、增值税款和代垫运杂费。

【例 2-28】甲公司向乙公司赊销货物一批，2/10，n/30，价款 10 万元，增值税税率 16%。

借：应收账款　　116 000

　　贷：主营业务收入　　100 000

　　　　应交税费——应交增值税（销项税额）　　16 000

30 天后，收到乙公司寄来的一份付款期 6 个月的商业承兑汇票，面额 11.6 万元：

借：应收票据　　116 000

　　贷：应收账款　　116 000

四、应收票据利息的核算

带息票据的到期值为票面金额和票面利息合计。带息票据取得时也应按票面金额登记“应收票据”账户。企业发生交易，收到应收票据时，按不含息的票面金额借记“应收票据”，贷记“主营业务收入”等账户。

带息商业票据到期之前，尽管利息尚未实际收到，但随着时间的推移，企业已经取得了收取票据利息的权利，应该按照权责发生制原则于会计期末反映这部分利息收入，同时将应收而未实际收到的利息作为应收债权记录，借记“应收利息”，贷记“财务费用”账户。企业可以根据自身的会计政策，选择在月末、季末和年末对持有的应收票据计提票据利息。如果应收票据的利息金额不大，对企业财务成果的影响较小，可以选择于季末或年末计提利息。

票据利息的计算公式为：

应收票据利息 = 票面金额 × 票面利率 × 付款期限

上式中，利率一般以年利率表示。

【例 2-29】某企业 9 月 1 日采用商业汇票结算方式销售产品一批，发票上注明的销售收入为 200 000 元，增值税额为 32 000 元（增值税税率 16%），企业当即收到带息商业承兑汇票一张，期限为 6 个月，到期日为下一年 3 月 1 日，票面利率为 4%。按企业会计政策规定，企业于年末计提应收票据的利息。

该企业应编制有关会计分录如下：

（1）9 月 1 日收到商业承兑汇票时：

借：应收票据　　232 000

　　贷：主营业务收入　　200 000

　　　　应交税费——应交增值税（销项税额）　　32 000

（2）12 月 31 日计提应收票据利息 3 093.33 元：

232 000 × 4% × (4/12) = 3 093.33（元）

借：应收票据　　3 093.33

　　贷：财务费用　　3 093.33

在本例中，利息收入是资产负债表日按应收票据规定的利率（名义利率）计算确定的，未考虑票面利率与资本市场实际利率的差异。从理论上讲，如果应收票据名义利率与实际利率相差较大且利息金额较大时，应按实际利率计算确定利息收入。从我国的实际情况看，应收票据利息收入一般金额不大，而且应收票据多为短期债权，为简化核算手续，即使实际利率与名义利率有一定差距，一般也不再以实际利率计算利息收入。但对于带息长期应收票据，则应以实际利率计算利息收入。依实际利率计算利息收入的方法，参见持有至到期投资的相关内容。

五、应收票据到期的核算

应收票据到期，收回票据本息时，借记“银行存款”，贷记“应收票据”和“财务费用”账户。如商业承兑汇票到期，付款人无力支付票款，收款人收到银行退回的商业承兑汇票及有关凭证时，应按应收票据的账面余额，借记“应收账款”账户，贷记“应收票据”账户。银行承兑汇票到期，如出票人未足额交存票款，承兑行应向持票人无条件付款，同时对出票人尚未支付的票款按每天万分之五收取罚息。

【例 2-30】1 月 10 日，甲公司向乙公司赊销货物一批，2/10，n/30，价款 10 万元。

借：应收账款	100 000	
贷：主营业务收入		100 000

30 天后，收到乙公司寄来的一份付款期 6 个月，利率 5% 的商业承兑汇票，面额 10 万元：

借：应收票据	100 000	
贷：应收账款		100 000

票据到期，甲公司通过银行划回票款。

借：银行存款	102 500	
贷：应收票据		100 000
财务费用		2 500

如果票据到期，乙公司无力偿付票款，甲公司接到银行转来的商业汇票和未付票款通知书：

借：应收账款	102 500	
贷：应收票据		100 000
财务费用		2 500

一般情况下，应收票据利息应按月计算，但在应收票据利息金额不大或票据生效日与到期日在同一会计年度时，为了简化会计核算手续，也可以在票据到期收到票据本息时，再将利息收入记入“财务费用”科目贷方。如果应收票据利息金额较大，且票据生效日和到期日跨会计年度时，会计期末应确认当期应收利息，借记“应收票据”科目，贷记“财务费用”科目。

应收票据到期时，如果收到票款，应按实际收到的金额，借记“银行存款”科目，按应收票据的账面金额，贷记“应收票据”科目，按其差额（即未计提利息部分）贷记

"财务费用"科目。

应收票据到期时，如果因付款人无力支付票款，而收到由银行退回的商业承兑汇票、委托收款凭证、未付票款通知书或拒绝付款证明等单证，应将应收票据的账面价值转入"应收账款"科目，并将应收票据到期值中尚未计提的利息借记"应收账款"科目，贷记"财务费用"科目。将到期不能收回的带息应收票据价值转入应收账款，且未计利息转入应收票据后，其原票据的计息期已结束，期末不应再对已经到期的应收票据计提利息。如果协议规定对已经到期而未能实际收到票款的债权继续计算利息的，其所包括的利息按照协议规定计算，于每个会计期末借记"应收账款"科目，贷记"财务费用"科目。

【例 2 - 31】某企业对某票据利息收入采用会计期末和票据到期分别确认的处理方法。根据发生的有关商业汇票的经济业务，编制相关会计分录。

（1）企业于10月1日销售商品500 000元（其中价款431 034.48元，增值税68 965.52元），并于当日签发承兑日为10月1日、面值为500 000元、利率为4.8%、期限为6个月、到期日为第2年4月1日的银行承兑汇票。

借：应收票据　　500 000.00

　　贷：主营业务收入　　431 034.48

　　　　应交税费——应交增值税（销项税额）　　68 965.52

（2）年末，计提商业汇票的应计利息6 000元。

当年应计利息 = 500 000 × 4.8% × (3/12) = 6 000（元）

借：应收票据　　6 000

　　贷：财务费用　　6 000

（3）第2年4月1日，上述票据到期，票据全部收妥入账，共计512 000元。

借：银行存款　　512 000

　　贷：应收票据　　506 000

　　　　财务费用　　6 000

如果该票据为商业承兑汇票，票据到期时，付款人账户资金不足，由银行退票，则编制如下会计分录：

借：应收账款　　512 000

　　贷：应收票据　　512 000

六、应收票据贴现

贴现是指票据持有人将未到期的票据背书后送交银行，银行受理后从票据到期值中扣除按银行规定的贴现率计算的贴现息，将余额付给持票人。计算贴现息的利率称为贴现率，银行付给申请人的款额为票据到期值扣除贴现息后的金额，称为贴现净额或贴现所得。企业申请向银行贴现，必须符合以下三个条件：申请人属于在银行开立存款账户的企业法人及其他组织；申请人与出票人或直接前手之间具有真实的商品交易关系；提供与其前手之间的增值税发票和商品发运单据复印件。

应收票据的背书是指持票人在票据背面签字，签字人称为背书人，背书人应对票据到期付款负连带责任。银行扣收的利息称为银行贴现息，计算贴现息的利率称为贴现率，银行付给申请人的款额为票据到期值扣除贴现息后的金额，称为贴现净额或贴现所得。

如果以不带息票据申请贴现其贴现所得与票面金额的差额，应作为利息支出处理；如果是带息票据，由于受票面利率与贴现率的差异和贴现期的影响，其贴现所得与票面金额会产生差额，在会计上作为利息收支处理。

应收票据贴现时要计算贴现息和贴现净额据以记账：

$$贴现息 = 到期值 \times 贴现率 \times 贴现期$$

$$贴现净额 = 到期值 - 贴现息$$

上式中的贴现期从贴现之日起至汇票到期日，按“算尾不算头”方法计算。

应收票据的贴现根据票据的风险是否转移分为两种情况：一是附带追索权，当承兑人不能足额支付票款，贴现企业在法律上负连带责任；二是不附带追索权，贴现企业将应收票据的风险和未来经济利益全部转让给银行。

在不附带追索权的情况下，申请贴现时，如为不带息汇票应根据银行盖章退回的贴现凭证：

借：银行存款（贴现净额）

　　财务费用（贴现息）

　　贷：应收票据（面额）

如为以带息票据申请贴现：

借：银行存款（贴现净额）

　　贷：应收票据（面额）

借或贷：财务费用（以上二者差额）

以上分录中，贷记应收票据的金额，为票据面额和已计提的票面利息合计。

在附带追索权的情况下，相当于利用票据进行抵押贷款，到期承兑人不付款时，被贴现人有权要求企业归还贴现款；

贴现时：

借：银行存款

　　贷：短期借款

到期承兑人无法偿还票据款，被贴现人要求退回款项并支付相应利息时：

借：短期借款

　　财务费用

　　贷：银行存款

如到期不退回时：

借：财务费用

　　短期借款

　　贷：应收票据

【例2－32】某企业5月10日将出票日为2月10日、面额10万元、出票后6个月到期的不带息商业汇票向银行办理贴现，不附带追索权，银行规定的贴现率为8%。

贴现息＝100 000×8%×3/12＝2 000（元）

贴现净额＝100 000－2 000＝98 000（元）

借：银行存款　　98 000

　　财务费用　　2 000

　　　贷：应收票据　　100 000

仍如上例，贴现的如为带息票据，票面利率为5%，其他条件不变。

到期值＝100 000×（1＋5%×6/12）＝102 500（元）

贴现息＝102 500×8%×3/12＝2 050（元）

贴现净额＝102 500－2 050＝100 450（元）

借：银行存款　　100 450

　　　贷：应收票据　　100 000

　　　　　财务费用　　450

贴现的商业承兑汇票到期后，如承兑人不能足额支付票款，银行按规定从贴现申请人的存款账户中扣收票款。

借：应收账款

　　贷：银行存款

如贴现申请人也不能足额支付票款，银行将作为短期贷款，并按日利率万分之五收取罚息。对应收票据贴现后这种“或有负债”，应按会计准则规定作为或有事项处理。

七、应收票据背书转让

根据《银行支付结算办法》的有关规定，企业可以将持有的应收票据进行背书转让，用以购买所需物资或偿还债务。

企业为购入所需货物，可经背书将未到期的应收票据转让给供货方作为支付手段。企业将持有的商业汇票背书转让以取得所需物资时，按应记入取得物资成本的金额，借记“原材料”“在途物资”“材料采购”“库存商品”等账户，按可抵扣的增值税额，借记“应交税费——应交增值税（进项税额）”账户，按商业汇票的票面金额，贷记“应收票据”科目，按收到或补付的差额款借记或贷记“银行存款”科目。

如为不带息汇票背书转让：

借：原材料

　　贷：应收票据（面额）

借或贷：银行存款（差额）

如为带息汇票背书转让：

借：原材料

　　贷：应收票据（账面余额）

　　　　财务费用（未提利息）

借或贷：银行存款（借贷之差）

当应收票据的背书转让企业承担因付款方不能到期支付票款的连带责任时，应收票据不符合金融资产终止确认条件。此时，转让应收票据实际上具有抵押性质，应收票据不能终止确认。因转让应收票据而购入的材料视为负债处理，并通过“应付账款”科目核算。

第七节　其他应收款与预付账款

一、其他应收款

“其他应收款”账户核算企业除应收账款、应收票据、预付账款等以外的其他各种应收、暂付款项。主要包括：应收的各种赔款、罚款；应收的出租包装物租金；应向职工收取的各种垫付款项；不设置“备用金”账户的企业向企业各职能科室、车间等部门拨出的备用金；其他各种应收、暂付款项。

“其他应收款”账户借方登记发生的上述应收款项；贷方登记收回的上述应收款项。本账户期末借方余额，反映尚未收回的其他应收款。本账户应按其他应收款的项目，并按不同的债务人设置明细账。

应收各种赔款、罚款，借记“其他应收款”科目，贷记“营业外收入”科目，收到赔款、罚款时，借记“银行存款”等科目，贷记“其他应收款”科目。

应收的出租包装物租金，借记“其他应收款——包装物租金”科目，贷记“其他业务收入”科目。

应向职工收取的各种垫付款项，垫付时借记“其他应收款——××”，贷记“银行存款”“库存现金”科目；收取垫付款项时借记“银行存款”“库存现金”科目，贷记“其他应收款——××”。

押金，实务中也称保证金，风险抵押金等。是指当事人双方约定，债务人或第三人向债权人给付一定的金额作为其履行债务的担保。合同履行时，返还押金或予抵扣；合同不履行时，没收押金。合同履行前，债务人交付对方押金时，借记“其他应收款”，贷记“银行存款”“库存现金”；合同履行后收回交出去的押金，借记“银行存款”“库存现金”，贷记“其他应收款”；合同不履行时，借记“营业外支出”，贷记“其他应收款”。

【例2-33】A企业发生了以下有关押金的经济业务。

（1）A企业在5月1日向B公司交付了租房押金5 000元，

借：其他应收款——B公司	5 000	
贷：银行存款		5 000

（2）收回押金时

借：银行存款	5 000	
贷：其他应收款——B公司		5 000

如A公司违约，合同未履行，押金无法收回。

借：营业外支出	5 000	
贷：其他应收款——B公司		5 000

实行定额备用金制度的企业，所属部门初次领取定额备用金时，借记“其他应收款”账户，贷记“库存现金”账户。定期向财会部门报销，并补足备用金时，借记“管理费用”，贷记“库存现金”或“银行存款”账户。报销额和拨补额不通过本账户核算。企业也可以单独设置“备用金”账户，不通过本账户核算。

【例2-34】拨付企业内部机构找零或零星费用开支用定额备用金5 000元。

借：其他应收款或备用金——某部门　　5 000

　　贷：库存现金　　5 000

该机构使用备用金后定期报账时企业拨付现金4 900元补足备用金：

借：管理费用　　4 900

　　贷：库存现金　　4 900

如该机构因故撤销，交回费用凭证共计210元、交回未用现金4 790元：

借：管理费用　　210

　　库存现金　　4 790

　　贷：其他应收款或备用金——某部门　　5 000

非定额备用金是指用款单位不按固定额度持有的备用金。其一般做法是：根据实际需要由财会部门预付用款单位一定时期的备用金数额；用款单位支用备用金后，向财会部门报账核销；备用金支用完毕，再根据需要由财会部门拨付下一时期的备用金。这种方法手续简单，但不便于对备用金的使用进行控制，一般适用于用款单位的非经常性开支。由于用款单位报账核销时，财会部门并不以货币资金补充其备用金，而是作为债权的收回处理，因此用款单位报销费用时，应借记“管理费用”等科目，贷记“其他应收款——备用金”科目。

【例2-35】某企业根据发生的有关非定额备用金的经济业务，编制如下会计分录。

（1）以银行存款拨付销售部备用金5 000元：

借：其他应收款——备用金——销售部　　5 000

　　贷：银行存款　　5 000

（2）用款单位报销销售产品的运费400元。

借：销售费用　　400

　　贷：其他应收款——备用金——销售部　　400

二、预付账款

预付账款和应收账款、应收票据同为企业购销活动形成的债权资产，但后二者是企业销货业务或提供劳务产生的债权，前者为购货或接受劳务产生的债权。

预付账款账户核算企业按照购货合同规定预付给供货单位的款项。预付款项时，借记该账户，贷记“银行存款”账户；收到所购货物时，借记“物资采购”账户，贷记本账户；补付的款项，借记该账户，贷记“银行存款”账户。如为退回多付的款项，则作相反分录。该账户期末借方余额，反映企业实际预付的款项；期末如为贷方余额，反映尚未补付的款项。预付款项情况不多的企业，可以不设置该账户，将预付的款项记入“应付账款”账户借方并设专户核算。

【例2－36】某厂预付给甲公司购料款10万元：

借：预付账款　　100 000

　　贷：银行存款　　100 000

收到材料和发票账单，货款为12万元：

借：原材料　　120 000

　　贷：预付账款　　120 000

补付货款时，结平“预付账款”账户中该笔业务：

借：预付账款　　20 000

　　贷：银行存款　　20 000

如果上例收到材料时发票所列款项为8万元，则货到转账后应由供货方退回2万元。收到退款时：

借：银行存款　　20 000

　　贷：预付账款　　20 000

如企业不设置“预付账款”账户，应在“应付账款”账户下，单独设置“应付某单位账款”明细账户，在上例中，以之代替分录中的“预付账款”即可。这样核算，会使应付账款明细账余额分为借方和贷方两类。期末编制资产负债表时，应将借方余额合计在表内资产方列示，而将另一类明细账的贷方余额合计在表内负债方列示。

企业的预付账款，如有确凿证据表明其不符合预付账款性质，或者因供货单位破产、撤销等原因已无望再收到所购货物的，应将原记入预付账款的金额（即预付账款账面余额）转入其他应收款的“预付账款转入”明细账。根据企业会计制度，该转入“其他应收款”账户的金额，可以提取坏账准备。

知识题

1. 如企业以现金为支付手段，其现金开支范围包括哪些业务？

2. 企业根据需要可以在银行开立哪几种存款账户？各种存款账户分别只能在什么情况下开立？可以办理什么业务？

3. 如何采用“银行存款余额调节法”与银行对账？

4. 用于国内结算的票据和结算方式有哪几种？其使用人、适用业务、出票人、付款期、提示付款期、使用区域的规定各是什么？

5. 何谓其他货币资？其他货币资金包括哪几种？各如何核算？

6. 应收账款、应收票据账户核算内容有何异同？二者与预收账款账户的核算范围有何异同？

7. 其他应收款账户核算哪些业务？

8. 何谓坏账和坏账损失？确认坏账损失应符合什么条件？已核销的坏账又收回如何核算？

9. 坏账损失有哪些核算方法，其优缺点是什么？各种方法如何作会计处理？
10. 带息和不带息应收票据在会计处理上有何区别？
11. 何谓票据贴现？何谓贴现产生的“或有负债”？
12. 应收票据贴现时，如何计算贴现利息及进行会计处理？
13. 企业定额备用金如何核算？

技能题

练习一

一、目的：掌握货币资金的核算。

二、资料：

某公司3月发生下列经济业务：

1. 采购员甲借支差旅费5 000元，付现金。
2. 销售产品100件，每件200元，货款存入银行。
3. 接到开户银行利息通知单，已将存款利息2 000元转入公司存款户。
4. 委托开户银行将5万元存款汇至采购地某市银行，开立临时采购专户。
5. 采购员甲出差返回报销差旅费4 500元，余款交回。
6. 收到供货单位发票账单等凭证，购入原料实际总成本4.8万元，货已运到入库。同时，接到银行通知，外埠存款的余款划回。
7. 经董事会研究通过，公司拟短期投资于证券，将80万元保证金存入证券公司。
8. 将银行存款8万元交银行，申领银行汇票。
9.收到购货企业交来银行本票5万元支付原欠货款，当即填制进账单送银行转账。

三、要求：根据资料编制会计分录。

练习二

一、目的：掌握应收账款和坏账的核算方法。

二、资料：

1. 某公司第1年末应收账款余额200万元，企业确定提取坏账准备的比例为10%，当年开始对坏账采用备抵法核算。
2. 第2年3月21日公司确认坏账损失30万元，经批准予以注销。当年年末应收账款余额为240万元。
3. 第3年6月10日上年转销的应收账款被全部收回。当年年末应收账款账户余额为260万元。

三、要求：根据上述资料列式计算并编制会计分录。

练习三

一、目的：掌握应收票据的核算方法。

二、资料：

1. A公司向甲企业销售产品一批，货款20万元，已办妥托收手续。
2. 15天后该公司收到甲企业寄来的一份3个月期限的商业承兑汇票，面值20万元，抵付货款。

3. 3个月后票据到期，甲企业无力偿付票款。

4. B公司销售产品一批，款项合计8万元，当即收到一份3个月到期，年利率5%，面额8元的商业承兑汇票。

5. 3个月后，票据到期，企业收回本息，存入银行。

6. C公司收到面值5万元，3个月到期的无息应收票据。两个月后C公司将该票据向银行申请贴现，贴现率6%。

三、要求：列式计算并编制以上业务的会计分录。

练习四

一、目的：掌握该预付账款和其他应收款的会计处理。

二、资料：

1. 某公司预付给甲企业购买原料款3万元。企业单独设置了“预付账款”账户。

2. 收到材料和专用发票，价款4万元。

3. 汇出应补付的货款。

4. 如该公司收到材料和专用发票，价款2万元，同时收到退回的货款。

5. 企业原材料发生非常损失，根据保险合同，应向保险公司索赔5万元。

6. 企业会计部门为供销部门建立1万元备用金定额，签发同额现金支票。

7. 供销部门持差旅费和文具用品费等报销凭证共4.5万元到财会部门报销并补足备用金。

8. 为运送所购买商品，企业向客户支付包装物押金2万元。

三、要求：编制以上业务的会计分录。

第三章

金融资产

【学习目标】

通过本章的学习，掌握以摊余成本计量的金融资产、以公允价值计量且其变动计入其他综合收益的金融资产、以公允价值计量且其变动计入当期损益的金融资产的会计处理；熟悉金融资产的分类及分类条件、金融资产重分类的处理原则；了解金融工具和金融资产的概念。

第一节　金融资产概述

一、金融工具的概念

金融工具，是指形成一方的金融资产并形成其他方的金融负债或权益工具的合同，包括金融资产、金融负债和权益工具。

二、金融资产的概念

根据《企业会计准则第 22 号——金融工具确认和计量》的规定，金融资产是指企业持有的现金、其他方的权益工具以及符合下列条件之一的资产：

（1）从其他方收取现金或其他金融资产的合同权利。例如，企业的银行存款、应收账款、应收票据和发放的贷款等。

（2）在潜在有利条件下，与其他方交换金融资产或金融负债的合同权利。例如，企业购入的看涨期权或看跌期权等衍生工具。

（3）将来须用或可用企业自身权益工具进行结算的非衍生工具合同，且企业根据该合同将收到可变数量的自身权益工具。

（4）将来须用或可用企业自身权益工具进行结算的衍生工具合同，但以固定数量的自身权益工具交换固定金额的现金或其他金融资产的衍生工具合同除外。其中，企业自身权益工具不包括应当按照《企业会计准则第 37 号——金融工具列报》分类为权益工具的可回售工具或发行方仅在清算时才有义务向另一方按比例交付其净资产的金融工具，也不包括本身就要求在未来收取或交付企业自身权益工具的合同。

由《企业会计准则第 2 号——长期股权投资》规范的对子公司、合营企业和联营企业的投资，适用《企业会计准则第 2 号——长期股权投资》，但是企业根据《企业会计准则第 2 号——长期股权投资》对上述投资按照《企业会计准则第 22 号——金融工具确认和计量》相关规定进行会计处理的，适用《企业会计准则第 22 号——金融工具确认和计量》。

由《企业会计准则第 14 号——收入》规范的属于金融工具的合同权利，适用《企业会计准则第 14 号——收入》，但该准则要求在确认和计量相关合同权利的减值损失和利得时应当按照《企业会计准则第 22 号——金融工具确认和计量》规定进行会计处理的，适用《企业会计准则第 22 号——金融工具确认和计量》有关减值的规定。

由《企业会计准则第 21 号——租赁》规范的租赁的权利，适用《企业会计准则第 21 号——租赁》，但是租赁应收款的减值、终止确认，以及租赁中嵌入的衍生工具，适用《企业会计准则第 22 号——金融工具确认和计量》。

三、金融资产的分类

企业应当根据其管理金融资产的业务模式和金融资产的合同现金流量特征，将金融资产划分为以下三类：以摊余成本计量的金融资产、以公允价值计量且其变动计入其他综合收益的金融资产和以公允价值计量且其变动计入当期损益的金融资产。

企业管理金融资产的业务模式，是指企业如何管理其金融资产以产生现金流量。业务模式决定企业所管理金融资产现金流量的来源是收取合同现金流量、出售金融资产还是两者兼有。金融资产的合同现金流量特征，是指金融工具合同约定的、反映相关金融资产经济特征的现金流量属性。

第二节　以摊余成本计量的金融资产

一、以摊余成本计量的金融资产的分类标准

同时符合下列条件的金融资产为以摊余成本计量的金融资产：

（1）企业管理该金融资产的业务模式是以收取合同现金流量为目标。

（2）该金融资产的合同条款规定，在特定日期产生的现金流量，仅为对本金和以未偿付本金金额为基础的利息的支付。

常见的以摊余成本计量的金融资产包括（但不限于）应收账款、应收票据、其他应收款、持有的普通公司债、普通零售贷款等。

二、涉及问题与科目设置

以摊余成本计量的金融资产涉及的主要会计问题包括[①]：取得该金融资产时初始成本的确定和会计处理、持有期间利息收入的确定和会计处理、到期的会计处理，以及减值的会计处理。企业应设置“债权投资”科目，并按债权投资的类别和品种，分别按“成本”“利息调整”“应计利息”等进行明细核算，发生预期信用损失的，还应设置“信用减值损失”、“债权投资减值准备”科目。企业以摊余成本计量的应收款项等金融资产以预期信用损失为基础计提的损失准备通过“坏账准备”科目核算。企业以摊余成本计量的贷款（银行）、保护质押贷款（保险）、质押贷款和抵押贷款（典当）等计提的减值准备通过“贷款损失准备”核算。有关减值的会计处理详见本章第六节。

三、取得以摊余成本计量的金融资产会计处理

（一）以摊余成本计量的金融资产的初始计量

企业初始确认以摊余成本计量的金融资产，应当按照公允价值计量。公允价值是出售一项资产所能收到或转移一项负债所需支付的价格（脱手价格）。

公允价值通常为相关金融资产的交易价格。交易价格是取得一项资产所支付或者承担一项负债所收到的价格（进入价格）。金融资产公允价值与交易价格存在差异的，企业应当区别下列情况进行处理：

（1）在初始确认时，金融资产的公允价值依据相同资产在活跃市场上的报价或者以仅使用可观察市场数据的估值技术确定的，企业应当将该公允价值与交易价格之间的差额确认为一项利得或损失。

（2）在初始确认时，金融资产的公允价值以其他方式确定的，企业应当将该公允价值与交易价格之间的差额递延。初始确认后，企业应当根据某一因素在相应会计期间的变动程度将该递延差额确认为相应会计期间的利得或损失。该因素应当仅限于市场参与者对该金融工具定价时将予考虑的因素，包括时间等。

（二）交易费用的处理

企业购买债券发生的相关交易费用应当计入以摊余成本计量的金融资产的初始确认金额。交易费用，是指可直接归属于购买、发行或处置金融工具的增量费用。增量费用是指企业没有发生购买、发行或处置相关金融工具的情形就不会发生的费用，包括支付给代理机构、咨询公司、券商、证券交易所、政府有关部门等的手续费、佣金、相关税费以及其他必要支出，不包括债券溢价、折价、融资费用、内部管理成本和持有成本等与交易不直接相关的费用。

---

① 本书不涉及金融资产转移的有关内容，具体可参见《企业会计准则第23号——金融资产转移》。

（三）已到期尚未发放利息的处理

企业取得金融资产所支付的价款中包含的已到期但尚未发放的利息，应当单独确认为应收项目。

（四）债券的发行方式

债券发行方式不同，其会计处理也不大相同。

1. 按付息方式分类

根据债券支付利息的方式不同，债券一般可分为分期付息、到期还本债券和到期一次还本付息债券。分期付息、一次还本债券是指按约定的付息日期每期分别支付利息，债券到期后按面值支付本金。到期一次还本付息是指债券到期后一次性支付本金和利息，此时各期利息一般是按单利计算。

2. 按发行价格与债券面值的关系分类

根据债券发行价格与债券面值的不同，债券的发行方式分为平价发行、溢价发行和折价发行。

债券的发行价格，理论上应该等于该债券未来现金流量按实际利率折现的现值。因此，发行价格的高低取决于债券票面利率和实际利率的关系。票面利率，是债券中注明的据以支付利息的利率，又称名义利率。实际利率，是指将金融资产或金融负债在预计存续期的估计未来现金流量，折现为该金融资产账面余额不考虑减值或该金融负债摊余成本所使用的利率。

（1）平价发行。当票面利率等于实际利率时，发行价格等于面值，称为平价发行。此时，该债券引起的未来现金流量按实际利率折现之后的现值恰好等于债券的面值。

（2）溢价发行。当票面利率高于实际利率时，发行价格高于面值，称为溢价发行。债券发行方是根据票面利率向债券购买方支付利息的，当票面利率高于实际利率时，意味着发行方支付了相对较高的利息，作为对债券发行方的补偿，应当以高于面值的价格发行，即溢价发行。或者说，因为债券的发行价格等于该债券未来现金流量按实际利率折现的现值，当实际利率低于票面利率时，该现值将高于面值，即溢价发行。

（3）折价发行。当票面利率低于实际利率时，发行价格低于面值，称为折价发行。债券发行方是根据票面利率向债券购买方支付利息的，当票面利率低于实际利率时，意味着发行方支付了相对较低的利息，作为对债券购买方的补偿，应当以低于面值的价格发行，即折价发行。或者说，因为债券的发行价格等于该债券未来现金流量按实际利率折现的现值，当实际利率高于票面利率时，该现值将低于面值，即折价发行。

（五）会计处理

企业取得债券时，应当按照债券的面值借记“债权投资——成本”，按实际支付的价款贷记“银行存款”等科目，如果企业在发行日后或两次付息日之间购买债券，实际支付的价款中含有发行日或付息日至购买日之间的利息，应借记“应收利息”或“债权投资——应计利息”，按其差额借记或贷记“债权投资——利息调整”。

【例3-1】甲公司第1年1月1日以100万元购入某公司当日发行的面值100万元、票面利率5%、3年期的分期付息、到期一次还本的债券，甲公司将该债券划分为以摊余成本计量的金融资产核算，假定不考虑相关交易费用。

该债券为平价发行，又因为是按年付息，所以实际利率等于票面利率，即各期利息收入等于应收利息，不存在利息调整。

甲公司取得该债券时的会计处理如下：

借：债权投资——成本	1 000 000	
贷：银行存款		1 000 000

【例3-2】甲公司第1年1月1日以105万元购入某公司当日发行的面值100万元、票面利率5%、3年期的分期付息、到期一次还本的债券，甲公司将该债券划分为以摊余成本计量的金融资产核算，甲公司另以银行存款支付交易费用1万元。

甲公司取得该债券时的会计处理如下：

借：债权投资——成本	1 000 000	
——利息调整	60 000	
贷：银行存款		1 060 000

【例3-3】甲公司第1年1月1日以95万元购入某公司当日发行的面值100万元、票面利率5%、3年期的分期付息、到期一次还本的债券，甲公司将该债券划分为以摊余成本计量的金融资产核算，甲公司另以银行存款支付交易费用1万元。

甲公司取得该债券时的会计处理如下：

借：债权投资——成本	1 000 000	
贷：债权投资——利息调整		40 000
银行存款		960 000

四、以摊余成本计量的金融资产持有期间及到期的会计处理

（一）利息收入的计量

企业持有以摊余成本计量的金融资产会获得利息收入。企业应当按照实际利率法确认利息收入。

实际利率，是指将金融资产或金融负债在预计存续期的估计未来现金流量，折现为该金融资产账面余额（不考虑减值）或该金融负债摊余成本所使用的利率。在确定实际利率时，应当在考虑金融资产或金融负债所有合同条款（如提前还款、展期、看涨期权或其他类似期权等）的基础上估计预期现金流量，但不应当考虑预期信用损失。

金融资产的摊余成本，应当以该金融资产的初始确认金额经下列调整后的结果确定：扣除已偿还的本金；加上或减去采用实际利率法将该初始确认金额与到期日金额之间的差额进行摊销形成的累计摊销额；扣除累计计提的损失准备。

利息收入应当根据金融资产账面余额乘以实际利率计算确定，但下列情况除外：

（1）对于购入或源生的已发生信用减值的金融资产，企业应当自初始确认起，按照该金融资产的摊余成本和经信用调整的实际利率计算确定其利息收入。

经信用调整的实际利率，是指将购入或源生的已发生信用减值的金融资产在预计存续期的估计未来现金流量，折现为该金融资产摊余成本的利率。在确定经信用调整的实际利率时，应当在考虑金融资产的所有合同条款（例如提前还款、展期、看涨期权或其他类似期权等）以及初始预期信用损失的基础上估计预期现金流量。

（2）对于购入或源生的未发生信用减值、但在后续期间成为已发生信用减值的金融资产，企业应当在后续期间，按照该金融资产的摊余成本和实际利率计算确定其利息收入。企业按照上述规定对金融资产的摊余成本运用实际利率法计算利息收入的，若该金融工具在后续期间因其信用风险有所改善而不再存在信用减值，并且这一改善在客观上可与应用上述规定之后发生的某一事件相联系（如债务人的信用评级被上调），企业应当转按实际利率乘以该金融资产账面余额来计算确定利息收入。

（二）取得利息收入的会计处理

确认利息收入时，按面值和票面利率计算的应收利息借记“应收利息”（分期付息）或“债权投资——应计利息”（到期一次付息），按账面余额或摊余成本乘以实际利率（或经信用调整的实际利率）计算的利息收入贷记“投资收益”，按其差额借记或贷记“债权投资——利息调整”；实际收到利息时借记“银行存款”，贷记“应收利息”（分期付息）或“债权投资——应计利息”（到期一次付息）。

（三）债券到期的会计处理

对于分期付息、到期还本的债券投资，在债券到期时按收到对方返还的面值借记“银行存款”、贷记“债权投资——成本”。

对于到期一次还本付息的债券投资，在债券到期时按收到对方支付的本金和利息合计借记“银行存款”；按债券面值贷记“债权投资——成本”，按到期应收取的利息贷记“债权投资——应计利息”、“投资收益”（尚未计提的利息）。

【例3-4】继〖例3-1〗，该债券前两年实际付息日为下一年1月1日，最后一年年末支付本金和最后一年利息。不考虑债券减值因素。

甲公司持有该债券期间的会计处理如下：

该债券票面利率等于实际利率，即各期利息收入等于应收利息。

（1）第1年末和第2年末确认当年利息收入：

借：应收利息	50 000	
贷：投资收益		50 000

（2）第2年1月1日和第3年1月1日收到上年利息：

借：银行存款	50 000	
贷：应收利息		50 000

（3）第3年末债券到期收回本金和第3年利息：

借：银行存款	1 050 000	
贷：投资收益		50 000
债权投资——成本		1 000 000

【例 3-5】继〖例 3-2〗，假定每年末付息，第 3 年末支付本金和最后一年利息。不考虑债券减值因素。已知(P/F,3%,3)=0.9151，(P/A,3%,3)=2.8286，(P/F,2%,3)=0.9423，(P/A,2%,3)=2.8839。

甲公司持有该债券期间的会计处理如下：

（1）计算实际利率。

5×(P/A,3%,3)+100×(P/F,3%,3)=5×2.8286+100×0.9151=1 056 530

5×(P/A,2%,3)+100×(P/F,2%,3)=5×2.8839+100×0.9423=1 086 495

设实际利率为 r，利用插值法求 r：

3%	1 056 530
r	1 060 000
2%	1 086 495

(1 060 000－1 056 530)÷(r－3%)=(1 086 495－1 056 530)÷(2%－3%)

r=2.88%

（2）持有期间利息收入的计算。

各年利息收入的计算见表 3-1。

表 3-1　利息收入计算表（溢价——分期付息）　单位：元

日期	实收利息	利息收入	利息调整摊销	利息调整借方余额	摊余成本
	(1)面值×5%	(2)=期初(5)×2.88%	(3)=(1)-(2)	(4)=期初(4)-(3)	(5)=期初(5)-(3)
				60 000	1 060 000
第 1 年末	50 000	30 528	19 472	40 528	1 040 528
第 2 年末	50 000	29 967.21	20 032.79	20 495.21	1 020 495.21
第 3 年末	50 000	29 504.79*	20 495.21	0	1 000 000
合计	150 000	90 000	60 000	—	—

注：*表示尾数调整。

（3）第 1 年末确认利息收入：

借：银行存款　　50 000

　　贷：投资收益　　30 528

　　　　债权投资——利息调整　　19 472

（4）第 2 年末确认利息收入：

借：银行存款　　50 000

　　贷：投资收益　　29 967.21

　　　　债权投资——利息调整　　20 032.79

（5）第 3 年末收回本金和利息：

借：银行存款　　1 050 000

贷：债权投资——成本　　1 000 000

——利息调整　　20 495.21

投资收益　　29 504.79

【例3-6】继〖例3-3〗，假定每年末付息，第3年末支付本金和最后一年利息。不考虑债券减值因素。已知(P/F,6%,3)=0.8396，(P/A,6%,3)=2.6730，(P/F,7%,3)=0.8163，(P/A,7%,3)=2.6243。

甲公司持有该债券期间的会计处理如下：

（1）计算实际利率。

5×(P/A,6%,3)+100×(P/F,6%,3)=5×2.6730+100×0.8396=973 269.88

5×(P/A,7%,3)+100×(P/F,7%,3)=5×2.6243+100×0.8163=947 513.68

设实际利率为r，利用插值法求r：

6%　　973 269.88

r　　960 000

7%　　947 513.68

(960 000-973 269.88)÷(r-6%)=(947 513.68-973 269.88)÷(7%-6%)

r=6.52%

（2）持有期间利息收入的计算。各年利息收入的计算见表3-2。

表3-2　　利息收入计算表（折价——分期付息）　　单位：元

日期	实收利息	利息收入	利息调整摊销	利息调整贷方余额	摊余成本
	(1)面值×5%	(2)=期初(5)×6.52%	(3)=(2)-(1)	(4)=期初(4)-(3)	(5)=期初(5)+(3)
				40 000	960 000
第1年末	50 000	62 592	12 592	27 408	972 592
第2年末	50 000	63 413	13 413	13 995	986 005
第3年末	50 000	63 995*	13 995	0	1 000 000
合计	150 000	190 000	40 000	—	—

注：*表示尾数调整。

（3）第1年确认利息收入：

借：银行存款　　50 000

债权投资——利息调整　　12 592

贷：投资收益　　62 592

（4）第2年确认利息收入：

借：银行存款　　50 000

债权投资——利息调整　　13 413

贷：投资收益　　63 413

(5) 第3年末收回本金和利息:

借:银行存款　　1 050 000

　债权投资——利息调整　　13 995

　贷:债权投资——成本　　1 000 000

　　投资收益　　63 995

【例3-7】甲公司第1年1月1日以100万元购入某公司当日发行的面值100万元、票面利率5%、3年期的到期一次还本付息的债券，本息于第4年1月1日支付，债券按单利计息，甲公司将该债券划分为以摊余成本计量的金融资产核算，假定不考虑相关交易费用。已知(P/F,5%,3)=0.8638，(P/F,4%,3)=0.8890。

甲公司取得该债券时的会计处理如下:

(1) 取得债券投资时:

借:债权投资——成本　　1 000 000

　贷:银行存款　　1 000 000

(2) 持有期间确认利息收入:

计算实际利率:

债券3年利息总和 = 100 × 5% × 3 = 15（万元）

债券到期支付的本利和 = 100 + 15 = 115（万元）

115 ×(P/F,5%,3) = 1 150 000 × 0.8638 = 993 370（元）

115 ×(P/F,4%,3) = 1 150 000 × 0.8890 = 1 022 350（元）

实际利率r为，采用插值法计算实际利率r:

5%　　993 370

r　　1 000 000

4%　　1 022 350

(1 000 000 - 993 370) ÷ (r - 5%) = (1 022 350 - 993 370) ÷ (4% - 5%)

r = 4.77%

各年利息收入的计算见表3-3。

表3-3　　利息收入计算表（到期一次还本付息）　　单位:元

日期	应计利息	利息收入	利息调整	摊余成本
	(1) = 面值 × 5%	(2) = 期初(4) × 4.77%	(3) = (1) - (2)	(4) = 期初(4) + (2)
第1年1月1日				1 000 000
第1年末	50 000	47 700	2 300	1 047 700
第2年末	50 000	49 975.29	24.71	1 097 675.29
第3年末	50 000	52 324.71*	-2 324.71	1 150 000
合计	150 000	150 000	0	—

注: * 表示尾数调整。

第 1 年 12 月 31 日：

借：债权投资——应计利息 50 000

贷：投资收益 47 700

债权投资——利息调整 2 300

第 2 年 12 月 31 日：

借：债权投资——应计利息 50 000

贷：投资收益 49 975.29

债权投资——利息调整 24.71

第 3 年 12 月 31 日：

借：债权投资——应计利息 50 000

——利息调整 2 324.71

贷：投资收益 52 324.71

（3）债券到期收回本息

借：银行存款 1 150 000

贷：债权投资——成本 1 000 000

——应计利息 150 000

五、以摊余成本计量的金融资产的报表列示

资产负债表日，企业应按该类金融资产的账面价值。对于债权投资，应按“债权投资”期末余额减去“债权投资减值准备”期末贷方余额后的净值，列示于资产负债表的“债权投资”项目。对于以摊余成本计量的应收账款，应按“应收账款”期末余额减去“坏账准备”期末贷方余额后的净值，列示于资产负债表的“应收票据及应收账款”项目。

第三节 以公允价值计量且其变动计入其他综合收益的金融资产

一、以公允价值计量且其变动计入其他综合收益的金融资产的分类标准

金融资产同时符合下列条件的，应当分类为以公允价值计量且其变动计入其他综合收益的金融资产（FVOCI）：

（1）企业管理该金融资产的业务模式既以收取合同现金流量为目标又以出售该金融资产为目标；

（2）该金融资产的合同条款规定，在特定日期产生的现金流量，仅为对本金和以未偿付本金金额为基础的利息的支付。

在初始确认时，企业可以将非交易性权益工具投资指定为以公允价值计量且其变动计入其他综合收益的金融资产，该指定一经做出，不得撤销。

常见的以公允价值计量且其变动计入其他综合收益的金融资产包括（但不限于）持有的部分债券、战略性股权投资、非为交易而持有的某些权益投资。

二、涉及问题与科目设置

对于符合分类条件的以公允价值计量且其变动计入其他综合收益的金融资产，涉及的主要会计问题包括：取得资产初始成本的确定和会计处理、持有期间利息收入的确定和会计处理、公允价值变动的会计处理、处置资产的会计处理，其减值的会计处理见本章第六节。对于该类金融资产，可设置“其他债权投资”科目进行核算，同时按金融资产类别和品种，分别按“成本”“利息调整”“应计利息”“公允价值变动”等进行明细核算。

对于指定为以公允价值计量且其变动计入其他综合收益的非交易性权益工具投资，涉及的主要会计问题包括：取得资产初始成本的确定和会计处理、持有期间股利的会计处理、公允价值变动的会计处理以及处置资产的会计处理。可设置“其他权益工具投资”科目进行核算，同时按其他权益工具投资的类别和种类，分别按“成本”“公允价值变动”进行明细核算。

三、取得以公允价值计量且其变动计入其他综合收益的金融资产的会计处理

（一）初始成本的计量

企业应当按照公允价值对取得的以公允价值计量且其变动计入其他综合收益的金融资产进行初始计量。公允价值与交易价格存在差异的，处理方法与以摊余成本计量的金融资产相同。

与以公允价值计量且其变动计入其他综合收益的金融资产相关的交易费用应当计入金融资产的初始确认金额。

对于取得该金融资产时已到期但尚未支付的利息或已宣告但尚未发放的现金股利，应单独确认为应收项目。

企业对权益工具的投资应当以公允价值计量。但在有限情况下，如果用以确定公允价值的近期信息不足，或者公允价值的可能估计金额分布范围很广，而成本代表了该范围内对公允价值的最佳估计的，该成本可代表其在该分布范围内对公允价值的恰当估计，但权益工具投资存在报价的，企业不应当将成本作为对其公允价值的最佳估计。

企业应当利用初始确认日后可获得的关于被投资方业绩和经营的所有信息，判断成本能否代表公允价值。存在下列情形（包含但不限于）之一的，可能表明成本不代表相关金融资产的公允价值，企业应当对其公允价值进行估值：与预算、计划或阶段性目标相比，被投资方业绩发生重大变化；对被投资方技术产品实现阶段性目标的预期发生变化；

被投资方的权益、产品或潜在产品的市场发生重大变化；全球经济或被投资方经营所处的经济环境发生重大变化；被投资方可比企业的业绩或整体市场所显示的估值结果发生重大变化；被投资方的内部问题，如欺诈、商业纠纷、诉讼、管理或战略变化；被投资方权益发生了外部交易并有客观证据，包括发行新股等被投资方发生的交易和第三方之间转让被投资方权益工具的交易等。

（二）会计处理

对于符合分类条件的以公允价值计量且其变动计入其他综合收益的金融资产，即债务工具投资，按其面值借记“其他债权投资——成本”，按应收的利息借记“应收利息”或“其他债权投资—应计利息”，按支付的购买价款（假定等于公允价值）及交易费用金额合计贷记“银行存款”等科目，按其差额借记或贷记“其他债权投资——利息调整”。

对于指定为以公允价值计量且其变动计入其他综合收益的金融资产，即非交易性权益工具投资，按支付的购买价款（假定等于公允价值）及交易费用金额合计，贷记“银行存款”等科目，按应收的股利借记“应收股利”，按借贷差额借记“其他权益工具投资——成本”。

【例3－8】甲公司第1年1月1日以105万元购入某公司当日发行的面值100万元、票面利率5%、3年期的分期付息到期还本的债券，另以银行存款支付交易费用1万元。甲公司将该债券划分为以公允价值计量且其变动计入其他综合收益的金融资产核算。

甲公司会计处理如下：

借：其他债权投资——成本	1 000 000	
——利息调整	60 000	
贷：银行存款		1 060 000

【例3－9】甲公司第1年1月1日以1000万元购入某公司通过首次公开募股发行的股票100万股准备长期持有，另以银行存款支付相关税费10万元，甲公司对被投资方不具有重大影响，将其指定为以公允价值计量且其变动计入其他综合收益的金融资产核算。

甲公司会计处理如下：

借：其他权益工具投资——成本	10 100 000	
贷：银行存款		10 100 000

四、以公允价值计量且其变动计入其他综合收益的金融资产持有期间的会计处理

（一）债务工具投资持有期间的会计处理

对于符合分类条件的以公允价值计量且其变动计入其他综合收益的金融资产的债务工具，在持有期间主要涉及利息收入和公允价值变动的会计处理。利息收入，应当比照以摊余成本计量的金融资产持有期间的利息收入进行会计处理。按照面值和票面利率计算的应收利息，借记“应收利息”（分期付息）或“其他债权投资——应计利息”（到期一次付

息）；按照实际利率法计算的利息收入，贷记“投资收益”，按其差额借记或贷记“其他债权投资——利息调整”。对于公允价值变动，在资产负债表日，应按资产负债表日公允价值高于其账面价值的差额借记“其他债权投资——公允价值变动”，贷记“其他综合收益——其他债权投资公允价值变动”；资产负债表日公允价值低于其账面价值的，按其差额借记“其他综合收益——其他债权投资公允价值变动”，贷记“其他债权投资——公允价值变动”。

【例3-10】继〖例3-8〗，假定利息在每年末收取，不考虑预期信用损失，已知(P/F,2%,3)=0.9423，(P/A,2%,3)=2.8839，(P/F,3%,3)=0.9151，(P/A,3%,3)=2.8286。第1年末该债券公允价值为105万元，第2年末公允价值为103万元。

计算实际利率：

50 000×2.8839+1 000 000×0.9423=1 086 495

50 000×2.8286+1 000 000×0.9151=1 056 530

设实际利率为r：

2%	1 086 495
r	1 060 000
3%	1 056 530

(1 060 000-1 086 495)÷(r-2%)=(1 056 530-1 086 495)÷(3%-2%)

解得r=2.88%

(1) 第1年末：

应收利息=1 000 000×5%=50 000（元）

利息收入=1 060 000×2.88%=30 528（元）

利息调整摊销=50 000-30 528=19 472（元）

摊余成本=1 060 000-19 472=1 040 528（元）

借：应收利息　　50 000

　　贷：投资收益　　30 528

　　　　其他债权投资——利息调整　　19 472

收到利息时：

借：银行存款　　50 000

　　贷：应收利息　　50 000

公允价值变动=1 050 000-1 040 528=9 472（元）

借：其他债权投资——公允价值变动　　9 472

　　贷：其他综合收益——其他债权投资公允价值变动　　9 472

(2) 第2年末：

应收利息=1 000 000×5%=50 000（元）

利息收入=1 040 528×2.88%=29 967.21（元）

利息调整摊销=50 000-29 967.21=20 032.79（元）

摊余成本=1 040 528-20 032.79=1 020 495.21（元）

账面价值=1 050 000-20 032.79=1 029 967.21（元）

借：应收利息　　50 000

　　贷：投资收益　　29 967.21

　　　　其他债权投资——利息调整　　20 032.79

收到利息时：

借：银行存款　　50 000

　　贷：应收利息　　50 000

公允价值变动 = 1 030 000 - 1 029 967.21 = 32.79（元）

借：其他债权投资——公允价值变动　　32.79

　　贷：其他综合收益——其他债权投资公允价值变动　　32.79

（二）非交易性权益工具投资持有期间的会计处理

对于指定为以公允价值计量且其变动计入其他综合收益的金融资产的非交易性权益工具，在持有期间主要涉及股利和公允价值变动的会计处理。

该类资产持有期间，除了获得的股利计入当期损益外，其他相关利得和损失（包括汇兑损益）均应当计入其他综合收益，且后续不得转入当期损益。企业只有在同时符合下列条件时，才能确认股利收入并计入当期损益：企业收取股利的权利已经确立；与股利相关的经济利益很可能流入企业；股利的金额能够可靠计量。对于应收的股利，借记“应收股利”，贷记“投资收益”；实际收到股利时，借记“银行存款”，贷记“应收股利”。

对于公允价值变动，在资产负债表日，应按资产负债表日公允价值高于其账面价值的差额借记“其他权益工具投资——公允价值变动”，贷记“其他综合收益——其他权益工具投资公允价值变动”；资产负债表日公允价值低于其账面价值的，按其差额借记“其他综合收益——其他权益工具投资公允价值变动”，贷记“其他权益工具投资——公允价值变动”。

【例 3 - 11】继〖例 3 - 9〗，甲公司持有的股票第 1 年末的公允价值为 1 100 万元，第 2 年 3 月宣告发放现金股利，甲公司应分得 50 万元，4 月收到现金股利，第 2 年末的公允价值为 1 080 万元。

甲公司会计处理如下：

（1）第 1 年末：

公允价值变动 = 1 100 - 1 010 = 90（万元）

借：其他权益工具投资——公允价值变动　　900 000

　　贷：其他综合收益——其他权益工具投资公允价值变动　　900 000

（2）第 2 年 3 月宣告发放现金股利：

借：应收股利　　500 000

　　贷：投资收益　　500 000

（3）第 2 年 4 月实际收到现金股利：

借：银行存款　　500 000

　　贷：应收股利　　500 000

（4）第 2 年末：

公允价值变动 = 1 080 - 1 100 = - 20（万元）

借：其他综合收益——其他权益工具投资公允价值变动　　　　200 000
　　贷：其他权益工具投资——公允价值变动　　　　　　　　200 000

五、以公允价值计量且其变动计入其他综合收益的金融资产处置的会计处理①

（一）债务工具投资处置的会计处理

处置该类金融资产时，按处置价款减去相关费用后的处置净额借记“银行存款”等科目，按处置净额与处置部分的账面价值和应收利息（已到期尚未收到的利息）的差额贷记或借记“投资收益”，同时注销该处置部分的资产账面价值和应收利息，即贷记“其他债权投资——成本”，贷记“其他债权投资——应计利息”或“应收利息”，借记或贷记“其他债权投资——公允价值变动”“其他债权投资——利息调整”。同时，将处置比例部分对应的其他综合收益转入当期损益，借记或贷记“其他综合收益——其他债权投资公允价值变动”，借记“其他综合收益——信用减值准备”，按借贷差额记“投资收益”。

【例3－12】继〖例3－10〗，假定第3年1月甲公司将该债券全部出售，取得价款102万元，支付相关费用1万元。

甲公司会计处理如下：

处置损益＝1 020 000－10 000－1 030 000＝－20 000（元）

成本＝1 000 000（元）

利息调整借方余额＝20 495.21（元）

公允价值变动借方余额＝9 472＋32.79＝9 504.79（元）

投资收益＝－20 000＋9 504.79＝－10 495.21（元）

借：银行存款　　　　　　　　　　　　　　　　　1 010 000
　　投资收益　　　　　　　　　　　　　　　　　10 495.21
　　其他综合收益——其他债权投资公允价值变动　　9 504.79
　　贷：其他债权投资——成本　　　　　　　　　　1 000 000
　　　　　　　　　——公允价值变动　　　　　　　9 504.79
　　　　　　　　　——利息调整　　　　　　　　　20 495.21

（二）非交易性权益工具投资处置的会计处理

将非交易性权益工具投资指定为以公允价值计量且其变动计入其他综合收益的金融资产的，在处置该金融资产时，应将处置价款扣除相关税费后的净额与其账面价值之间的差额确认为留存收益，同时之前计入其他综合收益的累计利得或损失应当从其他综合收益中转入留存收益。按处置价款扣除相关税费后的净额借记“银行存款”等科目，按该金融资产的初始成本贷记“其他权益工具投资——成本”，按该金融资产累计公允价值变动贷记或借记

① 假定不考虑转让金融资产相关的增值税，转让金融商品增值税的会计处理可参考《税务会计》。

"其他权益工具投资——公允价值变动"，按该资产累计公允价值变动利得或损失金额借记或贷记"其他综合收益——其他权益工具投资公允价值变动"，按上述借贷差额贷记或借记"盈余公积"、"利润分配——未分配利润"。

【例3－13】继〖例3－11〗，第3年1月，出于战略调整考虑，甲公司将持有的股票全部售出，取得价款1 200万元，支付相关税费2万元。已知甲公司盈余公积计提比例为10%。

甲公司会计处理如下：

资产账面价值为1 080万元，其中"其他权益工具投资——成本"为1 010万元，"其他权益工具投资——公允价值变动"借方余额70万元。

会计分录如下：

借：银行存款	11 980 000	
其他综合收益——其他权益工具投资公允价值变动	700 000	
贷：其他权益工具投资——成本		10 100 000
——公允价值变动		700 000
盈余公积		188 000
利润分配——未分配利润		1 692 000

六、以公允价值计量且其变动计入其他综合收益的金融资产的报表列示

资产负债表日，企业应将符合分类条件的以公允价值计量且其变动计入其他综合收益的金融资产，按照其在资产负债表日的公允价值列示于资产负债表的"其他债权投资"项目；将非交易性权益工具投资指定为以公允价值计量且其变动计入其他综合收益的金融资产的，应按照其在资产负债表日的公允价值列示于资产负债表的"其他权益工具投资"项目。

第四节　以公允价值计量且其变动计入当期损益的金融资产

一、以公允价值计量且其变动计入当期损益的金融资产的分类标准

除了以摊余成本计量的金融资产和以公允价值计量且其变动计入其他综合收益的金融资产之外的金融资产，企业应当将其分类为以公允价值计量且其变动计入当期损益的金融资产（FVTPL）。

金融资产满足下列条件之一的，表明企业持有该金融资产的目的是交易性的：

（1）取得相关金融资产的目的，主要是为了近期出售；

（2）相关金融资产在初始确认时属于集中管理的可辨认金融工具组合的一部分，且

有客观证据表明近期实际存在短期获利模式；

（3）相关金融资产属于衍生工具，但符合财务担保合同定义的衍生工具以及被指定为有效套期工具的衍生工具除外。

在初始确认时，如果能够消除或显著减少会计错配，企业可以将金融资产指定为以公允价值计量且其变动计入当期损益的金融资产，该指定一经做出，不得撤销。会计错配，是指当企业以不同的会计确认方法和计量属性，对在经济上相关的资产和负债进行确认或计量而产生利得或损失时，可能导致的会计确认和计量上的不一致。

常见的以公允价值计量且其变动计入当期损益的金融资产包括（但不限于）为交易而持有的投资、结构性贷款、衍生资产、一些更复杂的ABS/CDO、某些流动性管理下持有的债券。

二、涉及问题与科目设置

以公允价值计量且其变动计入当期损益的金融资产，主要涉及的会计问题包括取得资产成本的确定和会计处理、持有期间公允价值变动的会计处理和资产处置的会计处理。

对于以公允价值计量且其变动计入当期损益的金融资产，企业应设置"交易性金融资产"科目核算，并按金融资产的类别和品种分别按"成本""公允价值变动"进行明细核算。企业持有的指定为以公允价值计量且其变动计入当期损益的金融资产，可在本科下单设"指定类"明细科目核算。为了反映其公允价值变动对当期损益的影响，还应设置"公允价值变动损益"科目。

三、取得以公允价值计量且其变动计入当期损益的金融资产的会计处理

企业应当按照公允价值对取得的以公允价值计量且其变动计入当期损益的金融资产进行初始计量。公允价值与交易价格存在差异的，处理方法与以摊余成本计量的金融资产相同。

与以公允价值计量且其变动计入当期损益的金融资产相关的交易费用应当计入当期损益。

对于取得以公允价值计量且其变动计入当期损益的金融资产时，价款中包含的尚未支付的利息或已宣告但尚未发放的现金股利，应单独确认为应收项目。

取得以公允价值计量且其变动计入当期损益的金融资产时，按照其公允价值借记"交易性金融资产——成本"，按支付的交易费用借记"投资收益"，按应收的股利或利息借记"应收股利"或"应收利息"，按支付的价款合计贷记"其他货币资金""银行存款"等科目。

【例3－14】甲公司第1年12月1日以存入证券公司的投资款从二级市场购入乙公司公开发行的股票10万股，每股10元，共支付价款100万元，另支付交易费用8 000元。第1年12月20日，又购入该种股票5万股，每股12元，共支付价款60万元，另支付交

易费用5 000元。甲公司将其划分为以公允价值计量且其变动计入当期损益的金融资产。

甲公司会计处理如下：

（1）第1年12月1日购入股票：

借：交易性金融资产——成本　　1 000 000

　　投资收益　　8 000

　　贷：其他货币资金——存出投资款　　1 008 000

（2）第1年12月20日购入股票：

借：交易性金融资产——成本　　600 000

　　投资收益　　5 000

　　贷：其他货币资金——存出投资款　　605 000

四、以公允价值计量且其变动计入当期损益的金融资产持有期间的会计处理

以公允价值计量且其变动计入当期损益的金融资产持有期间，主要涉及股利收入、利息收入和公允价值变动的处理。企业只有在同时符合下列条件时，才能确认股利收入并计入当期损益：企业收取股利的权利已经确立；与股利相关的经济利益很可能流入企业；股利的金额能够可靠计量。

对于应收的股利收入、利息收入，借记“应收股利”“应收利息”，贷记“投资收益”。实际收到股利和利息时，借记“其他货币资金”“银行存款”等科目，贷记“应收股利”“应收利息”。资产负债表日，交易性金融资产公允价值上升时，按其变动差额借记“交易性金融资产——公允价值变动”，贷记“公允价值变动损益”；交易性金融资产公允价值下降时，按其变动差额借记“公允价值变动损益”，贷记“交易性金融资产——公允价值变动”。

【例3-15】继〖例3-14〗，甲公司购入的乙公司股票第1年末公允价值为15元/股。第2年3月，乙公司宣告发放现金股利，0.1元/股，4月实际收到现金股利并通过证券公司收取。

甲公司会计处理如下：

（1）第1年末：

公允价值变动 =（100 000 +50 000）×15 -（100 000 ×10 +50 000 ×12）=650 000（元）

借：交易性金融资产——公允价值变动　　650 000

　　贷：公允价值变动损益　　650 000

（2）第2年3月：

借：应收股利　　15 000

　　贷：投资收益　　15 000

（3）第2年4月：

借：其他货币资金——存出投资款　　15 000

　　贷：应收股利　　15 000

五、以公允价值计量且其变动计入当期损益的金融资产处置的会计处理①

企业处置持有的以公允价值计量且其变动计入当期损益的金融资产时，按实际收到的价款扣除相关交易费用的净额借记“其他货币资金”“银行存款”等科目，按处置净额和交易性金融资产的账面价值的差额贷记或借记“投资收益”，按交易性金融资产的成本贷记“交易性金融资产——成本”，按累计公允价值变动贷记或借记“交易性金融资产——公允价值变动”。同时，将该金融资产累计公允价值变动金额从“公允价值变动损益”科目转入“投资收益”科目。

【例3－16】继〖例3－15〗，第2年5月，因资金需要，甲公司将持有的乙公司股票出售8万股，16元/股，支付交易费用10 000元。假定甲公司按加权平均法结转已售股票账面价值。

甲公司会计处理如下：

应结转的成本＝(1 000 000＋600 000)÷(100 000＋50 000)×80 000＝853 333.33（元）

应结转的公允价值变动＝650 000÷(100 000＋50 000)×80 000＝346 666.67（元）

借：其他货币资金——存出投资款　　1270 000

　　贷：交易性金融资产——成本　　853 333.33

　　　　　　　　　　——公允价值变动　　346 666.67

　　　　投资收益　　70 000

六、以公允价值计量且其变动计入当期损益的金融资产的报表列示

资产负债表日，企业应当以该类金融资产在资产负债表日的公允价值将其列示于资产负债表的“交易性金融资产”项目。

第五节　金融资产的重分类

企业改变其管理金融资产的业务模式时，应当对所有受影响的相关金融资产进行重分类。企业对金融资产进行重分类，应当自重分类日起采用未来适用法进行相关会计处理，不得对以前已经确认的利得、损失（包括减值损失或利得）或利息进行追溯调整。

重分类日，是指导致企业对金融资产进行重分类的业务模式发生变更后的首个报告期间的第一天。

只有当企业开始或终止某项对其经营影响重大的活动时（例如当企业收购、处置或

① 假定不考虑转让金融资产相关的增值税，转让金融商品增值税的会计处理可参考税务会计。

终止某一业务线时），其管理金融资产的业务模式才会发生变更。企业持有特定金融资产的意图改变、金融资产特定市场暂时性消失从而暂时影响其金融资产出售、金融资产在企业具有不同业务模式的各部门之间转移等情形，均不属于业务模式变更。

一、以摊余成本计量的金融资产重分类

（1）企业将一项以摊余成本计量的金融资产重分类为以公允价值计量且其变动计入当期损益的金融资产的，应当按照该资产在重分类日的公允价值进行计量。原账面价值与公允价值之间的差额计入当期损益。

【例3－17】某商业银行为上市公司，第1年10月以公允价值1 000 000元购入一项债券投资并按规定将其划分为以摊余成本计量的金融资产，该债券的账面余额为1 000 000元。第2年10月，该银行变更了其管理债券投资组合的业务模式，其变更符合重分类的要求，因此该银行第3年1月1日将该债券从以摊余成本计量的金融资产重分类为以公允价值计量且其变动计入当期损益的金融资产。第3年1月1日其公允价值为990 000元，已确认的减值准备为5 000元。假设不考虑债券的利息收入。

在重分类日第3年1月1日，该银行会计处理如下：

借：交易性金融资产——成本	990 000	
债权投资减值准备	5 000	
公允价值变动损益	5 000	
贷：债权投资——成本		1 000 000

（2）企业将一项以摊余成本计量的金融资产重分类为以公允价值计量且其变动计入其他综合收益的金融资产的，应当按照该金融资产在重分类日的公允价值进行计量。原账面价值与公允价值之间的差额计入其他综合收益。该金融资产重分类不影响其实际利率和预期信用损失的计量。

二、以公允价值计量且其变动计入其他综合收益的金融资产重分类

（1）企业将一项以公允价值计量且其变动计入其他综合收益的金融资产重分类为以摊余成本计量的金融资产的，应当将之前计入其他综合收益的累计利得或损失转出，调整该金融资产在重分类日的公允价值，并以调整后的金额作为新的账面价值，即视同该金融资产一直以摊余成本计量。该金融资产重分类不影响其实际利率和预期信用损失的计量。

【例3－18】某商业银行为上市公司，第1年10月以公允价值1 000 000元购入一项债券投资并按规定将其划分为以公允价值计量且其变动计入其他综合收益的金融资产，该债券的账面余额为1 000 000元。第2年10月，该银行变更了其管理债券投资组合的业务模式，其变更符合重分类的要求，因此该银行第3年1月1日将该债券从以公允价值计量且其变动计入其他综合收益的金融资产重分类为以摊余成本计量的金融资产。第3年1月1日其公允

价值为990 000元，已确认的减值准备为5 000元。假设不考虑债券的利息收入。

在重分类日第3年1月1日，该银行会计处理如下：

借：债权投资——成本　　1 000 000

　　其他债权投资——公允价值变动　　10 000

　　其他综合收益——信用减值准备　　5 000

　　贷：其他债权投资——成本　　1 000 000

　　　　其他综合收益——其他债权投资公允价值变动　　10 000

　　　　债权投资减值准备　　5 000

（2）企业将一项以公允价值计量且其变动计入其他综合收益的金融资产重分类为以公允价值计量且其变动计入当期损益的金融资产的，应当继续以公允价值计量该金融资产。同时，企业应当将之前计入其他综合收益的累计利得或损失从其他综合收益转入当期损益。

三、以公允价值计量且其变动计入当期损益的金融资产重分类

（1）企业将一项以公允价值计量且其变动计入当期损益的金融资产重分类为以摊余成本计量的金融资产的，应当以其在重分类日的公允价值作为新的账面余额。

（2）企业将一项以公允价值计量且其变动计入当期损益的金融资产重分类为以公允价值计量且其变动计入其他综合收益的金融资产的，应当继续以公允价值计量该金融资产。

金融资产重分类归纳为表3－4所示。

表3－4　　金融资产重分类

<table>
<tr><td colspan="2" rowspan="2"></td><td colspan="3">转入类别</td></tr>
<tr><td>FVTPL类别</td><td>FVOCI类别</td><td>摊余成本类别</td></tr>
<tr><td rowspan="5">转出类别</td><td rowspan="2">FVTPL类别</td><td rowspan="2">—</td><td>继续以公允价值计量</td><td>新的账面余额＝在重分类日的公允价值</td></tr>
<tr><td colspan="2">根据该资产在重分类日的公允价值确定实际利率</td></tr>
<tr><td>FVOCI类别</td><td>（1）继续以公允价值计量；
（2）计入其他综合收益的累计利得或损失在重分类日转入当期损益</td><td>—</td><td>（1）计入其他综合收益的累计利得或损失从权益中转出并调整重分类日金融资产的公允价值；
（2）以调整后的金额作为新的账面价值，即视同该金融资产一直以摊余成本计量；
（3）实际利率及预期信用损失不进行调整</td></tr>
<tr><td rowspan="2">摊余成本类别</td><td colspan="2">在重分类日以公允价值计量</td><td rowspan="2">—</td></tr>
<tr><td>原摊余成本与公允价值之间的差额计入当期损益</td><td>（1）原摊余成本与公允价值之间的差额计入其他综合收益；
（2）实际利率及预期信用损失不进行调整</td></tr>
</table>

第六节　金融工具减值

企业应当以预期信用损失为基础，对分类为以摊余成本计量的金融资产、以公允价值计量且其变动计入其他综合收益的金融资产（不含非交易性权益工具）、租赁应收款、合同资产、部分贷款承诺和财务担保合同进行减值会计处理并确认损失准备。

预期信用损失，是指以发生违约的风险为权重的金融工具信用损失的加权平均值。信用损失，是指企业按照原实际利率折现的、根据合同应收的所有合同现金流量与预期收取的所有现金流量之间的差额，即全部现金短缺的现值。其中，对于企业购买或源生的已发生信用减值的金融资产，应按照该金融资产经信用调整的实际利率折现。

金融工具发生信用减值的过程可分为三个阶段：信用风险自初始确认后未显著增加（第一阶段），信用风险自初始确认后已显著增加但尚未发生信用减值（第二阶段），初始确认后发生信用减值（第三阶段）。

一、一般减值模型（三阶段模型）

企业一般应当在每个资产负债表日评估相关金融工具的信用风险自初始确认后是否已显著增加，并按照下列情形分别计量其损失准备、确认预期信用损失及其变动：

（1）如果该金融工具的信用风险自初始确认后并未显著增加（第一阶段），企业应当按照相当于该金融工具未来12个月内预期信用损失的金额计量其损失准备，无论企业评估信用损失的基础是单项金融工具还是金融工具组合，由此形成的损失准备的增加或转回金额，应当作为减值损失或利得计入当期损益，并按其账面余额（即未扣除减值准备）和实际利率计算利息收入（若该金融工具为金融资产，下同）。

（2）如果该金融工具的信用风险自初始确认后已显著增加（第二阶段），企业应当按照相当于该金融工具整个存续期内预期信用损失的金额计量其损失准备。无论企业评估信用损失的基础是单项金融工具还是金融工具组合，由此形成的损失准备的增加或转回金额，应当作为减值损失或利得计入当期损益，并按其账面余额（即未扣除减值准备）和实际利率计算利息收入。

（3）如果该金融工具自初始确认后发生信用减值（第三阶段），企业应当按照相当于该金融工具整个存续期内预期信用损失的金额计量其损失准备，并按其摊余成本（账面余额减去已计提减值准备，也即账面价值）和实际利率计算利息收入。

此外，应该注意以下两点：

（1）对于购买或源生的已发生信用减值的金融资产，企业应当在资产负债表日仅将自初始确认后整个存续期内预期信用损失的累计变动确认为损失准备。在每个资产负债表日，企业应当将整个存续期内预期信用损失的变动金额作为减值损失或利得计入当期损益。即使该资产负债表日确定的整个存续期内预期信用损失小于初始确认时估计现金流量所反映的预期信用损失的金额，企业也应当将预期信用损失的有利变动确认为减值利得。

（2）企业在前一会计期间已经按照相当于金融工具整个存续期内预期信用损失的金额计量了损失准备，但在当期资产负债表日，该金融工具已不再属于自初始确认后信用风险显著增加的情形的，企业应当在当期资产负债表日按照相当于未来12个月内预期信用损失的金额计量该金融工具的损失准备，由此形成的损失准备的转回金额应当作为减值利得计入当期损益。

二、金融工具减值的特殊情形

（一）较低信用风险

如果企业确定金融工具的违约风险较低，借款人在短期内履行其支付合同现金流量义务的能力很强，并且即使较长时间内经济形势和经营环境存在不利变化，也不一定会降低借款人履行其支付合同现金流量义务的能力，那么该金融工具可被视为具有较低的信用风险。例如，企业在具有较高信用评级的商业银行的定期存款可能被视为具有较低的信用风险。

对于在资产负债表日具有较低信用风险的金融工具，企业可以不用与其初始确认时的信用风险进行比较，而直接做出该工具的信用风险自初始确认后未显著增加的假定（企业对这种简化处理具有选择权）。

如果某项金融工具在上一资产负债表日被视为具有较低信用风险而在当前资产负债表日不被视为具有较低信用风险，企业不能仅因为这一事实就判定其信用风险显著增加，而仍应当通过比较该工具初始确认时的信用风险和当前资产负债表日的信用风险做出判定。

（二）应收款项、租赁应收款和合同资产

企业对于《企业会计准则第14号——收入》所规定的、不含重大融资成分（包括根据该准则不考虑不超过一年的合同中融资成分的情况）的应收账款和合同资产，应当始终按照整个存续期内预期信用损失的金额计量其损失准备。对于包含重大融资成分的应收款项、合同资产和《企业会计准则第21号——租赁》规范的租赁应收款，企业可以选择始终按照相当于整个存续期内预期信用损失的金额计量其损失准备（可分别对应收账款、合同资产和应收租赁款做出不同的会计政策选择）。

三、信用风险自初始确认后是否显著增加的判断

（1）企业在评估金融工具的信用风险自初始确认后是否已显著增加时，应当考虑金融工具预计存续期内发生违约风险的变化，而不是预期信用损失金额的变化。企业应当通过比较金融工具在资产负债表日发生违约的风险与在初始确认日发生违约的风险，以确定金融工具预计存续期内发生违约风险的变化情况。在为确定是否发生违约风险而对违约进行界定时，企业所采用的界定标准，应当与其内部针对相关金融工具的信用风险管理目标

保持一致，并考虑财务限制条款等其他定性指标。

（2）企业通常应当在金融工具逾期（交易对手方未按合同规定时间支付约定的款项）前确认该工具整个存续期预期信用损失。企业在确定信用风险自初始确认后是否显著增加时，企业无须付出不必要的额外成本或努力即可获得合理且有依据的前瞻性信息的，不得仅依赖逾期信息来确定信用风险自初始确认后是否显著增加；企业必须付出不必要的额外成本或努力才可获得合理且有依据的逾期信息以外的单独或汇总的前瞻性信息的，可以采用逾期信息来确定信用风险自初始确认后是否显著增加。

（3）无论企业采用何种方式评估信用风险是否显著增加，通常情况下，如果逾期超过30日，则表明金融工具的信用风险已经显著增加。除非企业在无须付出不必要的额外成本或努力的情况下即可获得合理且有依据的信息，证明即使逾期超过30日，信用风险自初始确认后仍未显著增加。如果企业在合同付款逾期超过30日前已确定信用风险显著增加，则应当按照整个存续期的预期信用损失确认损失准备。

（4）企业在评估金融工具的信用风险自初始确认后是否已显著增加时，应当考虑违约风险的相对变化，而非违约风险变动的绝对值。在同一后续资产负债表日，对于违约风险变动的绝对值相同的两项金融资产，初始确认时违约风险较低的金融工具比初始确认时违约风险较高的金融工具的信用风险变化更为显著。

四、预期信用损失的计量

企业计量金融工具预期信用损失的方法应当反映下列各项要素：通过评价一系列可能的结果而确定的无偏概率加权平均金额；货币时间价值；在资产负债表日无须付出不必要的额外成本或努力即可获得的有关过去事项、当前状况以及未来经济状况预测的合理且有依据的信息。

企业应当按照下列方法确定有关金融工具的信用损失：

（1）对于金融资产，信用损失应为企业应收取的合同现金流量与预期收取的现金流量之间差额的现值。

（2）对于租赁应收款项，信用损失应为企业应收取的合同现金流量与预期收取的现金流量之间差额的现值。其中，用于确定预期信用损失的现金流量，应与按照《企业会计准则第21号——租赁》用于计量租赁应收款项的现金流量保持一致。

（3）对于未提用的贷款承诺，信用损失应为在贷款承诺持有人提用相应贷款的情况下，企业应收取的合同现金流量与预期收取的现金流量之间差额的现值。企业对贷款承诺预期信用损失的估计，应当与其对该贷款承诺提用情况的预期保持一致。

（4）对于财务担保合同，信用损失应为企业就该合同持有人发生的信用损失向其作出赔付的预计付款额，减去企业预期向该合同持有人、债务人或任何其他方收取的金额之间差额的现值。

（5）对于资产负债表日已发生信用减值但并非购买或源生已发生信用减值的金融资产，信用损失应为该金融资产账面余额与按原实际利率折现的估计未来现金流量的现值之间的差额。

企业应当以概率加权平均为基础对预期信用损失进行计量。企业对预期信用损失的计量应当反映发生信用损失的各种可能性，但不必识别所有可能的情形。在计量预期信用损失时，企业需考虑的最长期限为企业面临信用风险的最长合同期限（包括考虑续约选择权），而不是更长期间，即使该期间与业务实践相一致。

在不违反预期信用损失计量方法应反映的要素规定的前提下，企业可以在计量预期信用损失时运用简便方法。例如，对于应收账款的预期信用损失，可参照历史信用损失经验，编制应收账款逾期天数与固定准备率对照表，以此为基础计算预期信用损失。

五、已发生信用减值的判断

当对金融资产预期未来现金流量具有不利影响的一项或多项事件发生时，该金融资产成为已发生信用减值的金融资产（第三阶段）。金融资产已发生信用减值的证据包括下列可观察信息：

（1）发行方或债务人发生重大财务困难；

（2）债务人违反合同，如偿付利息或本金违约或逾期等；

（3）债权人出于与债务人财务困难有关的经济或合同考虑，给予债务人在任何其他情况下都不会做出的让步；

（4）债务人很可能破产或进行其他财务重组；

（5）发行方或债务人财务困难导致该金融资产的活跃市场消失；

（6）以大幅折扣购买或源生一项金融资产，该折扣反映了发生信用损失的事实。

六、金融资产减值的会计处理

以摊余成本计量的金融资产发生预期信用损失时，按预期信用损失金额借记“信用减值损失”，贷记“债权投资减值准备”；以后期间预期信用损失较上期预期信用损失增加时，按其增加额借记“信用减值损失”，贷记“债权投资减值准备”；以后期间预期信用损失较上期减少时，按其减少额借记“债权投资减值准备”，贷记“信用减值损失”；以后期间不再存在预期信用损失时，按已累计计提的减值准备金额借记“债权投资减值准备”，贷记“信用减值损失”。企业实际发生信用损失，认定相关金融资产无法收回，经批准予以核销的，应当根据批准核销的金额，借记“债权投资减值准备”，贷记“债权投资”，若核销金额大于已计提的损失准备，按其差额借记“信用减值损失”。

对于符合分类条件的以公允价值计量且其变动计入其他综合收益的金融资产，应当在其他综合收益中确认其损失准备，并将减值损失或利得计入当期损益，且不应减少该金融资产在资产负债表中列示的账面价值，即借记“信用减值损失”，贷记“其他综合收益——信用减值准备”。

对于指定为以公允价值计量且其变动计入其他综合收益的金融资产的非交易性权益工具投资，以及以公允价值计量且其变动计入当期损益的金融资产，无须计提减值准备。

【例 3 – 19】甲公司第 1 年 1 月 1 日以 106.6 万元购入乙公司当日发行的面值 100 万

元、票面利率5%、4年期的到期一次还本付息的债券，债券利息按单利计算。甲公司将该债券划分为以摊余成本计量的金融资产核算，不考虑相关交易费用。

第1年，该债券信用风险未显著增加，未来12个月不存在预期信用损失。

第2年，甲公司结合已获信息判定该债券信用风险显著增加，预计债券到期后收回10万元利息的可能性为50%，全部利息均不能收回的可能性为50%，面值100万元可以到期收回。

第3年，甲公司结合当前已获信息，预计债券到期后全部收回20万元利息的可能性为50%，收回10万元利息的可能性为50%，面值100万元可以到期收回。

第4年，债券到期，甲公司收回面值100万元和利息15万元。

已知实际利率为3%。

甲公司会计处理如下：

（1）取得债券投资：

借：债权投资——成本	1 000 000	
——利息调整	66 000	
贷：银行存款		1 066 000

（2）第1年末确认利息收入：

应计利息 = 1 000 000 × 5% = 50 000（元）

利息收入 = 1 066 000 × 3% = 31 980（元）

摊销利息调整 = 50 000 − 31 980 = 18 020（元）

借：债权投资——应计利息	50 000	
贷：投资收益		31 980
债权投资——利息调整		18 020

债券面值 = 1 000 000（元）

应计利息余额 = 50 000（元）

利息调整借方余额 = 66 000 − 18 020 = 47 980（元）

债券账面余额 = 1 000 000 + 50 000 + 47 980 = 1 097 980（元）

（3）第2年末确认利息收入并计提减值准备：

应计利息 = 1 000 000 × 5% = 50 000（元）

利息收入 = 1 097 980 × 3% = 32 939.4（元）

摊销利息调整 = 50 000 − 32 939.4 = 17 060.6（元）

借：债权投资——应计利息	50 000	
贷：投资收益		32 939.4
债权投资——利息调整		17 060.6

债券面值 = 1 000 000（元）

应计利息余额 = 50 000 + 50 000 = 100 000（元）

利息调整借方余额 = 47 980 − 17 060.6 = 30 919.4（元）

债券账面余额 = 1 000 000 + 100 000 + 30 919.4 = 1 130 919.4（元）

预期现金流量现值 = $(1\ 000\ 000 + 100\ 000 \times 50\%)/(1 + 3\%)^2$ = 989 725.7（元）

预期信用损失 =1 130 919.4 −989 725.7 =141 193.7（元）

借：信用减值损失　141 193.7

　　贷：债权投资减值准备　141 193.7

（4）第3年末确认利息收入及减值准备转回：

应计利息 =1 000 000 ×5% =50 000（元）

利息收入 =1 130 919.4 ×3% =33 927.58（元）

摊销利息调整 =50 000 −33 927.58 =16 072.42（元）

借：债权投资——应计利息　50 000

　　贷：投资收益　33 927.58

　　　　债权投资——利息调整　16 072.42

债券面值 =1 000 000（元）

应计利息余额 =100 000 +50 000 =150 000（元）

利息调整借方余额 =30 919.4 −16 072.42 =14 846.98（元）

债券账面余额 =1 000 000 +150 000 +14 846.98 =1 164 846.98（元）

预期现金流量现值 =（1 000 000 +200 000 ×50% +100 000 ×50%）/（1 +3%）

　　　　　　　　 =1 116 504.85（元）

预期信用损失 =1 164 846.98 −1 116 504.85 =48 342.13（元）

减值准备转回金额 =141 193.7 −48 342.13 =92 851.57（元）

借：债权投资减值准备　92 851.57

　　贷：信用减值损失　92 851.57

（5）第4年末确认利息收入并收回利息和面值：

应计利息 =1 000 000 ×5% =50 000（元）

摊销利息调整 =14 846.98（元）

利息收入 =50 000 −14 846.98 =35 153.02（元）

借：债权投资——应计利息　50 000

　　贷：投资收益　35 153.02

　　　　债权投资——利息调整　14 846.98

债券面值 =1 000 000（元）

应计利息余额 =150 000 +50 000 =200 000（元）

利息调整借方余额 =0（元）

债券账面余额 =1 000 000 +200 000 =1 200 000.00（元）

减值准备余额 =48 342.13（元）

借：银行存款　1 150 000

　　债权投资减值准备　48 342.13

　　信用减值损失　1 657.87

　　贷：债权投资——成本　1 000 000

　　　　　　　　——应计利息　200 000

知识题

1. 何谓金融资产？金融资产如何分类？
2. 简述以摊余成本计量的金融资产的分类标准。
3. 以摊余成本计量的金融资产如何进行初始计量？
4. 按发行价格与债券面值的关系不同，债券的发行方式分为哪几种类型？
5. 什么是实际利率？
6. 什么是金融资产的摊余成本？
7. 简述以公允价值计量且其变动计入其他综合收益的金融资产的分类标准。
8. 以公允价值计量且其变动计入其他综合收益的金融资产如何进行初始计量？
9. 简述以公允价值计量且其变动计入当期损益的金融资产的分类标准。
10. 以公允价值计量且其变动计入当期损益的金融资产如何进行初始计量？
11. 金融资产重分类时应当如何进行会计处理？
12. 简述金融工具一般减值模型。
13. 如何判断信用风险自初始确认后是否显著增加？
14. 如何判断金融资产已发生信用损失？

技能题

练习一

一、目的：掌握交易性金融资产的会计处理。

二、资料：

甲公司第1年10月，以其存入证券公司的投资款100 000元从二级市场购入股票，并划分为交易性金融资产核算，另支付交易费用1 000元。第1年年末，股票公允价值为120 000元。第2年1月，甲公司将该股票全部出售，取得价款150 000元，支付交易费用1 500元。

三、要求：

（1）写出与该交易性金融资产相关的会计分录。

（2）该交易性金融资产对甲公司第1年的利润影响额是多少？

（3）该交易性金融资产对甲公司第2年的利润影响额是多少？对第2年投资收益影响额是多少？

（4）甲公司买卖该股票获得的总收益是多少？

练习二

一、目的：掌握溢价发行、分期付息的以摊余成本计量的金融资产的会计处理。

二、资料：

甲公司第1年1月1日，以银行存款103万元购入某公司债券，并划分为以摊余成本计量的金融资产核算，另支付交易费用5000元。该债券面值100万元，票面利率3%，期限3年，每年末付息，第4年1月1日返还面值。甲公司一直将该债券持有至到期，假定不存在预期信用损失。已知(P/F,1%,3)＝0.9706，(P/A,1%,3)＝2.9410，(P/F,

2%,3)=0.9423，(P/A,2%,3)=2.8839。

三、要求：

(1) 计算实际利率。

(2) 写出相关的会计分录。

(3) 甲公司持有该债券获得的利息收入总额是多少？

练习三

一、目的：掌握折价发行、分期付息的以摊余成本计量的金融资产的会计处理。

二、资料：

甲公司第1年1月1日，以银行存款96万元购入某公司债券，并划分为以摊余成本计量的金融资产核算，另支付交易费用5 000元。该债券面值100万元，票面利率3%，期限3年，每年末付息，第4年1月1日返还面值。甲公司一直将该债券持有至到期，假定不存在预期信用损失。已知(P/F,4%,3)=0.8890，(P/A,4%,3)=2.7751，(P/F,5%,3)=0.8638，(P/A,5%,3)=2.7232。

三、要求：

(1) 计算实际利率。

(2) 写出相关的会计分录。

(3) 甲公司持有该债券获得的利息收入总额是多少？

练习四

一、目的：掌握到期还本付息的以摊余成本计量的金融资产的会计处理。

二、资料：

甲公司第1年1月1日，以银行存款103万元购入某公司债券，并划分为以摊余成本计量的金融资产核算，另支付交易费用5000元。该债券面值100万元，票面利率3%，期限3年，第3年末到期后一次还本付息。甲公司一直将该债券持有至到期，假定不存在预期信用损失。已知(P/F,1%,3)=0.9706，(P/F,2%,3)=0.9423。

三、要求：

(1) 计算实际利率。

(2) 写出相关的会计分录。

(3) 甲公司持有该债券获得的利息收入总额是多少？

练习五

一、目的：掌握以公允价值计量且其变动计入其他综合收益的金融资产的会计处理。

二、资料：

甲公司第1年1月1日，以银行存款103万元（等于公允价值）购入某公司债券，并划分为以公允价值计量且其变动计入其他综合收益的金融资产核算，另支付交易费用5 000元。该债券面值100万元，票面利率3%，期限3年，第3年末到期后一次还本付息。第1年末该债券公允价值为106万元，第2年末公允价值为108万元，第3年1月甲公司将该债券全部出售，取得价款110万元，支付交易费用1万元。已知实际利率为1.74%，不存在预期信用损失。

三、要求：写出相关会计分录。

第四章

存　货

【学习目标】

通过本章的学习，掌握实际成本法和计划成本法下存货入账和存货发出的会计处理、存货盘盈与盘亏的会计处理；掌握存货可变现净值的确定方法和存货跌价准备的会计处理方法等。熟悉存货的基本概念、范围及分类；熟悉存货成本的流转和流转假设、存货的确认和计量的基本内容。

第一节　存货概述

一、存货的概念与范围

（一）存货的概念与一般分类

存货（inventory）是指企业在日常活动中持有以备出售的产成品或商品、处在生产过程中的在产品、在生产过程或提供劳务过程中耗用的材料、物料等。企业购入存货的目的是为了加工后对外销售或直接对外销售，而不是为了自用。存货耗用的时间一般短于1年。如果一项物品在购置时是用来长期（超过1年）自用，而不是为加工后出售，这项物品就不是企业的存货，而是固定资产或其他资产。对于购入为生产服务的自用物品，若耗用期限短于1年，也应作为存货进行会计核算。

存货是制造企业一项非常重要的资产，具体包括企业为产品生产和商品销售而持有的库存的、加工中的、在途的各类材料、在产品、半成品、产成品、商品以及周转材料等。

（1）原材料。指用于产品生产并形成产品实体组成部分，或有助于产品形成而不构成产品实体一部分的各种材料物资。主要包括原料及主要材料、辅助材料、外购半成品、修理用备件、燃料、各种包装材料等。

（2）在产品。在产品是指企业正在制造尚未完工的生产物，包括正在各个生产工序加工的产品，以及已加工完毕但尚未检验或已检验但尚未办理入库手续的产品。

（3）半成品。半成品是指经过一定生产过程并已检验合格，交付半成品仓库保管，但尚未制造完工成为产成品，仍需进一步加工的中间产品。

(4) 产成品。产成品是指已经完成整个生产加工过程，经检验合格并办理完入库手续，可以按照合同规定的条件交送用货单位，或者可以对外销售的完工产品。企业接受外来原材料加工制造的代制品，和为外单位加工修理的代修品，制造和修理完成验收入库后，应视同企业的产成品。

(5) 商品。商品是指商品流通企业外购或委托加工完成验收入库用于销售的各种商品。

(6) 周转材料。周转材料是指企业能够多次使用、逐渐转移其价值但仍保持原有形态不确认为固定资产的材料，包括包装物和低值易耗品。包装物是为了包装本企业商品而储备的和在销售过程中周转使用的各种包装容器，如桶、箱、袋、瓶、坛等。低值易耗品，是不能作为固定资产管理的劳动资料，包括一般工具、管理用具、玻璃器皿、劳动保护用品；在经营过程周转使用的包装容器；企业（建造承包商）的钢模板、木模板、脚手架和其他周转材料等。

在不同行业的企业中，存货的内容有所不同。服务性行业企业的存货则主要是各种物料用品；在商品流通企业中，存货主要包括各种商品。

（二）存货的范围和来源

企业列为存货的资产，应该是为了进行正常生产经营而持有的流动资产，其范围应以所有权的归属而不以物品的存放地点来确定。除去应从性质上确定是否属于存货外，还应明确存货的归属，以确定企业存货的范围。通常在确定归属时以是否拥有所有权作为标准，即在盘存日，只要拥有存货的法定所有权，则不论是否收取及存放地点于何处，均应作为本企业的存货；反之，若不具有所有权，则不能确定为本企业的存货。而存货所有权应以依法签订的经济合同（协议）为准。因此，企业的存货不包括以下各项：(1) 库存的依照合同开出发票账单，但客户尚未提取的存货；(2) 库存的接受其他单位委托代销的存货；(3) 约定未来购入的存货。

企业的存货根据存放地点的差异，可以分为：(1) 在途存货，指购入的正在运输途中的存货，结算凭证已到但尚未办理入库手续的存货；(2) 库存存货，包括库存待售的存货和库存待消耗的存货；(3) 加工中存货，包括生产过程中正在加工的存货以及委托其他单位加工的委托加工物资；(4) 委托代销存货，指委托其他单位代销，尚未办理代销货款结算的存货。

存货按来源的不同可以分为外购存货、自制存货、委托外单位加工存货等主要类别。此外，企业还可能因投资者投入、接受捐赠，盘盈、债务重组、非货币性资产交换换入等来源而产生的存货。

二、存货成本的流转

在企业的各项资产中，存货占有重要地位，存货通常在1年或超过1年的一个营业周期内被消耗或经出售转换为现金、银行存款或应收账款等，是企业流动资产的主要组成部分，在资产负债表中列示。存货出售时，存货的成本转换为销货成本，即销售出去的存货作为一项企业的资产减少了，转换为企业的一项费用，以“主营业务成本”科目或“其他业务成本”科目进行会计核算，与该存货销售取得的收入相配比，配比的结果体现在利润表中（见图4-1）。

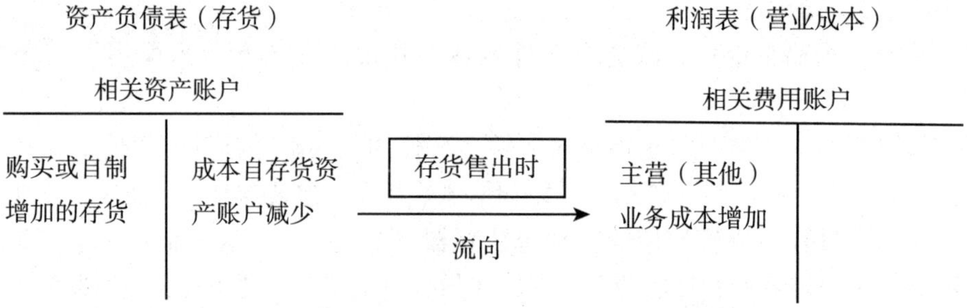

图4-1　从存货到销售成本的流转

对企业的管理人员和报表使用者而言，存货销售前作为资产的计价和销售后销货成本（也称销售成本）的计量对评价企业的流动性和盈利能力有重要作用。

三、存货的盘存制度

存货的盘存（stocktaking）是对存货数量与金额进行确认计量的方法。对存货量进行盘点与记录，能够保证存货资产计价的准确性。企业期间内可耗用（可销售）的存货量是期初存货量加上期间内购入存货量的总和。如何将可用耗用（可销售）的存货在期末存货量和已耗用（已销售）存货的成本之间进行分配，这是一个很重要的问题，它的解决既会影响资产负债表上反映的存货量，也会影响利润表上所报告的当期利润。可供企业选择的存货的盘存记录制度有定期盘存制和永续盘存制两种。

（一）定期盘存制

定期盘存制（periodic inventory system）也称实地盘存制，指在会计期末通过对全部存货分别进行实地盘点以确定期末的数量，再乘以存货单价，计算出期末存货的成本，然后计算出本期存货减少数量及成本的方法。采用这种方法，平时只记录收入存货的数量和金额，不登记发出数量及金额，期末根据实物盘点数量计算出期末存货金额，进而计算出本期耗用或已销售存货的数量及成本。这一方法应用于工业企业，称为“以存计耗”或“盘存计耗”；在商品流通企业，称为“以存计销”或“盘存计销”。

基本计算公式如下：

本期耗用或销货成本 = 期初存货成本 + 本期购货成本 − 期末存货成本

期初存货成本和本期购货成本这两项数字很容易从账面上取得，待通过实地盘存后确定了期末存货成本，本期销货成本亦可用上述公式计算。

采用定期盘存制，由于不记录发出存货的数量和金额，对存货明细账的设置不要求非常详细，因此其最大的优点是平时的会计核算工作量较小，会计核算成本较低。缺点是：（1）不能随时反映存货的发出、结存的状况，不利于管理控制；（2）由于减少存货的数量、成本是倒挤出来的，因此非正常耗用及损失会全部挤入发出存货成本，造成成本虚增。在定期盘存制下企业需要为准备定期报告进行实地盘点，存货盘点次数相对较多，产生的盘点成本会较高。

（二）永续盘存制

永续盘存制（perpetual inventory system）也称账面盘存制，指对存货项目分品种、规格设置明细账，每一笔存货的收发业务，都要根据原始凭证逐笔或逐日地在存货明细账中记录存货收入、发出的数量与金额，并随时结出结余存货数量及金额。

基本计算公式如下：

$$期初存货成本 + 本期购货成本 - 本期耗用或销货成本 = 期末存货成本$$

采用永续盘存制的公司通过账簿资料可以完整地反映存货的收入、发出和结存情况，能够克服定期盘存制的缺点与不足，加强了存货的控制。在没有发生自然损耗、丢失和度量衡器不准确的情况下，存货账户的余额应当与实际库存相符。因此，公司可以不进行实物盘点编制每月的利润表。

采用永续盘存制要求根据存货的品名、规格设置存货明细账，并详细登记每一笔收发、结存的数量、金额，在手工条件下工作量较大，但随着计算机技术的发展，已经很好地解决了这个问题。在永续盘存制下，记账错误及库存存货在收入、发出过程中，因人为原因造成的损失有时难以避免。因此也有必要对存货进行定期盘存清查，一般至少一年进行一次。通过定期实地盘存，发现账实不符，在查明原因的基础上把永续盘存制的账面记录，调整为符合实际的正确数。

第二节 存货的确认与初始计量

一、存货的确认

存货与其他资产一样，必须在同时满足以下两个条件时，才能加以确认：

（1）该存货包含的经济利益很可能流入企业。一项存货其包含的经济利益主要表现为出售及使用、加工而后转让、售出或投资等给企业带来的各种经济利益，流入企业的可能性则需要进行定性判断。

（2）该存货的成本能够可靠地计量。在满足上述两个条件的情况下，才能作为企业存货进行会计记录。

二、取得存货的初始计量

企业取得存货应当按照其成本进行初始计量。不同来源取得的存货，其成本的构成各不相同，其主要内容包括采购成本、加工成本和其他成本。

（一）外购存货的采购成本

《企业会计准则第 1 号——存货》规定，存货的采购成本包括采购价格、进口关税和其他税费、运输费、装卸费、保险费以及其他可归属于存货采购成本的费用。

外购存货的采购成本内容包括：

（1）存货的购买价格。指企业购入的材料或商品的发票账单上所列明的货款金额，但不包括按规定可抵扣的增值税额。

（2）运输费、装卸费、保险费、包装费、仓储费等费用。

（3）运输途中的合理损耗。有些物资，在运输途中会发生一定的短缺和损耗，除合理的部分应记入物资的采购成本外，能确定过失人的，应向责任单位或过失人索取赔偿，不记入采购成本。因自然灾害等非常原因而发生的损失，减去保险赔偿款和可以收回的残料作价后的净损失，应作为营业外支出处理，不得记入进货成本。属于无法收回的其他损失，记入管理费用，也不准记入进货成本。

（4）入库前的挑选整理费用。指购入的物资需要经过挑选整理才能使用，因此在整理挑选过程中发生的工资等费用支出，以及数量损耗扣除可回收的下脚料等的价值。

（5）按规定应记入成本的税金，如进口关税等。

（6）其他费用，如大宗物资的市内运杂费。

（二）自制存货的生产成本

自制的存货包括自制的原材料、包装物、低值易耗品、在产品、半成品、产成品等。其成本应包括制造过程中消耗的材料成本、加工成本及有关费用等实际支出。

（三）其他方式取得的存货的成本

投资者投入的存货，按照投资合同或协议约定的价值确定，但合同或协议约定的价值不公允时，应按照存货的公允价值入账。非货币交易方式换入的存货，以及因债务重组方式取得的存货成本根据《企业会计准则第 7 号——非货币性交易》和《企业会计准则第 12 号——债务重组》的规定进行确认。

（四）不计入存货成本的相关费用

下列费用不应当包括在存货成本中，而应当在其发生时确认为当期费用：（1）非正常消耗的直接材料、直接人工及制造费用；（2）仓储费用（不包括在生产过程中为达到下一个生产阶段所必须的仓储费用）；（3）不能归属于是存货达到目前场所和状态所发生的其他支出。

三、取得存货的会计处理

企业在进行存货的日常会计核算中可以采用实际成本法和计划成本法。此处对取得存货的实际成本法进行介绍。计划成本法下存货的取得和发出的会计处理在本章第四节进行介绍。

在实际成本法下，各类存货首先按照来源不同进行初始计量，确定其实际取得成本并登记入账，然后根据选定的存货发出计价方法计算及核算发出存货的实际成本。其特点是，存货的收发凭证以及总分类账、明细分类账均采用实际成本计价。该方法一般适用于规模较小、存货品种简单、采购业务不多的企业。

（一）外购存货的会计处理

1. 材料收入的有关凭证

材料主要是由外部购入取得的，属于存货中待加工或消耗的部分。

材料收入的凭证可以分为两大类：

货款结算的凭证。主要包括支票、汇票、本票以及发票、运单等。这类凭证一般都是外来原始凭证。

材料入库凭证。如收料单、交库单、退料单等，这类凭证一般属于自制凭证。

2. 购入原材料的会计处理

为了总括的反映材料的收入、发出、结存情况，包括原料及主要材料、辅助材料、外购半成品、修理用备件、包装材料、燃料等。根据会计制度的规定，企业应设置“原材料”及“在途物资”总账账户。“原材料”账户借方登记入库材料的实际成本，贷方登记发出材料的实际成本，借方余额反映期末库存原材料的实际成本。企业对外进行来料加工装配业务而收到的原材料、零件等，应单独设置“受托加工来料”备查账户和有关的材料明细账，核算其收发结存数额。“在途物资”账户在实际成本条件下，借方核算实际采购成本，贷方核算验收入库物资的实际采购成本，借方余额反映在途物资的采购成本。采用实际成本或进价（或售价）进行日常核算的企业，也可以不设置本账户，而单独设置“在途物资”账户进行核算，反映企业购入尚未到达或尚未验收入库的各种物资的实际成本，期末借方余额，反映企业已付款或已开出、承兑商业汇票但尚未到达验收入库的在途物资的实际成本。

外购材料由于结算方式及采购地点不同，使材料验收入库与付款在时间上不一定同步，因此，会计处理也有所区别。

（1）材料验收入库，货款已支付。企业在支付货款或开出、承兑商业汇票，材料验收入库后，应根据发票账单等结算凭证确定的材料成本，借记“原材料”账户，根据取得的增值税专用发票上的税额，借记“应交税费——应交增值税（进项税额）”账户按实际支付的款项或应付票据面值，贷记“银行存款”或“应付票据”账户。

（2）已经付款或已开出、承兑商业汇票，但材料尚未验收入库。应根据发票账单等结算凭证，借记“在途物资”及“应交税费——应交增值税（进项税额）”账户，贷记“银行存款”或“应付票据”等账户。材料入库后，再根据收料单，借记“原材料”，贷记“在途物资”账户。

（3）材料已验收入库，但发票账单等结算凭证未到而未付款。在材料入库时，不作会计处理，月末仍未收到结算凭证的，则按材料的暂估价值，借记“原材料”账户，贷记“应付账款——暂估账款”账户。下月初用红字予以冲回，待按照结算凭证支付货款后，再按上述（1）处理。

采用预付货款方式采购材料，按照“预付账款”账户核算要求处理。

【例4-1】某公司为一般纳税人，某日购入原材料一批，增值税专用发票注明材料价款10万元，增值税1.6万元。款项已通过银行转账支付，材料也已验收入库。根据上述资料，应记：

借：原材料　　100 000

　　应交税费——应交增值税（进项税额）　　16 000

　　贷：银行存款　　116 000

若上述款项已支付，但材料尚未收到，应记：

借：在途物资　　100 000

　　应交税费——应交增值税（进项税额）　　16 000

　　贷：银行存款　　116 000

当材料收到并验收入库后记：

借：原材料　　100 000

　　贷：在途物资　　100 000

【例4-2】假设上例材料已收到并验收入库，但结算凭证尚未收到，货款未付。月末，按照估计价18万元记：

借：原材料　　180 000

　　贷：应付账款——暂估应付账款　　180 000

下月初，将该笔会计分录用红字冲回。在收到结算凭证并付款后，记：

借：原材料　　100 000

　　应交税费——应交增值税（进项税额）　　16 000

　　贷：银行存款　　116 000

采购过程中，若企业自备运输工具运输物资，计算购入物资应负担的运输费用时，应记：

借：在途物资、原材料等

　　贷：生产成本等

（二）自制存货的会计处理

存货的制造成本是指企业为使存货达到可供销售状态所发生的生产成本，包括原材料转化为产成品过程中所发生的直接材料、直接人工和制造费用等。直接材料和直接人工是指能够直接追溯到单位产品的材料成本和人工成本。制造费用则包括各种能直接归属于具体产品，而需要经一定的分配程序以归属于具体产品的间接费用。至于企业发生的管理费用、销售费用以及财务费用等与产品生产无直接关系的费用，则在发生时直接计入当期的利润表中。不同企业存货制造成本的具体核算方法，是根据其生产点和经营管理的需要确定的。需要注意的是，固定资产修理所发生的费用，是为了维持正常的生产经营条件的，应当计入管理费用，不作为生产成本的构成项目。

产品的加工过程，就是资产成本的转化过程，随着产品不断加工，直接材料、直接人工和制造费用相应转入各存货账户。制造业企业运用不同的存货账户来核算各个完工阶段的产品成本，如“原材料”“生产成本”“制造费用”和“库存商品”账户等。“原材料”账户核算已采购进来但尚未投入生产加工的原材料的成本。“原材料”账户的期末余额就是在资产负债表日企业尚存放在库房内的原材料的成本合计。当生产部门开始取用原材料时，企业将材料成本从“原材料”账户（贷记）结转至“生产成本”账户（借记）。“生产成本”账户归集本期内生产产品的成本，包括从库房内转来的原材料的成本，投入的人工服务成本，以及发生的制造费用。当企业完成生产加工后，完工产品验收合格存放在产成品库房。这样，“生产成本”账户余额减少（贷记），同时“库存商品”账户余额增加（借记）。“生产成本”账户的余额是在资产负债表日，企业生产线上尚未完工的在产品成本。“库存商品”账户归集已经完工但尚未售出的产品的全部制造成本。完工产品出售后，产品成本从“库存商品”账户（贷记）转移至“主营业务成本”账户（借记）。主营业务成本是利润表中的费用账户。图4－2汇总列示了制造业企业的基本成本核算流程。在实际工作中，“生产成本”账户通常设置“基本生产成本”和“辅助生产成本”明细账，对产品成本不同具体内容进行全面、系统的核算。企业存货制造成本的具体核算方法，是根据其生产特点和经营管理的需要确定的。

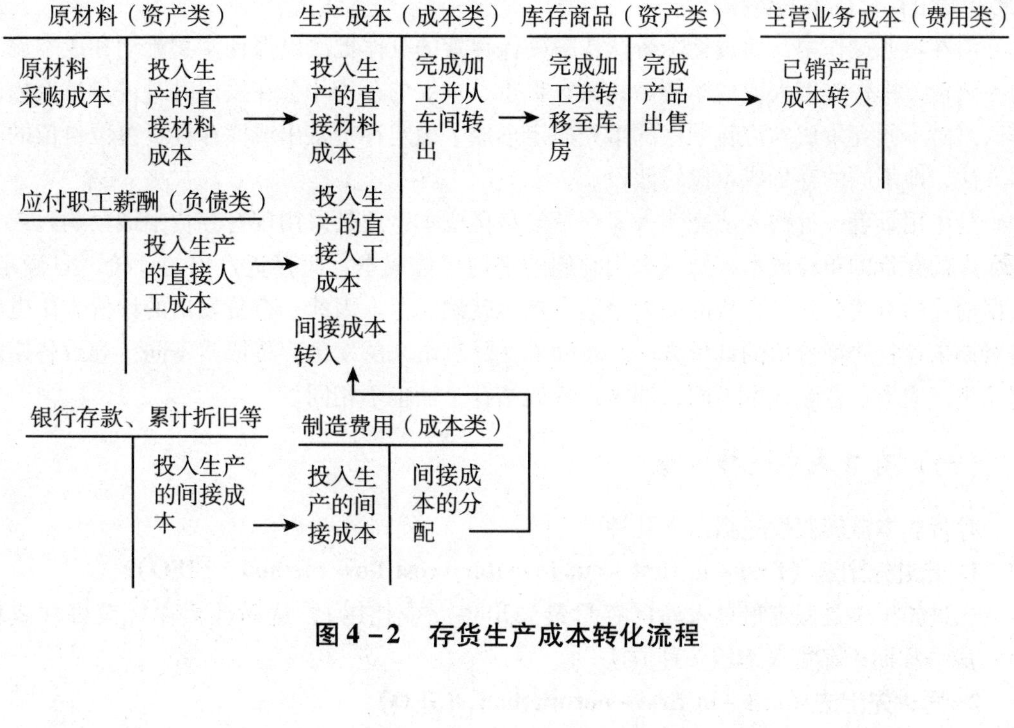

图4－2 存货生产成本转化流程

第三节 存货成本流转与发出存货的计量

存货在购置或加工后，会用于销售或耗用，进而产生销售成本的计价和生产成本的计价问题。在企业的实际经营活动中，企业的进出存货进出量很大，存货的采购成本或生产成本往往是变动的，同种存货在不同期间或同一期间不同批次的成本可能不一样。存货的成本应该如何合理地在存货的已发出部分（已耗用或已销售）和未发出部分（存量）之间进行分配？这引出了存货成本流转假设和相应的发出成本计算方法这一重要问题，这一问题的解决对企业销售成本和库存存货成本都会产生影响，并且会关系到企业资产负债表中，存货价值和利润表中净利润的高低。

一、存货成本流转假设与发出存货计价

在企业实际经营活动中，存货的采购成本或生产成本往往是变动的，不同时期不同批次可能不一样。制造产品的原材料若是不同批次购进的，其单位采购成本可能不同，如何计算当期转入在产品和完工产品的原材料成本呢？销售的产品或商品若是不同批次完工或购进的，其单位制造成本或采购成本可能不同，如何计算当期产品或商品销售成本呢？

理想的状况下，存货的成本流转与其实物流动应该一致，即购置一批存货时确定其成本，并随该批存货的销售或耗用而进一步结转。这种方法称为个别计价法（specific identification inventory cost flow method），即以每次（批）收入存货的实际成本作为计算各该次（批）发出存货成本的依据。

但在实务操作中，通过逐个辨认，来确保存货的具体批次以保证实物流动和成本流动的一致性，操作难度大或成本较高，只有贵重、量少的存货才会在发出时对进货批次加以辨认。对不同存货成本流转顺序的事先假定形成了确定存货发出或库存存货单位价值的不同方法，即不同的存货成本流转假设。

是采用最近一批购入或完工入库存货的单位成本，还是采用现有存货中最早购入或完工入库的存货的单位成本，抑或采用它们的平均单位成本？而存货发出的计价一旦确定，根据前述的有关公式，存货的期末余额自然也就确定了。因此，存货发出的计价方法也就是对期末存货账面价值的计价方法。不同方法计算出来的发出存货成本不同，导致各期的商品生产成本、营业成本不同，期末存货的结存金额也不相同。

（一）存货成本流转假设

存货成本流转假设包括以下几种：

1. 先进先出法（first－in first－out inventory cost flow method，FIFO）

先进先出法是假定最早入库的存货最先出售（或耗用），从而计算存货销售（或耗用）成本和期末存货成本的一种方法。

2. 后进先出法（last－in first－out method，LIFO）

后进先出法是假定最晚入库的存货最先出售（或耗用），从而计算存货销售（或耗用）成本和期末存货成本的一种方法。

3. 月末一次加权平均法（weighted average method）

月末一次加权平均法是根据期初结存存货和本期收入存货的数量及实际成本，期末一次计算存货的加权平均单价，作为计算本期存货销售（或耗用）成本以及期末结存存货

成本依据的方法。

4. 移动加权平均法（moving average cost method）

移动加权平均法是指以每次进货的成本加上原有库存存货的成本，除以每次进货数量与原有库存存货的数量之和，据以计算加权平均单位成本，作为下次进货前计算每次发出存货成本的依据的一种计算方法。

企业应当根据各类存货的实物流转方式、企业管理的要求、存货的性质等实际情况，根据不同的成本流转假设确定发出存货的实际成本的计价方法。

（二）存货发出计价方法与盘存制度的关系

企业在确定存货的计价方法时，必须以存货的盘存制度为基础。企业应针对所经营存货的种类特性，收发业务量，以及成本核算和管理要求等，建立适合自身特点的存货盘存制度，并在此基础上，在企业会计准则允许的范围内选择对本企业有利的存货计价方法。在定期盘存制下，虽然实地盘点可以确定期末存货的数量，但也有如何确定期末存货的单位成本和总成本的问题，这也需要用到成本流转假设和相应的存货发出计价方法。

1. 个别计价法

个别计价法不论在永续盘存制或实地盘存制下都可采用，永续盘存制下每次发出存货成本是按其收入的批次及其单位成本计算的；实地盘存制下，是到期末先确认结存存货的收入批次及其成本的，再推算出本期发出存货成本。

2. 先进先出法

先进先出法系适用于永续盘存制也适用于实地盘存制，但不同的盘存制度下计算的具体程序有所不同。永续盘存制下是按先进先出原理为本期发出存货成本依次进行计算，直至结出期末存货成本；实地盘存制下是根据期末盘点存货数量，按最后进货的单位成本进行计价（超过部分按顺序推至上一次购货），再核算出本期发出存货成本。在实地盘点数与账面结存数相一致的前提下，这两种方法的计算结果是相同的。

3. 后进先出法

后进先出法，同样适用于永续盘存制和实地盘存制，在永续盘存制下是按后进先出原理，对本期发出存货成本依次进行计算；实地盘存制下是根据期末盘点存货数量，按期初结存存货单位成本进行计价（超过部分顺序推至本期第一次、第二次购货），再推算出本期发出存货成本。

4. 月末一次加权平均法

加权平均法，主要用于实地盘存制下对存货的估价，在报告期末，根据实地盘点存货数量，同比加权平均单位成本，得出期末存货成本，再据以推算出本期发出存货成本。那种方法在永续盘存制下也可以采用，但加权平均成本必须等到期末才能根据全部购货数量加以计算。

5. 移动加权平均法

由于每次收入存货后都要确定新的加权平均成本，移动加权平均法只适用于永续盘存制下对存货的估价。

（三）发出存货的计价方法的应用

【例4-3】立仁公司采用永续盘存制，立仁公司10月份甲材料相关资料见表4-1。

表4-1 甲材料明细

时间	事项	计量单位	数量	单价（元）	金额（元）
10月1日	余额	千克	500	9.00	4 500
10月10日	购入	千克	1 000	10.00	10 000
10月15日	发出	千克	1 200		
10月21日	购入	千克	1 500	11.00	16 500
10月25日	发出	千克	200		
10月28日	购入	千克	1 200	12.00	14 400
10月31日	发出	千克	1 400		

1. 个别计价法

个别计价法以每次（批）收入存货的实际成本作为计算各该次（批）发出存货成本的依据。计算公式如下：

$$\frac{\text{每次(批)存货}}{\text{发出成本}} = \frac{\text{该次(批)存货}}{\text{发出数量}} \times \frac{\text{该次(批)存货}}{\text{的单位成本}}$$

根据这一公式，立仁公司可以确定10月份每次发出原材料的成本。

2. 先进先出法

先进先出法假定最早入库的存货最先出售（或耗用），因此期末存货成本是由最近购入的存货成本构成的。

以立仁公司为例，采用先进先出法，其10月份甲材料明细账见表4-2。

表4-2 甲材料明细账

年		收入			发出			结存		
月	日	数量	单价（元）	金额（元）	数量	单价（元）	金额（元）	数量	单价（元）	金额（元）
10	1							500	9	4 500
	10	1 000	10	10 000				500	9	4 500
								1 000	10	10 000
	15				500	9	4 500			
					700	10	7 000	300	10	3 000
	21	1 500	11	16 500				300	10	3 000
								1 500	11	16 500

续表

年		收入			发出			结存		
月	日	数量	单价（元）	金额（元）	数量	单价（元）	金额（元）	数量	单价（元）	金额（元）
	25				200	10	2 000	100	10	1 000
								1 500	11	16 500
	28	1 200	12	14 400				100	10	1 000
								1 500	11	16 500
								1 200	12	14 400
	31				100	10	1 000	200	11	2 200
					1 300	11	14 300	1 200	12	14 400
合计		3 700		40 900	2 800		28 800	1 400		16 600

3. 后进先出法

后进先出法是假定最后入库的存货最先出售（或耗用），因此期末存货成本是由最早购入存货的成本构成的。

以立仁公司为例，采用后进先出法，其10月份甲材料明细账见表4－3。

表4－3　　　　甲材料明细账

年		收入			发出			结存		
月	日	数量	单价（元）	金额（元）	数量	单价（元）	金额（元）	数量	单价（元）	金额（元）
10	1							500	9	4 500
	10	1 000	10	10 000				500	9	4 500
								1 000	10	10 000
	15				1 000	10	10 000			
					200	9	1 800	300	9	2 700
	21	1 500	11	16 500				300	9	2 700
								1 500	11	16 500
	25				200	11	2 200	300	9	2 700
								1 300	11	14 300
	28	1 200	12	14 400				300	9	2 700
								1 300	11	14 300
								1 200	12	14 400
	31				1 200	12	14 400	300	9	2 700
					200	11	2 200	1 100	11	12 100
合计		3 700		40 900	2 800		30 600	1 400		14 800

4. 加权平均法

（1）月末一次加权平均法。采用该方法，平时不计算加权平均单价，而是只在账上登记领用或销售数量，并在期末（一般为月末）算出加权平均单价后再计算相应成本金额。

$$月末一次加权平均单价=\frac{期初结存存货实际成本+本期收入存货实际成本}{期初结存存货数量+本期收入存货数量}$$

$$本期发出存货成本=本期发出存货数量\times加权平均单价$$

$$期末结存存货成本=期末结存存货数量\times加权平均单价$$

仍以立仁公司为例，采用月末一次加权平均法，其10月份甲材料明细账见表4－4。

表4－4　　甲材料明细账

年		收入			发出			结存		
月	日	数量	单价（元）	金额（元）	数量	单价（元）	金额（元）	数量	单价（元）	金额（元）
10	1							500	9	4 500
	10	1 000	10	10 000						
	15				1 200					
	21	1 500	11	16 500						
	25				200					
	28	1 200	12	14 400						
	31				1 400			1 400	10.81	15 132
合计	31	3 700		40 900	2 800	10.81*	30 268	1 400	10.81	15 132

注：* 表示加权平均单价 =（4 500 + 40 900）÷（500 + 3 700）≈ 10.81（元）

发出存货实际成本 = 2 800 × 10.81 = 30 268（元）

期末存货实际成本 = 4 500 + 40 900 − 30 268 = 15 132（元）

（2）移动加权平均法。移动加权平均法按照以下公式计算加权平均单位成本，作为下次进货前计算每次发出存货成本的依据。

$$移动加权平均单价=\frac{当前结存存货实际成本+本次收入存货实际成本}{当前结存存货数量+本次收入存货数量}$$

再以立仁公司为例，采用移动加权平均法，其10月份甲材料明细账见表4－5。

表4－5　　甲材料明细账

年		收入			发出			结存		
月	日	数量	单价（元）	金额（元）	数量	单价（元）	金额（元）	数量	单价（元）	金额（元）
10	1							500	9	4 500
	10	1 000	10	10 000				1 500	9.67*	14 500

续表

年		收入			发出			结存		
月	日	数量	单价（元）	金额（元）	数量	单价（元）	金额（元）	数量	单价（元）	金额（元）
	15				1 200	9.67	11 604	300	9.67	2 896
	21	1 500	11	16 500				1 800	10.78	19 396
	25				200	10.78	2 156	1 600	10.78	17 240
	28	1 200	12	14 400				2 800	11.3	31 640
	31				1 400	11.3	15 820	1 400	11.3	15 820
合计	31	3 700		40 900	2 800		29 580	1 400	11.3	15 820

注：*表示 10 月 10 日单价 = 14 500 ÷ 1 500 ≈ 9.6（元）

10 月 21 日单价 = 19 396 ÷ 1 800 ≈ 10.78（元）

10 月 28 日单价 = 31 640 ÷ 2 800 ≈ 11.3（元）

（四）不同存货成本流转假设的比较

个别计价法能够准确反映销货成本及存货成本的真实情况，但在销售大批实物形态类似商品时，由于可以通过有选择的销售而达到人为操纵销货成本的目的，因此个别计价法通常只在计量大宗商品以及需要单独记录其价值的商品，如汽车、机床、珠宝首饰、艺术品等时使用。对于不能替代使用的存货，以及为特定项目专门购入或制造的存货，一般应当采用个别计价法确定发出存货的成本。

采用先进先出法，使销售（或耗用）成本与存货的实物流转更加接近，基本上符合存货发出的实际情况，同时期末存货成本也比较接近市价，使资产负债表中存货金额更贴近期末实际价值。但是，在物价持续上涨时，会导致高估当期损益和相对虚增存货价值，增加企业当期税负；在物价持续下跌时，则与上述情况正好相反。

采用后进先出法对发出商品进行计价时，销货成本更贴近商品进货价，能够将当前的销售收入和当前的销货成本进行配比。但这种方法忽略了随着时间的偏移，会导致存货的价值越来越偏离现实。当价格持续上涨时，和先进先出法比较，采用后进先出法使应税收益降低会降低税赋，虽有助于改善企业的现金流，但也向股东报告了较低的收益。

采用加权平均法，可以减少人为因素对成本计算的影响。月末一次加权平均法减少了日常的工作量，销售（或耗用）成本使用同一加权平均单价计算求得，但是采用该方法虽然减轻了日常工作，却加大了期末成本计算的工作量。由于平时不反映领用消耗或销售成本金额，日常只能进行存货的数量管理，而无法进行成本管理，因此这种方法一般适用于定期盘存制。移动加权平均法可以解决日常核算和管理的问题却增加了日常计算的工作量。

存货计价方法的选择，构成了企业重要的会计政策。企业应根据各类存货的实际情况，确定每种存货发出的计价方法，计算其实际成本。但计价方法一经确定，不得随意变更。我国2006年2月《企业会计准则第1号——存货》规定企业不得采用后进先出法确定发出存货的成本，这一规定与国际会计准则保持一致。之所以做出这样的规定，是因为后进先出法依据的成本流转与实物流动一致的假设和存货的实际流转情况相差较大，并且财务报告的资产负债表观认为收益是资产和负债变化的结果，更加强调财务报告中资产价值的真实与公允。在持续通货膨胀的情况下，后进先出法不能准确反映期末存货的实际价值，会高估存货的发出成本，降低财务报表的信息质量，影响其决策相关性。

二、发出存货的会计处理

（一）原材料发出的会计处理

1. 材料发出的有关凭证

材料发出的凭证一般包括领料单、限额领料单、领料登记表、退料单等。这类凭证属于自制凭证。

2 材料发出的会计处理

材料发出的一般去向是生产加工领用、委托外单位加工、对外销售、抵偿债务、交换以及用于在建工程或用于职工福利方面等。

由于材料日常收发频繁，因此平时只登记材料明细分类账，以反映各种材料的收发、结存数量及金额，根据领、退料凭证，按领用部门以及用途归类，定期（或月末）编制“发出材料汇总表”，计算实际发出材料数量及金额并据以登记总分类账，进行材料发出的会计核算。

根据“发出材料汇总表”，按实际成本借记相关账户，贷记“原材料”等账户：

（1）生产经营领用的材料“生产成本”“制造费用”“销售费用”“管理费用”等账户，贷记“原材料”账户；

（2）基建工程、福利部门领用的材料，应将购入材料交纳的增值税、进项税额转入在建工程成本和应付职工薪酬等账户。借记“在建工程”“应付职工薪酬”等账户，贷记“原材料”账户；

（3）出售的材料，按已收或应收的价款，借记“银行存款”或“应收账款”等账户；根据实现的营业收入，贷记“其他业务收入”“应交税费——应交增值税（销项税额）”等账户；月末，结转出售原材料的实际成本，借记“其他业务支出”账户，贷记“原材料”等账户。

【例4-4】某公司1月份根据本月发出材料凭证汇总表得知本月生产车间用于产品生产领用材料2 000元，车间一般耗用材料500元，厂部领用800元。根据上述资料，应记：

借：生产成本	2 000	
制造费用	500	
管理费用	800	
贷：原材料		3 300

【例4-5】承接上例，某公司2月份在建工程领用1 000元，应计：

借：在建工程　　1 000

　　贷：原材料　　1 000

【例4－6】承接上例，某公司3月份销售不适用的原材料一批，价款10 000元，增值税1 600元，价款已收妥并存入银行，该批材料成本为6 000元。应计：

借：银行存款　　11 600

　　贷：其他业务收入　　10 000

　　　　应交税费——应交增值税（销项税额）　　1 600

借：其他业务支出　　6 000

　　贷：原材料　　6 000

（二）发出自制半成品的会计处理

自制半成品是指经过一定生产过程并已检验合格交付半成品仓库，但尚未制造完工成为商品产品，仍需继续加工的中间产品。

"自制半成品"账户借方登记入库自制半成品的实际成本，贷方登记领用发出自制半成品的实际成本，期末借方余额反映期末库存自制半成品的实际成本。

对于已经生产完成并已检验送交半成品库的自制半成品，应按实际成本，借记"自制半成品"账户，贷记"生产成本"账户；领用自制半成品继续加工时，应按实际成本，借记"生产成本"账户，贷记"自制半成品"账户。如果由一个车间直接转给另一个车间继续加工的自制半成品的成本，不通过"自制半成品"核算。

（三）发出库存商品的会计处理

库存商品包括库存的外购商品、自制商品产品、存放在门市部准备出售的商品、发出展览的商品及寄存在外库或存放在仓库的商品等。

工业企业的库存商品主要指产成品。产成品指企业已经完成全部生产过程并已验收入库合乎标准规格和技术条件，可以作为商品对外销售的产品，包括接受外来原材料加工制造的代制品和为外单位加工修理的代修品。

工业企业生产完成验收入库的产成品，按实际成本借记"库存商品"账户，贷记"生产成本"账户。分期收款销售的产成品，在商品发出后，按实际成本借记"分期收款发出商品"账户，贷记"库存商品"账户；采用其他销售方式的产成品结转成本时，借记"主营业务成本"账户，贷记"库存商品"账户。

【例4－7】某工业企业本月生产的A产品已全部完工并验收入库，结转其生产成本5 000元，应计：

借：库存商品——A产品　　5 000

　　贷：生产成本——A产品　　5 000

借：主营业务成本　　2 000

　　贷：库存商品　　2 000

对于已售出的存货，应同时结转相应的存货跌价准备金额，记入"存货跌价准备"账户的借方。

（四）发出委托加工物资的会计处理

委托加工物资指企业委托其他单位加工的各种物资。“委托加工物资”账户借方反映已经发生的成本，贷方反映因加工完成而减少的成本，借方余额反映委托外单位加工但尚未加工完成物资的实际成本及发出加工物资的运杂费等。

向外单位发出加工的物资时，按该物资的实际成本，借记“委托加工物资”账户，贷记“原材料”“库存商品”等账户；向加工方支付加工费用、应负担的运杂费等，借记“委托加工物资”等账户，贷记“银行存款”等账户。

加工完成验收入库的物资和剩余的物资，按加工收回物资的实际成本及剩余物资的实际成本，借记“原材料”“库存商品”等账户。

【例4－8】A股份有限公司将生产甲产品所用原材料委托B企业加工。11月10日A公司发出材料实际成本为5 000元，应付加工费为1 000元；11月25日收回加工物资并验收入库，另支付往返运杂费150元。

发出原材料时，应计：

借：委托加工物资	5 000	
贷：原材料		5 000

应付加工费时，应计：

借：委托加工物资	1 000	
贷：应付账款		1 000

支付往返运杂费时，应计：

借：委托加工物资	150	
贷：银行存款		150

收回加工物资验收入库，应计：

借：原材料	6 150	
贷：委托加工物资		6 150

第四节　计划成本法下存货收发的会计处理

企业一般采用实际成本计价方法。但对于某些大中型企业，如果存货品种繁多、收发频繁，或者在管理上需要分别核算存货的计划成本和成本差异的情况下，也可以采用计划成本法。

在采用计划成本核算的企业，基本做法是：

（1）制订各种存货的计划成本目录。规定存货的类别、品种、规格、计量单位等并规定相应的计划单位成本。计划单位成本在本会计年度内一般不作调整。

（2）日常收到存货入库时，按计划成本金额登记入库凭证，并计算实际成本与计划成本的差额。

（3）日常由仓库发出的存货，均按计划成本计价，月末计算并分摊发出存货应负担的成本差异额，将发出存货的计划成本调整为实际成本。

发出存货应负担的成本差异，必须按月进行分摊。分摊方法一经确定一般不应随意改变。这种方法的优点是发出存货时成本计算简便易行，缺点是月末工作量较大，发出存货的实际成本不甚准确，而且受人为因素的影响较大。

在计划成本法下，取得的材料首先通过“材料采购”账户核算，而不采用“在途物资”账户。为此，应设置“材料采购”账户，借方反映采购的实际成本支出以及采购成本低于计划成本的金额；贷方反映已付款或已开出承兑商业汇票并验收入库材料的计划成本，以及结转的超过计划成本的采购超支额；期末借方余额反映期末在途物资的实际采购支出。另外，为归集、分配实际采购成本与计划成本的差额，应设置“材料成本差异”账户，借方反映超支数额，贷方反映节约数额及发出材料应负担的差异数额，期末借方（或贷方）余额反映未分配的超支（或节约）差异额。

1. 材料收入的会计处理

【例4-9】某公司为一般纳税人，假设20××年10月发生购买甲材料业务如下：

（1）10日，购入甲材料一批，取得专用发票注明价款10万元，增值税额1.6万元，全部款项通过银行转账支付，材料已经验收入库，该材料的计划成本为9.9万元。

根据上述资料，会计处理如下：

借：材料采购　　100 000

　　应交税费——应交增值税（进项税额）　　16 000

　　贷：银行存款　　116 000

（2）15日，购入甲材料，取得增值税专用发票，注明价款为20万元，增值税进项税额3.2万元，将一张面值为23.4万元，不带息的3个月期限商业汇票交付对方，材料已验收入库，该批材料计划成本19.8万元。

根据上述资料，会计处理如下：

借：材料采购　　200 000

　　应交税费——应交增值税（进项税额）　　32 000

　　贷：应付票据　　232 000

（3）15日，购入材料一批，增值税专用发票注明货款金额1万元，增值税款1 600元，开出支票付款，材料月末尚未收到。该批材料计划成本9 900元。

根据上述资料，会计处理如下：

借：材料采购　　10 000

　　应交税费——应交增值税（进项税额）　　1 600

　　贷：银行存款　　11 600

（4）25日，购入一批材料并验收入库，发票等结算凭证尚未收到。该批材料计划成本8万元，月末按计划成本估记入账。有关会计处理如下：

借：原材料　　80 000

　　贷：应付账款——暂估应付账款　　80 000

下月初红字冲回上述分录。

3月末，计算本月已经付款或已开出、承兑的商业汇票购进并入库的甲材料计划成本、实际成本及材料成本差异，同时进行相应的会计处理。

计划总成本 = 99 000 + 198 000 = 297 000（元）

实际总成本 = 100 000 + 200 000 = 300 000（元）

材料成本差异 = 300 000 − 297 000 = 3 000（元）

借：原材料　　297 000

　　贷：材料采购　　297 000

借：材料成本差异　　3 000

　　贷：材料采购　　3 000

2. 材料发出的会计处理

在计划成本下，发出材料应按用途、发出数量及计划单价计算发出材料的计划成本，再计算材料成本差异率并计算发出材料应分配的成本差异额，然后分别按计划成本和所负担的成本差异额进行核算，将发出材料调整为实际成本。计算公式如下：

$$材料成本差异率 = \frac{月初结存材料成本差异额 + 本月收入材料成本差异额}{月初结存材料计划成本 + 本月收入材料计划成本} \times 100\%$$

$$发出材料应负担的成本差异 = 发出材料计划成本 \times 材料成本差异率$$

$$发出材料的实际成本 = 发出材料计划成本 + 发出材料应负担的成本差异$$

【例 4－10】根据上述资料，假定该公司 3 月初结存甲材料的计划成本为 2.3 万元，超支成本差异额期初余额 200 元。本月收入甲材料的计划成本为 29.7 万元，按照“发料凭证汇总表”，本月发出材料计划总成本 25 万元。其中：基本生产车间领用 16 万元；辅助生产车间领用 5 万元；车间管理领用 2 万元；公司管理部门领用 1 万元；销售部门领用 1 万元。

根据上述资料计算及核算如下：

材料成本差异率 =（200 + 3 000）÷（23 000 + 297 000）× 100% = 1%

发出材料应负担的成本差异额 = 250 000 × 1% = 2 500（元）

会计处理如下：

（1）根据发生材料计划成本记：

借：生产成本——基本生产成本　　160 000

　　　　　　——辅助生产成本　　50 000

　　制造费用　　20 000

　　管理费用　　10 000

　　销售费用　　10 000

　　贷：原材料　　250 000

（2）根据发出材料负担的成本差异额记：

借：生产成本——基本生产成本　　1 600

　　　　　　——辅助生产成本　　500

　　制造费用　　200

　　管理费用　　100

销售费用　　100

贷：材料成本差异　　2 500

第五节　存货的期末计价与披露

企业在会计期末编制资产负债表时，要确定存货项目的金额，既要确定期末存货的价值，还要确定存货的数量。为了能够客观真实反映企业发出的存货和期末存货的实际价值，首先需要对存货的实际数量进行盘点，做到账实相符，再采用合理的计价方法对存货的价值进行核算与记录。

一、存货清查及其会计处理

存货的清查一般采用点数、过磅或测量等实地盘点的方法，来确定材料实际库存数量，以其同账面结存数量相核对，并查明账实是否相符及其原因。存货清查按清查的时间可以划分为：（1）定期清查。定期清查指在规定的时间对存货进行的例行清查，如，月度、季度、年度结账前的清查。（2）不定期清查。指根据需要进行的临时性清查。存货清查按清查范围可以划分为：（1）局部清查。指仅对某一部分存货进行的清查。（2）全面清查。指对各类存货进行全面性的盘点、核对。全面清查一般属于定期清查，局部清查则一般属于不定期清查。

采用实地盘存制，年末无需作调整的账务处理，因为其发出数是按期末盘存数倒挤出来的，期末存货数就是实存数，自然账实相符。在采用永续盘存制时，则每年至少在年终决算前对存货认真进行一次全面的实地盘点，以做到账实相符，确保会计报表的真实。

为核算清查中存货盘盈、盘亏、毁损等的价值，应设置“待处理财产损溢”账户。该账户借方反映尚未处理的存货净损失，贷方反映尚未处理的存货净溢余。处理前的借方余额，反映尚未处理的各种财产的净损失；而处理前的贷方余额，反映尚未处理的各种财产的净溢余。该账户应当设置“待处理固定资产损溢”和“待处理流动资产损溢”明细账户。

企业应于期末前及时查明各种财产的损溢原因，并根据企业的管理权限，经股东大会或董事会或经理（厂长）会议或类似机构批准后，在期末结账前处理完毕。

1. 存货盘盈的会计处理

盘盈的存货，应按同类或类似存货的市场价格，借记“原材料”“库存商品”等账户，贷记“待处理财产损溢”账户；查明原因并经批准后，借记“待处理财产损溢”，贷记“管理费用”等费用账户。

2. 存货盘亏的会计处理

盘亏、毁损的存货，应及时查明原因，同时借记“待处理财产损溢”账户，贷记“原材料”“库存商品”等账户。查明原因并经批准后分别情况进行处理：可收回的残料价值及可收回的过失人赔偿、保险赔偿，应借记“原材料”“其他应收款”等；属于非常损失部分，借记“营业外支出”账户；属于一般经营损失部分，借记“管理费用”，将各种损失的合计数，贷记“待处理财产损溢”账户。

清查的各种财产的损溢，在期末结账前尚未批准的，在对外提供财务会计报告时先按上述规定进行处理，并在会计报表附注中作出说明；如果其后批准处理的金额与已处理的金额不一致的，调整会计报表相关项目的年初数。

二、期末存货的计价

（一）存货的可变现净值

1. 可变现净值的概念

变现净值是指未来净现金流入。由于存货在销售过程中可能发生相关税费和销售费用，以及为达到预定可销售状态还可能发生进一步的加工成本，这些相关税费、销售费用和成本支出，均构成存货销售产生现金流入的抵减项目，只有在扣除这些现金流出后，才能确定存货的可变现净值。

可变现净值（net realizable value），是指在日常活动中，存货的估计售价减去至完工时估计将要发生的成本、估计销售费用以及相关税费后的金额。即：

可变现净值＝估计售价－至完工估计将要发生的成本－估计销售费用及相关税费

2. 确定存货可变现净值应考虑的因素

企业在确定存货的可变现净值时，应当以取得的可靠证据为依据，并且考虑持有存货的目的、资产负债表日后事项的影响等因素。

（1）应以取得的可靠证据为基础。可靠证据是指对确定存货的可变现净值有直接影响的确凿证明，如产品的市场销售价格、与企业产品相同或类似商品的市场销售价格、供货方提供的有关资料、销售方提供的生产成本等有关资料等。

（2）应考虑持有存货的目的。由于企业持有存货的目的不同，确定存货可变现净值的计算方法也不同。企业持有存货的目的通常可以分为持有以备出售和将在生产（提供劳务）过程中耗用两大类，其中持有以备出售又分为有合同约定的存货和没有合同约定的存货。

产成品、商品和用于出售的材料等直接用于出售的商品存货，在正常生产经营过程中，应当以该存货的估计售价减去估计的销售费用和相关税费后的金额确定其可变现净值。这些用于出售的存货如果已经签订了不可撤销的销售合同，则应根据销售合同的定价进行确认其售价。没有销售合同约定的部分应当以资产负债表日为基准进行估价，如果当月存货价格变动较大，则应当与该存货平均销售价格或资产负债表日最近几次销售价格的平均值，作为其估计售价的基础。

用于生产的材料、在产品或自制半成品等需要经过加工的材料存货，在正常生产经营过程中，应当以所生产的产成品的估计售价减去至完工时估计将要发生的成本、估计的销售费用以及相关税费后的金额确定其可变现净值。如果这些需要加工存货所生产的产成品已经签订了不可撤销的销售合同，也应根据销售合同的定价进行确认其所生产的产成品的售价。

（3）应考虑资产负债表日后事项的影响。在确定资产负债表日存货的可变现净值时，不仅要考虑资产负债表日与该存货相关的价格与成本波动，还应考虑在资产负债表日后事项。如果存货实际销售价格发生与预计售价相比较的重大变动等资产负债表日后调整事项，在编制对外报出财务报表时，需对资产负债表日所确认的存货跌价准备进行修正和调整。

（二）成本与可变现净值孰低法

依据历史成本原则的要求，期末存货的成本就是存货取得的实际成本。然而市场经济条件下，存货的价值应该由市场来决定，而市场的不断变化，导致企业的存货面临着跌价的危险，历史成本已经不能真实地反映存货的实际价值。为了保证会计数据能够反映真实情况，避免因期末存货的历史成本与当前的市场价值产生较大差异而影响信息使用者的正确决策，企业在编制资产负债表时，必须根据谨慎性原则，合理确定期末存货的价值。根据会计准则的要求，存货在会计期末应当按照成本与可变现净值孰低来计量。企业应定期或至少于年终对存货进行全面清查，对因毁损、陈旧以及售价低于成本等原因导致成本高于可变现净值的，将其差额部分计提存货跌价准备。

成本与可变现净值孰低法，就是指在资产负债表日，对存货按照成本与可变现净值两者相比较，以较低者对存货计量的方法。即，当存货的成本高于其可变现净值的，按其差额计提存货跌价准备；存货的成本低于其可变现净值的，按其成本计量，不计提存货跌价准备，但原已计提存货跌价准备的，应按已计提存货跌价准备金额的范围内转回。

（三）成本与可变现净值孰低法的应用与会计处理

1. 成本与可变现净值孰低法的应用

当存在下列情况之一时，应当计提存货跌价准备：（1）市价持续下跌，并且在可预见的未来无回升的希望；（2）企业使用该项原材料生产的产品，其成本大于产品的销售价格；（3）企业因产品更新换代，原有库存原材料已不适应新产品的需要，而该原材料的市场价格又低于其账面成本；（4）所提供的商品或劳务过时或消费者偏好改变而使市场的需求发生变化，导致市场价格逐渐下跌；（5）其他足以证明该项存货实质上已经发生减值的情形。

当存在以下一项或若干项情况时，应当将存货账面价值全部转入当期损益：（1）已霉烂变质的存货；（2）已过期且无转让价值的存货；（3）生产中已不再需要，并且已无使用价值和转让价值的存货；（4）其他足以证明已无使用价值和转让价值的存货。

企业在确定了期末存货的价值之后，应视具体情况进行有关的账务处理：①如果期末存货的成本低于可变现净值，则不需作账务处理，资产负债表中的存货仍按期末账面价值列示；②如果期末存货的可变现净值低于成本，则必须在当期确认存货跌价损失，并进行有关的账务处理。

在确定存货期末价值时，成本与可变现净值孰低有三种比较方法，即单项比较法、分类比较法和总额比较法。

单项比较法，也称逐项比较或个别认定法，指对存货中每一种存货的成本和可变现净值逐项进行比较，每项存货均取较低者确定存货的期末成本。

分类比较法，指按存货类别的成本和与可变现净值进行比较，每类存货取其较低者来确定存货的期末成本。

综合比较法，也称总额比较法，是指按全部存货的总成本与可变现净值总额进行比较，以其较低者作为期末全部存货的成本。

【例 4－11】某企业采用成本与可变现净值孰低法对存货进行计价，本月末甲、乙两类存货有关资料如表 4－6 所示。

表 4－6　　单位：万元

项目	数量	成本单价	可变现净值单价	成本总额	可变现净值总额
甲类					
A	40	10	8	400	320
B	20	24	25	480	500
甲类合计				880	820
乙类					
C	20	5	4	100	80
D	30	8	9	240	270
乙类合计				340	350
合计				1 220	1 170

（1）根据单项比较法，存货 A 需要计提跌价准备 80 万元，存货 C 需要计提跌价准备 20 万元，存货 B 和 D 不需要计提跌价准备。

（2）根据分类比较法，甲类存货需要计提跌价准备 60 万元，乙类存货不需要计提跌价准备。

（3）根据综合比较法，全部存货需要计提跌价准备 50 万元。

通过〖例 4－11〗的分析可见：单项比较法的确认结果最准确，但工作量也最大，总额比较法工作量较小，但结果的准确性相对较差，分类比较法的优缺点介于两者之间。在运用成本与可变现净值孰低法时，除以下情况外，企业通常应当按照单个存货项目计提存货跌价准备：（1）对于数量繁多、单价较低的存货，可以按照存货类别计提存货跌价准备；（2）与在同一地区生产和销售的产品系列相关，具有相同或类似最终用途或目的，且难以将其与其他项目区分开计量的存货，可以合并计提存货跌价准备。

2. 成本与可变现净值孰低法的会计处理

企业应设置“存货跌价准备”账户核算提取的存货跌价准备。“存货跌价准备”账户借方反映转回或结转的存货跌价准备，贷方反映提取的存货跌价准备，期末贷方余额反映已提取的存货跌价准备。

每一会计期末比较成本与可变现净值计算出应计提的准备，然后与存货跌价准备科目的余额进行比较，若应提数大于已提数，应予补提；反之，应冲销部分已提数。由于存货的可变现净值随时发生变化，因此企业每期都应当重新确定存货的可变现净值。如果以前减记存货价值的影响因素已经消失，则减记的金额应当予以恢复，并在原已计提的存货跌价准备的金额内转回，而转回的金额应当减少计提的存货跌价准备。提取和补提存货跌价准备时，借记“资产减值损失——存货减值损失”科目，贷记“存货跌价准备”科目。转回存货跌价准备做相反的会计分录。

企业在销售发出存货或生产发出存货时，如果该存货已经计提了减值准备，由于已经遵循谨慎性原则提前确认了资产减值损失，因此发出存货的会计期间产生的销售成本或生产成本会相应降低。应将已计提的减值准备金额从“存货跌价准备”账户进行结转，即借记“存货跌价准备”账户，按发出存货的历史成本贷记“库存商品”“原材料”等账户，按其差额借记“主营业务成本”“其他业务成本”或“生产成本”等账户。

【例4－12】某公司第1年末某种存货的账面成本为10万元，可变现净值为9万元，则期末会计处理如下：

借：资产减值损失——存货减值损失	10 000	
贷：存货跌价准备		10 000

假设第2年末该存货的可变现净值为8.8万元，则存货跌价准备应为1.2万元（10万元－8.8万元）。

借：资产减值损失——存货减值损失	2 000	
贷：存货跌价准备		2 000

假设第3年末该存货的可变现净值为11万元，则由于成本已低于可变现净值，故应将提取的存货跌价准备全部冲回，记：

借：存货跌价准备	12 000	
贷：资产减值损失——存货减值损失		12 000

第3年末，“存货跌价准备”账户余额为“零”。

但若第3年10月全部出售该存货，则在结转成本时同时结转其已计提的存货跌价准备1.2万元。即：

借：主营业务成本	88 000	
存货跌价准备	12 000	
贷：库存商品		100 000

又若第3年12月末，该公司发现该存货过期已经无任何价值，此时应将该存货账面价值转为当期损益，记：

借：资产减值损失——存货减值损失	88 000	
存货跌价准备	12 000	
贷：库存商品		100 000

三、存货的披露

在资产负债表上，存货按其流动性列示于应收项目之下，列示的金额是依据成本与可变现净值孰低的规则确定的。为了真实完整地反映存货对企业财务状况和经营成果的影响，企业还应对与存货有关的信息在表外加以披露，具体包括以下几个方面：（1）各类存货的期初和期末账面价值；（2）确定发出存货成本所采用的方法；（3）存货可变现净值的确定依据，存货跌价准备的计提方法，当期计提和转回到存货跌价准备金额，以及计提和转回的有关情况；（4）用于担保的存货的账面价值。

知识题

1. 简述存货的概念和范围。
2. 存货盘存有哪些方法？主要区别是什么？
3. 存货入账价值如何确定？存货成本包括什么？
4. 发出存货有哪些计价方法？各种方法具体做法如何？
5. 什么是成本与可变现净值孰低法？应如何确定存货的可变现净值？
6. 存货清查的方法有哪些？
7. 判断存货发生减值的主要迹象有哪些？
8. 如何对存货减值进行会计处理？

技能题

练习一

一、目的：掌握存货的会计处理。

二、资料：

东方公司7月发生如下外购业务（材料存货采用实际成本记账）：

（1）7月5日向某企业购入A材料一批，增值税专用发票注册，价款10 000元，增值税1 600元，支付对方代垫的运杂费300元，款项通过转账支票支付，货物已验收入库。

（2）7月8日向远东集团购入B材料2 000公斤，每公斤成本为19元，C材料3 000公斤，每公斤成本为21元，增值税16 160元，支付运杂费1 000元，按材料的重量分配运杂费，货款未付，货物已验收入库。

（3）7月10日向某企业购入A材料，价款为5 000元，增值税800元，款项已于6月预付3 000元，货物已验收入库。余款于7月14日付清。

（4）7月15日向某企业购入材料1 000公斤，单价10元，并给该企业开出一张面值为10 000元的不带息商业承兑汇票，7月18日，验收入库时，发现该材料短缺2公斤，系运输途中的合理损耗。

（5）7月19日向某企业购入C材料2 500公斤，单价9元，款已付，但验收入库时，发现该材料只有2 000公斤，原因待查。

（6）7月25日经查，上述短缺系销货企业少发500公斤造成的，应由销货企业补齐。

（7）7月28日购入D材料3 000公斤，合同价为每公斤8元，材料已验收入库，款未付，发票未到。

三、要求：编制有关分录。

练习二

一、目的：掌握存货的会计处理。

二、资料：某国有工厂材料存货采用计划成本记账，1 月“原材料”科目某类材料的期初余额为 40 000 元，“材料成本差异”科目期初借方余额为 4 000 元，原材料单位计划成本为 10 元。

该工厂 1 月发生发如下经济业务：

（1）1 月 10 日进货 1 000 公斤，以银行存款支付材料货款 9 500 元，材料增值税进项税额 1 520 元，运费 400 元，材料已验收入库。

（2）1 月 15 日，车间一般耗用领用材料 100 公斤。

（3）1 月 20 日进货 2 000 公斤，增值税发票上价税合计 22 272 元（增值税税率为 16%），款项用银行存款支付，另支付运费 1 000 元，材料已验收入库。

（4）1 月 25 日，车间生产产品领用材料 2 500 公斤。

三、要求：完成上述业务的会计分录，计算材料成本差异率，计算发出材料应负担的材料成本差异并编制相关会计分录。

练习三

一、目的：掌握存货的会计处理。

二、资料：

12 月 31 日，甲公司存货的账面价值为 1 390 万元，其具体情况如下：

A 产品 100 件，每件成本为 10 万元，账面成本总额为 1 000 万元，其中 40 件已与乙公司签订不可撤销的销售合同，销售价格为每件 11 万元，其余 A 产品未签订销售合同。A 产品 12 月 31 日的市场价格为每件 10.2 万元。预计销售每件 A 产品需要发生的销售费用及相关税金 0.5 万元。

B 配件 50 套，每套成本为 8 万元，账面成本总额为 400 万元。B 配件是专门为组装 A 产品而购进的。50 套 B 配件可以组装成 50 件 A 产品。B 配件 12 月 31 日的市场价格为每套 9 万元。将 B 配件组装成 A 产品，预计每件还需发生加工成本 2 万元。

1 月 1 日，存货跌价准备余额为 30 万元（均为对 A 产品计提的存货跌价准备），对外销售 A 产品转销存货跌价准备 20 万元。

三、要求：编制甲公司 12 月 31 日计提或转回存货跌价准备的会计分录。

练习四

一、目的：掌握存货的会计处理。

二、资料：

用友公司材料采用计划成本法核算，本月材料发生差异率为 5%，20×0 年末对材料进行全面清查，发现如下事项：

A 材料盘亏 100 公斤，单位计划成本为 10 元。

B 材料盘亏 50 公斤，单位计划成本为 11 元。

C 材料盘盈 10 公斤，单位计划成本为 2 元。

经查，C 材料盘盈 10 公斤系材料收发过程中正常溢余；B 材料盘亏 50 公斤系保管人员管理不善造成，应由管理人员赔偿；A 材料盘亏 100 公斤是由于连续大雨导致仓库进水造成的，经董事会批准作营业外支出核算。

三、要求：编制有关分录。

第五章

长期股权投资

【学习目标】

通过本章的学习，掌握取得长期股权投资的会计处理，长期股权投资后续计量的成本法，长期股权投资后续计量的权益法，处置长期股权投资的会计处理，长期股权投资核算方法的转换；熟悉长期股权投资的核算范围，成本法和权益法的适用范围；了解长期股权投资减值的会计处理。

第一节　长期股权投资概述

一、长期股权投资的概念

长期股权投资（long - term equity investments）是指投资方对被投资方实施控制、重大影响的权益性投资，以及对其合营企业的权益性投资。

二、长期股权投资的核算范围

长期股权投资的核算范围包括对子公司的权益性投资、对联营企业的权益性投资和对合营企业的权益性投资。

1. 对子公司的权益性投资

投资方能够对被投资方实施控制的，被投资方称为其子公司，投资方称为被投资方的母公司。投资方对其子公司的权益性投资，属于长期股权投资，但投资方属于《企业会计准则第 33 号——合并财务报表》规定的投资性主体且子公司不纳入合并财务报表的情况除外。

所谓控制，是指投资方拥有对被投资方的权力，通过参与被投资方的相关活动而享有可变回报，并且有能力运用对被投资方的权力影响其回报金额。

2. 对合营企业的权益性投资

合营企业属于合营安排的一种。合营安排，是指一项由两个或两个以上的参与方共同控制的安排。共同控制，是指按照相关约定对某项安排所共有的控制，并且该安排的相关活动必须经过分享控制权的参与方一致同意后才能决策。合营安排，分为共同经营和合营企业。共同经营，是指合营方享有该安排相关资产且承担该安排相关负债的合营安排。合营企业，是指合营方仅对该安排的净资产享有权利的合营安排。

投资方对其合营企业的权益性投资属于长期股权投资。

3. 对联营企业的权益性投资

投资方能够对被投资方施加重大影响的，被投资方为其联营企业。重大影响，是指投资方对被投资方的财务和经营政策有参与决策的权力，但并不能够控制或者与其他方一起控制这些政策的制定。实务中，较为常见的重大影响体现为在被投资方的董事会或类似权力机构中派有代表，通过在被投资方财务和经营决策制定过程中的发言权实施重大影响。投资方直接或通过子公司间接持有被投资方 20% 以上但低于 50% 的表决权时，一般认为对被投资方具有重大影响，除非有明确的证据表明该种情况下不能参与被投资方的生产经营决策，不形成重大影响。

投资方对其联营企业的权益性投资属于长期股权投资。

三、不作为长期股权投资核算的权益性投资

以下各项权益性投资不属于长期股权投资，而是按照《企业会计准则第 22 号——金融工具确认和计量》的规定作为金融资产核算。

（1）投资方对被投资方不具有控制和重大影响且非其合营企业的权益性投资。

（2）风险投资机构、共同基金以及类似主体持有的、在初始确认时按照《企业会计准则第 22 号——金融工具确认和计量》的规定以公允价值计量且其变动计入当期损益的金融资产。

（3）投资性主体对不纳入合并财务报表的子公司的权益性投资，该类投资应当作为公允价值计量且其变动计入当期损益的金融资产核算。投资性主体应同时满足以下条件：该公司是向投资者提供投资管理服务为目的，从一个或多个投资者处获取资金；该公司的唯一经营目的，是通过资本增值、投资收益或两者兼有而让投资者获得回报；该公司按照公允价值对几乎所有投资的业绩进行考量和评价。

第二节　取得长期股权投资的会计处理

长期股权投资分为企业合并（控股合并）形成的长期股权投资和非企业合并形成的长期股权投资。企业合并形成的长期股权投资，即对其子公司的投资，又分为同一控制下企业合并形成的长期股权投资和非同一控制下企业合并形成的长期股权投资。非企业合并形成的长期股权投资，包括对其合营企业的长期股权投资和对其联营企业的长期股权投资。不同类型的长期股权投资，其核算方法不同。

企业应设置“长期股权投资”科目并按照被投资方进行明细核算。采用权益法核算

长期股权投资的，还应当分别“成本”“损益调整”“其他综合收益”“其他权益变动”进行明细核算。

一、控股合并形成的长期股权投资

（一）企业合并及其分类

企业合并，是指将两个或两个以上单独的企业合并形成一个报告主体的交易或事项。

根据合并方与被合并方关系的不同，企业合并分为同一控制下的企业合并和非同一控制下的企业合并。同一控制下的企业合并，是指参与合并的企业在合并前后均受同一方或相同的多方最终控制且该控制并非暂时性的企业合并。同一控制下的企业合并，在合并日取得对其他参与合并企业控制权的一方为合并方，参与合并的其他企业为被合并方。合并方实际取得对被合并方控制权的日期为合并日。非同一控制下的企业合并，是指参与合并的各方在合并前后不受同一方或相同多方最终控制的企业合并。非同一控制下的企业合并，在购买日取得对其他参与合并企业控制权的一方为购买方，参与合并的其他企业为被购买方，购买方实际取得对被购买方控制权的日期为购买日。

从法律形式来看，企业合并分为吸收合并、新设合并和控股合并。当形成控股合并时，被合并方（被购买方）将成为合并方（购买方）的子公司，此时合并方（购买方）应当将其对子公司的投资作为长期股权投资核算。

（二）同一控制下控股合并形成的长期股权投资

1. 会计处理原则

在对同一控制下控股合并形成的长期股权投资进行会计处理时，应遵循以下原则：

（1）同一控制下控股合并形成的长期股权投资，合并方应当在合并日按照被合并方在最终控制方合并财务报表中净资产的账面价值的份额作为长期股权投资的初始投资成本。被合并方在合并日的净资产账面价值为负数的，长期股权投资成本按零确定，并在备查簿中予以登记。如果被合并方在被合并以前，是最终控制方通过非同一控制下的企业合并所控制的，则合并方长期股权投资的初始投资成本还应包含相关的商誉金额。

（2）以现金、非现金资产或承担负债等作为合并对价的，合并对价按照其账面价值计量，以发行权益性证券作为合并对价的，合并对价按照其面值总额计量。

（3）长期股权投资初始投资成本大于合并对价账面价值或权益性证券面值的，其差额调增资本溢价（或股本溢价）；长期股权投资初始投资成本小于合并对价账面价值或权益性证券面值的，其差额依次冲减资本溢价（或股本溢价）、盈余公积和未分配利润，资本溢价（或股本溢价）和盈余公积均以减记至零为限。

（4）在按照合并日应享有被合并方净资产账面价值的份额确定长期股权投资初始投资成本时，前提是合并前合并方与被合并方采用的会计政策应当一致。企业合并前合并方与被合并方采用的会计政策不一致的，应基于重要性原则，统一合并方与被合并方的会计政策。在按照合并方的会计政策对被合并方净资产的账面价值进行调整的基础上，计算确定长期股权投资的初始投资成本。如果被合并方编制合并财务报表，则应当以合并日被合并方的合并财务报表为基础确认长期股权投资的初始投资成本。

2. 会计处理

同一控制下控股合并形成的长期股权投资，合并方应当在合并日按照被合并方在最终控制方合并财务报表中净资产的账面价值的份额作为长期股权投资的初始投资成本，借记“长期股权投资”；合并方以支付现金、转让非现金资产或承担债务方式作为合并对价的，按合并对价的账面价值贷记或借记有关资产、负债科目，合并方以发行权益性证券作为合并对价的，按发行股份的面值总额，贷记“股本”；如为贷方差额，贷记“资本公积——资本溢价（或股本溢价）”科目；如为借方差额，借记“资本公积——资本溢价（或股本溢价）”科目，资本溢价或股本溢价不足冲减的应调整留存收益，即依次借记“盈余公积”“利润分配——未分配利润”科目。

（三）非同一控制下控股合并形成的长期股权投资

1. 会计处理原则

在对非同一控制下控股合并形成的长期股权投资进行会计处理时，应遵循以下原则：

（1）购买方在购买日应当按照《企业会计准则第20号——企业合并》的有关规定确定的合并成本作为长期股权投资的初始投资成本。合并成本，是指购买方在购买日为取得被购买方的控制权而付出的资产、发生或承担的负债以及发行的权益性证券的公允价值。

（2）以转让非现金资产作为合并对价的，应当根据其公允价值、账面价值、处置费用确认资产处置损益，并按照处置库存商品、固定资产、无形资产、投资性房地产、长期股权投资、金融资产等分别对处置损益做出相应的会计处理。

（3）长期股权投资的初始投资成本与享有被投资方在购买日可辨认净资产公允价值的份额之间存在差额的，该差额在购买方即母公司个别财务报表中不作调整。长期股权投资的初始投资成本大于享有被投资方在购买日可辨认净资产公允价值份额的差额，在母公司编制合并财务报表时应确认为合并商誉；长期股权投资的初始投资成本小于享有被投资方在购买日可辨认净资产公允价值份额的差额，在母公司编制合并财务报表时应计入当期损益（营业外收入），同时调增长期股权投资的初始投资成本。

2. 会计处理

（1）购买方以现金作为合并对价的，购买方在购买日应当按照支付的现金借记“长期股权投资”、贷记“银行存款”。

（2）购买方以非现金资产作为合并对价的，购买方在购买日应当按照非现金资产的公允价值借记“长期股权投资”，同时贷记“主营业务收入”“其他业务收入”“固定资产清理”“应交税费——应交增值税（销项税额）”等科目，同时结转非现金资产的账面价值，并将其公允价值与账面价值的差额计入当期损益。

（3）购买方以承担债务的方式作为合并对价的，购买方在购买日按照承担债务的公允价值借记“长期股权投资”，贷记有关负债科目。

（4）购买方以发行权益性证券作为合并对价的，应当在购买日按照发行的权益性证券的公允价值，借记“长期股权投资”；按照发行的权益性证券的面值总额贷记“股本”；

按其差额贷记“资本公积——股本溢价”。

（四）相关费用的处理

合并方（购买方）发生的审计、法律服务、评估咨询等中介费用以及其他相关管理费用，于发生时计入“管理费用”科目。与发行权益工具作为合并对价直接相关的交易费用，应当冲减“资本公积——资本溢价（或股本溢价）”，资本溢价或股本溢价不足冲减的，依次冲减盈余公积和未分配利润。与发行债务工具作为合并对价直接相关的交易费用，应当计入债务工具的初始确认金额，即调整债务工具的溢价或折价。

（五）已宣告但尚未发放的现金股利或利润的处理

取得投资时，对于支付的对价中包含的应享有被投资方已经宣告但尚未发放的现金股利或利润应确认为应收项目，借记“应收股利”科目。

（六）或有对价的处理

同一控制下控股合并形成的长期股权投资，初始投资时应按照《企业会计准则第13号——或有事项》的规定，判断是否应就或有对价确认预计负债或者确认资产，以及应确认的金额。确认预计负债或资产的，该预计负债或资产金额与后续或有对价结算金额的差额不影响当期损益，而应调整资本溢价（或股本溢价），资本溢价（或股本溢价）不足冲减的调整留存收益。非同一控制下控股合并形成的长期股权投资的或有对价，应参照《企业会计准则第20号——企业合并》的有关规定进行会计处理。

【例5－1】甲公司为某集团母公司，分别控制乙公司和丙公司。第1年1月1日，甲公司以4 500万元从本集团外部购入丁公司80%股权，购买日，丁公司可辨认净资产公允价值为5 000万元，账面价值为3 500万元。第3年1月1日，乙公司以7 000万元购入甲公司持有丁公司的80%股权，形成同一控制下的企业合并。第1年1月1日至第2年12月31日，丁公司按照购买日净资产公允价值计算的净利润为1 200万元，按购买日净资产账面价值计算的净利润为1 500万元，无其他所有者权益变动。合并日乙公司资本溢价余额为500万元，盈余公积余额为900万元。假定不考虑相关费用。

乙公司在合并日个别报表的会计处理如下：

乙公司对丁公司长期股权投资的初始投资成本＝（5 000＋1200）×80%＋（4 500－5 000×80%）＝4 960＋500＝5 460（万元）

借：长期股权投资	54 600 000	
资本公积——资本溢价	5 000 000	
盈余公积	9 000 000	
利润分配——未分配利润	1 400 000	
贷：银行存款		70 000 000

【例5－2】乙公司和丙公司均受甲公司控制。7月1日，乙公司向甲公司定向增发2 000万股普通股股票，每股面值为1元、市价为8元，取得丙公司100%的股权，相关手续于当日完成，并能够对丙公司实施控制。合并后丙公司仍维持其独立法人资格继续经

营。已知丙公司系甲公司两年前以非同一控制下企业合并的方式收购的全资子公司。合并日，丙公司财务报表中净资产的账面价值为3 200万元，甲公司合并财务报表中的丙公司净资产账面价值为4 500万元，其中含商誉600万元。乙公司为此项合并发生审计、评估等费用8万元，为定向增发股票支付发行费用10万元。

乙公司在合并日的会计处理如下：

借：长期股权投资　　45 000 000
　　管理费用　　80 000
　　贷：股本　　20 000 000
　　　　银行存款　　180 000
　　　　资本公积——股本溢价　　24 900 000

【例5-3】1月1日，甲公司取得乙公司80%的股权，并能够对乙公司实施控制，合并前甲公司和乙公司不存在关联方关系。为核实乙公司的资产价值，甲公司聘请资产评估机构对乙公司的资产进行评估，以银行存款支付评估费30万元。购买日，甲公司合并对价的账面价值和公允价值如表5-1所示，假设不考虑相关税费的影响。

表5-1　　合并对价账面价值和公允价值　　单位：元

项目	原值	累计摊销	账面价值	公允价值
自用土地使用权	35 000 000	5 000 000	30 000 000	45 000 000
专利技术	12 000 000	4 000 000	8 000 000	10 000 000
银行存款	15 000 000	—	15 000 000	15 000 000
合 计	62 000 000	9 000 000	53 000 000	70 000 000

甲公司会计处理如下：

借：长期股权投资　　70 000 000
　　管理费用　　300 000
　　累计摊销　　9 000 000
　　贷：无形资产——土地使用权　　35 000 000
　　　　　　　　——专利技术　　12 000 000
　　　　银行存款　　15 300 000
　　　　资产处置损益　　17 000 000

二、非企业合并形成的长期股权投资

非企业合并形成的长期股权投资，是指对合营企业或联营企业的权益性投资。根据支付对价的不同，分为以下几种情况。

（一）以支付现金取得长期股权投资

以支付现金取得长期股权投资的，应当按照实际应支付的购买价款作为长期股权投资的初始投资成本，包括购买过程中支付的手续费等必要支出，但所支付价款中包含的被投资方已宣告但尚未发放的现金股利或利润应当确认为应收项目，不构成长期股权投资的初始投资成本。

【例5－4】甲公司7月1日自公开市场买入乙公司20%的股份，实际支付价款为1 650万元，其中包含已宣告但尚未发放的现金股利150万元，支付手续费等相关费用50万元，并于当日完成了相关手续。甲公司取得该部分股权后能够对乙公司实加重大影响。

甲公司会计处理如下：

借：长期股权投资——成本　　15 500 000

　　应收股利　　1 500 000

　　贷：银行存款　　17 000 000

（二）以发行权益性证券取得长期股权投资

以发行权益性证券取得长期股权投资的，应当按照所发行证券的公允价值作为初始投资成本，但不包括应自被投资方收取的已宣告但尚未发放的现金股利或利润。为发行权益性证券支付给有关承销机构的佣金、手续费等与权益性证券直接相关的费用，不构成取得长期股权投资的初始投资成本，该部分费用应自所发行权益性证券的溢价发行收入中扣除，溢价收入不足冲减的，应依次冲减盈余公积和未分配利润。

【例5－5】3月1日，甲公司通过定向增发5000万股普通股从非关联方取得乙公司20%的股权并对乙公司能够施加重大影响，每股面值1元，定向增发的普通股公允价值为10 000万元，向承销机构等支付300万元的佣金和手续费，相关手续于当日完成。

甲公司会计处理如下：

借：长期股权投资——成本　　100 000 000

　　贷：股本　　50 000 000

　　　　资本公积——股本溢价　　47 000 000

　　　　银行存款　　3 000 000

【例5－6】非上市公司甲公司成立时，乙公司以其持有的对丙公司的长期股权投资作为出资投入甲公司。丙公司为上市公司，其权益性证券存在活跃市场报价。投资合同约定，乙公司作为出资的长期股权投资作价3 000万元（与其公允价值相当）。交易完成后，甲公司注册资本为12 000万元，乙公司的持股比例为20%。甲公司取得该长期股权投资后能够对丙公司施加重大影响，不考虑相关税费。

甲公司会计处理如下：

借：长期股权投资——成本　　30 000 000

　　贷：实收资本　　24 000 000

　　　　资本公积——资本溢价　　6 000 000

（三）以非货币性资产交换方式取得长期股权投资

【例5－7】1月1日，甲公司以其特种设备一台交换乙公司持有的对某非上市公司的长期股权投资，并于当日完成相关手续。已知该设备原值 1 000 万元，累计折旧 200 万元，取得该设备时已抵扣增值税进项税额，当日公允价值（等于计税价格）900 万元，应确认增值税销项税额 144 万元，甲公司另以银行存款向乙公司支付补价 456 万元。该非货币性资产交换具有商业实质。

甲公司会计处理如下：

长期股权投资初始投资成本 = 900 + 144 + 456 = 1 500（万元）

资产处置损益 = 900 -（1 000 - 200）= 100（万元）

借：长期股权投资——成本	15 000 000	
累计折旧	2 000 000	
贷：固定资产		10 000 000
应交税费——应交增值税（销项税额）		1440 000
银行存款		4560 000
资产处置损益		1 000 000

（四）以债务重组方式取得长期股权投资

【例 5 - 8】2022 年 1 月 15 日，经甲公司和乙公司双方协商，甲公司同意乙公司以其持有的一项对某非上市公司的长期股权投资偿还对甲公司的购货欠款。已知当日该笔应收账款余额为 500 万元，甲公司已计提坏账准备 100 万元，债务重组日该债权的公允价值为 350 万元，甲公司将取得的股权作为长期股权投资核算并以权益法进行后续计量，相关手续已于当日办妥，假定不考虑其他因素。

甲公司 2022 年 1 月 15 日会计处理如下：

借：长期股权投资——投资成本	3 500 000	
坏账准备	1 000 000	
投资收益	500 000	
贷：应收账款		5 000 000

第三节　长期股权投资的后续计量

一、长期股权投资后续计量方法及其适用范围

长期股权投资的后续计量，分为成本法和权益法两种方法。

成本法，适用于投资方对其子公司的长期股权投资，投资方即母公司在其个别财务报表中应当以成本法核算对其子公司的长期股权投资。

权益法，适用于投资方对其合营企业和联营企业的长期股权投资。需要说明的是，投资方对联营企业的权益性投资，其中一部分通过风险投资机构、共同基金、信托公司或包括投连险基金在内的类似主体间接持有的，无论以上主体是否对这部分投资具有重大影响，投资方都可以按照《企业会计准则第 22 号——金融工具确认和计量》的有关规定，

对间接持有的该部分投资选择以公允价值计量且其变动计入当期损益，并对其余部分采用权益法核算。

二、长期股权投资的成本法

采用成本法核算的长期股权投资，在后续计量时应当按照初始投资成本计价，只有在追加投资或收回投资时才调整长期股权投资的初始投资成本。

持有长期股权投资期间，被投资方宣告分派现金股利或利润时，按应分得的现金股利或利润借记“应收股利”等科目，贷记“投资收益”；收到现金股利或利润时，借记“银行存款”等科目，贷记“应收股利”等科目。被投资方宣告发放股票股利时，无需进行会计处理，但需要在备查簿中登记持股数量的变化。

【例 5-9】4 月 10 日，甲公司的子公司宣告分派现金股利 1 000 万元，甲公司持股比例 60%，4 月 25 日实际收到现金股利并存入开户银行。

甲公司会计处理如下：

（1）4 月 10 日子公司宣告分派现金股利

借：应收股利	6 000 000	
贷：投资收益		6 000 000

（2）4 月 25 日收到现金股利

借：银行存款	6 000 000	
贷：应收股利		6 000 000

三、长期股权投资的权益法

长期股权投资的权益法适用于对合营企业和联营企业的权益性投资，其特点是长期股权投资的账面价值随着被投资方的所有者权益的变动而同向变动。因此，权益法核算的长期股权投资账面价值基本上代表了投资方在被投资方所有者权益中所享有的份额，当然也可能包含了商誉的价值。

（一）初始投资成本的调整

采用权益法核算的长期股权投资，其初始投资成本大于投资时应享有被投资方可辨认净资产公允价值份额的，不调整长期股权投资的初始投资成本，其差额是投资方在取得投资过程中通过作价体现出的与所取得股权份额相对应的商誉价值，此时商誉的价值是包含在长期股权投资初始投资成本中的；长期股权投资的初始投资成本小于投资时应享有被投资方可辨认净资产公允价值份额的，其差额应当计入当期损益，同时将长期股权投资的成本调整至应享有被投资方可辨认净资产公允价值的份额，即按差额借记“长期股权投资——投资成本”，贷记“营业外收入”。

【例 5-10】1 月 1 日，甲公司以银行存款 1 000 万元取得乙公司 20% 股权，并能够对其施加重大影响，采用权益法核算长期股权投资，取得投资日，乙公司可辨认净资产公允价值为6 000万元。

甲公司会计处理如下：

借：长期股权投资——成本　　10 000 000

　　贷：银行存款　　10 000 000

初始投资成本1 000万元，小于应享有乙公司可辨认净资产公允价值份额6 000×20%＝1 200万元，应将其差额200万元计入当期营业外收入，同时调增长期股权投资初始投资成本：

借：长期股权投资——成本　　2 000 000

　　贷：营业外收入　　2 000 000

（二）享有被投资方所有者权益份额变动的处理

权益法核算的要点在于投资方长期股权投资的账面价值随着被投资方所有者权益的变动而变动。企业所有者权益的变动源自两大方面：一是综合收益，二是与企业所有者之间的资本交易。综合收益又包括净损益和其他综合收益，与企业所有者之间的资本交易包括接受投资者投资和向所有者分配现金股利或利润。按照权益法的要求，当被投资方实现净损益、分配现金股利、实现其他综合收益或者发生其他所有者权益变动时，投资方要按照持股比例相应调整长期股权投资的账面价值。

1. 被投资方实现净损益时投资方的处理

（1）基本处理方法。投资方取得长期股权投资后，应当按照应享有的被投资方实现的净利润的份额，确认投资收益，同时调整长期股权投资的账面价值，借记“长期股权投资——损益调整”，贷记“投资收益”；被投资方发生净亏损时，投资方按照应负担的被投资方发生的净亏损的份额，借记“投资收益”，贷记“长期股权投资——损益调整”。

（2）对被投资方净损益的调整。在按照以上方法确认投资方应分享或负担的被投资方实现的净损益份额时，不是简单地根据被投资方账面净损益直接计算，而是要进行以下几个方面的调整：

第一，被投资方采用的会计政策及会计期间与投资方不一致的，应当按照投资方的会计政策及会计期间对被投资方的财务报表进行调整，并据以确认投资收益。

第二，投资方在确认应享有被投资方净损益的份额时，应当以取得投资时被投资方可辨认净资产的公允价值为基础，对被投资方的净利润进行调整后确认。符合下列条件之一的，投资企业可以以被投资方的账面净利润为基础，计算确认投资收益，同时应在财务报表附注中说明不能按照准则规定进行核算的原因：投资企业无法合理确定取得投资时被投资方各项可辨认资产等的公允价值；投资时被投资方可辨认资产等的公允价值与其账面价值相比，两者的差额不具有重要性；其他原因导致无法取得被投资方的有关资料，不能按照准则中规定的原则对被投资方的净损益进行调整的。

第三，投资方计算确认应享有或应分担被投资单位的净损益时，投资方或纳入投资方合并报表范围的子公司与其联营企业、合营企业之间发生的未实现内部交易损益（包括逆流交易和顺流交易）按照应享有的比例计算归属于投资方的部分，应当予以抵销，在此基础上确认投资收益；但是，投资方与被投资方发生的未实现内部交易损失，按照《企业会计准则第8号——资产减值》等的有关规定属于资产减值损失的，应当全额确认。

需要注意的是，投资方与联营、合营企业之间发生投出或出售资产的交易，应当区分该资产是否构成业务，进行相应的会计处理：不构成业务的，按照上述原则处理；构成业务的，按照以下规定进行处理：联营、合营企业向投资方出售业务的，投资方应全额确认与交易相关的利得或损失。投资方向联营、合营企业投出业务，投资方因此取得长期股权投资但未取得控制权的，应以投出业务的公允价值作为新增长期股权投资的初始投资成本，初始投资成本与投出业务的账面价值之差，全额计入当期损益。投资方向联营、合营企业出售业务，取得的对价与业务的账面价值的差额，全额计入当期损益。

【例5-11】第1年1月1日，甲公司以银行存款1 000万元取得乙公司20%股权并完成相关手续，能够对其施加重大影响，采用权益法核算长期股权投资，相关资料如下：

① 取得投资日，乙公司可辨认净资产公允价值为4 000万元，账面价值为3 800万元，其差额产生于一项管理用办公楼和一批库存商品。该办公楼原值800万元，乙公司预计其使用年限为20年，预计净残值为0，直线法折旧，已使用10年，累计折旧400万元，当日公允价值为500万元，甲公司预计其剩余使用年限为8年。该批库存商品成本为500万元，未计提存货跌价准备，当日公允价值为600万元。

② 第1年，乙公司实现净利润400万元，上述库存商品对外售出60%。当年11月，甲公司将其成本为100万元的库存商品出售给乙公司，不含税价款为160万元，乙公司将其作为管理用固定资产，预计使用年限5年，预计净残值为0，直线法折旧。

③ 第2年，乙公司实现净利润500万元，甲公司投资日库存商品剩余的40%全部对外出售。当年，乙公司向甲公司出售商品一批，成本100万元，不含税售价150万元，至年末，甲公司尚未对外销售。

假定甲公司和乙公司的会计政策和会计期间一致，不考虑所得税及其他税费的影响。

甲公司会计处理如下：

① 取得投资：

借：长期股权投资——成本　　10 000 000

　贷：银行存款　　10 000 000

初始投资成本1 000万元，大于投资日享有乙公司可辨认净资产公允价值的份额4 000×20%=800万元，所以不调整长期股权投资的初始投资成本。

② 第1年末：

取得投资时乙公司办公楼公允价值与账面价值的差额应调增折旧费用500÷8-800÷20=22.5万元，因此应调减利润22.5万元；取得投资时库存商品公允价值与账面价值的差额应调减的利润为(600-500)×60%=60万元。

乙公司账面利润=400（万元）

甲公司当年出售给乙公司的商品毛利为160-100=60万元，乙公司将其作为管理用固定资产核算，当年多计提的折旧（已实现的内部交易损益）为60÷5÷12=1万元，因此未实现内部交易损益为60-1=59万元，应调减净利润59万元。

综上，调整后的乙公司净利润 = 400 - 22.5 - 60 - 59 = 258.5（万元）

甲公司应确认投资收益 = 258.5 × 20% = 51.7（万元）

借：长期股权投资——损益调整　　517 000

　　贷：投资收益　　517 000

需要注意的是，如果甲公司需要编制合并报表的，在合并报表中进行以下调整：

借：营业收入（160 × 20%）　　320 000

　　贷：营业成本（100 × 20%）　　200 000

　　　　投资收益（60 × 20%）　　120 000

③ 第 2 年末：

乙公司账面利润 = 500 万元

取得投资时乙公司办公楼公允价值与账面价值的差额应调增折旧费用 500 ÷ 8 - 800 ÷ 20 = 22.5 万元，因此应调减利润 22.5 万元；取得投资时库存商品公允价值与账面价值的差额应调减的利润为(600 - 500) × 40% = 40 万元。

甲公司第 1 年出售给乙公司的管理用设备计提折旧实现的内部交易损益 = 60 ÷ 5 = 12 万元，应调增利润 12 万元。

乙公司当年销售给甲公司商品未实现内部交易损益为 150 - 100 = 50 万元，应调减利润 50 万元。

综上，乙公司调整后的净利润 = 500 - 22.5 - 40 + 12 - 50 = 399.5（万元）

甲公司应确认投资收益 = 399.5 × 20% = 79.9（万元）

借：长期股权投资——损益调整　　799 000

　　贷：投资收益　　799 000

需要注意的是，如果甲公司需要编制合并报表的，在合并报表中进行以下调整：

借：长期股权投资（50 × 20%）　　100 000

　　贷：存货　　100 000

（3）超额亏损的处理。投资方确认被投资方发生的净亏损，应当以长期股权投资的账面价值以及其他实质上构成对被投资方净投资的长期权益减记至零为限，投资方负有承担额外损失义务的除外。在长期股权投资的账面价值减记至零的情况下，如果仍有未确认的投资损失，应以其他长期权益的账面价值为基础继续确认；其他长期权益的账面价值减记至零的情况下，如果仍有未确认的投资损失，如果在投资合同或协议中约定将履行其他额外的损失补偿义务，还应按《企业会计准则第 13 号——或有事项》的规定确认预计将承担的损失金额；此外，如仍有未确认的投资损失，不再进行会计处理，而应在备查簿进行登记。

被投资方以后实现净利润的，投资方在其收益分享额弥补未确认的亏损分担额后，恢复确认收益分享额。此时，应按以上相反的顺序，先冲减尚未确认的损失，再依次分别减记已确认的预计负债、恢复其他长期权益和长期股权投资的账面价值，同时确认投资收益。

【例 5 - 12】甲公司持有乙公司 40% 的股权，对其具有重大影响。第 1 年 12 月 31 日，长期股权投资的账面价值为 2 000 万元。乙公司第 2 年净亏损 6 000 万元，甲公司拥有一笔实质上构成对乙公司净投资的长期应收款100万元。此外，按协议规定，如果乙公司发生亏损，甲公司需额外承担100万元的损失。第3年，乙公司实现净利润3 000万元。

假定取得投资时乙公司可辨认净资产的公允价值等于其账面价值，甲、乙公司双方的会计政策、会计期间均相同，甲、乙公司不存在内部交易，不考虑所得税的影响。

甲公司会计处理如下：

（1）第2年：

甲公司当年应分担损失 =6 000×40% =2 400（万元）

首先，长期股权投资账面价值减记至零：

借：投资收益	20 000 000	
贷：长期股权投资——损益调整		20 000 000

其次，剩余400万元亏损冲减100万元长期应收款：

借：投资收益	1 000 000	
贷：长期应收款		1 000 000

再其次，剩余300万元亏损中需要甲公司额外承担亏损义务的100万元确认为预计负债：

借：投资收益	1 000 000	
贷：预计负债		1 000 000

最后，甲公司尚未确认的投资损失为200万元，需要在备查簿中进行登记。

（2）第3年：

甲公司按持股比例计算的投资收益3 000×40% =1 200万元，首先要弥补未确认的投资损失200万元，然后再依次冲减预计负债100万元、恢复长期应收款100万元、恢复长期股权投资800万元，会计分录如下：

借：预计负债	1 000 000	
长期应收款	1 000 000	
长期股权投资——损益调整	8 000 000	
贷：投资收益		10 000 000

2. 被投资方分配现金股利或利润时投资方的处理

被投资方宣告分派现金股利或利润时，投资方按照应享有的部分借记“应收股利”等科目，贷记“长期股权投资——损益调整”；实际收到现金股利或利润时，借记“银行存款”等科目，贷记“应收股利”等科目。

【例5-13】3月20日，甲公司的联营企业宣告分派现金股利500万元，甲公司持股比例为20%，现金股利于4月10日收存开户银行。

甲公司会计处理如下：

应收股利 =500×20% =100（万元）

（1）联营企业宣告分派现金股利时：

借：应收股利	1 000 000	
贷：长期股权投资——损益调整		1 000 000

（2）收到现金股利时：

借：银行存款　　1 000 000

　　贷：应收股利　　1 000 000

3. 被投资方实现其他综合收益时投资方的处理

投资方取得长期股权投资后，应当按照应享有的被投资方实现的其他综合收益的份额，确认其他综合收益，同时调整长期股权投资的账面价值。当被投资方实现的其他综合收益为利得时，投资方应按享有的份额借记"长期股权投资——其他综合收益"，贷记"其他综合收益"；当被投资方实现的其他综合收益为损失时，投资方应按分担的份额，借记"其他综合收益"，贷记"长期股权投资——其他综合收益"。

需要注意以下两点：

（1）被投资方采用的会计政策及会计期间与投资方不一致的，应当按照投资方的会计政策及会计期间对被投资方的财务报表进行调整，并据以确认其他综合收益。

（2）被投资方实现的其他综合收益为损失时，应当以长期股权投资的账面价值以及其他实质上构成对被投资方净投资的长期权益减记至零为限，投资方负有承担额外损失义务的除外。被投资方以后实现利得的，投资方在其利得分享额弥补未确认的损失分担额后，恢复确认利得分享额。

【例5－14】乙公司为甲公司的联营企业，甲公司持股比例为30%。第1年，乙公司将其购入的某公司公开发行的债券划分为以公允价值计量且其变动计入其他综合收益的金融资产核算，第1年末其公允价值上升100万元，第2年末其公允价值下降80万元。假定甲、乙公司双方的会计政策、会计期间均相同，不考虑其他交易、事项及所得税的影响。

甲公司会计处理如下：

（1）第1年末：

甲公司应确认其他综合收益＝100×30%＝30（万元）

借：长期股权投资——其他综合收益　　300 000

　　贷：其他综合收益　　300 000

（2）第2年末：

甲公司应冲减其他综合收益＝80×30%＝24（万元）

借：其他综合收益　　240 000

　　贷：长期股权投资——其他综合收益　　240 000

4. 被投资方发生其他所有者权益变动时投资方的处理

对于被投资方发生除净损益、其他综合收益和利润分配以外的因素导致的其他所有者权益变动，投资方相应调整长期股权投资的账面价值，记入"长期股权投资——其他权益变动"，同时确认"资本公积——其他资本公积"。主要包括被投资方接受其他股东的资本性投入、被投资方发行可分离交易的可转换债中包含的权益成分、以权益结算的股份支付、其他股东对被投资单位增资导致投资方持股比例变动等情况。

【例5－15】第1年1月1日，甲公司以1 800万元收购乙公司30%股份，对其具有重大影响，当日乙公司可辨认净资产公允价值为5 000万元（等于账面价值），甲公司和乙公司会计政策和会计期间一致。第1年乙公司实现净利润1 000万元，当年未发生内部交易。第2年1月1日出于公司发展战略考虑，经各方协商乙公司获得某项战略投资4 000万元并按规定完成增资手续。增资后，甲公司持股比例被稀释为20%，仍对乙公司具有重大影响，继续采用权益法对股权投资进行后续计量。假定不考虑所得税及其他因素。

（1）第1年1月1日取得投资：

借：长期股权投资——成本　　18 000 000

　　贷：银行存款　　18 000 000

（2）第1年12月31日确认投资收益：

投资收益 = 1 000 × 30% = 300（万元）

借：长期股权投资——损益调整　　3 000 000

　　贷：投资收益　　3 000 000

（3）第2年1月1日确认其他权益变动：

甲公司享有乙公司股份的变化额 =（5 000 + 1 000 + 4 000）× 20% -（5 000 + 1 000）× 30% = 200（万元）

借：长期股权投资——其他权益变动　　2 000 000

　　贷：资本公积——其他资本公积　　2 000 000

（三）投资方持股比例增加但仍采用权益法核算的处理

投资方因增加投资等原因对被投资方的持股比例增加，但被投资方仍然是投资方的联营企业或合营企业时，投资方应按照新的持股比例对股权投资继续采用权益法核算。在新增投资日，如果新增投资成本大于按新增持股比例计算的被投资方可辨认净资产在新增投资日的公允价值份额，不调整长期股权投资的投资成本；如果新增投资成本小于按新增持股比例计算的被投资方可辨认净资产在新增投资日的公允价值份额，应按其差额调整长期股权投资和营业外收入。进行上述调整时，应综合考虑与原持有投资和追加投资相关的商誉或计入当期损益的金额。

【例5-16】第1年1月1日，甲公司以银行存款1 000万元向非关联方购买乙公司20%的股权，并对其具有重大影响，当日乙公司可辨认净资产公允价值为4 000万元（等于账面价值）。第1年，乙公司实现净利润500万元。第2年1月1日甲公司以银行存款420万元取自另一非关联方取得乙公司10%股权，当日乙公司可辨认净资产公允价值为4 500万元，相关手续于当日完成，甲公司仍对乙公司具有重大影响。假定不考虑相关税费等其他因素的影响。

本例中，甲公司第2年1月1日取得乙公司10%股权的投资成本为420万元，享有其可辨认净资产公允价值的份额为4500 × 10% = 450万元，即存在30万元的负商誉，本应确认30万元的营业外收入，同时调增长期股权投资30万元，但是第1年1月1日取得20%股权时存在1 000 - 4 000 × 20% = 200万元的正商誉，两次投资综合考虑后的商誉为正商誉170万元，因此第二次投资应确认的投资成本仍为420万元，并在备查簿中记录两次投资各自产生的商誉和综合考虑两次投资产生的商誉后的调整情况。

借：长期股权投资——成本 4 200 000

贷：银行存款 4 200 000

第四节 处置长期股权投资的会计处理

一、处置损益的处理

企业将长期股权投资全部或部分处置时，应相应结转与所售股权相对应的长期股权投资账面价值，处置价款与处置长期股权投资账面价值之间的差额一般情况下应确认为处置损益，计入投资收益。按收到的对价，借记“银行存款”等科目，按处置股权比例贷记“长期股权投资“或“长期股权投资——成本”；原采用权益法核算的，按比例贷记或借记“长期股权投资——损益调整”“长期股权投资——其他综合收益”“长期股权投资——其他资本公积”等科目；如果计提了长期股权投资减值准备，应按处置比例借记“长期股权投资减值准备”，按其差额贷记或借记“投资收益”。

二、原权益法核算确认的其他综合收益的处理

（一）处置股权而终止权益法核算时的处理

投资方全部或部分处置股权而导致终止权益法核算的，原权益法核算的相关其他综合收益，应当在终止采用权益法核算时采用与被投资方直接处置相关资产或负债相同的基础进行会计处理：

（1）如果被投资方相关资产或负债形成的其他综合收益属于以后期间能够重分类进损益的，则投资方在终止权益法核算时，应将权益法核算的相关其他综合收益全部计入当期损益。其他综合收益为贷方余额时，借记“其他综合收益”，贷记“投资收益”；其他综合收益为借方余额时，借记“投资收益”，贷记“其他综合收益”。

（2）如果被投资方相关资产或负债形成的其他综合收益属于以后期间不能够重分类进损益的，则投资方在终止权益法核算时，应将权益法核算的相关其他综合收益全部结转至留存收益。其他综合收益为贷方余额时，借记“其他综合收益”，贷记“盈余公积”“利润分配——未分配利润”；其他综合收益为借方余额时，借记“盈余公积”“利润分配——未分配利润”，贷记“其他综合收益”。

（二）部分处置股权而剩余股权仍采用权益法核算时的处理

投资方部分处置权益法核算的长期股权投资而剩余股权仍采用权益法核算的，原权益法核算的相关其他综合收益，应当采用与被投资方直接处置相关资产或负债相同的基础按处置比例进行结转，具体会计处理同上。

三、原权益法核算确认的其他资本公积的处理

（一）处置股权而终止权益法核算时的处理

投资方全部或部分处置股权而导致终止权益法核算的，因被投资方除净损益、其他综合收益和利润分配以外的其他所有者权益变动而确认的所有者权益即其他资本公积，应当在终止采用权益法核算时全部转入当期投资收益，也就是将相关“资本公积——其他资本公积”账户余额全部转入“投资收益”账户。

（二）部分处置股权而剩余股权仍采用权益法核算时的处理

投资方部分处置权益法核算的长期股权投资而剩余股权仍采用权益法核算的，因被投资方除净损益、其他综合收益和利润分配以外的其他所有者权益变动而确认的所有者权益即其他资本公积，应当按比例转入当期投资收益，也就是按处置长期股权投资的比例将相关“资本公积——其他资本公积”账户余额全部转入“投资收益”账户。

【例5－17】甲公司持有乙公司20%股权，对其具有重大影响，采用权益法核算对乙公司的股权投资。当年末，该长期股权投资相关资料如下：“长期股权投资——成本”账户余额为1 000万元，“长期股权投资——损益调整”账户借方余额为300万元，“长期股权投资——其他综合收益”账户借方余额为200万元，“长期股权投资——其他资本公积”账户余额为借方100万元，未计提减值准备。甲公司于当年末将对乙公司股权投资的25%转让出售，取得价款580万元，持有的剩余15%股权仍能对乙公司施加重大影响，仍采用权益法核算。已知该股权投资相关的其他综合收益源于乙公司持有的两项以公允价值计量且其变动计入其他综合收益的金融资产的公允价值变动，其中一项为债务工具，形成的其他综合收益为600万元，另一项为非交易性权益工具，形成的其他综合收益为400万元。假定甲公司盈余公积计提比例为10%，不考虑其他因素。

甲公司会计处理如下：

（1）处置损益的处理。

处置损益＝580－（1 000＋300＋200＋100）×25%＝180（万元）

借：银行存款　　5 800 000

　　贷：长期股权投资——成本　　2 500 000

　　　　　　　　　　——损益调整　　750 000

　　　　　　　　　　——其他综合收益　　500 000

　　　　　　　　　　——其他权益变动　　250 000

　　　　投资收益　　1 800 000

（2）其他综合收益和其他资本公积的处理。

股权投资形成的其他资本公积100万元的25%即25万元转入当期投资收益。股权投资形成的其他综合收益共计200万元，应结转200×25%＝50万元，其中50×600÷（600＋400）＝30万元应转入投资收益，50×400÷（600＋400）＝20万元应转入留存收益。

借：其他综合收益　　500 000
　　其他资本公积　　250 000
　　贷：投资收益　　550 000
　　　　利润分配——未分配利润　　180 000
　　　　盈余公积　　20 000

四、属于一揽子交易的分步处置子公司股权投资的处理

企业通过多次交易分步处置对子公司的股权投资直至丧失控制权时，如果上述交易属于一揽子交易的，应当将各项交易作为一项处置子公司股权投资并丧失控制权的交易进行会计处理，但是在丧失控制权之前每一次处置价款与所处置的股权对应的长期股权投资账面价值之间的差额，在投资方个别报表中，应当先确认为其他综合收益，到丧失控制权时再一并转入丧失控制权的当期损益。在达到最终丧失控制权之前的每一次处置，借记“银行存款”等科目，按处置比例贷记“长期股权投资”，差额贷记或借记“其他综合收益”。在最后一次处置丧失控制权时，借记“银行存款”等科目，按最后一次处置比例贷记“长期股权投资”，借记或贷记之前分步处置股权确认的“其他综合收益”，差额贷记或借记“投资收益”。

处置对子公司股权投资的各项交易的条款、条件以及经济影响符合下列一种或多种情况，通常表明应将多次交易事项作为一揽子交易进行会计处理：

（1）这些交易是同时或者在考虑了彼此影响的情况下订立的；

（2）这些交易整体才能达成一项完整的商业结果；

（3）一项交易的发生取决于其他至少一项交易的发生；

（4）一项交易单独考虑时是不经济的，但是和其他交易一并考虑时是经济的。

第五节　长期股权投资核算方法的转换

根据投资方对被投资方的影响程度不同，企业对被投资方的股权投资，在会计上分为成本法核算的长期股权投资、权益法核算的长期股权投资和公允价值计量的金融资产三种情况进行核算。由于投资方追加投资或转让部分股权，可能导致对被投资方的影响程度有所改变，因而会导致会计核算方法的转换，包括由于追加投资导致的公允价值计量转权益法核算、公允价值计量转成本法核算、权益法核算转成本法核算，以及由于转让部分股权导致的成本法核算转权益法核算、成本法核算转公允价值计量、权益法核算转公允价值计量六种情况。

一、公允价值计量转权益法核算

投资方原持有的对被投资方的股权投资按照公允价值计量的金融资产核算的，因追加

投资等原因能够对被投资单位实施重大影响或共同控制但不构成控制的，应当按照《企业会计准则第 22 号——金融工具确认和计量》确定的原持有的股权投资的公允价值加上新增投资成本之和，作为改按权益法核算的初始投资成本。原股权投资分类为以公允价值计量且其变动计入当期损益的金融资产的，其公允价值与原账面价值之间的差额应当转入改按权益法核算的当期损益；原持有的非交易性股权投资指定为以公允价值计量且其变动计入其他综合收益的金融资产的，其公允价值与账面价值之间的差额以及原计入其他综合收益的累计公允价值变动应当在改按权益法核算的当期转入留存收益。

因为转换为权益法核算，所以需要比较以上计算的初始投资成本与按照追加投资后的持股比例计算确定的应享有被投资方在追加投资日可辨认净资产公允价值的份额，前者大于后者的，不调整长期股权投资的初始投资成本；前者小于后者的，差额应调增长期股权投资的初始投资成本，同时计入当期营业外收入。

【例 5－18】第 1 年 1 月 1 日，甲公司以 600 万元现金自非关联方处取得非上市公司乙公司 10% 的股权，并将其指定为以公允价值计量且其变动计入其他综合收益的金融资产。第 2 年 1 月 1 日，甲公司又以 1 200 万元的现金自另一非关联方取得乙公司 12% 的股权，相关手续当日完成，能够对乙公司施加重大影响。当日，乙公司可辨认净资产公允价值为 10 000 万元，甲公司针对乙公司的以公允价值计量且其变动计入其他综合收益的金融资产的账面价值 1 000 万元，计入其他综合收益的累计公允价值变动为 400 万元。假定甲公司盈余公积计提比例为 10%，不考虑相关税费等其他因素。

转换日甲公司会计处理如下：

甲公司对乙公司 22% 股权的初始投资成本为 1 000 + 1 200 = 2 200 万元，享有乙公司可辨认净资产公允价值的份额为 10 000 × 22% = 2 200 万元，因此无须调整长期股权投资的初始投资成本。

借：长期股权投资——成本	22 000 000	
其他综合收益	4 000 000	
贷：其他权益工具投资——成本		6 000 000
——公允价值变动		4 000 000
银行存款		12 000 000
利润分配——未分配利润		3 600 000
盈余公积		400 000

二、公允价值计量或权益法核算转成本法核算

投资方原持有的对被投资方不具有控制、共同控制或重大影响的按照《企业会计准则第 22 号——金融工具确认和计量》准则进行核算的权益性投资，或者原持有对联营企业、合营企业的权益法核算的长期股权投资，因追加投资等原因，能够对被投资方实施控制的，应区分同一控制控股合并和非同一控制控股合并以及是否为一揽子交易进行处理。

（一）通过多次交易分步取得同一控制下被投资方股权并最终形成控股合并

企业通过多次交易分步取得同一控制下被投资方股权并最终形成控股合并的，应当判断多次交易是否属于一揽子交易。属于一揽子交易的，合并方应当将各项交易作为一项取得控制权的交易进行会计处理。不属于一揽子交易的，取得控制权日，应按照以下步骤进行会计处理：

（1）确定同一控制下企业合并形成的长期股权投资的初始投资成本。在合并日，根据合并后应享有被合并方净资产在最终控制方合并财务报表中的账面价值的份额，确定长期股权投资的初始投资成本。

（2）长期股权投资初始投资成本与合并对价账面价值之间的差额的处理。合并日长期股权投资的初始投资成本，与达到合并前的股权投资账面价值加上合并日进一步取得股份新支付对价的账面价值之和的差额，调整资本公积（资本溢价或股本溢价），资本公积不足冲减的，冲减留存收益，即依次冲减盈余公积和未分配利润。

（3）合并日之前持有的股权投资，因采用权益法核算或按照《企业会计准则第22号——金融工具确认和计量》核算而确认的其他综合收益，暂不进行会计处理，直至处置该项投资时再按照《企业会计准则》的规定进行相应处理，其中权益法核算形成的其他综合收益应采用与被投资方直接处置相关资产或负债相同的基础进行会计处理；因采用权益法核算而确认的被投资方净资产中除净损益、其他综合收益和利润分配以外的所有者权益其他变动即其他资本公积，暂不进行会计处理，直至处置该项投资时转入当期损益。其中，处置后的剩余股权采用成本法或权益法核算的，其他综合收益和其他资本公积应按比例结转；处置后的剩余股权改按《企业会计准则第22号——金融工具确认和计量》进行会计处理的，其他综合收益和其他资本公积应全部结转。

【例5-19】第1年1月1日，甲公司取得同一控制下的乙公司25%的股份，实际支付价款6 000万元，能够对乙公司施加重大影响，相关手续于当日办理完毕。当日，乙公司可辨认净资产账面价值为22 000万元。当年乙公司共实现净利润1 000万元，无其他所有者权益变动。第2年1月1日，甲公司定向增发2 000万股普通股每股面值1元，购买同一控制下另一公司所持有的乙公司40%股权，相关手续于当日办理完毕。进一步投资后，甲公司能够对乙公司实施控制。当日，乙公司在最终控制方合并财务报表中的净资产的账面价值为23 000万元。假定甲公司和乙公司采用的会计政策和会计期间一致，上述交易不属于一揽子交易，不考虑相关税费等其他因素的影响。

甲公司会计处理如下：

（1）确定合并日长期股权投资的初始投资成本。合并日追加投资后甲公司持有乙公司股权比例为65%，合并日甲公司享有乙公司在最终控制方合并财务报表中净资产账面价值的份额为23 000×65%=14 950万元。

（2）长期股权投资初始投资成本与合并对价账面价值之间差额的处理。原25%股权采用权益法核算，在合并日的原账面价值为6 000+1 000×25%=6 250万元，追加投资所支付对价的账面价值为2 000万元，合并对价账面价值合计为6 250+2 000=8 250万元。

长期股权投资初始投资成本大于合并对价账面价值的金额为 14 950 - 8 250 = 6 700 万元，应调增资本公积。

借：长期股权投资　　149 500 000
　贷：长期股权投资——成本　　60 000 000
　　长期股权投资——损益调整　　2 500 000
　　股本　　20 000 000
　　资本公积——股本溢价　　67 000 000

（二）通过多次交易分步取得非同一控制下被投资方股权并最终形成控股合并

企业通过多次交易分步实现非同一控制下企业控股合并的，多次交易属于一揽子交易的，投资方应当将各项交易作为一项取得控制权的交易进行会计处理；不属于一揽子交易的，投资方在编制个别财务报表时应按以下方法进行处理：

（1）购买日之前持有的股权投资采用权益法核算的，应当按照原持有的股权投资的账面价值加上追加投资支付对价的公允价值之和，作为改按成本法核算的长期股权投资的初始投资成本。原权益法核算的相关其他综合收益，暂不进行会计处理，直至处置该项投资时采用与被投资方直接处置相关资产或负债相同的基础进行会计处理；因采用权益法核算而确认的被投资方净资产中除净损益、其他综合收益和利润分配以外的所有者权益其他变动即其他资本公积，暂不进行会计处理，直至处置该项投资时转入当期损益。其中，处置后的剩余股权采用成本法或权益法核算的，其他综合收益和其他资本公积应按比例结转；处置后的剩余股权改按《企业会计准则第 22 号——金融工具确认和计量》进行会计处理的，其他综合收益和其他资本公积应全部结转。

（2）购买日之前持有的股权投资按照《企业会计准则第 22 号——金融工具确认和计量》核算的，应当将按照该准则核算的股权投资的公允价值加上新追加投资支付对价的公允价值之和，作为改按成本法核算的初始投资成本。原股权投资分类为以公允价值计量且其变动计入当期损益的金融资产的，其公允价值与原账面价值之间的差额应当转入改按权益法核算的当期损益；原持有的非交易性股权投资指定为以公允价值计量且其变动计入其他综合收益的金融资产的，其公允价值与账面价值之间的差额以及原计入其他综合收益的累计公允价值变动应当在改按权益法核算的当期转入留存收益。

【例 5 - 20】1 月 1 日，甲公司以每股 5 元的价格购入上市公司乙公司股票 100 万股，持股比例为 2%，甲公司和乙公司不存在关联关系。甲公司将对乙公司的股权投资指定为以公允价值计量且其变动计入其他综合收益的金融资产。当年 12 月 31 日，甲公司又以现金 1.75 亿元向乙公司的大股东收购乙公司 50% 的股权，相关手续于当日办理完毕，甲公司能够对乙公司实施控制，当日乙公司每股价格为 7 元，乙公司可辨认净资产公允价值为 2 亿元，假定以上交易不属于一揽子交易，不考虑相关税费等其他因素的影响。盈余公积计提比例为 10%。

购买日为取得对乙公司控制权日，即当年 12 月 31 日。购买日前甲公司原持有以公允价值计量且其变动计入其他综合收益的金融资产的公允价值为 7 × 100 = 700 万元。追加投资支付对价的公允价值为 17 500 万元，购买日按成本法核算的长期股权投资的初始投资成本为 700 + 17 500 = 18 200 万元。购买日前原持有的以公允价值计量且其变动计入其他综合收益的金融资产相关的其他综合收益为(7 − 5) × 100 = 200 万元，应于购买日转入当期留存收益。

借：长期股权投资	182 000 000	
贷：其他权益工具投资——成本		5 000 000
——公允价值变动		2 000 000
银行存款		175 000 000
借：其他综合收益	2 000 000	
贷：盈余公积		200 000
利润分配——未分配利润		1 800 000

三、成本法核算转权益法核算

因处置投资等原因导致对被投资方由能够实施控制转为具有重大影响或者与其他方一起实施共同控制的，投资方在其个别报表中应当将成本法追溯调整为权益法，并按照以下步骤进行会计处理：

（1）按处置投资的比例结转应终止确认的长期股权投资，同时确认处置损益。

（2）比较剩余长期股权投资的成本与按照剩余持股比例计算原投资时应享有被投资方可辨认净资产公允价值的份额。前者大于后者的，属于投资作价中体现的商誉，不调整长期股权投资的初始投资成本；前者小于后者的，按其差额调增长期股权投资的初始投资成本，同时调整当期营业外收入（处置投资与原取得投资属于同一会计年度）或留存收益（处置投资在原取得投资当年的以后会计年度）。

（3）对于原取得投资时至处置投资时之间被投资方实现净损益中投资方应享有的份额，一方面调整长期股权投资的账面价值，另一方面对于原取得投资时至处置投资当期期初被投资方实现的净损益扣除已宣告发放的现金股利或利润后金额中享有的份额，调整留存收益。对于处置投资当期期初至处置投资日被投资方实现的净损益扣除已宣告发放的现金股利或利润后金额中享有的份额，调整当期损益；在被投资方其他综合收益变动中享有的份额，在调整长期股权投资账面价值的同时，调整其他综合收益；除净损益、其他综合收益和利润分配以外的其他原因导致被投资方其他所有者权益变动中享有的份额，在调整长期股权投资账面价值的同时，调整其他资本公积。

（4）长期股权投资自成本法转为权益法核算后，未来期间应当按照权益法核算的要求进行相应的会计处理。

【例 5 − 21】第 1 年 1 月 1 日，甲公司以 600 万元取得乙公司 100% 股权，乙公司当日可辨认净资产公允价值 500 万元（等于账面价值），至第 2 年末，乙公司净资产增加 75 万元，其中按购买日公允价值计量实现的净利润 50 万元（未发生内部交易），未分配现金股利，以公允价值计量且其变动计入其他综合收益的金融资产公允价值上升 25 万元。第 3 年 1 月 1 日，甲公司转让乙公司 60% 股权，收到价款 480 万元，剩余 40% 股权能对乙公司施加重大影响，当日剩余股权公允价值为 320 万元。甲、乙公司会计政策和会计期间一致，盈余公积计提比例均为10%，不考虑其他因素。

甲公司处置投资日个别财务报表的处理如下：

（1）处置损益的处理。

借：银行存款　　4 800 000

　　贷：长期股权投资　　3 600 000

　　　　投资收益　　1 200 000

（2）对剩余40%股权追溯调整为权益法。

第一，比较剩余股权在取得日的投资成本和享有对方可辨认净资产公允价值份额。剩余40%股权的投资成本 =600 ×40% =240 万元，享有乙公司可辨认净资产公允价值的份额 =500 ×40% =200 万元，投资成本大于当日乙公司可辨认净资产公允价值份额，无需调整长期股权投资的账面价值，否则需调增长期股权投资和留存收益。

第二，原取得投资后至处置日之间享有的被投资单位实现净损益的份额，一方面调整长期股权投资的账面价值，另一方面原取得投资后至处置当期期初享有的被投资单位实现净损益的份额调整留存收益。

应确认的留存收益为500 000 ×40% =200 000 元，其中盈余公积为200 000 ×10% =20 000 元，未分配利润为200 000 ×（1 –10%）=180 000 元。

借：长期股权投资　　200 000

　　贷：盈余公积　　20 000

　　　　未分配利润　　180 000

第三，在被投资方其他综合收益变动中享有的份额，在调整长期股权投资账面价值的同时，调整其他综合收益。

应调整的长期股权投资账面价值和应确认的其他综合收益为250 000 ×40% =100 000（元）。

借：长期股权投资　　100 000

　　贷：其他综合收益　　100 000

四、成本法核算转公允价值计量

原持有的对被投资方具有控制的长期股权投资，因部分处置等原因导致持股比例下降，不能再对被投资方实施控制、共同控制或重大影响的，应改按《企业会计准则第22号——金融工具确认和计量》进行核算，其会计处理方法如下：

（1）按处置投资的比例结转应终止确认的长期股权投资，同时确认处置损益。

（2）将剩余股权在丧失控制之日按公允价值改按金融资产核算，其公允价值与账面价值的差额计入当期损益。

五、权益法核算转公允价值计量

原持有的对被投资方具有共同控制或重大影响的长期股权投资，因部分处置等原因导致持股比例下降，不能再对被投资方实施共同控制或重大影响的，应改按《企业会计准则第22号——金融工具确认和计量》进行核算，其会计处理方法如下：

（1）按处置投资的比例结转应终止确认的长期股权投资，同时确认处置损益。

（2）将剩余股权在丧失共同控制或重大影响之日按公允价值改按金融资产核算，其公允价值与账面价值的差额计入当期损益。

（3）原采用权益法核算的相关其他综合收益应当在终止采用权益法核算时，采用与被投资方直接处置相关资产或负债相同的基础进行会计处理，因被投资方除净损益、其他综合收益和利润分配以外的其他所有者权益变动而确认的其他资本公积，应当在终止采用权益法核算时全部转入当期损益即投资收益。

【例5－22】甲公司持有乙公司30%的表决权股份，能够对其施加重大影响。10月，甲公司将该项投资中的50%出售给非关联方，取得价款1 800万元，相关手续当日完成。甲公司无法再对乙公司施加重大影响，对剩余股权投资指定为以公允价值计量且其变动计入其他综合收益的金融资产。出售时，该项长期股权投资的账面价值为3 200万元，其中投资成本2 600万元，损益调整300万元，其他综合收益200万元（其中源自被投资方债务工具投资累计公允价值变动的为120万元，源自被投资方非交易性权益工具的累计公允价值变动为80万元），其他权益变动100万元，剩余股权的公允价值1 800万元，不考虑相关税费等因素。盈余公积计提比例为10%。

甲公司处置投资的会计处理如下：

（1）确认处置损益。

借：银行存款　　18 000 000
　　贷：长期股权投资　　16 000 000
　　　　投资收益　　2 000 000

（2）将剩余股权转为金融资产核算。

剩余股权的公允价值1 800万元，原账面价值1 600万元，两者差异计入当期投资收益。

借：其他权益工具投资——成本　　18 000 000
　　贷：长期股权投资　　16 000 000
　　　　投资收益　　2 000 000

（3）将其他综合收益转入当期损益和留存收益。应转入投资收益的金额为120万元，应转入留存收益的金额为80万元。

借：其他综合收益　　2 000 000
　　贷：投资收益　　1 200 000
　　　　盈余公积　　80 000
　　　　利润分配——未分配利润　　720 000

（4）将原计入其他资本公积的金额转入当期损益。

借：资本公积——其他资本公积　　1 000 000
　　贷：投资收益　　1 000 000

第六节　长期股权投资减值的会计处理

投资方应当关注长期股权投资的账面价值是否大于享有被投资方所有者权益账面价值的份额等类似情况。出现类似情况时，投资方应当按照《企业会计准则第 8 号——资产减值》对长期股权投资进行减值测试，当长期股权投资可收回金额低于长期股权投资账面价值时，应当计提减值准备，按其差额借记“资产减值损失”，贷记“长期股权投资减值准备”。长期股权投资减值准备一经计提，在以后年度不得转回。

资产负债表日，长期股权投资应当按其账面价值即“长期股权投资”的余额减去“长期股权投资减值准备”贷方余额后的金额列式于资产负债表中的“长期股权投资”项目。

【例 5－23】第 1 年 1 月，甲公司以 2 800 万元取得 Y 公司 30% 的股份，对其具有重大影响，采用权益法核算对 Y 公司的长期股权投资。取得投资日，Y 公司可辨认净资产公允价值（等于其账面价值）为 10 000 万元。第 1 年，Y 公司发生亏损 1 000 万元，甲公司对该项长期股权投资进行减值测试，已知其公允价值为 2 500 万元，预计处置费用为 50 万元，预计未来现金流量现值为 2 400 万元。假定甲公司和 Y 公司会计政策和会计期间一致，当年未发生内部交易。

甲公司会计处理如下：

（1）取得投资时。

借：长期股权投资——成本	28 000 000	
贷：银行存款		28 000 000
借：长期股权投资——成本	2 000 000	
贷：营业外收入		2 000 000

（2）Y 公司发生亏损。

借：投资收益	3 000 000	
贷：长期股权投资——损益调整		3 000 000

（3）计提减值准备。

长期股权投资账面价值＝(2 800＋200)－300＝2 700（万元）

公允价值减去处置费用的净额＝2 500－50＝2 450（万元）

未来现金流量现值＝2 400（万元）

长期股权投资可收回金额＝2 450（万元）

综上，应计提减值准备＝2 700－2 450＝250（万元）

借：资产减值损失	2 500 000	
贷：长期股权投资减值准备		2 500 000

知识题

1. 何谓长期股权投资？长期股权投资的核算范围是什么？

2. 当满足哪些条件时，说明投资方能够控制被投资方？
3. 同一控制下控股合并形成的长期股权投资，其初始投资成本如何确定？
4. 非同一控制下控股合并形成的长期股权投资，其初始投资成本如何确定？
5. 取得长期股权投资过程中支付的相关费用如何处理？
6. 长期股权投资后续计量有哪些方法？其各自的适用范围是什么？
7. 简述长期股权投资权益法核算的要点。
8. 采用权益法核算长期股权投资时，投资收益如何确定？
9. 公允价值计量的金融资产转为权益法核算时如何进行会计处理？
10. 公允价值计量的金融资产转为成本法核算时如何进行会计处理？
11. 长期股权投资由权益法核算转换为成本法核算时如何进行会计处理？
12. 长期股权投资由成本法核算转换为权益法核算时如何进行会计处理？
13. 成本法转化为公允价值计量时如何进行会计处理？
14. 权益法转换为公允价值计量时如何进行会计处理？

技能题

练习一

一、目的：掌握同一控制下控股合并形成的长期股权投资的会计处理

二、资料：

乙公司和丙公司均受甲公司控制。12 月 31 日，乙公司向甲公司定向增发 5 000 万股普通股股票，每股面值为 1 元、市价为 5 元，取得丙公司 100% 的股权，相关手续于当日完成，并能够对丙公司实施控制。合并后丙公司仍维持其独立法人资格继续经营。已知丙公司系甲公司两年前以非同一控制下企业合并的方式收购的全资子公司。合并日，甲公司合并财务报表中的丙公司净资产账面价值为 4 000 万元，其中含商誉 500 万元。乙公司为此项合并发生审计、评估等费用 10 万元，为定向增发股票支付发行费用 15 万元。当日，乙公司“股本溢价”余额为 500 万元，“盈余公积”余额为 300 万元。

三、要求：根据上述资料编制乙公司取得丙公司投资的会计分录。

练习二

一、目的：掌握非同一控制下控股合并形成的长期股权投资的会计处理。

二、资料：

1 月 1 日，甲公司定向增发普通股 1 000 万股取得乙公司 60% 的股权，每股面值 1 元，发行价格为每股 10 元，甲公司能够对乙公司实施控制，合并前甲公司和乙公司不存在关联方关系。为核实乙公司的资产价值，甲公司聘请资产评估机构对乙公司的资产进行评估，以银行存款支付评估费 20 万元。购买日，乙公司可辨认净资产公允价值为 20 000 万元。不考虑其他因素。

三、要求：根据上述资料编制甲公司取得乙公司投资的会计分录。

练习三

一、目的：掌握非企业合并形成的长期股权投资的会计处理。

二、资料：

1 月 1 日，甲公司以银行存款 1 500 万元取得乙公司 20% 股权，并能够对其施加重大

影响，采用权益法核算长期股权投资，取得投资日乙公司可辨认净资产公允价值为 8 000 万元，甲公司以银行存款支付相关费用 15 万元。不考虑其他因素。

三、要求：根据上述资料，编写甲公司取得对乙公司股权投资及其调整的会计分录。

练习四

一、目的：掌握长期股权投资的权益法核算。

二、资料：

第 1 年 1 月 1 日，甲公司以银行存款 1 300 万元取得乙公司 30% 股权并完成相关手续，能够对其施加重大影响，采用权益法核算长期股权投资，相关资料如下：

（1）取得投资日，乙公司可辨认净资产公允价值为 5 000 万元，账面价值为 4 800 万元，其差额产生于一项管理用办公楼。该办公楼原值 1 200 万元，乙公司预计其使用年限为 20 年，预计净残值为 0，直线法折旧，已使用 10 年，当日公允价值为 800 万元，甲公司预计其剩余使用年限为 8 年。

（2）第 1 年，乙公司实现净利润 500 万元。当年 6 月，甲公司将其成本为 100 万元的库存商品出售给乙公司，不含税价款为 150 万元，乙公司将其作为存货核算，至年末对外出售 60%。

（3）第 2 年，乙公司实现净利润 600 万元，其他综合收益 100 万元，宣告分配现金股利 300 万元。乙公司上年从甲公司购入的存货剩余 40% 全部对外销售。

假定甲公司和乙公司的会计政策和会计期间一致，不考虑其他因素的影响。

三、要求：根据上述资料，写出相关会计分录。

练习五

一、目的：掌握成本法核算转权益法核算的会计处理。

二、资料：

第 1 年 1 月 1 日，甲公司以 1 000 万元取得乙公司 100% 股权，乙公司当日可辨认净资产公允价值 800 万元（等于账面价值），至第 2 年 6 月 30 日，乙公司净资产增加 200 万元，其中按购买日公允价值计量实现的净利润 150 万元，其中至第 1 年末实现的净利润为 100 万元，以公允价值计量且其变动计入其他综合收益的金融资产公允价值上升 50 万元。第 2 年 7 月 1 日，甲公司转让乙公司 60% 股权，收到价款 720 万元，剩余 40% 股权能对乙公司施加重大影响，当日剩余股权公允价值为 480 万元。甲、乙公司会计政策和会计期间一致，未发生内部交易，未分配现金股利，甲、乙公司盈余公积计提比例均为 10%，不考虑其他因素。

三、要求：写出处置投资日甲公司在个别财务报表中的会计处理。

案例分析

雅戈尔的“会计魔术”①

1. 2018 年 4 月 10 日，雅戈尔发出《关于变更对中国中信股份有限公司会计核算方法

① 本案例由作者根据张良：《上交所监管督促 雅戈尔放弃“会计魔术”》，载于《上海证券报》2018 年 4 月 27 日；刘华：《雅戈尔新买中信 1 000 股 业绩变出 93 亿元的会计“套路”》，载于《中国会计报》2018 年 5 月 4 日；以及有关公开资料整理。

的公告》，称鉴于公司副总经理兼财务负责人吴幼光于2018年3月20日被委任为中信股份非执行董事，同时公司为中信股份第三大股东，且对中信股份的持股比例于2018年3月29日由4.99%增加至5.00%。公司董事会根据《企业会计准则》的相关规定，判定公司对中信股份的经营决策具有重大影响，应当将中信股份的会计核算方法由可供出售金融资产变更为长期股权投资，并以权益法确认损益，以更加合理、准确地反映公司对中信股份股权投资的会计核算情况。本次会计核算方法变更将增加公司净利润约93亿元。

2. 2018年4月24日，上海证券交易所向雅戈尔送达《关于雅戈尔集团股份有限公司变更会计核算方法事项的监管工作函》，要求公司及年审注册会计师事务所——立信会计师事务所（特殊普通合伙）审慎核实上述会计核算方法变更是否符合《企业会计准则》的规定及是否符合公司的经营实质。4月25日，立信会计师事务所出具《关于雅戈尔集团股份有限公司变更会计核算方法事项的监管工作函的回复》，认为雅戈尔对中信股份实施实质性重大影响的依据不充分，不建议雅戈尔对中信股份改按权益法核算，具体理由如下：

（1）2018年3月29日，雅戈尔在二级市场买入中信股份0.1万股，持股比例达到5%，该0.1万股本身并不会实质增加雅戈尔对中信股份的影响，且其增持并不足以表明公司已改变对中信股份的持有意图，其持有意图仍是作为财务投资者以获取中信股份的高额股息分配等收益。

（2）中信股份前两大股东持股比例达到78.13%，在其股东大会的表决权上前两大股东占有绝对优势，增持后雅戈尔持股比例仅为5%。在其他股东持有股份不是高度分散的情况下，5%有表决权的股份通常并不足以达到重大影响，因此雅戈尔通过股东大会参与中信股份的经营及财务决策施加影响的量级不够。

（3）中信股份于2018年4月18日发布《董事会名单与其角色和职能》的公告，公告显示雅戈尔副总经理兼财务负责人吴幼光先生由2018年3月20日起成为中信股份非执行董事。中信股份董事会由17名董事组成，雅戈尔通过其在董事会中1/17的席位对中信股份实施的影响是非常有限的。此外，中信股份董事会设立的5个委员会，包括审计与风险委员会、提名委员会、薪酬委员会、战略委员会和特别委员会，董事会将相关职能授权给该5个委员会。除执行董事外，13名非执行董事中有11名非执行董事均在相关委员会中任职，但雅戈尔派出的吴幼光先生在上述委员会中未担任任何职务，表明相对绝大多数非执行董事而言，雅戈尔派出董事无法参与中信股份的重大经营及财务决策相关专委会职责的履行。

3. 2018年4月26日，雅戈尔发布《关于取消对中国中信股份有限公司会计核算方法变更的提示性公告》，称经公司与立信会计师事务所（特殊普通合伙）讨论，根据会计师意见，公司拟取消对中国中信股份有限公司（以下简称“中信股份”）的会计核算方法变更，继续以可供出售金融资产核算该项投资。

案例分析要求：

根据上述资料回答以下问题：

（1）根据我国《企业会计准则》的规定，对于被投资方不具有重大影响的股权投资，企业可以将其划分为何种金融资产进行核算？其主要区别是什么？

（2）长期股权投资权益法核算的适用范围是什么？如何具体判断？

（3）为什么雅戈尔通过会计核算方法变更会导致公司净利润增加约93亿元？如果按照修订后的《企业会计准则第22号——金融工具确认和计量》，是否还会导致净利润的增加？

第六章

固定资产

【学习目标】

通过本章的学习，掌握固定资产的确认标准、取得时初始成本的计量、计价方法；熟悉固定资产取得、折旧、修理、处置及后续支出的会计处理；了解固定资产的相关概念。

第一节　固定资产概述

一、固定资产概念

固定资产（fixed assets）是指同时具有下列特征的有形资产：（1）为生产商品、提供劳务、出租或经营管理而持有的；（2）使用寿命超过一个会计年度。例如，企业的房屋建筑物、机器设备、运输工具等。固定资产的基本特点是：

1. 持有目的是使用而非直接出售

即在企业生产商品、提供劳务、出租或经营管理方面使用，此处的“出租”主要是指以经营租赁方式租出的机器设备类固定资产，不包括以经营租赁方式已出租的建筑物，以经营租赁方式已出租的建筑物应当作为投资性房地产。固定资产也不包括企业生产耗用（如原材料、包装物等）或供出售（如库存商品等）的流动资产。

2. 使用年限超过一个会计年度

即固定资产提供服务期限通常超过一个经营周期或会计期间，从而明显区别于流动资产，但是固定资产使用寿命并非无限，最终要废弃或重置。

二、固定资产的确认条件

固定资产的确认是指符合怎样的条件才能将固定资产予以入账。企业将一项资产确认为固定资产，该资产应当在符合固定资产定义的同时满足以下两个条件时，才能加以确认：

（1）与该固定资产有关的经济利益很可能流入企业。判断固定资产包含的经济利益是否很可能流入企业，主要依据与该固定资产所有权相关的风险和报酬是否转移到企业。

“与资产所有权有关的风险”，是指由于经营情况变化造成相关收益的变动，以及由于资产闲置或技术陈旧而发生的损失等；“与资产所有权相关的报酬”，是指在资产可使用年限内直接使用资产而获得的经济利益、资产增值，以及处置资产所实现的收益等。

（2）该固定资产的成本能够可靠地计量。固定资产成本为企业为取得该固定资产而发生的必要支出，其可靠计量关系到企业资产价值、成本费用等相关信息的可靠性。

对于企业的环保设备和安全设备等资产，虽然不能直接为企业带来经济利益，却有助于企业从相关资产获得经济利益，也应当确认为固定资产，但这类资产与相关资产的账面价值之和不能超过这两类资产可收回金额总额。

三、固定资产的分类

1. 按经济用途分类

按固定资产的经济用途分类，可分为生产经营用固定资产和非生产经营用固定资产。

2. 按使用情况分类

按固定资产的使用情况分类，可分为使用中的固定资产、未使用的固定资产和不需用的固定资产。

3. 按所有权分类

按固定资产的所有权分类，可分为自有固定资产和租入固定资产。

4. 按经济用途和使用情况综合分类

按固定资产的经济用途和使用情况综合分类，可分为：

（1）生产经营用固定资产。生产经营用固定资产，是指直接服务于企业生产经营过程的各种固定资产，如厂房、仓库、办公楼；生产经营使用的机器、设备、器具、工具；汽车等。

（2）非生产经营用固定资产。非生产经营用固定资产，是指不直接服务于企业生产经营过程的各种固定资产，如职工宿舍、浴室、食堂、托儿所等使用的房屋、设备和其他固定资产。

（3）出租固定资产。出租固定资产，是指在经营性租赁方式下出租给外单位使用的固定资产。但是不包括出租的房屋建筑物。

（4）未使用固定资产。未使用固定资产，是指已完工或已购建的尚未交付使用的新增固定资产。

（5）不需用固定资产。不需用固定资产，是指本企业多余或不适用，准备进行处理的固定资产。

（6）土地。土地，是指企业过去已估价单独入账的土地。

（7）融资租入固定资产。融资租入固定资产，是指企业以融资租赁方式租入的固定资产，根据实质重于形式的原则在租赁期内视同自有固定资产进行管理。

5. 固定资产后续计量

固定资产后续计量包括固定资产后续支出的计量和固定资产折旧的计量。

第二节　固定资产的初始计量及会计处理

一、固定资产的初始计量

固定资产的初始计量是指固定资产取得时入账价值的确定。《企业会计准则第 4 号——固定资产》规定：固定资产应当按照成本进行初始计量。由于固定资产的取得途径不同，固定资产初始成本应当区别确定。

1. 外购固定资产初始成本的计量

企业外购固定资产的成本，包括购买价款、相关税费（不含可以抵扣的增值税进项税额）、使固定资产达到预定可使用状态前所发生的可归属于该项资产的运输费、装卸费、安装费和专业人员服务费等。

在实务中，企业可能以一笔款项同时购入多项没有单独标价的固定资产，在多项资产符合固定资产定义和确认条件的前提下，应当按照各项固定资产公允价值的比例对总购入成本进行分配，分别确定各单项固定资产的入账价值；如果购入的多项资产中还包括不定资产之外的其他资产，也应该参照此方法进行分配。

2. 自行建造固定资产初始成本的计量

企业自行建造固定资产的成本，由建造该项资产达到预定可使用状态前所发生的必要支出构成。包括工程物资成本、人工成本、交纳的相关税费、应予以资本化的借款费用以及应分配的间接费用等。企业自行建造固定资产包括自营建造和出包建造。

3. 投资者投入的固定资产初始成本的计量

投资者投入固定资产的成本，应当按照投资合同或协议约定的价值确定，但合同或协议约定价值不公允的除外，在投资合同或协议约定价值不公允的情况下，按照该项固定资产的公允价值入账。

4. 融资租入的固定资产的初始计量

租入的固定资产成本，参见《高级财务会计》租赁章节确定。

5. 非货币性资产交换取得的固定资产

企业通过非货币性资产交换取得的固定资产成本，应区别两种情况确定：

（1）非货币性资产交换具有商业实质，且换入资产或换出资产的公允价值能够可靠计量的，应当以换出资产的公允价值和应支付的相关税费确定换入固定资产的初始成本。

（2）非货币性资产交换不具有商业实质，或者虽具有商业实质但换入或换出资产的公允价值不能可靠计量的，应当以换出资产的账面价值和应支付的相关税费作为换入固定资产的初始成本。

6. 债务重组取得的固定资产

企业接受债务人以非现金资产抵偿债务方式取得的固定资产成本，应当按受让固定资产的公允价值确定。

7. 企业合并取得的固定资产，应当按照《企业会计准则第 20 号——企业合并》的规定确定固定资产的初始成本

二、取得固定资产的账户设置

固定资产取得核算，应设置“固定资产”“工程物资”和“在建工程”等账户。

1. “固定资产”账户

该账户核算企业持有的固定资产原价。借方登记增加的固定资产原价；贷方登记减少的固定资产原价。期末余额在借方，反映企业现有固定资产的原价。该账户可按固定资产类别和项目设置明细账户。

2. “在建工程”账户

该账户核算企业基建、更新改造等在建工程发生的支出。借方登记企业出包或自营基建工程达到预定可使用状态前所发生的全部净支出；贷方登记基建工程达到预定使用状态转出的实际工程成本。期末余额在借方，反映企业尚未完工的基建工程发生的各项实际支出。该账户应按工程项目设置“建筑工程”“安装工程”“在安装设备”等明细账户。

3. “工程物资”账户

该账户核算企业为在建工程准备的各种物资的成本，包括工程用材料、尚未安装的设备以及为生产准备的工器具等。借方登记企业购入为工程准备的物资、为购置大型设备而预付的款项以及盘盈的工程物资和工程完工办理退库手续的剩余工程物资；贷方登记领用、盘亏、报废、毁损的工程物资；期末余额在借方，反映企业为在建工程准备的各种物资的成本。该账户应设置“专用材料”“专用设备”“工器具”等明细账户。

三、取得固定资产的会计处理

（一）外购固定资产的会计处理

企业外购的固定资产一般有两种情况：一是购入的固定资产不需经过安装过程，可以直接使用；二是购入的固定资产需要经过安装过程，才能使用。两种情况应当区别进行会计处理。

1. 购入不需要安装的固定资产

企业购入不需要安装而直接交付使用的固定资产，应按照购买价款、相关税费、使固定资产达到预定可使用状态前所发生的可归属于该项资产的运输费、装卸费和专业人员服务费等作为计入固定资产的初始成本，直接记入“固定资产”账户，借记“固定资产”账户，贷记“银行存款”账户。

【例 6－1】甲企业以银行存款购入一台生产用不需安装的新设备，发票价格 10 000

元，增值税额 1 300 元，支付的包装费 800 元，运输费 400 元，设备交付使用。根据该项经济业务，会计处理如下：

借：固定资产　　11 200

　　应交税费——应交增值税（进项税额）　　1 300

　　贷：银行存款　　12 500

2. 购入需要安装的固定资产

企业购入需要安装调试后方能交付使用的固定资产，应按购买价款、相关税费、使固定资产达到预定可使用状态前所发生的可归属于该项资产的运输费、装卸费、安装费和专业人员服务费等作为计入固定资产的初始成本。在会计核算上应先将发生的支出记入“在建工程”账户，待资产安装完毕达到预定可使用状态时，再由“在建工程”账户转入“固定资产”账户。

【例 6－2】甲企业购入生产用需要安装的设备一台，发票价格 15 000 元，增值税额为 1 950 元，包装费 240 元，运杂费 160 元。交付安装时发生安装费 400 元。全部款项均已通过银行结算。根据该项经济业务，会计处理如下。

（1）购入机器时，记：

借：在建工程——在安装设备　　15 400

　　应交税费——应交增值税（进项税额）　　1 950

　　贷：银行存款　　17 350

（2）发生安装费用时，记：

借：在建工程——在安装设备　　400

　　贷：银行存款　　400

（3）设备安装完毕达到预定可使用状态时，记：

借：固定资产　　15 800

　　贷：在建工程　　15 800

（二）自行建造固定资产的会计处理

自行建造的固定资产按其实施方式不同，可分为自营建造和出包两种方式。

1. 自营方式建造固定资产的核算

企业以自营方式建造固定资产，是指企业自行采购工程物资、自行组织工程人员、自行建造房屋、建筑物、各种设施的新建工程、大型机器设备的安装工程等。企业以自营方式建造的固定资产，其成本由该资产达到预定可使用状态前所发生的必要支出构成。其成本包括直接材料、直接人工、直接机械使用费、应交纳的税金及资本化费用等。

【例 6－3】甲企业采用自营方式建造生产流水线，为此发生下列经济业务。

（1）购入工程准备用的物资一批，买价 460 000 元，增值税额为 59 800 元，运杂费 2 000 元，已通过银行结算。根据该项经济业务，会计处理如下。

借：工程物资　　462 000

　　应交税费——应交增值税（进项税额）　　59 800

　　贷：银行存款　　521 800

（2）工程领用工程材料460 000元。根据该项经济业务，会计处理如下：

借：在建工程　　460 000

　　贷：工程物资　　460 000

（3）仓库工程计算应付自营工程人员薪酬60 000元。根据该项经济业务，会计处理如下：

借：在建工程　　60 000

　　贷：应付职工薪酬　　60 000

（4）分配并结转辅助生产部门提供的水、电、运输、劳务等费用34 000元，根据该项经济业务，会计处理如下：

借：在建工程——仓库　　34 000

　　贷：生产成本——辅助生产成本　　34 000

（5）工程实体建造已全部完工，经验收合格，达到预定可使用状态。根据该项经济业务，会计处理如下：

借：固定资产——生产经营用固定资产（仓库）　　554 000

　　贷：在建工程——建筑工程（仓库工程）　　554 000

2. 以出包方式建造固定资产的核算

企业以出包方式建造固定资产，是指企业通过招标方式将工程项目发包给承包商，由承包商组织工程项目施工。企业以出包方式建造固定资产，其成本由为建造该项资产达到预定可使用状态前所发生的必要支出构成，包括应支付给承包商的建筑工程支出、安装工程支出等以及需分摊的其他支出等。待摊支出，是指在建设期间发生的、不能直接计入某项固定资产价值，而应由所建造固定资产共同负担的相关费用，包括为建造工程发生的管理费、可行性研究费、临时设施费、公证费、监理费、应负担的税金、符合资本化条件的借款费用、建设期间发生的工程物资盘亏、报废及毁损净损失，以及负荷联合试车费。

企业预付给承包商的工程价款，应作为预付账款先记入“预付账款”账户；待办理工程价款结算时，按结算的工程价款记入“在建工程”账户；待该资产达到预定可使用状态时，再由“在建工程”账户转入“固定资产”账户。

（三）投资者投入的固定资产的会计处理

【例6－4】某企业接受甲公司设备作为投资，投资合同约定的价值为200 000元，根据该项经济业务，会计处理如下：

借：固定资产　　200 000

　　贷：实收资本——甲公司　　200 000

（四）弃置费用的固定资产

弃置费用是根据国家法律和行政法规、国际公允等规定，企业承担的环境保护和生态恢复等义务所确定的支出。例如：核电站核设施等的弃置和恢复环境的义务。弃置费用一般金额较大，历时较长，需要考虑货币的时间价值。《企业会计准则第13号——或有事项》规定，按照弃置费用的现值计入固定资产的初始成本和相应的预计负债；在固定资产的使用寿命内按照预计负债的摊余成本和实际利率计算确定每期的利息费用，计入财务费用。弃置费用适用于特殊行业的特定固定资产，一般企业发生的固定资产清理费用不属于弃置费用。

【例6-5】企业某年1月1日，一项设备达到预定使用状态并交付使用，建造成本为4 800万元，预计使用寿命10年，预计弃置费用为400万元，假定折现率为5%，10年期复利现值系数为0.614，对该项业务，企业会计处理如下：

弃置费用的现值 = 400 × 0.614 = 245.6（万元）

固定资产入账成本 = 4 800 + 245.6 = 5 045.6（万元）

借：固定资产	5 045.6	
贷：在建工程		4 800
预计负债		245.6

第一年计提利息时，会计处理如下：

借：财务费用（245.6 × 5%）	12.28	
贷：预计负债		12.28

第三节 固定资产的后续计量及会计处理

一、固定资产折旧

（一）固定资产折旧概述

1. 固定资产折旧的概念

固定资产折旧，是指在固定资产使用寿命内，按照确定的方法对应计折旧额进行系统分摊。应计折旧总额，是指应当计提折旧的固定资产的原价扣除其预计净残值后的金额。已计提减值准备的固定资产，还应当扣除已计提的固定资产减值准备的累计金额。

从本质上讲，折旧是一种费用，是固定资产在使用过程由于逐渐消耗而减少的那部分价值。固定资产的损耗，分为有形损耗和无形损耗两种。有形损耗是指固定资产由于使用和自然力的影响而引起的使用价值和价值的损失；无形损耗是指固定资产由于科学技术的进步而引起的在价值上的损失。根据配比的原则，对固定资产损耗的价值，应在固定资产的预计有效使用期内，以计提折旧的方式计入各期成本费用，从各期营业收入中逐步得到补偿。

2. 固定资产折旧的范围

确定固定资产的折旧范围，有以下两个方面的规定。

（1）固定资产折旧的空间范围。以计提折旧方式补偿固定资产损耗的价值，首先应正确确定固定资产折旧的空间范围，固定资产准则规定：企业应当对所有固定资产计提折旧。但是，已提足折旧仍继续使用的固定资产和单独计价入账的土地除外。固定资产应该自达到预定可使用状态时开始计提折旧，终止确认时或划分为持有待售非流动资产时停止计提折旧。已经达到预定可使用状态但尚未办理竣工决算的固定资产，应当按照估计价值确定其成本，并计提折旧；待办理竣工决算后再按照实际成本调整原来的暂估价值，但不需要追溯调整以前已经计提的折旧。

（2）固定资产折旧的时间范围。企业应当按月计提固定资产折旧，在实际计提折旧时，应以月初应计提折旧的固定资产账面价值为依据，当月增加的固定资产，当月不提折旧，从下月起计提折旧；当月减少的固定资产，当月照提折旧，从下月起停止计提折旧。固定资产提足折旧后，不论能否继续使用，均不再计提折旧；提前报废的固定资产，也不再补提折旧。

（二）固定资产折旧的计算

1. 影响固定资产折旧的基本因素

（1）固定资产的原价，即为取得固定资产时的入账价值或原价。

（2）固定资产的预计净残值，是指假定固定资产预计使用寿命已满并处于使用寿命终了时的预期状态，企业目前从该项资产处置中获得的扣除预计处置费用后的金额。

（3）固定资产的使用寿命。是指企业使用固定资产的预计期间，或者该固定资产所能生产产品或提供劳务的数量。固定资产使用寿命的长短，直接影响到各期应计提的折旧额。企业确定固定资产使用寿命时间，应当考虑下列因素：①预计生产能力或实物产量；②预计有形损耗和无形损耗。如设备使用中发生磨损、房屋建筑物受到自然侵蚀等有形损耗，如因新技术的出现而使的资产技术水平相对陈旧、市场需求变化使产品过时等无形损耗；③法律或类似规定对资产使用的限制。

（4）固定资产的减值准备，指固定资产已经计提的固定资产累计减值准备金额。固定资产提及减值准备后，应当在剩余使用寿命内根据调整后的固定资产账面价值（固定资产账面余额扣减累计折旧和累计减值准备后的金额）和预计净残值重新计算确定折旧率和折旧额。

2. 固定资产折旧的计算方法

我国《企业会计准则第 4 号——固定资产》规定，企业应当根据与固定资产有关的经济利益的预期实现方式，合理选择固定资产折旧方法。可选用的折旧方法包括年限平均法、工作量法、双倍余额递减法和年数总和法等。固定资产的折旧方法一经确定，不得随意变更。企业至少应当于每年年度终了，对固定资产的折旧方法进行复核。与固定资产有关的经济利益预期实现方式有重大改变的，应当改变固定资产折旧方法。

（1）年限平均法。年限平均法亦称直线法，是指将固定资产应计折旧额在固定资产预计使用寿命内平均分摊的一种方法。这种折旧方法的特点是，在固定资产没有增减变化的情况下，每期折旧额相等。这种方法适用于在各个会计期间使用程度比较均衡的固定资产。

年限平均法的折旧额计算公式如下：

$$\text{固定资产年折旧额}=\frac{\text{固定资产原价}-\text{预计净残值}}{\text{固定资产预计使用年限}}$$

或：

$$固定资产年折旧额 = \frac{固定资产原价 - （预计残值收入 - 预计清理费用）}{固定资产预计使用年限}$$

或：

$$固定资产年折旧额 = \frac{固定资产原价 \times （1 - 预计净残值率）}{固定资产预计使用年限}$$

$$固定资产月折旧额 = \frac{固定资产年折旧额}{12}$$

$$固定资产年折旧率 = \frac{固定资产年折旧额}{固定资产原价} \times 100\%$$

$$固定资产年折旧率 = \frac{1 - 预计净残值率}{固定资产预计使用年限} \times 100\%$$

$$固定资产月折旧率 = 固定资产年折旧率 \div 12$$

【例6-6】甲企业有设备一台，原价16 000元，预计使用10年，预计残值收入为580元，预计清理费用为180元，则：

固定资产净残值率 = [（580 - 180）÷ 16 000] = 2.5%

设备的年折旧率 =（1 - 2.5%）÷ 10 = 9.75%

设备的月折旧率 = 9.75% ÷ 12 = 0.8125%

设备的年折旧额 = 16 000 × 9.75% = 1 560（元）

或：

设备的年折旧额 = [16 000 -（580 - 180）] ÷ 10 = 1 560（元）

设备的月折旧额 = 1 560 ÷ 12 = 130（元）

（2）工作量法。工作量法又称作业量法，是根据固定资产在使用期间完成的总得工作量平均计算折旧的方法。工作量法和平均年限法都是平均计算折旧的方法，都属于直线法。工作量法的折旧计算公式如下：

单位工作量折旧额 =（固定资产原值 - 预计净残值）÷ 预计总工作量

= [固定资产原值 ×（1 - 预计净残值率）] ÷ 预计总工作量

月折旧额 = 单位工作量折旧额 × 当月实际完成工作量

【例6-7】甲企业有新汽车一辆，原值200 000元，预计净残值率为5%，预计行驶500 000公里，本月实际行驶10 000公里，本月计提折旧额计算如下：

汽车单位里程折旧额 = 200 000 ×（1 - 5%）÷ 500 000 = 0.38（元）

汽车本月折旧额 = 0.38 × 10 000 = 3 800（元）

（3）双倍余额递减法。双倍余额递减法，是指以年初固定资产账面净值为基数，以直线折旧率的两倍为定率，计算各年固定资产折旧额的一种方法。这种方法的特点是，确定双倍直线折旧率时，不考虑固定资产净残值的因素，各年折旧率是固定的，但各年计提固定资产折旧的基数呈递减趋势，故各年折旧额呈递减趋势。其计算公式如下：

$$双倍直线年折旧率 = 2 \times \left(\frac{1}{预计使用年限} \times 100\%\right)$$

年折旧额 = 年初固定资产账面净值 × 双倍直线年折旧率

在采用双倍余额递减法计算固定资产折旧的情况下，由于每年年初固定资产净值没有扣除预计净残值，双倍直线折旧率也没有考虑固定资产净残值的因素，将会导致在固定资产预计使用寿命内，企业实际计提的折旧额超过应计折旧额。因此，采用双倍余额递减法在连续计算各年折旧额时必须注意以下两个问题：

① 各年计提折旧后，固定资产账面净值不能降低到固定资产预计净残值以下。

② 由于每年的折旧额是递减的，因而可能出现某年按双倍余额递减法所提折旧额小于按照年限平均法的折旧额。

$$\begin{matrix}\text{当年按照双倍余额}\\\text{递减法计算的折旧额}\end{matrix} < \frac{\text{年初固定资产账面净值}-\text{预计净残值}}{\text{剩余使用年限}}$$

为简化计算，在固定资产使用寿命期限的最后两年，应将固定资产净值扣除预计净残值后的余额平均摊销，即改为年限平均法计提折旧。

【例6－8】甲企业有设备一台，原值6万元，预计净残值率为3%，预计使用5年，采用双倍余额递减法计算固定资产折旧。该设备年折旧率、净残值及各年折旧额计算如下：

双倍直线年折旧率 = 2 ÷ 5 × 100% = 40%

预计净残值 = 60 000 × 3% = 1 800（元）

各年折旧额的计算见表6－1。

表6－1　　固定资产折旧计算表（双倍余额递减法）　　金额单位：元

年次	年初账面净值	折旧率	折旧额	累计折旧额	期末账面净值
1	60 000	40%	24 000	24 000	36 000
2	36 000	40%	14 400	38 400	21 600
3	21 600	40%	8 640	47 040	12 960
4	12 960	—	5 580	52 620	7 380
5	7 380	—	5 580	58 200	1 800

设备第4、5年改用年限平均法。其年折旧额计算为：

设备最后两年的年折旧额 =（12 960 － 1 800）÷ 2 = 5 580（元）

（4）年数总和法。年数总和法，是指以固定资产的原值减去预计净残值后的净额为基数，以一个逐年递减的分数为折旧率，计算各年固定资产折旧额的一种方法。这种方法的特点是，计提折旧的基数是固定不变的，折旧率依据固定资产的使用年限来确定，且各年折旧率呈递减趋势，故以此计算出的年折旧额也呈递减趋势。

采用年数总和法确定固定资产各年折旧率，是以固定资产尚可使用的年限作分子，以固定资产使用年限的逐年数字之和作分母。假定固定资产使用年限为n年，分母即为1 + 2 + 3 + 4 + …… + n = n（n + 1）/2，其计算公式如下：

$$年折旧率=\frac{预计使用年限-已使用年数}{预计使用年限\times(1+预计使用年限)\div 2}\times 100\%$$

$$月折旧率=年折旧率\div 12$$

$$年折旧额=(固定资产原值-预计净残值)\times 年折旧率$$

$$月折旧额=(固定资产原值-预计净残值)\times 月折旧率$$

【例6-9】甲企业有设备一台，原值6万元，预计净残值率为3%，预计使用5年，采用年数总和法计算固定资产折旧。该项资产各年计提折旧基数为60 000×(1-3%)=5 820（元），其年折旧率的分母计算为1+2+3+4+5=15或根据公式5×(1+5)÷2=15；其折旧率的分子从第1年至第5年分别为5、4、3、2、1。该项资产各年折旧额的计算见表6-2。

表6-2　　固定资产折旧计算表（年数总和法）　　金额单位：元

年次	原值—净残值	折旧率	折旧额	累计折旧额	期末账面净值
1	58 200	5/15	19 400	19 400	40 600
2	58 200	4/15	15 520	34 920	25 080
3	58 200	3/15	11 640	46 560	13 440
4	58 200	2/15	7 760	54 320	5 680
5	58 200	1/15	3 880	58 200	1 800

（三）固定资产折旧的核算

固定资产折旧贷方通过“累计折旧”账户核算，该账户属于资产类账户，是“固定资产”账户的备抵账户。按固定资产提供服务的部门，借记“制造费用”“销售费用”“管理费用”“其他业务成本”等账户，贷记“累计折旧”账户。各月固定资产折旧额的计算，可通过编制折旧计算表进行。

在采用年限平均法计提固定资产折旧的情况下，折旧计算表是在上月份计提折旧的基础上，调整上月增减固定资产应计折旧额对本月的影响而确定本月折旧额。其计算公式如下：

$$本月应提折旧额=上月计提折旧额+上月增加固定资产应计折旧额-上月减少固定资产应计折旧额$$

固定资产折旧计算表可以由会计部门编制，也可以由各使用部门编制，最后由会计部门按固定资产服务的部门和单位进行汇总，编制固定资产折旧计算汇总表，据以编制记账凭证。

【例6-10】甲企业采用年限平均法计提固定资产折旧。会计部门根据各使用部门编报的某年1月份固定资产折旧计算表，汇总编制的某企业折旧额计算表，见表6-3。

表 6-3　固定资产折旧额计算汇总表

××××年1月　单位：元

使用部门		上月计提折旧额	上月增加固定资产应计折旧额	上月减少固定资产应计折旧额	本月应计提折旧额
生产车间	生产用	400 000	35 000	15 000	420 000
	管理用	120 000	15 000	12 000	123 000
	合计	520 000	50 000	27 000	543 000
行政管理部门用		60 000	20 000	13 000	67 000
销售部门		50 000	16 000	1 000	65 000
总　计		630 000	86 000	41 000	675 000

根据表 6-3，记：

借：制造费用　543 000
　　管理费用　67 000
　　销售费用　65 000
　　贷：累计折旧　675 000

二、固定资产后续支出

（一）固定资产后续支出的确认原则

固定资产的后续支出（fixed assets additional expenditure）是指固定资产在使用过程中发生的更新改造支出、修理支出等。企业的固定资产在投入使用后，为了适应新技术发展的需要或为扩大固定资产规模或为提高固定资产性能以及为延长固定资产使用寿命，会发生各种再支出。固定资产后续支出按其经济实质不同可分为两类，一类是资本性支出，一类是费用性支出。区别两种支出的主要依据是与固定资产有关的后续支出是否符合固定资产确认条件。如果与固定资产有关的后续支出符合固定资产确认条件的，应当计入固定资产成本，即资本化；不符合固定资产确认条件的应当在发生时计入当期损益，即费用化。对企业发生后续支出性质的判断，应根据实质重于形式的原则，注重后续支出的经济实质，而不能只注重后续支出的形式。

固定资产后续支出的确认原则与固定资产初始确认原则相同，即与固定资产有关的后续支出，当符合经济利益很可能流入企业且该固定资产的成本能够可靠计量的条件时，应当将后续支出计入固定资产成本；不符合固定资产确认条件的，应当在发生时计入当期损益。

（二）固定资产资本化的后续支出

固定资产资本化的后续支出主要包括固定资产改建、扩建支出，改良支出和固定资产装修支出等。资本性的后续支出的会计处理原则是，将发生的后续支出计入固定资产成本。

企业自有的固定资产在原有基础上进行更新改造时，应将固定资产更新改造前的账面价值转入“在建工程”账户，并停止计提折旧，发生的后续支出计入在建工程成本，被替换部分资产的账面价值冲减在建工程成本，待更新改造的固定资产达到预定可使用状态时，再从“在建工程”账户转出，转入“固定资产”账户。此后，企业应按更新改造后固定资产的价值、预计尚可使用的年限、预计净残值以及选用的折旧方法计提折旧。

企业发生的一些固定资产后续支出可能涉及替换原固定资产的某组成部分，当发生的后续支出符合资本化条件时，应将其计入固定资产成本，同时终止确认被替换部分的账面价值，以防止替换部分的成本和被替换部分的价值同时计入固定资产成本。

【例 6 – 11】甲企业有一条生产线，原值 10 万元，预计使用 10 年，直线法提折旧，已使用 5 年，未计提减值准备。因降低产品成本的需要，经批准进行技术改造。改造中拆除原有部分部件，以银行存款支付部件拆除费 0.5 万元。被拆除的部件原值为 1.5 万元，拆除后的部件没有任何使用价值；以银行存款支付工程物资款 2 万元，增值税 2 600 元。该生产线改造后，大大提高了生产能力，预计尚可使用年限为 8 年，折旧方法为直线法。对该项业务，甲企业会计处理如下：

（1）注销更新改造的生产线时，记：

借：营业外支出（15 000 – 15 000 ÷ 10 × 5）	7 500	
在建工程——技术改造工程（生产线）	42 500	
累计折旧	50 000	
贷：固定资产——生产经营用固定资产（生产线）		100 000

（2）支付部分部件拆除费时，记：

借：在建工程——技术改造工程（生产线）	5 000	
贷：银行存款		5 000

（3）支付工程物资款时，记：

借：工程物资	20 000	
应交税费——应交增值税（进项税额）	2 600	
贷：银行存款		23 200
借：在建工程——技术改造工程（生产线）	20 000	
贷：工程物资		20 000

（4）改造工程完工，达到预定可使用状态时，记：

更新改造后生产线的原值 = 42 500 + 5 000 + 20 000 = 67 500（元）

借：固定资产——生产经营用固定资产（生产线）	67 500	
贷：在建工程——技术改造工程（生产线）		67 500

（三）费用化的后续支出

固定资产交付使用时，由于固定资产磨损、各个零部件很可能损坏，为了维护其正常运转，企业应该对固定资产进行必要的维护。固定资产的日常维护支出通常不满足固定资产的确认条件，应当在发生时直接计入当期损益，而不能计入成本。

企业生产车间和行政管理部门等发生的固定资产修理费用计入管理费用；企业专设销售机构的，其发生的与专设销售机构相关的固定资产修理费用计入销售费用；固定资产更新改造支出不满足固定资产确认条件的，也应当在发生时计入当期损益。

融资租入固定资产发生的固定资产后续支出，也按照上述原则进行会计处理；经营租入固定资产发生的改良支出，应通过“长期待摊费用”账户核算，并在剩余租赁期于租赁资产尚可使用年限两者中较短的期间内，采用合理的方法进行摊销。

【例6－12】本年10月1日，甲公司对其经营租入的一台管理用设备进行改良，发生如下有关支出：领用原材料3万元；计提有关人员薪酬2万元，发生的其他支出2.5万元。本年12月31日，管理用设备改良工程完工，达到预定可使用状态并交付使用。假定管理用设备预计尚可使用年限为7年，剩余租赁期为5年，从下年起采用直线法摊销，不考虑其他因素。对该项业务，甲企业会计处理如下：

（1）本年10月1日，改良工程领用原材料时，记：

借：长期待摊费用——经营租入固定资产改良　　30 000

　　贷：原材料　　30 000

（2）计提工程人员薪酬时，记：

借：长期待摊费用——经营租入固定资产改良　　20 000

　　贷：应付职工薪酬　　20 000

（3）支付其他支出时，记：

借：长期待摊费用——经营租入固定资产改良　　25 000

　　贷：银行存款　　25 000

（4）本年12月31日，改良工程达到预定可使用状态交付使用时，长期待摊费用合计金额＝30 000＋20 000＋25 000＝75 000元。

（5）下年1月，摊销长期待摊费用时，记：

因为，管理用设备预计尚可使用年限为7年，长于剩余租赁期5年，所以应按剩余租赁期5年摊销长期待摊费用。

固定资产月摊销额＝75 000÷5÷12＝1 250（元）

借：管理费用　　1 250

　　贷：长期待摊费用——经营租入固定资产改良　　1 250

第四节　固定资产减值

一、固定资产减值迹象的判断

固定资产减值的会计处理程序是：在资产负债表日判断固定资产是否存在可能发生减值的迹象；如果某项固定资产存在减值的迹象，应当计算该资产的可收回金额；当该项固定资产的可收回金额低于其账面价值时，应当按照可收回金额低于其账面价值的差额，计提固定资产减值准备。

在资产负债表日，固定资产存在下列迹象的，表明该项固定资产可能发生了减值：

（1）资产的市价当期大幅度下跌，其跌幅明显高于因时间的推移或者正常使用而预计的下跌。

（2）企业经营所处的经济、技术或者法律等环境以及资产所处的市场在当期或者将在近期发生重大变化，从而对企业产生不利影响。

（3）市场利率或者其他市场投资报酬率在当期已经提高，从而影响企业计算资产预计未来现金流量现值的折现率，导致资产可收回金额大幅度降低。

（4）有证据表明资产已经陈旧过时或者其实体已经损坏。

（5）资产已经或者将被闲置、终止使用或者计划提前处置。

（6）企业内部报告的证据表明资产的经济绩效已经低于或者将低于预期，如资产所创造的净现金流量或者实现的营业利润（或者亏损）远远低于（或者高于）预计金额等。

（7）其他表明资产可能已经发生减值的迹象。

二、固定资产减值的确认计量方法

固定资产减值的确认计量方法是预计可收回金额与账面价值孰低法。企业的固定资产如果在资产负债表日存在减值迹象的，应当估计资产的可收回金额。

（一）估计固定资产可收回金额的方法

固定资产的可收回金额应当根据固定资产的公允价值减去处置费用后的净额与资产预计未来现金流量的现值两者之间较高者确定。因此，估计资产的可收回金额时，通常需要同时估计该资产的公允价值减去处置费用后的净额和资产预计未来现金流量的现值，但在以下几种情况下可以有例外：

（1）资产的公允价值减去处置费用后的净额与资产预计未来现金流量的现值，只要有一项超过了资产的账面价值，就表明资产没有发生减值，不需再估计另一项金额。

（2）如果没有确凿的证据或者理由表明，资产预计未来现金流量现值显著高于其公允价值减去处置费用后的净额，可以将资产的公允价值减去处置费用后的净额视为资产可收回金额。

（3）以前报告期间的计算结果表明，资产可收回金额显著高于其账面价值，之后又没有发生消除这一差异的交易或者事项的，资产负债表日可以不重新估计该资产的可收回金额。

（4）以前报告期间的计算与分析表明，资产可收回金额相对于某种减值迹象反应不敏感，在本报告期间又发生了该减值迹象的，可以不因该减值迹象的出现而重新估计该资产的可收回金额。比如，当期市场利率或市场投资报酬率上升，对计算资产未来现金流量现值采用的折现率影响不大的，可以不重新估计资产的可收回金额。

（二）固定资产可收回金额的确定

固定资产可收回金额的确定应当分别计算两项指标，一是固定资产的公允价值减去处置费用后的净额；二是固定资产预计未来现金流量的现值。

1. 固定资产的公允价值减去处置费用后净额的确定

确定固定资产的公允价值，应当区别资产是否存在销售协议和活跃市场。处置费用是指与资产处置有关的法律费用、相关税费、搬运费以及为使资产达到可销售状态所发生的直接费用等。

（1）对于存在资产销售协议的，应当根据公平交易中销售协议价格减去处置费用后的金额确定。

（2）不存在销售协议但存在资产活跃市场的，应当按照该资产的市场价格减去处置费用后的金额确定。资产的市场价格通常应当根据资产的买方出价确定。

（3）在不存在销售协议和资产活跃市场的情况下，应当以可获取的最佳信息为基础，估计资产的公允价值减去处置费用后的净额，该净额可以参考同行业类似资产的最近交易价格或者结果进行估计。

如果企业按照上述规定仍然无法可靠估计资产的公允价值减去处置费用后的净额的，应当以该资产预计未来现金流量的现值作为其可收回金额。

2. 固定资产预计未来现金流量现值的确定

预计固定资产未来现金流量的现值，应当综合考虑资产的预计未来现金流量、使用寿命和折现率等因素。

（1）预计未来现金流量。固定资产未来现金流量应当包括资产持续使用过程中预计产生的现金流入；为实现资产持续使用过程中产生的现金流入所必需的预计现金流出（包括为使资产达到预定可使用状态所发生的现金流出）；资产使用寿命结束时，处置资产所收到或者支付的净现金流量，该现金流量应当是在计量日发生的有序交易中，市场参与者之间出售一项资产所能收到的价格减去预计处置费用后的金额。

预计固定资产未来现金流量时，企业管理层应当在合理和有依据的基础上对固定资产剩余使用寿命内整个经济状况进行最佳估计，并将资产预计未来现金流量的估计，建立在经企业管理层批准的最近财务预算或者预测数据的基础上。出于数据的可靠性和便于操作等方面的考虑，建立在财务预算或者预测基础上的预计未来现金流量最多涵盖5年。

预计固定资产未来现金流量时，应当在一致的基础上考虑因一般通货膨胀而导致物价上涨等因素的影响。如果折现率考虑了这一影响因素，资产预计未来现金流量也应当考虑；折现率没有考虑这一影响因素的，预计未来现金流量则不予考虑。

预计固定资产未来现金流量时，应当分析以前期间现金流量预计数与实际数的差异情况，以评判预计当期现金流量所依据的假设的合理性。通常应当确保当期预计现金流量所依据假设与前期实际结果相一致。

预计固定资产未来现金流量时，应当以资产的当前状况为基础，不应包括与将来可能会发生的、尚未作出承诺的重组事项有关或者与资产改良有关的预计未来现金流量，也不应当包括筹资活动产生的现金流入或者流出以及与所得税收付有关的现金流量。

对部分企业或企业集团的销售，所确定的价格或者结算价格建立在内部转移价格的基础上，而内部转移价格很可能与市场价格不同。在此种情况下，企业应当采用在公平交易中企业管理层能够达到的最佳未来价格估计数进行估计。

（2）折现率。折现率是反映当前市场货币时间价值和资产特定风险的税前利率。折现率的确定通常应当以该资产的市场利率为依据。无法从市场获得的，可以使用替代利率估计折现率。

替代利率可以根据加权平均资金成本、增量借款利率或者其他相关市场借款利率作适当调整后确定。调整时，应当考虑与资产预计未来现金流量有关的特定风险以及其他有关货币风险和价格风险等。

估计资产未来现金流量现值时，通常应当使用单一的折现率；资产未来现金流量的现值对未来不同期间的风险差异或者利率的期限结构反应敏感的，应当使用不同的折现率。

【例 6－13】企业于第一年末对某固定资产进行减值测试，该固定资产的账面价值为 80 万元，预计尚可使用 5 年。企业难以确定该固定资产的公允价值减去处置费用后的净额，因此，通过计算该资产未来现金流量现值的方法来确定可收回金额。假定企业的增量借款利率为 10%，公司认为 15% 是该资产的最低必要报酬率，已考虑与资产有关的货币时间价值和特定风险。因此，企业计算未来现金流量现值时，选用了 10% 为折现率（所得税前）。

企业预计将于第 4 年末更新固定资产，预计资本化支出 24 万元，该支出可以有效提高资产使用效率，显著提高运营绩效。企业预计固定资产未来现金流量见表 6－4。

表 6－4　企业固定资产未来现金流量　单位：元

	预计未来现金流量（不包括改良的影响金额）	预计未来现金流量（包括改良的影响金额）
第 2 年末	300 000	
第 3 年末	200 000	
第 4 年末	150 000	280 000
第 5 年末	130 000	250 000
第 6 年末	120 000	200 000

公司在第 1 年末预计固定资产未来现金流量时，应当以固定资产的当前状况为基础，不应当考虑与该资产改良有关的预计未来现金流量，因此，尽管第 4 年将对资产进行更新改造从而改善绩效，提高了未来现金流量，但在第 1 年末对其进行减值测试时，不应该将其包含在内。企业未来现金流量现值计算表见表 6－5。

表 6－5　企业未来现金流量现值计算表　单位：元

	预计未来现金流量（不包括改良的影响金额）(1)	折现率为 10% 系数 (2)	预计未来现金流量现值 (3)＝(1)×(2)
第 2 年末	300 000	0.909	272 700
第 3 年末	200 000	0.826	165 200
第 4 年末	150 000	0.751	112 650

续表

	预计未来现金流量 （不包括改良的影响金额） (1)	折现率为 10% 系数 (2)	预计未来现金流量现值 (3) = (1) × (2)
第 5 年末	130 000	0.683	88 790
第 6 年末	120 000	0.621	74 520
合 计			713 860

第 1 年末，固定资产的账面价值 800 000 元 > 预计未来现金流量现值 713 860 元，应确认 86 140 元（800 000 − 713 860）的固定资产减值准备。

三、固定资产减值的会计处理

（一）固定资产减值的会计处理原则

企业计提固定资产减值准备，应当遵循下列原则：

（1）只要当资产减值测试的结果表明，固定资产的可收回金额低于其账面价值时，才将固定资产的账面价值减记至预计可收回金额，减记的金额确认为固定资产减值损失，计入当期损益，同时计提相应的固定资产减值准备，借记“资产减值损失”账户，贷记“固定资产减值准备”账户。

固定资产账面价值为固定资产成本扣减累计折旧和累计减值准备后的金额。

（2）固定资产减值损失一经确认，在以后会计期间不得转回。

（3）固定资产计提减值准备后，企业应当重新复核固定资产的折旧方法、预计使用寿命和预计净残值。固定资产减值损失确认后，应当按照该项资产的账面价值以及尚可使用寿命重新计算确定折旧率和折旧额，减值固定资产的折旧费用应当在未来期间作相应调整。

（4）有迹象表明一项资产可能发生减值的，企业应当以单项资产为基础估计其可收回金额；企业难以对单项资产的可收回金额进行估计的，应当以该资产所属的资产组为基础确定资产组的可收回金额。

（二）单项固定资产减值的会计处理

【例 6 − 14】甲公司于每年 12 月 31 日对其拥有的固定资产定期进行逐项检查。该公司在上年 12 月 31 日以银行存款购入一台不需安装的管理用设备，原值 50 万元，预计净残值为 1 万元，预计使用 5 年，采用年限平均法计提折旧，假设甲公司于每年末计提固定资产折旧，假设无论该项固定资产发生增值或减值，设备的折旧年限不变，净残值从第 3 年末开始为 0.9 万元。甲公司对取的管理用设备自开始计提折旧后连续 5 年于每年末对该设备定期检查结果见表 6 − 6。

表 6-6 固定资产年末可收回金额 单位：元

	第 1 年末	第 2 年末	第 3 年末	第 4 年末	第 5 年末
可收回金额	410 000	300 000	200 000	120 000	14 000

表 6-7 固定资产累计折旧和计提的减值准备计算表 单位：元

年份	原值	年折旧额	累计折旧	账面净值	预计可收回金额	应计提的减值准备	减值准备账面余额	年末账面价值
(1)	(2)	(3)	(4) = 上期(4) + (3)	(5) = (2) - (4)	(6)	(7) = (5) - 上期(8) - (6)*	(8) = 上期(8) + (7)	(9) = (5) - (8)
取得设备时	500 000							
第 1 年末	500 000	98 000	98 000	402 000	410 000	0	0	402 000
第 2 年末	500 000	98 000	196 000	304 000	300 000	4 000	4 000	300 000
第 3 年末	500 000	97 000	293 000	207 000	200 000	3 000	7 000	200 000
第 4 年末	500 000	95 500	388 500	111 500	120 000	0	7 000	104 500
第 5 年末	500 000	95 500	484 000	16 000	14 000	0	7 000	9 000

注：*当(7) = (5) - 上期(8) > (6)时，其差额为应计提的减值准备金额；当(7) = (5) - 上期(8) < (6)时，其差额不确认也不转回已计提减值准备金额。

(1) 上年 12 月 31 日，取得设备时，记：

借：固定资产——管理用固定资产 500 000

贷：银行存款 500 000

(2) 第 1 年末，计提固定资产折旧时，记：

第 1 年应计提固定资产年折旧额 = (500 000 - 10 000) ÷ 5 = 98 000（元）

借：管理费用——折旧费 98 000

贷：累计折旧 98 000

第 1 年末固定资产账面净值 = 500 000 - 98 000 = 402 000（元）

第 1 年末固定资产账面价值 = 402 000 元

第 1 年末，因为设备预计可收回金额 410 000 元大于其账面价值 402 000 元，所以不计提固定资产减值准备。

(3) 第 2 年末，计提固定资产折旧时，记：

第 2 年应计提固定资产年折旧额与第 1 年计提的年折旧额相同。

借：管理费用——折旧费 98 000

贷：累计折旧 98 000

第 2 年末固定资产账面净值 = 300 000 - 98 000 × 2 = 304 000（元）

第 2 年末计提资产减值准备前固定资产账面价值 = 304 000 - 0 = 304 000（元）

第 2 年末，因设备预计可收回金额 300 000 元小于其账面价值 304 000 元，所以首次计提固定资产减值准备4 000元。

借：资产减值损失——计提的固定资产减值准备　　4 000

　　贷：固定资产减值准备　　4 000

第2年末“固定资产减值准备”账户余额＝4 000（元）

第2年末计提资产减值准备后固定资产账面价值＝304 000－4 000＝300 000（元）

（4）第3年末，计提固定资产折旧时，记：

第3年应计提的固定资产年折旧额＝（300 000－9 000）÷（5－2）＝97 000（元）

借：管理费用——折旧费　　97 000

　　贷：累计折旧　　97 000

第3年末固定资产账面净值＝500 000－98 000×2－97 000＝207 000（元）

第3年末减值测试前固定资产账面价值＝207 000－4 000＝203 000（元）

∵ 预计可收回金额200 000元＜固定资产账面价值203 000元

∴ 继续计提的固定资产减值准备3 000元。

借：资产减值损失——计提的固定资产减值准备　　3 000

　　贷：固定资产减值准备　　3 000

第3年末“固定资产减值准备”账户余额＝4 000＋3 000＝7 000（元）

第3年末计提资产减值准备后固定资产账面价值＝203 000－3 000＝200 000（元）

（5）第4年末，计提固定资产折旧时，记：

第4年应计提固定资产年折旧额＝（200 000－9 000）÷（5－3）＝95 500（元）

借：管理费用——折旧费　　95 500

　　贷：累计折旧　　95 500

第4年末固定资产账面净值＝500 000－98 000×2－97 000－95 500＝111 500（元）

第4年末减值测试前固定资产账面价值＝111 500－7 000＝104 500（元）

第4年末，虽然设备预计可收回金额120 000元大于其账面价值104 500元，已计提的固定资产减值准备不得转回，其账面价值认为104 500元。

（6）第5年末，计提固定资产折旧时，记：

第5年应计提固定资产年折旧额＝104 500－9 000＝95 500（元）

借：管理费用——折旧费　　95 500

　　贷：累计折旧　　95 500

第5年末固定资产账面净值＝500 000－98 000×2－97 000－95 500×2＝16 000（元）

第5年末减值测试前固定资产账面价值＝16 000－7 000＝9 000（元）

第5年末，预计可收回金额14 000元＞固定资账面价值9 000元，已计提的固定资产减值准备不得转回。

（三）资产组减值的会计处理

1. 资产组的认定

资产组是企业可以认定的最小资产组合，其产生的现金流入应当基本上独立于其他资产或者资产组。资产组应当由创造现金流入相关的资产组成。资产组的认定，应当以资产组产生的主要现金流入是否独立于其他资产或者资产组的现金流入为依据。同时，应当考虑企业管理层管理生产经营活动的方式（如是按照生产线、业务种类还是按照地区或者区域等）和对资产的持续使用或者处置的决策方式等。

企业的某一生产线、营业网点、业务部门等，如果能够独立于其他部门或者单位等形成收入、产生现金流入，或者其形成的收入和现金流入绝大部分独立于其他部门或者单位，且属于可认定的最小资产组合的，通常应将该生产线、营业网点、业务部门等认定为一个资产组。

几项资产的组合生产的产品（或者其他产出）存在活跃市场的，无论这些产品（或者其他产出）是用于对外出售还是仅供企业内部使用，均表明这几项资产的组合能够独立产生现金流入，应当将这些资产的组合认定为资产组。

资产组一经确定，各个会计期间应当保持一致，不得随意变更。如需变更，企业管理层应当证明该变更是合理的，并按相关企业会计准则的规定在附注中说明。

2. 资产组减值的会计处理程序

资产组减值应当按照下列程序进行会计处理：

（1）在资产负债表日判断资产组是否存在可能发生减值的迹象。

（2）如果资产组存在减值的迹象，应当计算该资产组可收回金额。资产组的可收回金额应当按照该资产组的公允价值减去处置费用后的净额与其预计未来现金流量的现值两者之中较高者确定。在确定资产组的预计未来现金流量的现值时，应当将已确认的负债金额从中扣除。

（3）当资产组可收回金额低于其账面价值时，应当按照可收回金额低于其账面价值的差额确认为资产组减值损失。

（4）将资产组减值损失分摊至资产组每一项资产中，抵减每一项资产的账面价值。但是，抵减后的各资产的账面价值不得低于以下三者之中最高者：①该资产的公允价值减去处置费用后的净额（如可确定的）；②该资产预计未来现金流量的现值（如可确定的）；③零。

（5）将未能分摊的减值损失金额，按照相关资产组或者资产组组合中其他各项资产减值损失初次分摊后的账面价值所占比重进行二次分摊。

（四）在建工程减值的确认计量及其会计处理

1. 在建工程减值的确认计量标准

企业应当定期或者至少于每年年度终了，对在建工程进行全面检查，如果有证据表明在建工程已经发生了减值，应当按照在建工程预计可收回金额小于其账面价值的差额，确认减值损失并计提减值准备。在建工程减值的确认计量标准与固定资产减值的确计量标准相同。

2. 在建工程减值的会计处理

在建工程减值的会计处理原则与固定资产减值的会计处理原则基本相同，不同的是在建工程计提的减值准备在“在建工程减值准备”账户单独核算，以区别固定资产发生的减值。

期末计提在建工程减值准备时，记：

借：资产减值损失——计提的在建工程减值准备

　　贷：在建工程减值准备

第五节　固定资产处置

一、固定资产终止确认

固定资产处置包括出售、转让、报废、毁损、对外投资、非货币性资产交换、债务重组等。固定资产满足下列条件之一的，应当予以终止确认：

（1）该资产处于处置状态。处于处置状态的固定资产不再用于生产商品、提供劳务、出租或经营管理，因此不再符合固定资产的定义，应予以终止确认。

（2）该资产预期通过使用或处置不能产生经济利益。

二、固定资产处置的会计处理

企业因固定资产出售、报废或毁损，应通过“固定资产清理”账户核算，其核算的程序如下：

1. 注销固定资产的账面价值

企业处置固定资产时，首先应注销其账面价值。按处置固定资产的账面净额，借记“固定资产清理”账户，按处置固定资产已计提的累计折旧，借记“累计折旧”账户，按处置固定资产计提的减值准备，借记“固定资产减值准备”账户，按处置固定资产账面余额，贷记“固定资产”账户。

2. 发生的清理费用

企业在处置固定资产过程中发生的清理费用，借记“固定资产清理”账户，贷记“银行存款”等账户。

3. 出售收入和残料的处理

企业因出售固定资产获得的价款收入，因固定资产报废或毁损而收回的残料价值和变价收入等，应结转记入“固定资产清理”账户的贷方。按处置固定资产过程中获得的出售价款、残料价值、变价收入等，借记“银行存款”“原材料”等账户，贷记“固定资产清理”“应交税费——应交增值税”等账户。

4. 保险赔偿

企业收到保险公司或过失人赔偿的，应借记“其他应收款”“银行存款”账户，贷记“固定资产清理”账户。

5. 清理净损益

如果固定资产处置的价款、残料价值和变价收入以及获得的保险公司或过失人的赔偿款大于处置资产的账面价值及发生的清理费用，其差额为处置净收益；如果固定资产处置的价款、残料价值和变价收入以及获得的保险公司或过失人的赔偿款小于处置资产的账面价值及发生的清理费用和相关税金，其差额为处置净损失。

固定资产清理完成后的清理净损益，依据固定资产处置方式的不同，分别计入不同的会计账户：

（1）因已丧失使用功能或因自然灾害发生毁损等原因而报废清理产生的利得或损失应计入营业外收支。属于生产经营期间正常报废清理产生的净损失，借记“营业外支出——处置非流动资产损失”账户，贷记“固定资产清理”账户；属于生产经营期间由于自然灾害等非正常原因造成的，借记“营业外支出——非常损失”账户，贷记“固定资产清理”账户。

如为净收益，借记“固定资产清理”账户，贷记“营业外收入”账户。

（2）因为出售、转让等原因产生的固定资产处置利得或损失应计入资产处置损益。产生净损失时，借记“资产处置损益”账户，贷记“固定资产清理”账户；如为净收益，借记“固定资产清理”账户，贷记“资产处置损益”账户。

（3）其他方式减少的固定资产。其他方式减少的固定资产，如以固定资产清偿债务、投资转出的固定资产、以非货币性资产转出固定资产等，比照上述原则进行处理。

【例6－15】甲企业经批准将不需用的建筑物一幢出售，该固定资产原价为1 200 000元，已提折旧700 000元，出售取得收入940 000元，款项存入银行，已办妥资产交接手续。假设不考虑相关税费，根据该项经济业务，会计处理如下：

① 注销出售的建筑物的原价和累计折旧时，记：

	借方	贷方
借：固定资产清理	500 000	
累计折旧	700 000	
贷：固定资产		1 200 000

② 取得出售收入时，记：

	借方	贷方
借：银行存款	940 000	
贷：固定资产清理		940 000

③ 出售仓库的净收益＝940 000－500 000＝440 000（元）

	借方	贷方
借：固定资产清理	440 000	
贷：资产处置损益		440 000

【例6－16】甲企业有旧仓库一座，原价1 100 000元，已提折旧1 075 500元，因使用期满经批准报废。清理过程中以银行存款支付拆除费1 500元，残值变价收入3 000元存入银行，该资产已清理完毕。假设不考虑相关税费，根据该项经济业务，会计处理如下。

① 注销报废的固定资产原价和累计折旧时，记：

	借方	贷方
借：固定资产清理	24 500	
累计折旧	1 075 500	
贷：固定资产		1 100 000

② 支付拆除费时，记：

	借方	贷方
借：固定资产清理	1 500	
贷：银行存款		1 500

③ 收到残值收入时，记：

借：银行存款　　3 000

　　贷：固定资产清理　　3 000

④ 结转仪器清理净损失时，记：

借：营业外支出　　23 000

　　贷：固定资产清理　　23 000

三、固定资产盘亏

为了保证固定资产的安全完整，企业应当定期或至少每年对固定资产进行一次清查。清查的方法为实地盘点法，即将固定资产卡片同实物进行核对，并填写盘存记录。清查中若发现盘亏，应填写“固定资产盘亏报告表”，详细记录盘亏固定资产的名称、原值、累计折旧、估计损耗程度等资料，并应查明原因，写出书面报告，并根据企业的管理权限，经股东大会或董事会，或经理（厂长）会议或类似机构批准后，在期末结账前处理完毕。

企业对盘亏的固定资产，应将其账面价值记入“待处理财产损溢——固定资产盘亏”账户并注销其账面原值、累计折旧和固定资产减值准备，期末结账前从“待处理财产损溢——固定资产盘亏”账户转入“营业外支出——固定资产盘亏”账户。

【例6-17】甲公司在期末财产清查中，盘亏管理用设备一台，该设备原值100 000元，已提折旧40 000元，已提计提减值准备5 000元。对该项业务，甲公司会计处理如下：

（1）盘亏设备时，记：

借：待处理财产损溢——固定资产盘亏　　55 000

　　累计折旧　　40 000

　　固定资产减值准备　　5 000

　　贷：固定资产——不需用固定资产（设备）　　100 000

（2）期末结账前，记：

借：营业外支出——固定资产盘亏　　55 000

　　贷：待处理财产损溢——固定资产盘亏　　55 000

四、持有待售固定资产

同时满足下列条件的非流动资产（包括固定资产）应当划分为持有待售：

（1）企业已经就处置该非流动资产作出决议；

（2）企业已经与受让方签订了不可撤销的转让协议；

（3）该项转让将在一年内完成。

对于持有待售的固定资产，应当调整该项固定资产的预计净残值，使该项固定资产的预计净残值能够反映其公允价值减去处置费用后的金额，但不得超过符合持有待售条件时该项固定资产的原账面价值，原账面价值高于预计净残值的差额，应作为资产减值损失计入当期损益。

企业应当在报表附注中披露持有待售的固定资产名称、账面价值、公允价值、预计处置费用和预计处置时间等。持有待售的固定资产不计提折旧，按照账面价值与公允价值减去处置费用后的净额孰低进行计量。

某项资产划归为持有待售，但后来不再满足持有待售固定资产的确认条件，企业应当停止将其划归为持有待售，并按照下列两项金额中较低者计量：

（1）该资产或资产组被划归为持有待售之前的账面价值，按照其假定在没有被划归为持有待售的情况下原应确认的折旧、摊销或减值进行调整后的金额；

（2）决定不再出售之日的可收回金额。

符合持有待售条件的无形资产等其他非流动资产，比照上述原则进行处理。

五、固定资产的列报

1. “固定资产”项目

在资产负债表中，“固定资产”项目反映全部固定资产的账面价值，即固定资产的原始价值扣除累计折旧和固定资产减值准备后的净额以及“固定资产清理”科目的期末余额列示。如果存在持有待售的固定资产，应该从固定资产项目中扣除。

2. “在建工程”项目

在资产负债表中，“在建工程”项目反映资产负债表日企业尚未达到预定可使用状态的在建工程的期末账面价值和企业为在建工程准备的各种物资的期末账面价值。该项目根据“在建工程”科目的期末余额减去“在建工程减值准备”科目的余额以及“工程物资”科目的期末余额再减去“工程物资减值准备”科目的余额填列。

知识题

1. 固定资产的确认条件是如何规定的？
2. 固定资产的初始成本如何确定？
3. 固定资产的后续支出的确认条件和会计处理原则是什么？
4. 何谓固定资产折旧？影响固定资产计提折旧的因素有哪些？计提固定资产折旧的范围和不计提固定资产折旧的项目有哪些？
5. 简述计提固定资产折旧的方法。
6. 简述固定资产处置的处理原则。

技能题

练习一

一、目的：掌握固定资产增加的核算。

二、资料：

A公司本期发生如下经济业务：

1. 购进一台不需安装的生产设备，发票中注明买价123 000元，增值税额15 990元，运杂费等1 600元。全部款项通过银行支付，设备已交付生产使用。

2. 购入需安装设备一台，买价85 200元，增值税额11 076元，包装及运杂费629元，款项通过银行付清，设备已经入库。

3. 将上述设备投入安装，以支票支付安装费用1 200元。设备安装完毕，运转正常，交付生产部门使用。

4. 接受其他单位一项资产投资，标的资产为一台车床，双方协议价格为179 000元，公允价值为188 000元，增值税税率为13%。该车床已经投入使用。

三、要求：根据上述资料为A公司编制相关会计分录。

练习二

一、目的：掌握固定资产折旧的计算。

二、资料：P公司一台设备，原价50 000元，预计净残值率3%，预计使用寿命为5年。

三、要求：分别采用年限平均法、双倍余额递减法及年数总和法计算各年的折旧额、折旧率。

练习三

一、目的：掌握固定资产折旧的核算。

二、资料：P公司对固定资产采用年限平均法计提折旧，5月提取固定资产折旧总额120 000元（见下表），5月生产部门新增一台车床，原价41 800元，预计使用寿命4年，预计净残值率4%；5月行政管理部门报废一台机器设备，该设备月折旧额为3 800元。

三、要求：计算××年6月折旧额，并作出会计分录。

固定资产折旧计算汇总表

××年6月

使用部门		上月计提折旧额	上月增加固定资产应计折旧额	上月减少固定资产应计折旧额	本月应计折旧额
生产车间	生产用	50 000			
	管理用	20 000			
	合计	70 000			
行政管理部门		48 000			
专设销售机构		2 000			
总　计		120 000			

练习四

一、目的：掌握固定资产报废的核算

二、资料：经批准，企业报废一台设备。该设备原价50 000元，预计净残值率3%。报废时残值收入5 600元，发生清理费用1 800元，款项均已通过银行收付。清理结束结转清理净损益。

三、要求：编制固定资产清理的会计分录。

第七章

无形资产与递耗资产

【学习目标】

通过本章的学习，理解和掌握无形资产的定义、确认条件、不同方式下取得无形资产及其摊销、减值、转让和转销的会计处理方法，理解和掌握无形资产的列报和披露；了解递耗资产、其他资产的特点及会计处理方法。

第一节 无形资产概述

一、无形资产概念和特征

无形资产（intangible asset）是企业拥有或控制的没有实物形态的可辨认非货币资产。目前，国际上对无形资产的界定不完全一致。《国际会计准则第 38 号——无形资产》（以下简称“国际会计准则第 38 号”）规定，无形资产是为用于商品或劳务的生产或供应、出租给其他单位，或为管理目的而持有的、没有实物形态的可辨认无形资产。英国《财务报告准则第 10 号——商誉和无形资产》认为，无形资产指不具有实物形态、可辨认、企业可以控制的非金融性长期资产。美国会计准则认为，无形资产是指无实物形态的非流动资产（不包括金融资产），包括商誉。

我国企业会计准则与国际会计准则、英国会计准则将商誉排除在无形资产之外，主要是在《企业会计准则第 20 号——企业合并》中规定了商誉的相关规范。

无形资产一般具有如下特征：

1. 属于资产中的可辨认资产

资产满足下列条件之一的，符合无形资产定义中的可辨认性标准：

（1）能够从企业中分离或者分离出来，并能单独或者与相关合同、资产或负债一起，用于出售、转移、授予许可、租赁或者交换；

（2）源自合同性权益或其他法定权利，无论这些权利是否可以从企业或其他权利和义务中转移或分离。

2. 不具有实物形态

无形资产通常表现为某种权力、技术。如土地使用权、非专利技术等。它没有实物形态，却能够为企业带来经济利益，或使企业获得超额收益。不具有实物形态是无形资产区别于其他资产的主要特征。

3. 属于非货币性长期资产

无形资产区别于货币性资产的特征，就在于它属于非货币资产。无形资产属于长期资产，能在超过企业的一个经营周期的较长期间内为企业创造经济利益。

4. 为企业使用而非出售的资产

企业持有无形资产的目的不是为了出售而是为了生产经营，即利用无形资产来提供商品、提供劳务、出租给他人或为企业生产、经营管理服务。

5. 在创造经济利益方面存在较大不确定性

无形资产创造经济利益的能力在很大程度上受企业外部因素的影响，而且无形资产一般需借助有形资产才能发挥作用，故其预期的获利能力不能准确地加以确定。

二、无形资产的内容与分类

（一）无形资产的内容

无形资产主要包括专利权、非专利技术、商标权、著作权、土地使用权、特许权等。

专利权是政府依法授予持有者独家制造、销售或处置某项发明的权利。专利权主要包括发明专利权、实用新型专利权和外观设计专利权。专利权向法律机构申请后生效，受到法律保护，在某项专利权的非持有者如需使用与其相同的原理、结构和技术用于生产经营，应向该专利权的持有者支付专利使用费，否则就是侵权。中国《专利法》规定“发明专利权的期限为 20 年，实用新型专利权和外观设计专利权的期限为 10 年，均自申请日起计算。”

非专利技术又称技术诀窍或技术秘密，是指在工业生产上实用的先进的未经公开的各种设计图纸、资料、数据、技术规范、工艺流程、原料配方以及经济管理资料等，非专利技术不需到有关管理机关注册登记，一般没有法律意义上的有效期限。

商标权是商标所有者将商标依法注册登记而取得的一种专用权，用来辨认特定的商品或劳务的专用标记的权利。根据我国商标法的规定，经过注册的商标有效年限为 10 年，届满时，企业可以依法申请延长，经批准可以继续享有商标的专用权。

著作权又称版权，是对文学、艺术、学术、音乐、电影、音像等创作或翻译的出版、销售、表演、演唱、广播等权利。作者为自然人的，著作权一般在作者故去第 50 年的 12 月 31 日年后不再享有保护期限；作者为法人或其他组织的，作品的发表权和财产权的保护期截止于作品发表后第 50 年的 12 月 31 日。

土地使用权又称场地使用权，是指土地使用者对其使用的土地，按照法律规定，享有利用和取得收益的权利。根据我国土地管理法的规定，我国土地实行公有制，任何单位和个人不得侵占、买卖或者以其他形式非法转让。企业取得土地使用权的方法大致有行政划拨取得、外购取得及投资者投资取得三种。以缴纳土地出让金等方式外购的土地使用权、投资者投入等方式取得的土地使用权，作为无形资产核算。

特许经营权是指在某一地区经营或销售某种特定上商品的权利或是一家企业接受另一家企业使用其商标、商号、技术秘密等的权利。特许经营可以是政府机构授权，准许企业使用或在一定地区享有经营某种业务的特权，也可以是企业间依照签订的合同，有限期或无限期使用另一家企业的某些权利，如连锁店的分店等，会计意义上的特许经营主要是后者。

（二）无形资产分类

无形资产按取得方式不同进行分类，可将无形资产分为外部取得的无形资产和企业自创的无形资产。其中，外部取得的无形资产又可以细分为外购无形资产、通过非货币性资产交换换入的无形资产、投资者投入无形资产、通过债务重组取得无形资产、接受捐赠取得无形资产等；内部自创无形资产是指企业自行研究与开发取得的无形资产。

无形资产按照是否具备确定的经济寿命期限，可以分为期限确定的无形资产和期限不确定的无形资产。专利权、商标权、著作权等属于期限确定的无形资产，非专利技术属于期限不确定的无形资产。

（三）商誉

商誉是指企业获得超额收益的能力，通常是指企业由于所处的地理位置优越，或由于信誉好而获得了客户的信任，或由于组织得当、生产经营效益高，或由于技术先进、掌握了生产的诀窍等原因而形成的价值。商誉一般与企业整体相关，难以独立。

商誉在非同一控制下的企业合并中确认。具体的确认和计量方法将在《高级财务会计》中讲述。

第二节　无形资产的初始确认计量

一、无形资产的确认

根据无形资产的特征，企业的资产只有在满足以下条件时，才能确认为无形资产：

1. 该资产产生的经济利益很可能流入企业

这一条件包含两层含义：其一，企业应能够控制无形资产所产生的经济利益，即企业拥有无形资产的法定所有权，或企业与他人签订协议，使得企业的相关权利受到法律的保护；其二，在判断无形资产产生的经济利益是否可能流入企业时，企业管理部门应对无形资产在预计使用寿命内可能存在的各种因素做出稳健的估计。

2. 该资产的成本能够可靠地计量

例如，一些人才所掌握高新科学技术知识虽然能够为企业创造经济利益，或许也通过劳资合同的签订限定人才在规定时间内必须为企业提供服务，但由于其成本难以计量，也不能成为企业无形资产加以确认。企业自创商誉以及内部产生的品牌、报刊名等，因其成本无法明确区分，不应当确认为无形资产。

综上所述，某项资产要确认为无形资产，首先必须符合无形资产的定义，其次还要同时符合以上两个条件。

二、无形资产初始计量

企业会计准则中规定无形资产应当按照成本进行初始计量。

1. 外购无形资产的成本

外购无形资产的成本，包括购买价款、相关税费以及直接归属于使该项资产达到预定用途所发生的其他支出。

购入的无形资产，根据无形资产的实际成本，借记“无形资产”账户；根据支付的增值税额，借记“应交税费——应交增值税（进项税额）”账户；根据支付的全部价款，贷记“银行存款”等账户。

企业购入的用于非房屋建筑物的土地使用权，应该单独确认为无形资产；企业购入的用于房屋建筑物的土地使用权，由于土地使用权和房屋建筑物的使用期限不同，应单独确认为无形资产；企业购入的房屋建筑物实际支付的价款中包括土地使用权价值，应采用合理的方法将其从全部价款中分离出来，单独确认，不能合理分离出来的应计入房屋建筑物的成本。

对于与其他资产一起购入的无形资产，其成本按照无形资产和其他资产的公允价值相对比例确定。但采用该方法，必须以该无形资产的相对价值较大为前提。如：在购入电脑时随机附送的价值相对较小的软件，就不必单独核算，直接记入电脑的成本。

【例7－1】1月5日，A股份有限公司购入一项专利技术，发票上注明的价值为20万元，增值税1.2万元，相关费用为1万元，款项已通过银行转账支票支付。

无形资产初始计量成本＝20＋1＝21（万元）

A公司根据相关原始凭证，记：

借：无形资产	210 000	
应交税费——应交增值税（进项税额）	12 000	
贷：银行存款		222 000

购买无形资产的价款超过正常信用条件延期支付，实质上具有融资性质的，无形资产的成本以购买价款的现值为基础确定。实际支付的价款与确认的成本之间的差额，符合资本化条件的应予资本化，否则应当在信用期间内确认为利息费用，记入“财务费用”账户。

【例7－2】1月8日，A公司从B公司购买一项专利权，双方协商采用分期付款方式支付款项，合同规定，该项专利权总计500万元，每年末付款100万元，5年付清。假定银行同期贷款利率为5%，假设不考虑相关税费（已知5年期5%的利率，年金现值系数为4.3295）。A公司的账务处理如表7－1。

无形资产现值＝100×4.3295＝432.95（万元）

未确认融资费用＝500－432.95＝67.05（万元）

表 7－1 **未确认融资费用计算表** 单位：元

年份	付款额(1)	本年利息(2) 上年末融资余额×5%	还本金额(3) (1)－(2)	融资余额(4) 上期(4)－本期(3)
0				4 329 500
1	1 000 000	216 475	783 525	3 545 975
2	1 000 000	177 298.75	822 701.25	2 723 273.75
3	1 000 000	136 163.69	863 836.31	1 859 437.44
4	1 000 000	92 971.87	907 028.13	952 409.31
5	1 000 000	47 590.69①	952 409.31	0
合 计	5 000 000	670 500		

注：47 590.69＝670 500－216 475－177 298.75－136 163.69－92 971.87

第 1 年购买无形资产时，记：

借：无形资产　　4 329 500
　　未确认融资费用　　670 500
　　贷：长期应付款　　5 000 000

第 1 年末付款时，记：

借：长期应付款　　1 000 000
　　贷：银行存款　　1 000 000
借：财务费用　　216 475
　　贷：未确认融资费用　　216 475

第 2 年末付款时，记：

借：长期应付款　　1 000 000
　　贷：银行存款　　1 000 000
借：财务费用　　177 298.75
　　贷：未确认融资费用　　177 298.75

第 3 年末付款时，记：

借：长期应付款　　1 000 000
　　贷：银行存款　　1 000 000
借：财务费用　　136 163.69
　　贷：未确认融资费用　　136 163.69

第 4 年末付款时，记：

借：长期应付款　　1 000 000
　　贷：银行存款　　1 000 000
借：财务费用　　92 971.87
　　贷：未确认融资费用　　92 971.87

第 5 年末付款时，记：

借：长期应付款　　1 000 000

　　贷：银行存款　　1 000 000

借：财务费用　　47 590.69

　　贷：未确认融资费用　　47 590.69

2. 通过非货币性交换换入的无形资产

非货币性资产交换同时满足下列条件的，应当以公允价值和应支付的相关税费作为换入资产的成本，公允价值与换出资产账面价值的差额计入当期损益：该项交换具有商业实质；换入资产或换出资产的公允价值能够可靠地计量。未同时满足前述的非货币性资产交换条件的，应当以换出资产的账面价值和应支付的相关税费作为换入资产的成本，不确认损益。

3. 投资者投入的无形资产

投资者投入的无形资产，应以投资合同或协议约定的价值确定，但合同或协议约定价值不公允的除外。这项规定主要在于无形资产的入账价值应强调其公允性，不能完全参照投资双方确认的价值。

投资者投入的无形资产，按投资各方确认的价值，借记“无形资产”账户，贷记“实收资本”或“股本”等账户。若无形资产的入账价值和投资各方确认的价值之间存在差异，计入资本公积。

【例 7－3】B 公司接受一项专利作为注入资本，专利的公允价值为 30 万元，双方协议的价值为 29 万元，假设无其他相关税费发生。

根据有关凭证，A 公司记：

借：无形资产　　300 000

　　贷：实收资本　　290 000

　　　　资本公积　　10 000

4. 通过债务重组取得无形资产

债务重组取得无形资产，债权人应当对受让的非现金资产按其公允价值入账。

5. 企业内部研究开发项目开发阶段的支出

企业内部研究开发项目开发阶段的支出，应当正确区分研究阶段支出和开发阶段支出。研究阶段，是指为获取新的技术和知识等进行的有计划的调查。有关研究的活动包括：为获取知识而进行的活动；研究成果或其他知识的应用研究、评价和最终选择；材料、设备、产品、工序、系统或服务替代品的研究；以及新的或经改进的材料、设备、产品、工序、系统或服务的可能替代品的配制、设计评价和最终选择等。开发阶段是指在进行商业性生产或使用前，将研究成果或其他知识应用于某项计划或设计，以生产出新的或具有实质性改进的材料、装置、产品等。有关开发活动的例子有：生产前或使用前的原型和模型的设计、建造和测试；含新技术的工具、夹具、模具和冲模的设计；不具有商业性生产经济规模的试生产设施的设计、建造和运营；新的或经改造的材料、设备、产品、工序、系统或服务所选定的替代品的设计、建造和测试等。

研究阶段的支出应当于发生时计入当期损益，开发阶段的支出同时符合以下条件可以确认无形资产：

（1）从技术上来讲，完成该无形资产以使其能够使用或出售具有可行性；

（2）具有完成该无形资产并使用或出售的意图；

（3）无形资产产生未来经济利益的方式，包括能够证明运用该无形资产生产的产品存在市场或无形资产自身存在市场；无形资产将在内部使用的，应当证明其有用性；

（4）有足够的技术、财务资源和其他资源支持，以完成该无形资产的开发，并有能力使用或出售该无形资产；

（5）归属于该无形资产开发阶段的支出能够可靠计量。

符合上述条件的无形资产，借记“无形资产”账户，贷记“银行存款”账户。

【例7－4】某企业自行研究开发一项新产品专利技术，在研究开发过程中发生材料费100万元、人工薪酬70万元，以及其他费用20万元，总计190万元。其中，符合资本化条件的支出为120万元，期末该专利技术已经达到预定用途。

研究开发过程中发生费用时，根据相关凭证，某企业记：

借：研发支出——资本化支出	1 200 000	
——费用化支出	700 000	
贷：原材料		1 000 000
应付职工薪酬		700 000
银行存款		200 000

资产负债表日：

借：管理费用	700 000	
无形资产	1 200 000	
贷：研发支出——资本化支出		1 200 000
——费用化支出		700 000

第三节　无形资产的后续确认计量

在无形资产使用过程中，根据其损耗情况，应进行价值推销。无形资产摊销可分使用寿命有限和使用寿命不确定两种情况。

一、使用寿命有限的无形资产

影响无形资产摊销数额的因素有无形资产的原值、无形资产的使用寿命、无形资产的净残值、无形资产的摊销办法及无形资产的减值准备。

（一）无形资产的使用寿命

企业应当于取得无形资产时分析判断其使用寿命。无形资产的使用寿命如为有限的，应当估计该使用寿命的年限或者构成使用寿命的产量等类似计量单位数量，其应摊销金额应当在无形资产可供使用时起，至不再作为无形资产确认时止使用寿命内系统合理摊销。

企业确定无形资产的使用寿命时，应该考虑以下因素：

（1）该资产通常的产品寿命周期、可获得的类似资产使用寿命的信息；

（2）技术、工艺等方面的现实情况及对未来发展的估计；

（3）以该资产生产的产品或服务的市场需求情况；

（4）现在或潜在的竞争者预期采取的行动；

（5）为维持该资产产生未来经济利益的能力预期的维护支出，以及企业预计支付有关支出的能力；

（6）对该资产的控制期限，使用的法律或类似限制，如特许使用期间、租赁期等；

（7）与企业持有的其他资产使用寿命的关联性等。

企业持有的无形资产，通常来源于合同性权利或是其他法定权利，而且合同规定或法律规定有明确的使用年限。来源于合同性权利或其他法定权利的无形资产，其使用寿命不应超过合同性权利或其他法定权利的期限；如果合同性权利或其他法定权利能够在到期时因续约等延续，且有证据表明企业续约不需要付出大额成本，续约期应当计入使用寿命。

合同或法律没有规定使用寿命的，企业应当综合各方面情况，聘请相关专家进行论证，或与同行业的情况进行比较以及参考历史经验等，确定无形资产为企业带来未来经济的期限。

如果无法合理确定无形资产为企业带来经济利益的期限，应将其作为使用寿命不确定的无形资产。

（二）无形资产的净残值

一般情况下，使用寿命有限的无形资产，其残值应当为零，但是以下情况除外：

（1）有第三方承诺在无形资产使用寿命结束时购买该无形资产；

（2）可以根据活跃市场得到残值信息，并且该市场在无形资产使用寿命结束时很可能存在。

（三）无形资产的摊销方法

企业选择的无形资产摊销方法，应当反映企业预期消耗该项无形资产所产生的未来经济利益的方式，可以采用年限平均法、产量法、双倍余额递减法和年数总和法。无法可靠确定消耗方式的，应当采用年限平均法（直线法）摊销。企业通常不应以包括使用无形资产在内的经济活动所产生的收入为基础进行摊销，但是下列极其有限的情况除外：

（1）企业根据合同约定确定无形资产固有的根本性限制条款（如无形资产的使用时间、使用无形资产生产产品的数量或因使用无形资产而应取得固定的收入总额）的，当该条款为因使用无形资产而应取得的固定的收入总额时，取得的收入可以成为摊销的合理基础，如企业获得勘探开采黄金的特许权，且合同明确规定该特许权在销售黄金的收入总额达到某固定的金额时失效。

（2）有确凿的证据表明收入的金额和无形资产经济利益的消耗是高度相关的。企业采用车流量法对高速公路经营权进行摊销的，不属于以包括使用无形资产在内的经济活动产生的收入为基础的摊销方法。

无形资产的应摊销金额为其入账价值扣除残值后的金额，已经计提无形资产减值准备的，还应扣除已经提取的减值准备金额。当月增加的无形资产，当月开始摊销；当月减少的无形资产，当月不再摊销。

无形资产的摊销金额一般应当计入当期损益，借记“管理费用——无形资产摊销”“销售费用”等账户，贷记“累计摊销”账户；如果某项无形资产是专门用于生产某种产品或其他资产，其所包含的经济利益是通过转入到所生产的产品或其他资产中实现的，在无形资产的摊销费用应当计入相关资产的成本。例如，某项专门用于生产过程中的专利技术，其摊销费用应构成所生产产品成本的一部分，计入制造该产品的制造费用，即借记“制造费用”账户。

企业应当至少于每年年度终了，对使用寿命有限的无形资产的使用寿命及未来经济利益消耗方式进行复核。无形资产的预计使用寿命及未来经济利益的预期消耗方式与以前估计不同的，应当改变摊销期限和摊销方法。

【例7－5】A公司按10年平均摊销该专利技术的成本，无形资产原值为5万元，假定无形资产使用寿命结束后没有第三方承诺购买，并从活跃市场上无法得到确凿的残值信息，则每年摊销无形资产价值时，根据有关凭证，记：

借：管理费用——无形资产摊销　　5 000

　　贷：累计摊销　　5 000

另外要注意的是，企业取得的土地使用权通常应该确认为无形资产。土地使用权用于自行开发建造厂房等地上建筑物时，土地使用权与地上建筑物分别进行摊销和提取折旧，但下列情况除外：

（1）房地产开发企业取得的土地使用权用于建造对外出售的房屋建筑物，相关的土地使用权应当计入所建造的房屋建筑物成本。

（2）企业外购的房屋建筑无支出的价款无法在地上建筑物与土地使用权之间分配的，应该将其确认为固定资产原价。

企业改变土地使用权的用途，将其作为用于出租或增值目的，应将其账面价值转为投资性房地产。

二、使用寿命不确定的无形资产

无法预见无形资产为企业带来未来经济利益的期限的，应当视为使用寿命不确定的无形资产。使用寿命不确定的无形资产不应摊销。

【例7－6】2018年1月1日，甲公司购入一项专利权的成本1 000万元，该专利权按照法律规定还有10年的使用寿命，但在保护期满时，甲公司可每5年以较低的手续费申请延期，同时甲公司有充分的证据表明其有能力延期，假设无其他相关税费。

根据上述资料，该专利可以视为使用寿命不确定的无形资产，在持有期间内不需要进行摊销。

2018年购入专利权时，记：

借：无形资产　　10 000 000

　　贷：银行存款　　10 000 000

企业应当在每个会计期间对使用寿命不确定的无形资产的使用寿命进行复核。如果有证据表明无形资产的使用寿命是有限的，应当估计其使用寿命。

第四节　无形资产处置

一、无形资产出租

企业出租无形资产取得的租金收入，借记“银行存款”等账户，贷记“其他业务收入”等账户；结转出租无形资产的成本时，借记“其他业务成本”账户，贷记“累计摊销”等账户。

【例7－7】20×6年1月1日，A股份公司将其专利权出租给B公司进行使用，每年的租金收入为6 000元，应交的增值税为360元，该专利权的账面余额为10 000元，剩余摊销年限为5年，则A股份有限公司根据相关原始凭证，记：

（1）收取租金时：

借：银行存款	6 360	
贷：其他业务收入		6 000
应交税费——应交增值税（销项税额）		360

（2）摊销无形资产成本时：

10 000 ÷ 5 = 2 000（元）

借：其他业务成本	2 000	
贷：累计摊销		2 000

二、无形资产出售

企业出售非持有待售的无形资产时，按实际取得的转让收入，借记“银行存款”等账户，按该项无形资产已计提的减值准备，借记“无形资产减值准备”账户，按照无形资产摊销的价值，借记“累计摊销”账户，按无形资产的账面余额，贷记“无形资产”账户，按应支付的相关税费，贷记“银行存款”“应交税费”等账户，按其差额贷记或借记“资产处置损益”账户。企业出售的持有待售的无形资产，由非流动资产以公允价值减去出售费用后的净额作为初始计量金额而产生的差额，应当计入当期损益。

【例7－8】A公司将一项无形资产出售，该无形资产原始价值为100万元，累计摊销20万元，已经计提减值准备15万元，出售该无形资产取得收入60万元，手续费1万元。不考虑相关税费。根据有关凭证，记：

借：银行存款	600 000
累计摊销	200 000
无形资产减值准备	150 000
资产处置损益	60 000

贷：无形资产　　1 000 000

　　银行存款　　10 000

第五节　无形资产期末计价

一、无形资产期末计价的原则

企业应定期对无形资产的账面价值进行检查，至少于每年年末检查一次。如发现以下一种或数种情况，应对无形资产的可收回金额进行估计，并将该无形资产的账面价值超过可收回金额的部分确认为减值准备：

（1）资产的市价跌幅明显高于正常使用而预计的下跌；

（2）企业经营所处的环境及资产所处的市场发生重大不利变化；

（3）市场投资报酬率在当期已经很高，导致资产可收回金额大幅度降低；

（4）有证据表明资产已经陈旧过时或者其实体已经损坏；

（5）资产已经或者将被闲置、终止使用或者计划提前处置等；

（6）企业内部报告的证据表明资产的经济绩效已经低于或者将低于预计等。

这里所讲的可收回金额是指以下两项金额中的较大者：①无形资产的公允价值减去处置费用后的净额；②预期从无形资产的持续使用中预计产生的现金流入扣除为使资产达到预定可使用状态和资产持续使用过程中所必需的预计现金流出和使用年限结束时的处置中产生的预计未来现金流量的现值。

资产的公允价值应当根据以下三条确定。①公平交易中销售协议价格；②在活跃市场中的买方出价；③如果上述两项都不存在，应当以可获取的最佳信息为基础，估计资产的公允价值减去处置费用后的净额，该净额可以参考同行业类似资产的最近交易价格或者结果进行估计。

二、无形资产减值的会计处理

企业应设置“无形资产减值准备”账户核算企业计提的无形资产减值准备。期末，企业所持有的无形资产账面价值高于其可收回金额的，按其差额，借记“资产减值损失”账户，贷记“无形资产减值准备”账户。资产减值损失一经确认，在以后会计期间不得转回。

【例7－9】1月1日，A公司购入一项无形资产，实际支付的价款为100万元。根据法律规定，A公司预计其使用年限为5年。当年12月31日，由于与该无形资产有关的经济因素发生不利变化，致使该无形资产发生减值。A公司估计其可收回金额为50万元。假定不考虑所得税及其他相关税费的影响。根据有关凭证记：

（1）1月1日购入时，记：

借：无形资产　　1 000 000

　　贷：银行存款　　1 000 000

（2）年末摊销时，记：

借：管理费用　　200 000

　　贷：累计摊销　　200 000

（3）年末计提减值准备时，记：

借：资产减值损失　　300 000

　　贷：无形资产减值准备　　300 000

（4）年末应摊销无形资产金额为：

$(100-20-30)\div(5-1)=12.5$（万元），记：

借：管理费用　　125 000

　　贷：累计摊销　　125 000

三、无形资产的列报和披露

资产负债表中“无形资产”项目，反映企业各项无形资产的账面价值。该项目应该根据“无形资产”账户的期末借方余额，减去“累计摊销”“无形资产减值准备”账户的期末贷方余额的净额进行填列。

企业应当按照无形资产的类别在附注中披露与无形资产有关的下列信息：

（1）无形资产的期初和期末账面余额、累计摊销额及减值准备累计金额。

（2）使用寿命有限的无形资产，其使用寿命的估计情况；使用寿命不确定的无形资产，其使用寿命不确定的判断依据。

（3）无形资产的摊销方法。

（4）用于担保的无形资产账面价值、当期摊销额等情况。

（5）计入当期损益和确认为无形资产的研究开发支出金额。

第六节　递耗资产

一、递耗资产

（一）递耗资产概述

递耗资产是指企业拥有的通过开掘、采伐、提取以致逐渐耗竭而无法或难以回复、更新或按照原样重置的自然资源，如矿藏等。递耗资产与固定资产虽然同为有形资产，但具有一些本质上的不同，表现于：

（1）递耗资产是劳动对象，固定资产是劳动资料；

（2）递耗资产因为生产而蕴藏量日益减少，终至枯竭，而固定资产的价值虽因使用而减少、实物形态保持不变；

（3）递耗资产生产的产品基本上可以直接成为企业可供销售的商品，而固定资产是为生产活动创造必要的条件，在形成可供销售的商品过程中起间接作用；

（4）递耗资产一般不能重复，而固定资产大多可以重置。

油气资产是指油气开采企业所拥有或控制的井及相关设施和矿区权益，油气资产属于递耗资产。

（二）递耗资产的入账价值

递耗资产按其取得、勘探、开发时发生的成本入账。

矿区权益，是指企业取得的在矿区内勘探、开发和生产油气的权利。矿区权益可以分为探明矿区权益和未探明矿区权益。探明矿区是指已发明探明经济可采储量的矿区；未探明矿区是指未发现探明经济可采储量的矿区。探明经济可采储量是在现有技术和经济条件下，根据地质和工程分析，可合理确定的能够从已知油气藏中开采的油气数量。

为取得矿区权益而发生的成本应当在发生时予以资本化。包括取得矿区权益的成本（即买价，中介费以及可以直接归属于矿区权益的其他购买支出）和申请取得矿区权益而发生的成本包括探矿权使用费、采矿权使用费、土地或海域使用权支出、中介费以及可以直接归属于矿区权益的其他申请取得支出。

矿区权益取得后发生的探矿权使用费、采矿权使用费和租金等维持矿区权益的支持，应当计入当期损益。

油气资产的形成一般经历油气勘探、油气开发和油气生产三个过程。油气勘探阶段的支出分为钻井勘探支出和非钻井勘探支出。前者在完井后，确定该井的经济可采储量的，应当将钻探该井的支出结转为井及相关设施成本，为探明经济可采储量的，应将相关支出计入当期损益。后者在发生时，直接计入当期损益。油气勘探阶段的支出可以借记“油气勘探支出”账户，贷记“银行存款”等账户。

油气开发是为了取得探明矿区中的油气而建造或更新井及相关设施的活动，其相关支出应当根据其用途分别予以资本化，作为油气开发形成的井及相关设施的成本，主要包括钻前准备支出、井的设备购置和建造支出；购建提高采收率系统发生的支出；购建矿区内集输设施、分离处理设施、计量设备等发生的支出。油气开发阶段的支出可以借记“油气开发支出”账户，贷记“银行存款”等账户。

企业持有矿区权益和油气井及相关设施的原价记入“油气资产”账户。借记“油气资产”账户，贷记“银行存款”账户或“油气勘探支出”“油气开发支出”账户。

【例7－10】企业购入油气资产（含申请取得矿区权益）的成本为3 000万元，用银行存款支付。

借：油气资产　　30 000 000

　　贷：银行存款　　30 000 000

（三）折耗

折耗是指自然资源经过开掘、采伐、提取以致逐渐减少而转移到所获得产品成本中去的那部分价值。折耗不同于折旧，折耗反映折耗资产实存蕴藏量的减少，而折旧反映固定资产因使用而发生的磨损。油气资产可以采用产量法或年限平均法对油气资产计提折耗。

（1）产量法，又称单位产量法。该方法是以单位产量为基础对探明矿区权益的取得成本和井及相关设施成本计提折耗。采用该方法对油气资产计提折耗时，矿区权益应以探明经济可采储量为基础，井及相关设施以探明已开发经济可采储量为基础。

$$\text{探明矿区权益折耗额}=\text{探明矿区权益账面价值}\times\text{探明矿区权益折耗率}$$

$$\begin{matrix}\text{探明矿区}\\\text{权益折耗率}\end{matrix}=\begin{matrix}\text{探明矿区}\\\text{当期产量}\end{matrix}\div\left(\begin{matrix}\text{探明矿区期末探}\\\text{明经济可采储量}\end{matrix}+\begin{matrix}\text{探明矿区}\\\text{当期产量}\end{matrix}\right)$$

（2）平均年限法，又称直线法。该方法将油气资产成本均衡地分到各会计期间。采用该方法计算的每期油气资产折耗金额相等。

企业按期计提油气资产的折耗时，借记“生产成本”账户，贷记“累计折耗”账户。

二、其他资产

其他资产是指除流动资产、长期投资、固定资产、无形资产以外的资产，如长期待摊费用。

知识题

1. 何谓无形资产？无形资产的特征？
2. 无形资产确认的条件是什么？
3. 取得无形资产有哪些方式？应怎样核算？
4. 怎样确定无形资产的摊销年限？
5. 什么情况无形资产可以计提减值准备？
6. 无形资产怎么列报和披露？

技能题

一、目的：掌握无形资产的会计核算。

二、资料：

A 公司发生如下经济业务：

1. 从 B 公司购入某产品的专利权，以银行存款支付 2 万元，支付增值税 1 200 元。

2. 收到 C 公司投入的专利权一项，公允价值为 30 万元，合同约定的价值为 31 万元（税金略）。

3. 自行研制一项无形资产，应负担的职工薪酬为 5 万元，相关费用 6 万元，领用的材料费 10 万元，期末判断可以资本化的支出共计 7 万元。

4. 资产负债表日摊销无形资产价值 13 万元。

5. 某项入账价值为 10 万元的无形资产，资产负债表日估计售价扣除相关费用为 9 万元，预计未来现金流量的现值为9.7万元。

三、要求：编制会计分录。

案例分析

案例一

注册会计师吴生审计H公司会计报表时，了解到该公司某年度有关无形资产的状况及会计处理情况：

1. 专利权A：账面余额100万元，计提减值准备为零，该专利权已超过法律规定的保护期限，但能给企业带来经济利益。H公司全额计提了减值准备。

2. 专有技术B：账面余额60万元，计提减值准备为零，该专有技术已被其他新的技术所代替，其为企业创造经济利益的能力受到重大不利影响。H公司经分析，认定该专有技术虽然价值受到重大影响，但仍有20万元左右的剩余价值，并计提了40万元的减值准备。

（资料来源：http://www.jcysoft.com/bbs/List.asp?forum_id=9&view_id=147）

案例分析要求：

1. 企业在什么情况下可以全额计提减值准备？

2. 注册会计师根据企业准则规定会对H公司处理做何判断？

3. 无形资产计提减值准备后是否可以转回？

案例二

国内某公司与某外国公司共同出资举办中外合资生产性企业，注册资本300万美元，在双方的投资中，外方以一项专有技术投入，评估价值为100万美元（经有关部门特别批准）。当年7月1日公司开始经营，鉴于投资双方未对该专有技术的预计使用年限或受益年限做出协议，财务人员于当月开始按10年的摊销期限摊销该项无形资产的价值，记入“管理费用”。公司成立后经营状况不佳，连年亏损，在年度董事会上，财务经理分析亏损主要原因之一为企业每年要负担相当于10万美元的无形资产摊销费。但实际上，该项专有技术一直未能在生产经营当中使用。为了减亏，董事会提出对无形资产停止摊销，并转回以前年度已经计入“管理费用”的摊销费，理由是“该专有技术一直未使用”。

案例分析要求：你认为可否按董事会的意见进行会计处理？为什么？

第八章

投资性房地产

【学习目标】

通过本章的学习，掌握投资性房地产的范围、投资性房地产的初始确认计量的会计处理、后续期间成本模式和公允价值模式的计量方法；掌握投资性房地产处置的会计处理。熟悉投资性房地产计量模式转换、投资性房地产和非投资性房地产之间用途转换的会计处理。

第一节　投资性房地产概述

一、投资性房地产的概念

投资性房地产（investment property）是指为赚取租金或资本增值，或两者兼有而持有的房地产，主要包括已出租的建筑物、已出租的土地使用权、持有并准备增值后转让的土地使用权。

投资性房地产的特征表现为：

（1）目的为赚取租金或资本增值，或两者兼有。投资性房地产投资是企业在经营活动中，将自有的建筑物或土地使用权以两种形式获取经济利益。一种是将自有的建筑物或土地使用权出租给外单位使用，通过收取租金取得使用费收入；另一种形式是持有并准备增值后转让，取得增值收益。

（2）能够单独计量和出售或转让。投资性房地产能够单独存在，单独确认计量，单独出售或转让。

二、投资性房地产的范围

（一）属于投资性房地产范围的项目

1. 已出租的建筑物

已出租的建筑物，是指以经营租赁方式出租的建筑物。用于出租的建筑物是指企业拥有产权的建筑物，包括自行建造或开发完成后用于出租的建筑物。已出租的投资性房地产租赁期届满，因暂时空置，但继续用于出租的，仍作为投资性房地产。

2. 已出租的土地使用权

已出租的土地使用权，是指企业通过出让或转让方式取得的土地使用权，以经营租赁方式出租给外单位使用，以赚取租金的土地使用权。

3. 持有并准备增值后转让的土地使用权

持有并准备增值后转让的土地使用权，是指企业取得的、准备增值后转让的土地使用权。需要注意的是，按照国家有关规定认定的闲置土地，不属于持有并准备增值后转让的土地使用权。根据《闲置土地处置办法》（中华人民共和国国土资源部令第 5 号）的规定，闲置土地是指土地使用者依法取得土地使用权后，未经原批准用地的人民政府同意，超过规定的期限未动工开发建设的建设用地。

（二）需要根据具体情况判断的投资性房地产项目

某项房地产，部分用于赚取租金或资本增值、部分用于生产商品、提供劳务或经营管理，能够单独计量和出售的、用于赚取租金或资本增值的部分，应当确认为投资性房地产；不能够单独计量和出售的、用于赚取租金或资本增值的部分，不确认为投资性房地产。

企业将建筑物出租，按租赁协议向承租人提供的相关辅助服务在整个协议中不重大的，如企业将办公楼出租并向承租人提供保安、维修等辅助服务，应当将该建筑物确认为投资性房地产。

（三）不属于投资性房地产的项目

1. 自用的房地产

自用房地产是指为生产商品、提供劳务或者经营管理而持有的房地产。如企业的厂房、仓库、办公楼；企业生产经营用的土地使用权；企业出租给本企业职工居住的宿舍等。需指出的是，企业出租给本企业职工居住的宿舍，即使按照市场价格收取租金，也不属于投资性房地产，因为这部分房产为企业自身的生产经营服务，具有自用性质。

2. 作为存货的房地产

作为存货的房地产是指房地产开发企业销售的或为销售而正在开发的商品房和土地，这部分房地产属于房地产开发企业的存货，不属于投资性房地产。

3. 计划用于出租的房地产

企业计划用于出租，但是尚未出租的建筑物、土地使用权，不属于投资性房地产。

三、投资性房地产的后续计量模式

企业取得投资性房地产后，在持有期间的后续计量有两种模式：一是成本模式，二是公允价值模式。

（一）采用成本模式进行后续计量的原则

采用成本模式进行后续计量的投资性房地产，在后续期间应当按期计提折旧或摊销。资产负债表日进行减值测试，如果发生减值的，按照投资性房地产的可收回金额小于其账面价值的差额计提投资性房地产减值准备。计提减值准备后，投资性房地产应当按照计提减值准备后的账面价值计量投资性房地产的折旧额或摊销额。

（二）采用公允价值模式进行后续计量的原则

1. 采用公允价值模式进行后续计量的前提

企业只有存在确凿证据表明投资性房地产的公允价值能够持续可靠取得的，才可以采用公允价值模式计量。采用公允价值模式进行后续计量的条件。采用公允价值模式计量的投资性房地产，应当同时满足下列条件：

（1）投资性房地产所在地有活跃的房地产交易市场。所在地，通常是指投资性房地产所在的城市。对于大中型城市，应当为投资性房地产所在的城区。

（2）企业能够从活跃的房地产交易市场上取得同类或类似房地产的市场价格及其他相关信息，从而对投资性房地产的公允价值做出合理的估计。同类或类似的房地产，对建筑物而言，是指所处地理位置和地理环境相同、性质相同、结构类型相同或相近、新旧程度相同或相近、可使用状况相同或相近的建筑物；对土地使用权而言，是指同一城区、同一位置区域、所处地理环境相同或相近、可使用状况相同或相近的土地。

2. 采用公允价值模式进行后续计量的要求

采用公允价值模式进行后续计量的投资性房地产，在后续期间不计提折旧或摊销，资产负债表日按公允价值计量，资产负债表日的公允价值与其账面余额的差额，调整投资性房地产的账面价值，同时确认为公允价值变动损益。

第二节　投资性房地产的确认和初始计量

一、投资性房地产的初始确认

投资性房地产的初始确认计量，是对投资性房地产标准的确认以及投资性房地产初始成本的确定。企业取得的房屋建筑物和土地使用权，同时满足下列条件的，才能予以确认为投资性房地产：（1）与该投资性房地产有关的经济利益很可能流入企业；（2）该投资性房地产的成本能够可靠地计量。企业对确认的投资性房地产应当设置“投资性房地产”账户核算。

企业可以通过外购和自行建造等方式取得投资性房地产。企业取得的投资性房地产应当按照取得成本进行初始计量。借记“投资性房地产——成本”科目；根据支付的增值税额，借记“应交税费——应交增值税（进项税额）”科目；根据支付的全部价款，贷记“银行存款”等科目。其取得成本的确认与计量方法与取得固定资产或无形资产的方法相同。

【例8－1】3月31日，甲公司购买一栋写字楼，取得增值税专用发票，价款为3 600万元，增值税的进项税额为360万元。甲公司表明将其用于经营出租且持有意图短期内不再发生变化。甲公司系增值税一般纳税人，不动产适用的增值税率为10%。根据上述资料，应记：

借：投资性房地产——成本	3 600	
应交税费——应交增值税（进项税额）	360	
贷：银行存款		3 960

二、与投资性房地产有关的后续支出

与投资性房地产有关的后续支出，满足投资性房地产确认条件的，应当资本化，将发生的后续支出计入投资性房地产成本；不满足投资性房地产确认条件的，应当费用化，将发生的后续支出在费用发生时计入当期损益。

【例8－2】甲企业与乙企业的一项仓库经营租赁合同即将到期。该仓库按照成本模式进行后续计量，原价为1 000万元，已计提折旧300万元。为了提高仓库的租金收入，甲企业决定在租赁期满后对仓库进行改扩建，并与丙企业签订了经营租赁合同，约定自改扩建完工时将仓库出租给丙企业。3月15日与乙企业的租赁合同到期，仓库随即进入改扩建工程。12月10日仓库改扩建工程完工达到预定可使用状态，共发生资本化支出100万元，假设全部支出以银行存款支付。即日按照租赁合同出租给丙企业。对该项业务，甲企业会计处理如下：

（1）3月15日，将投资性房地产转入改扩建工程时，记：

借：投资性房地产——仓库（在建）	7 000 000	
投资性房地产累计折旧	3 000 000	
贷：投资性房地产——仓库		10 000 000

（2）3月15日至12月10日，发生改扩建资本化支出时，记：

借：投资性房地产——仓库（在建）	1 000 000	
贷：银行存款等		1 000 000

（3）12月10日，改扩建工程完工时，记：

改扩建后投资性房地产的成本＝700＋100＝800（万元）

借：投资性房地产——仓库	8 000 000	
贷：投资性房地产——仓库（在建）		8 000 000

三、投资性房地产的出租收入

投资性房地产对外出租取得的出租收入，属于其他业务收入。企业取得出租收入时，应根据收取的全部价款，借记“银行存款”等科目；根据确认的收入金额，贷记“其他业务收入”科目；根据收取的增值税额，贷记“应交税费——应交增值税（销项税额）”科目。

第三节　投资性房地产的后续计量

投资性房地产的后续计量模式有成本模式和公允价值模式。同一企业只能选择一种计量模式对其所有投资性房地产进行计量，即不得采用两种计量模式对企业不同的投资性房地产进行计量。

一、后续计量采用成本模式的投资性房地产

1. 投资性房地产的折旧和摊销

采用成本模式进行后续计量的投资性房地产，在后续期间应当按期计提折旧或摊销时，区别下列会计处理：

（1）投资性房地产是经营出租的建筑物的，应按《企业会计准则第4号——固定资产》的规定，计提的投资性房地产折旧额，借记“其他业务成本”账户，贷记“投资性房地产累计折旧”账户。

（2）投资性房地产是已出租的土地使用权或持有并准备增值后转让的土地使用权的，应按《企业会计准则第6号——无形资产》规定计提的投资性房地产摊销额，借记“其他业务成本”账户，贷记“投资性房地产累计摊销”账户。

2. 期末减值的会计处理

采用成本模式进行后续计量的投资性房地产，在资产负债表日进行减值测试，存在减值迹象的，应当按照《企业会计准则第8号——资产减值》的规定计提资产减值准备。借记“资产减值损失”账户，贷记“投资性房地产减值准备”账户。

【例8－3】12月10日，甲企业以出包方式建造的一幢用于经营出租用的房屋建筑物达到了预定可使用的状态，当日立即用于经营出租。该企业为建造该房屋建筑物共计支付出包工程款400万元。假定该房屋建筑物无法从活跃的房地产交易市场上取得同类或类似房屋建筑物的市场价格的相关信息，企业采用成本模式对该房屋建筑物进行后续计量，预计该房屋建筑物的使用寿命为40年，预计净残值率为4%，按年限平均法计提折旧。该企业对出租的房屋建筑物按月收取租金，每月租金收入为1万元。取得资产的第5年年末（实际已计提4年折旧），该企业对该项投资性房地产进行减值测试，其预计可收回金额为336.96万元，预计的使用寿命不变，预计净残值为12.96万元。取得资产的第25年12月31日，该企业将出租用房屋出售，获价款180万元，增值税率为10%。对该项业务，甲企业会计处理如下：

（1）12月10日，取得出租用的房屋建筑物时，记：

借：投资性房地产——出租用房屋　　4 000 000

　　贷：在建工程——建筑工程（出租用房屋）　　4 000 000

（2）下年1月31日，计提出租用房屋折旧时，记：

出租用房屋的月折旧额＝4 000 000×（1－4%）÷40÷12＝8 000（元）

借：其他业务成本　　8 000
　　贷：投资性房地产累计折旧　　8 000

至第5年12月31日，出租房屋的累计折旧金额 = 8 000 × 12 × 4 = 384 000（元）

至第5年12月31日，出租房屋的账面价值 = 4 000 000 − 384 000 = 3 616 000（元）

（3）每月收取租金收入1万元，并按10%计算应交增值税时，记：

借：银行存款　　11 000
　　贷：其他业务收入　　10 000
　　　　应交税费——应交增值税　　1 000

（4）第5年12月31日，计提出租用房屋减值准备时，记：

出租用房屋计提的减值准备金额 = 3 616 000 − 3 369 600 = 246 400（元）

借：资产减值损失——计提的投资性房地产减值准备　　246 400
　　贷：投资性房地产减值准备　　246 400

（5）第6年1月31日，计提出租用房屋折旧时，记：

出租房屋的月折旧额 =（3 369 600 − 129 600）÷（40 − 4）÷ 12
= 3 240 000 ÷ 36 ÷ 12 = 7 500（元）

借：其他业务成本　　7 500
　　贷：投资性房地产累计折旧　　7 500

（6）第25年12月31日，将出租用房屋出售时：

至第25年12月31日，出租房屋的累计折旧金额 = 8 000 × 12 × 4 + 7 500 × 12 × 20 = 384 000 + 1 800 000 = 2 184 000（元）

至第25年12月31日，出租房屋的账面价值 = 4 000 000 − 2 184 000 − 246 400 = 1 569 600（元）

确认取得出售收入，并计算增值税时，记：

借：银行存款　　1 980 000
　　贷：其他业务收入　　1 800 000
　　　　应交税费——应交增值税　　180 000

（7）注销出售投资性房地产账面价值时，记：

借：其他业务成本　　1 569 600
　　投资性房地产累计折旧　　2 184 000
　　投资性房地产减值准备　　246 400
　　贷：投资性房地产——出租用房屋　　4 000 000

二、后续计量采用公允价值模式的投资性房地产

采用公允价值模式计量的投资性房地产，还应当分别“成本”和“公允价值变动”对“投资性房地产”账户进行明细核算。该账户借方登记增加投资性房地产的成本、采用公允价值模式计量的投资性房地产在资产负债表日公允价值大于其原账面价值的差额；贷方登记处置的投资性房地产的账户余额、采用公允价值模式计量的投资性房地产在资产

负债表日公允价值小于其原账面价值的差额；期末余额在借方，反映的是投资性房地产的公允价值。

采用公允价值模式进行后续计量的投资性房地产，还应设置“公允价值变动损益”账户，该账户核算投资性房地产公允价值变动形成的应计入当期损益的利得或损失。借方登记资产负债表日投资性房地产的公允价值低于其账面余额的差额和处置投资性房地产时结转到“其他业务成本”账户贷方的累计公允价值变动利得；贷方登记资产负债表日投资性房地产的公允价值高于其账面余额的差额和处置投资性房地产时结转到“其他业务成本”账户借方的累计公允价值变动损失；期末，将该账户余额转入“本年利润”账户，结转后该账户无余额。

采用公允价值模式进行后续计量的投资性房地产，在后续期间的会计处理原则是：

（1）不对投资性房地产计提折旧或进行摊销。

（2）以资产负债表日投资性房地产的公允价值为基础调整其账面余额，公允价值大于其账面余额的差额，借记“投资性房地产——公允价值变动”账户，贷记“公允价值变动损益”账户；公允价值小于其账面余额的差额，借记“公允价值变动损益”账户，贷记“投资性房地产——公允价值变动”账户。

【例8－4】本年1月1日，甲企业以银行存款2 000万元购买一项土地使用权用于经营出租。该土地使用权的公允价值与取得成本相同。本年12月31日，该土地使用权的公允价值为2 400万元。第2年12月31日，该土地使用权的公允价值为2 300万元。对该项业务，甲企业会计处理如下：

（1）本年1月1日，取得土地使用权用于经营出租时，记：

借：投资性房地产——土地使用权（成本）	20 000 000	
贷：银行存款		20 000 000

（2）本年12月31日，土地使用权公允价值上升时，记：

借：投资性房地产——土地使用权（公允价值变动）	4 000 000	
贷：公允价值变动损益		4 000 000

（3）第2年12月31日，土地使用权公允价值下跌时，记：

借：公允价值变动损益	1 000 000	
贷：投资性房地产——土地使用权（公允价值变动）		1 000 000

三、投资性房地产后续计量模式变更的会计处理

为保证企业会计信息的可比性，投资性房地产的后续计量模式一经确定，不得随意变更。企业采用成本模式后续计量的投资性房地产，在房地产市场比较成熟，满足采用公允价值模式计量条件时，可以变更为采用公允价值模式计量。这一计量模式的改变视为会计政策变更进行处理，按照《企业会计准则第28号——会计政策、会计估计变更和差错更正》，需要进行追溯调整，按计量模式变更时公允价值与账面价值的差额调整期初留存收益。

已采用公允价作模式计量的投资性房地产，不得从公允价值模式转为成本模式。

投资性房地产由采用成本模式后续计量变更为采用公允价值模式计量的，在变更日将

该资产的公允价值作为变更后投资性房地产的账面价值，借记“投资性房地产——成本”账户，注销成本模式下投资性房地产的账面价值，借记“投资性房地产累计折旧”或“投资性房地产累计摊销”“投资性房地产减值准备”账户，贷记“投资性房地产”账户；按变更日投资性房地产的公允价值与其账面价值的差额，调整期初留存收益，借记或贷记“盈余公积”“利润分配——未分配利润”账户。

【例 8－5】甲企业将一幢厂房对外经营出租并对该投资性房地产采用成本模式进行后续计量。本年 1 月 1 日，甲企业持有的对外经营出租的厂房满足采用公允价值计量模式条件，甲企业决定采用公允价值模式对该厂房进行后续计量。本年 1 月 1 日，该厂房的原价为 9 000 万元，已计提折旧 270 万元，账面价值为 8 730 万元，公允价值为 9 500 万元。甲企业按净利润的 10% 计提法定盈余公积。对该项业务，甲企业会计处理如下：

借：投资性房地产——成本	95 000 000	
投资性房地产累计折旧	2 700 000	
贷：投资性房地产		90 000 000
利润分配——未分配利润		7 700 000
借：利润分配——未分配利润	770 000	
贷：盈余公积		770 000

第四节　投资性房地产的转换和处置

一、投资性房地产的转换

（一）投资性房地产用途转换的条件

企业有确凿证据表明房地产用途发生改变，满足下列条件之一的，应当将投资性房地产转换为其他资产或者将其他资产转换为投资性房地产：

（1）投资性房地产开始自用，即将投资性房地产转为自用房地产；

（2）作为存货的房地产改为出租，作为存货的房地产是指房地产开发企业将持有的开发产品以经营租赁方式出租给承租人的房地产；

（3）自用土地使用权停止自用，用于赚取租金或资本增值；

（4）自用建筑物停止自用，改为出租；

（5）房地产企业将用于经营出租的房地产重新开发用于对外销售，从投资性房地产转为存货。

（二）投资性房地产转换日的确定

（1）投资性房地产开始自用，其转换日为房地产达到自用状态，企业开始将房地产用于生产商品、提供劳务或者经营管理的日期。

（2）投资性房地产转换为存货，其转换日为租赁期届满、企业董事会或类似机构作出书面协议明确表明将其重新开发使用对外销售的日期。

（3）作为存货的房地产改为出租，或者自用建筑物、自用土地使用权停止自用改为出租，其转换日为租赁期开始日。租赁期开始日是指承租人有权行使其使用租赁资产权利的日期。

（三）投资性房地产用途转换的会计处理原则

1. 非投资性房地产转换为投资性房地产

企业将作为存货的房地产改用于出租，或将自用的土地使用权改用于出租或资本增值，或将自用房屋建筑物改用于出租，应将上述资产转换为投资性房地产。

（1）转换后投资性房地产采用成本模式进行后续计量。在成本模式下，企业应将其他资产转换前的账面价值作为转换后投资性房地产的入账价值。如果其他资产发生减值，计提的减值准备也应一并结转。

将作为存货的房地产转换为采用成本模式进行后续计量的投资性房地产的，按照该项存货在转换日的账面价值，借记“投资性房地产”账户；按照原已计提的存货跌价准备，借记“存货跌价准备”账户；按照该项存货的账面余额，贷记“开发产品”账户。

将自用房屋建筑物转换为投资性房地产的，按自用房屋建筑物在转换日的账面余额，借记“投资性房地产”账户，贷记“固定资产”账户；按自用房屋建筑物已计提的固定资产折旧，借记“累计折旧”账户，贷记“投资性房地产累计折旧”账户；按自用房屋建筑物已计提的减值准备，借记“固定资产减值准备”账户，贷记“投资性房地产减值准备”账户。

将自用土地使用权转换为投资性房地产的，按自用土地使用权在转换日的账面余额，借记“投资性房地产”账户，贷记“无形资产”账户；按自用土地使用权已累计摊销金额，借记“累计摊销”账户，贷记“投资性房地产累计摊销”账户；按自用土地使用权已计提的减值准备，借记“无形资产减值准备”账户，贷记“投资性房地产减值准备”账户。

【例8-6】本年12月31日，甲企业将企业自用的房屋一幢转为经营性出租用。该房屋的原值为600万元，已计提折旧360万元，已计提减值准备10万元。该房屋转为经营性出租用后，采用成本模式进行后续计量。对该项业务，甲企业会计处理如下：

借：投资性房地产——出租用房屋	6 000 000	
累计折旧	3 600 000	
固定资产减值准备	100 000	
贷：固定资产——生产经营用固定资产（房屋）		6 000 000
投资性房地产累计折旧		3 600 000
投资性房地产减值准备		100 000

（2）转换后投资性房地产采用公允价值模式进行后续计量。自用房地产或存货转换为采用公允价值模式计量的投资性房地产时，应将转换当日的公允价值作为投资性房地产的入账价值。如果其他资产发生减值，计提的减值准备也应一并结转。转换当日的公允价值小于原账面价值的，其差额计入当期损益；转换当日的公允价值大于原账面价值的，其差额计入其他综合收益。

将作为存货的房地产转换为采用公允价值模式后续计量的投资性房地产的，按照该项存货在转换日的公允价值，借记“投资性房地产——成本”账户；按照原已计提的存货跌价准备，借记“存货跌价准备”账户；按照该项存货的账面余额，贷记“开发产品”账户；按照转换日该项存货公允价值小于其原账面价值的差额，借记“公允价值变动损益”账户，或按照转换日该项存货公允价值大于其原账面价值的差额，贷记“其他综合收益”账户。

将自用的房地产转换为采用公允价值模式后续计量的投资性房地产的，按照该项自用房地产在转换日的公允价值，借记“投资性房地产——成本”账户；按自用房屋建筑物在转换日的账面余额，贷记“固定资产”账户；按自用房屋建筑物已计提的固定资产折旧，借记“累计折旧”账户；按自用房屋建筑物已计提的减值准备，借记“固定资产减值准备”账户；按照转换日该项自用房屋建筑物公允价值小于其原账面价值的差额，借记“公允价值变动损益”账户，或按照转换日该项自用房屋建筑物公允价值大于其原账面价值的差额，贷记“其他综合收益”账户。

将自用土地使用权转换为采用公允价值模式后续计量的投资性房地产的，应当按照该项自用土地使用权在转换日的公允价值，借记“投资性房地产——成本”账户；按该项自用土地使用权在转换日的账面余额，贷记“无形资产”账户；按自用土地使用权已累计摊销金额，借记“累计摊销”账户；按自用土地使用权已计提的减值准备，借记“无形资产减值准备”账户；按照转换日该项土地使用权公允价值小于其原账面价值的差额，借记“公允价值变动损益”账户，或按照转换日该项土地使用权公允价值大于其原账面价值的差额，贷记“其他综合收益”账户。

【例8－7】本年12月31日，甲企业将企业自用的房屋一幢转为经营性出租用。该房屋的原值为600万元，已计提折旧360万元，已计提减值准备10万元。该企业将自用房屋转为经营性出租用时满足了采用公允价值模式进行后续计量的条件，该房屋的公允价值为260万元。对该项业务，甲企业会计处理如下：

借：投资性房地产——出租用房屋（成本）	2 600 000	
累计折旧	3 600 000	
固定资产减值准备	100 000	
贷：固定资产——生产经营用固定资产（房屋）		6 000 000
其他综合收益		300 000

【例8－8】本年12月31日，甲企业将企业自用的房屋一幢转为经营性出租用。该房屋的原值为600万元，已计提折旧360万元，已计提减值准备10万元。该企业将自用房屋转为经营性出租用时满足了采用公允价值模式进行后续计量的条件，该房屋的公允价值为200万元。对该项业务，甲企业会计处理如下：

借：投资性房地产——出租用房屋（成本）	2 000 000	
累计折旧	3 600 000	
固定资产减值准备	100 000	
公允价值变动损益	300 000	
贷：固定资产——生产经营用固定资产（房屋）		6 000 000

2. 投资性房地产转换为非投资性房地产

投资性房地产转换为自用房地产或存货的，自用房地产或存货成本的确定也应考虑投资性房地产后续计量采用的模式。

（1）转换前投资性房地产采用成本模式进行后续计量。在成本模式下，企业应将投资性房地产转换前的账面价值作为转换后非投资性房地产的入账价值，借记“固定资产”“无形资产”“开发产品”账户，贷记“投资性房地产”账户；按照该项投资性房地产已计提的减值准备，借记“投资性房地产减值准备”账户，贷记“固定资产减值准备”“无形资产减值准备”“存货跌价准备”账户；按照该项投资性房地产已计提的累计折旧或累计摊销，借记“投资性房地产累计折旧”“投资性房地产累计摊销”账户，贷记“累计折旧”“累计摊销”账户。

【例8－9】本年8月1日，甲企业将出租在外的厂房收回，开始用于企业商品生产。该项房地产账面价值为185万元，其中原价200万元，累计已提折旧15万元。假设，甲企业采用成本模式计量。对该项业务，甲企业会计处理如下：

借：固定资产	2 000 000	
投资性房地产累计折旧	150 000	
贷：投资性房地产		2 000 000
累计折旧		150 000

（2）转换前投资性房地产采用公允价值模式进行后续计量。采用公允价值模式计量的投资性房地产转换为自用房地产时，应当以其转换当日的公允价值作为自用房地产的入账价值，公允价值与原账面价值的差额计入当期损益。转换日，按照该项投资性房地产的公允价值，借记“固定资产”“无形资产”“开发产品”账户；按照该项投资性房地产的成本，贷记“投资性房地产——成本”账户；按照该项投资性房地产公允价值变动累计金额，借记或贷记“投资性房地产——公允价值变动”账户；按其差额借记或贷记“公允价值变动损益”账户。

【例8－10】本年10月15日，甲企业因租赁期满，将出租的写字楼收回，开始作为办公楼用于本企业的行政管理。10月15日，该写字楼的公允价值为380万元。该项房地产在转换前采用公允价值模式计量，原账面价值为375万元，其中成本为350万元，公允价值变动为增值25万元。对该项业务，甲企业会计处理如下：

借：固定资产	3 800 000	
贷：投资性房地产——成本		3 500 000
——公允价值变动		250 000
公允价值变动损益		50 000

二、投资性房地产的处置

当投资性房地产被出售，或者永久退出使用且预计不能从其处置中取得经济利益时，应当终止确认该项投资性房地产，并计量投资性房地产处置损益，投资性房地产的处置损益为投资性房地产处置收入扣除其账面价值和发生的相关税费后的净额。按照企业会计准则的规定，出售投资性房地产的收入确认为营业收入。

如果投资性房地产按公允价值模式进行后续计量的，还应将原计入公允价值变动损益的累计金额，以及企业将自用房地产或作为存货的房地产转换为以公允价值模式计量的投资性房地产，在转换日原计入其他综合收益的转换资产公允价值大于账面价值的差额一并转出，转入处置当期损益。

（一）采用成本模式计量的投资性房地产处置

采用成本模式计量的投资性房地产处置时，应根据实际收到的全部价款，借记“银行存款”等科目；根据确认的收入，贷记“其他业务收入”科目；根据收取的增值税额，贷记“应交税费——应交增值税（销项税额）”科目。结转投资性房地产成本，根据累计折旧或累计摊销额，借记“投资性房地产累计折旧（摊销）”科目；根据投资性房地产的成本，贷记“投资性房地产”科目：按已计提的减值准备，借记“投资性房地产减值准备”科目；根据其差额，借记“其他业务成本”科目。

（二）采用公允价值模式计量的投资性房地产处置

采用公允价值模式计量的投资性房地产处置时，应根据实际收到的全部价款，借记“银行存款”等科目；根据确认的收入，贷记“其他业务收入”科目；根据收取的增值税额，贷记“应交税费——应交增值税（销项税额）”科目。结转投资性房地产成本，根据投资性房地产的初始成本，贷记“投资性房地产——成本”科目；根据公允价值变动，借记或贷记“投资性房地产——公允价值变动”科目；根据投资性房地产账面价值，借记“其他业务成本”科目。

同时，还要按出售投资性房地产公允价值变动额，借记或贷记“公允价值变动损益”科目，贷记或借记“其他业务成本”科目。如果该投资性房地产是由其他资产转换而来，转换时有计入其他综合收益的金额，也应一并结转，借记“其他综合收益”科目，贷记“其他业务成本”科目。

【例8-11】承〖例8-7〗该转作经营出租用的房屋第2年12月31日的公允价值为280万元。第3年5月10日企业将该房屋出售，取得收入310万元（不含增值税，假设增值税率为10%）。对该业务，企业应作如下账务处理：

第2年12月31日：

借：投资性房地产——出租用房屋（公允价值变动）	200 000	
贷：公允价值变动损益		200 000

第3年5月10日：

借：银行存款	3 410 000	
贷：其他业务收入		3 100 000
应交税费——应交增值税（销项税额）		310 000
借：其他业务成本	2 800 000	
贷：投资性房地产——出租用房屋（成本）		2 600 000
投资性房地产——出租用房屋（公允价值变动）		200 000

借：公允价值变动损益　　200 000
　　其他综合收益　　300 000
　　贷：其他业务成本　　500 000

知识题

1. 投资性房地产的范围是什么？其确认应符合哪些条件？其后续计量方法有几种，区别是什么？

2. 企业的投资性房地产后续计量模式的变更有什么规定？如何进行会计处理？

3. 企业将作为存货或自用的房地产转换为采用成本模式进行后续计量的投资性房地产，其确认、计量和记录的原则是什么？

4. 企业将作为存货或自用的房地产转换为采用公允价值模式进行后续计量的投资性房地产，其确认、计量和记录的原则是什么？

5. 企业将采用成本模式进行后续计量的投资性房地产转换为存货或自用房地产，其确认、计量和记录的原则是什么？

6. 企业将采用公允价值模式进行后续计量的投资性房地产转换为存货或自用房地产，其确认、计量和记录的原则是什么？

技能题

练习一

一、目的：掌握投资性房地产的会计处理。

二、资料：

第1年12月1日，某企业以银行存款200万元从活跃的房地产交易市场购买一幢房屋用于经营出租。企业采用公允价值模式对该房屋建筑物进行后续计量，预计该房屋建筑物的使用寿命为40年，预计净残值率为4%。该企业对出租的房屋建筑物按月收取租金，每月租金收入为0.5万元。第1年12月31日，该房屋的公允价值为210万元。第2年12月31日，该房屋的公允价值为192万元。第3年1月5日，该企业将出租用房屋出售，获价款165万元。

三、要求：编制投资性房地产取得、收取租金（只作1个月）、公允价值变动及处置的相关会计分录。

练习二

一、目的：掌握投资性房地产的会计处理。

二、资料：

甲企业发生如下事项：

(1) 2月1日，甲企业将出租在外的厂房收回，开始用于本企业生产商品。该项房地产账面价值为480万元，其中原价600万元，累计已提折旧120万元。假设甲企业采用成本计量模式。

（2）4月15日，甲企业因租赁期满，将出租的写字楼收回，开始作为办公楼用于本企业的行政管理。4月15日，该写字楼的公允价值为530万元。该项房地产在转换前采用公允价值模式计量，原账面价值为525万元，其中成本为500万元，公允价值变动为增值25万元。

（3）6月，甲企业打算搬迁至新建办公楼，由于原办公楼处于商业繁华地段，甲企业准备将其出租，以赚取租金收入。10月30日，甲企业完成了搬迁工作，原办公楼停止自用。并与乙企业签订了租赁协议，将其原办公楼租赁给乙企业使用，租赁期开始日为10月30日，租赁期限为3年。10月30日，该办公楼原价为1 000万元，已提折旧225万元，公允价值为750万元。假设甲企业对投资性房地产采用公允价值模式计量。

三、要求：做出甲企业相关会计分录。

练习三

一、目的：掌握投资性房地产的会计处理。

二、资料：

甲企业为一家房地产开发企业，3月10日，甲企业与乙企业签订了租赁协议，将其开发的一栋写字楼出租给乙企业使用，租赁期开始日为4月15日，4月15日该写字楼的账面余额为3 000万元，公允价值为3 200万元。12月31日，该项投资性房地产的公允价值为3 300万元。下年6月租赁期届满，企业收回该项投资性房地产，并以4 000万元出售，出售款项已收讫。甲公司采用公允价值模式计量，不考虑相关税费。

三、要求：做出相关会计分录。

练习四

一、目的：掌握投资性房地产的会计处理。

二、资料：

第1年12月16日，甲公司与丙公司签订了一项租赁协议，将一栋经营管理用写字楼出租给丙公司，租赁期为3年，租赁期开始日为第2年1月1日，年租金为300万元，于每年年初收取。相关资料如下：

（1）第1年12月31日，甲公司将该写字楼停止自用，准备出租给丙公司，拟采用成本模式进行后续计量，预计尚可使用36年，预计净残值为20万元，采用年限平均法计提折旧，不存在减值迹象。该写字楼于2006年12月31日达到预定可使用状态时的账面原价为2 020万元，预计使用年限为40年，预计净残值为20万元，采用年限平均法计提折旧。

（2）第2年1月1日，预收当年租金300万元，款项已收存银行。甲公司按月将租金收入确认为其他业务收入，并结转相关成本。

（3）第3年12月31日，甲公司考虑到所在城市存在活跃的房地产市场，并且能够合理估计该写字楼的公允价值，为提供更相关的会计信息，将投资性房地产的后续计量从成本模式转换为公允价值模式，当日该写字楼的公允价值为2 050万元。

（4）第4年12月31日，该写字楼的公允价值为2 200万元。

（5）第5年1月1日，租赁合同到期，甲公司为解决资金周转困难，将该写字楼出售给另一企业，价款为2 150万元，款项已收存银行。

甲公司按净利润的10%提取法定盈余公积，不考虑其他因素。

三、要求：

（1）编制甲公司第1年12月31日将该写字楼转换为投资性房地产的会计分录。

（2）编制甲公司第2年1月1日收取租金、1月31日确认租金收入和结转相关成本的会计分录。

（3）编制甲公司第3年12月31日将该投资性房地产的后续计量由成本模式转换为公允价值模式的相关会计分录。

（4）编制甲公司第4年12月31日确认公允价值变动损益的相关会计分录。

（5）编制甲公司第5年1月1日处置该投资性房地产时的相关会计分录。

（采用公允价值模式进行后续计量的投资性房地产应写出必要的明细科目；答案中的金额单位用万元表示。）

第九章

流动负债

【学习目标】

通过本章的学习，掌握应付账款、应付票据的会计处理，特别要求掌握带息商业汇票的会计处理，掌握短期借款、应付职工薪酬、应交税费、应付利息、应付股利、或有负债的会计处理；了解流动负债基本的概念、或有事项的基本概念和特征、或有负债的基本概念。

第一节　流动负债概述

一、负债概述

负债（liability）是指企业过去的交易或者事项形成的、预期会导致经济利益流出企业的现时义务。现时义务是指企业在现行条件下已承担的义务。未来发生的交易或者事项形成的义务，不属于现时义务，不应当确认为负债。一项义务同时满足以下条件时，可以确认为负债：

（1）与该义务有关的经济利益很可能流出企业；

（2）未来流出的经济利益的金额能够可靠地计量。

负债按偿付期限划分为流动负债和非流动负债（详见下一章）。流动负债（current liability）和非流动负债（non－current liability）的区分通常是1年，在1年内偿付的负债归为流动负债，在1年以上偿付的负债称为非流动负债。在实务中，也有以“一个营业周期”作为界限。

“营业周期”是指企业在正常的生产经营过程中从取得存货、接受劳务一直到销售商品和提供劳务，最后收取货款和劳务款这一时间跨度。通常制造业的经营周期较长，一般超过1年。

满足下列条件之一的，应当归类为流动负债：

（1）预计在一个正常营业周期中清偿；

（2）主要为交易目的而持有；

（3）自资产负债表日起 1 年内到期应予以偿还；

（4）企业无权自主地将清偿推迟到资产负债表日后 1 年以上。

企业对负债进行流动性分类时，应当采用相同的正常营业周期，企业正常营业周期中的经营性负债项目即使在资产负债表日后超过 1 年内予以清偿的，仍应当划分为流动负债。经营性负债项目包括应付账款、应付职工薪酬等项目，这些项目属于企业正常营业周期中使用的营运资金的一部分。

流动负债包括短期借款、应付票据、应付账款、预收账款、应付职工薪酬、应付股利、应交税费、其他暂收应付款项和 1 年到期的长期借款等。

二、流动负债的计价

从理论上讲，负债应以未来应偿付的现金的贴现值列示，但在实际工作中为简化核算，负债按实际发生额入账。根据企业会计准则相关规定，负债的计量属性主要包括：

（1）历史成本。负债按照因承担现时义务而实际收到的款项或者资产的金额，或者承担现时义务的合同金额，或者按照日常活动中为偿还负债预期需要支付的现金或者现金等价物的金额计量。

（2）重置成本。负债按照现在偿付该项债务所需支付的现金或者现金等价物的金额计量。

（3）现值。负债按照预计期限内需要偿还的未来净现金流出量的折现金额计量。

（4）公允价值。是指市场参与者在计量日发生的有序交易中，出售一次资产所能收到或者转移一项负债所需支付的价格。

三、流动负债的分类

1. 按流动负债产生的原因分类

（1）借贷形成的流动负债，如从银行和其他金融机构借入的短期借款；

（2）结算过程中产生的流动负债，如企业购入原材料已经到货，货款未付前形成的应付款项；

（3）经营过程中产生的流动负债，如应交税费、应付职工薪酬等；

（4）利润分配中产生的流动负债，如应付股利等。

2. 按流动负债应付金额是否肯定分类

（1）应付金额确定的流动负债。这类负债根据合同和协议或法律的规定具有确切的金额、债权人和付款日，并且到期必须偿还。

（2）应付金额视经营情况而定的流动负债。这类流动负债需待企业在一定的经营期末才能确定负债金额，在该经营期末结束前，负债金额不能确定，如应交税费——应交所得税。

（3）应付金额须予以估计的流动负债。这类流动负债在发生时，金额不能准确计量，只能进行估计。

第二节 应付账款与应付票据

一、应付账款

应付账款（accounts payable）是指因购买材料、商品或接受劳务供应等经营活动而应支付的款项。应以购买物资的所有权转移或接受劳务已发生为标志。

在实际工作中，应区别两种情况处理：

（1）在物资和发票账单同时到达的情况下，如果物资验收入库的同时支付货款的，则不通过"应付账款"账户核算；如果物资验收入库后仍未付款的，则按发票账单登记入账。

（2）在物资和发票账单不同时到达情况下，如果发票账单已到，物资未到，应直接根据发票账单注明的物资价款和运杂费，记入有关物资的成本和"应付账款"账户；如果物资已到，发票账单未到也无法确定实际成本的情况下，在月度终了，按照所购物资和应付债务估计入账，待下月初再用红字冲回。

应付账款应以应付金额入账（包括价、税），而不按到期应付金额的现值入账。如果购入的资产在形成一笔应付账款时是带有商业折扣的，应付金额应该按照扣除了商业折扣的金额进行计量；如果带有现金折扣的，应付账款入账金额按发票上的应付金额的总值入账。在这种情况下，应按发票记载的全部应付金额，借记有关账户，贷记"应付账款"账户。待实际发生现金折扣时，借记"应付账款"，贷记"银行存款"和"财务费用"账户。

为了总括反映企业因购买材料、物资、接受劳务等而产生的应付账款及其偿还情况，在会计核算中，应该设置"应付账款"账户进行核算。该账户贷方反映购货单位应支付的款项，其借方反映已经支付或已转销或已转作商业汇票结算方式的款项，期末贷方余额反映尚未支付的应付款项。由于债权单位撤销或其他原因而无法支付的应付账款，直接转入"营业外收入"账户，借记"应付账款"，贷记"营业外收入"账户。应付账款账户按供应单位设置明细账。

【例9-1】红星公司于5月6日购入材料一批，价款为1万元，增值税为1 300元，材料已验收入库，货款未付。

5月6日，根据有关原始凭证，编制会计分录如下：

借：原材料	10 000	
应交税费——应交增值税（进项税额）	1 300	
贷：应付账款		11 300

假设，在5月18日，红星公司偿还了上述款项，编制会计分录如下：

借：应付账款	11 300	
贷：银行存款		11 300

二、应付票据

（一）应付票据核算的内容

应付票据是指企业购买材料商品或因偿还债务开出、承兑的商业汇票，包括银行承兑汇票和商业承兑汇票。

商业汇票是由收款人或付款人（或承兑申请人）签发，由承兑人承兑，并于到期日向收款人或被背书人支付款项的票据。

在银行开立存款账户的法人以及其他组织之间须具有真实的交易关系或债权债务关系，才能使用商业汇票。商业汇票的付款期限最长不得超过 6 个月。如果开出的是商业承兑汇票，必须经付款方（购买单位）承兑；如果是银行承兑汇票必须由银行承兑，但银行承兑的票据，只是为收款人按期收回债权提供了信用保证，对付款人并承兑申请人来说，不会由于银行承兑而使这项负债消失。在商业汇票尚未到期之前，视为一笔负债，期末反映在资产负债表的应付票据项目内。

付款单位应在商业汇票到期之前，及时将款项足额交存其开户银行，可使银行在到期日凭票将款项划转给收款人、被背书人或贴现所在银行。单位在收到银行的付款通知时，据以编制付款凭证。

（二）应付票据的会计处理

为了反映单位由于商品交易而开出、承兑的商业汇票，会计核算中应设置“应付票据”账户。单位开出承兑汇票抵付货款时，借记“材料采购”或“在途物资”“应付账款”“应交税费——应交增值税（进项税额）”等账户，贷记该账户。支付银行承兑汇票手续费时，借记“财务费用”账户，贷记“银行存款”账户。收到银行支付本息通知时，借记本账户和有关支出账户，贷记“银行存款”账户。

各单位应设置“应付票据备查簿”，详细登记每一应付票据的种类、号数、签发日期、到期日、票面金额、收款人姓名或单位名称、付款日期和金额等详细资料。应付票据到期付清时，应在备查簿内逐笔注销。应付票据按是否带息，分为带息票据和不带息票据。

【例 9 - 2】某企业于 1 月 1 日按合同规定开出面值为 12 万元的不带息银行承兑汇票一张购买材料一批，价款 10.6195 万元，增值税 1.3805 万元，材料验收入库，支付承兑手续费 120 元，期限为 3 个月。4 月 1 日，该企业存款账户只有 8 万元，承兑银行无条件付款后，将差额 4 万元作为对该企业贷款处理。

根据有关原始凭证，编制会计分录为：

1 月 1 日：购买材料时，记：

借：原材料	106 195	
应交税费——应交增值税（进项税额）	13 805	
贷：应付票据		120 000

支付承兑手续费时，会计分录为：

借：财务费用	120	
贷：银行存款		120

4 月 1 日，票据到期时，会计分录为：

借：应付票据	120 000	
贷：银行存款		80 000
短期借款		40 000

采用银行承兑汇票方式下，如果付款人无力付款，由承兑银行支付，此笔款项作为承兑对付款单位的贷款处理，并按每天万分之五计收利息。

第三节　应付职工薪酬与应交税费

一、应付职工薪酬

（一）应付职工薪酬核算的内容

职工薪酬是指企业为获得职工提供的服务或解除劳动关系而给予的各种形式的报酬或补偿。职工薪酬包括短期薪酬、离职后福利、辞退福利和其他长期职工福利。企业提供给职工配偶、子女、受赡养人、已故员工遗属及其他受益人等的福利，也属于职工薪酬。

短期薪酬是指企业在职工提供相关服务的年度报告期间结束后 12 个月内需要全部予以支付的职工薪酬，因解除与职工的劳动关系给予的补偿除外。短期薪酬具体包括：职工工资、奖金、津贴和补贴，职工福利费，医疗保险费、工伤保险费和生育保险费等社会保险费，住房公积金，工会经费和职工教育经费，短期带薪缺勤，短期利润分享计划，非货币性福利以及其他短期薪酬。

带薪缺勤是指企业支付工资或提供补偿的职工缺勤，包括年休假、病假、短期伤残、婚假、产假、丧假、探亲假等。利润分享计划，是指因职工提供服务而与职工达成的基于利润或其他经营成果提供薪酬的协议。

离职后福利是指企业为获得职工提供的服务而在职工退休或与企业解除劳动关系后，提供的各种形式的报酬和福利，短期薪酬和辞退福利除外。

辞退福利是指企业在职工劳动合同到期之前解除与职工的劳动关系，或者为鼓励职工自愿接受裁减而给予职工的补偿。

其他长期职工福利是指除短期薪酬、离职后福利、辞退福利之外所有的职工薪酬，包括长期带薪缺勤、长期残疾福利、长期利润分享计划等。

企业提供给职工配偶、子女、受赡养人、已故员工遗属及其他受益人等的福利，也属于职工薪酬。

职工薪酬中的“职工”包括与企业订立正式劳动合同的所有人员（含全职、兼职和临时职工），企业正式任命的人员（如董事会、监事会和内部审计委员会成员等），未与企业订立劳动合同或未由其正式任命，但向企业所提供服务与职工所提供服务类似的人员也属于职工的范畴，包括通过企业与劳务中介公司签订用工合同而向企业提供服务的人员。

（二）短期薪酬会计处理

为了总括反映企业与职工之间工资的结算和分配关系，按照实际发生数确认负债，并计入当期损益或相关资本成本。企业应该设置“应付职工薪酬”账户，该账户贷方反映应付职工的职工薪酬，借方反映实际支付给职工的薪酬，期末贷方余额反映应付未付的款项。该账户可以根据“工资”“职工福利”“社会保险费”“住房公积金”“工会经费”“职工教育经费”“非货币性福利”“辞退福利”“股份支付”等设置明细账户。生产部门人员的职工薪酬，借记“生产成本”“制造费用”“劳务成本”账户；应由在建工程或研发支出负担的职工薪酬，借记“在建工程”或“研发支出”账户；管理部门、销售人员的职工薪酬，借记“管理费用”“销售费用”账户，贷记“应付职工薪酬”账户。

企业以自产产品发放职工薪酬的，借记“管理费用”“生产成本”“制造费用”等账户，贷记“应付职工薪酬”账户；无偿向职工提供住房等固定资产使用的，按照应该计提的折旧数额，借记“管理费用”“生产成本”“制造费用”等账户，贷记“应付职工薪酬”账户，同时借记“应付职工薪酬”账户，贷记“累计折旧”账户；租赁住房等资产供职工无偿使用的，按每期支付的租金，借记“管理费用”“生产成本”“制造费用”等账户，贷记“应付职工薪酬”账户。因解除与职工的劳动关系而给与的补偿，借记“管理费用”账户，贷记“应付职工薪酬”账户。

向职工发放工资、福利、津贴和补贴时，借记“应付职工薪酬”账户，贷记“银行存款”“库存现金”“应交税费——应交个人所得税”；支付的职工教育经费和工会经费，借记“应付职工薪酬”账户，贷记“银行存款”账户；按照规定支付的社会保险费和住房公积金，借记“应付职工薪酬”账户，贷记“银行存款”账户；企业以其产品发放职工福利的，借记“应付职工薪酬”账户，贷记“主营业务收入”账户，同时结转成本；支付供职工无偿使用的住房等资产的租金时，借记“应付职工薪酬”账户，贷记“银行存款”账户；企业支付因解除劳动关系而给与职工的补偿时，借记“应付职工薪酬”账户，贷记“银行存款”账户。

企业（外商）按照规定从净利润中提取的职工奖励和福利基金，借记“利润分配——提取的职工福利及奖励基金”账户，贷记“应付职工薪酬”账户。

【例9-3】某企业月终分配工资费用，从事产品生产的人员工资为13万元，车间管理人员工资3万元，厂部管理人员工资6.6万元，根据有关原始凭证编制会计分录为：

借：生产成本	130 000	
制造费用	30 000	
管理费用	66 000	
贷：应付职工薪酬		226 000

【例9-4】某企业于月初发放工资22.6万元，扣除个人所得税6 000元，根据有关原始凭证编制会计分录：

（1）取现时，会计分录为：

应支取现金额＝226 000－6 000＝220 000（元）

借：库存现金　　220 000

　　贷：银行存款　　220 000

（2）发放工资时，会计分录为：

借：应付职工薪酬　　226 000

　　贷：库存现金　　220 000

　　　　应交税费——应交个人所得税　　6 000

【例9－5】某公司为一家彩电生产企业，共有职工300人，其中生产人员260人，管理人员40人，2月公司以其生产的成本为1万元的液晶彩电作为福利发放给公司每名职工。该型号液晶彩电的售价为每台1.38万元，适用的增值税率为13%。

（1）发放福利时，根据相关凭证，记：

借：应付职工薪酬　　4 678 200

　　贷：主营业务收入　　4 140 000

　　　　应交税费——应交增值税（销项税额）　　538 200

同时结转成本时，根据相关凭证，记：

借：主营业务成本　　3 000 000

　　贷：库存商品　　3 000 000

（2）月末计入成本或费用，记：

借：生产成本　　4 054 440

　　　　管理费用　　623 760

　　贷：应付职工薪酬　　4 678 200

【例9－6】企业为高级管理人员免费提供住房一套，租金共计5万元。

（1）支付租金时，根据相关凭证，记：

借：应付职工薪酬　　50 000

　　贷：银行存款　　50 000

（2）月末计入成本或费用，根据相关凭证，记：

借：管理费用　　50 000

　　贷：应付职工薪酬　　50 000

【例9－7】企业由于转产将第一车间职工辞退，每人补偿2万元，第一车间共有职工50名。

（1）支付补偿金时，根据相关凭证，记：

借：应付职工薪酬　　1 000 000

　　贷：银行存款　　1 000 000

（2）月末计入成本或费用，根据相关凭证，记：

借：管理费用　　1 000 000

　　贷：应付职工薪酬　　1 000 000

带薪缺勤可以分为累积带薪缺勤与非累积带薪缺勤。累积带薪缺勤是指带薪权利可以结转下期的带薪缺勤，本期尚未用完的带薪缺勤可以在未来期间使用。

非累积带薪缺勤是指带薪权利不能结转下期的带薪缺勤，本期尚未用完的带薪缺勤将予以取消，并且职工离开企业时也无权获得现金支付。

【例9－8】某公司共有330名职工，从当年1月1日起，该公司实行累积带薪缺勤制度。该制度规定，每个职工每年可以享受16个工作日带薪年假，未使用年假可以结转到下一年。超过1年未使用的权利将作废，休年假时间，优先使用当年可以享受的权利，不足部分再从上年结转的带薪年假中扣除，职工离开公司时，对使用的累积带薪年假无权获得现金支付。当年每个职工平均未使用带薪年假为12天。

分析：当年12月31日，每个职工当年平均未使用带薪年假为12天，该公司预计下一年有220名职工将享受不超过16天的年假，剩余110名职工将平均享受18.5天年假，假定这110名职工全部为总部管理人员，该公司平均每名职工每个工作日的工资为380元。

综上，公司应该预计当年享有但尚未使用的、预期将在下一年度使用的累积带薪缺勤，并计入当期损益。金额为：

110×(18.5－16)×380元＝104 500（元）

月末根据相关凭证，记：

借：管理费用　　104 500

　　贷：应付职工薪酬　　104 500

（三）利润分享计划

利润分享计划同时满足下列条件的，企业应当确认相关的应付职工薪酬：

（1）企业因过去事项导致现在具有支付职工薪酬的法定义务或推定义务；

（2）利润分享计划所产生的应付职工薪酬义务金额能够可靠估计。属于下列三种情形之一的，视为义务金额能够可靠估计：

第一，在财务报告批准报出之前企业已确定应支付的薪酬金额；

第二，该短期利润分享计划的正式条款中包括确定薪酬金额的方式；

第三，过去的惯例为企业确定推定义务金额提供了明显证据。

如果企业在职工为其提供相关服务的年度报告期间结束后12个月内，不需要全部支付利润分享计划所产生的应付职工薪酬，该利润分享计划应当归属于其他长期职工福利。

企业根据经营业绩或职工贡献等情况提取的奖金属于奖金计划，应当比照短期利润分计划进行处理。

（四）离职后福利

离职后福利分为设定提存计划和设定受益计划。

设定提存计划是指向独立的基金缴存固定费用后，企业不再承担进一步支付义务的离职后福利计划。企业应当在职工为其提供服务的会计期间，将根据设定提存计划计算的应缴存金额确认为负债，并计入当期损益或相关资产成本。

设定受益计划是指除设定提存计划以外的离职后福利计划，通常包括下列4个步骤：

（1）精算假设和折现。精算假设是指企业对影响离职后福利最终义务的各种变量的最佳估计。

第一，计量设定受益计划所产生的义务，并确定相关义务的归属期间；

第二，将设定受益计划所产生的义务折现，确定设定受益计划义务现值和当期服务成本。

（2）设定计划存在计划资产的确定。

设定受益计划净负债或净资产 = 设定受益计划义务现值 - 设定受益计划公允价值

（3）确定应当计入当期损益的金额。

（4）确定应当计入其他综合收益的金额。

【例 9 - 9】甲公司在某年 1 月 1 日设立了一项设定受益计划，并于当日开始实施。该设定受益计划规定：（1）甲公司为职工在退休后每年可以额外获得 12 万元退休金，直至去世。（2）职工获得必须在该计划开始日起一直为公司服务至退休。假定符合计划的职工 100 人，目前平均年龄 40 岁，60 为退休年龄，退休后平均寿命 15 年，适用的折现率为 10%，并且假设不考虑未来通过膨胀影响等其他因素。①

计算设定受益计划业务及其现值见表 9 - 1，计算职工服务期间每期服务成本见表 9 - 2。

表 9 - 1　　　　计算设定受益计划业务及其现值　　　　单位：万元

项 目	退休后 1 年	退休后 2 年	退休后 3 年	…	退休后 14 年	退休后 15 年
当年支付	1 200	1 200	1 200	…	1 200	1 200
折现率	10%	10%	10%	…	10%	10%
复利现值系数	0. 9091	0. 8264	0. 7513	…	0. 2633	0. 2394
现值	1 091	992	902	…	316	287
退休时点现值合计	9 127					

表 9 - 2　　　　计算职工服务期间每期服务成本　　　　单位：万元

服务年份	服务第 1 年	服务第 2 年	…	服务第 19 年	服务第 20 年
福利归属					
——以前年度	0	456. 35	…	8 214. 3	8 670. 65
——当年（平均）	456. 35	456. 35	…	456. 35	456. 35
前两项累加	456. 35	912. 7	…	8 670. 65	9 127
期初义务	0	74. 62	…	6 788. 68	7 882. 41
利息	0	7. 46	…	678. 87	788. 24
当期服务成本	74. 62*	82. 08	…	414. 86	456. 35
期末义务	74. 62	164. 16	…	7 882. 41	9 127

注：* 表示 $74.62 = \frac{456.35}{(1+10\%)^{19}}$。

① 财政部会计司：《企业会计准则第 9 号——职工薪酬》，中国财政经济出版社 2014 年版，第 34 页。

服务第 1 年末，会计分录为：

借：管理费用（或相关资产成本） 746 200

　　贷：应付职工薪酬——设定受益计划义务 746 200

服务第 2 年末，会计分录为：

借：管理费用（或相关资产成本） 820 800

　　贷：应付职工薪酬——设定受益计划义务 820 800

借：财务费用（或相关资产成本） 74 600

　　贷：应付职工薪酬——设定受益计划义务 74 600

其他年度略。

（五）其他长期福利

其他长期福利包括长期带薪缺勤、长期残疾福利、长期利润分享计划。

二、应交税费

企业在其经济活动中要发生纳税行为，必须交纳税金，税金在尚未交纳前就形成企业的一项流动负债。企业为核算其应交纳的各种税金应设置“应交税费”账户进行核算，主要包括增值税、消费税、城市维护建设税、教育费附加和所得税等。基于财务会计与税务会计分离的原则，本书仅按税种大类，简述其基本的会计处理，具体处理方法，在税务会计课程中讲述。

1. 应交流转税

在流转税中，增值税属于价外税，应当在“应交税费”科目下设置“应交增值税”“未交增值税”“预交增值税”“待抵扣进项税额”“待认证进项税额”“待转销项税额”“转让金融商品应交增值税”“简易计税”“代扣代交增值税”等明细科目。账户进行会计处理，并根据核算要求在“应交增值税”二级明细账户下设置若干明细项目，如进项税额、销项税额、出口退税、已交税金、进项税额转出等。

其他流转税及附加在计算已交税额后，应通过“税金及附加”等账户核算。

2. 应交所得税

见本书第十一章相关内容。

3. 应交其他税种

计算出应交税额后，会计分录为：

借：税金及附加

　　贷：应交税费——应交××税

三、缴纳税金的会计处理

企业按规定时间实际上缴时，会计分录为：

借：应交税费——应交××税
　　贷：银行存款

第四节　短期借款与其他流动负债

一、短期借款

短期借款是指企业借入的期限在1年之内的借款。借款利息按期支付（季度、半年），或者借款利息于借款到期日连同本金一并归还，并且数额较大的，为了正确地体现支出与收入的相互配比，可以采用预提的方式按月预提借款利息。预提时，借记“财务费用”账户，贷记“应付利息”账户；实际支付时，按照已经预提的金额，借记“应付利息账户”，按实际支付金额与预提数的差额（尚未提取的部分），借记“财务费用”账户，按实际支付的利息金额，贷记“银行存款”账户。

如果企业的利息是按月支付的，或者是借款利息在借款到期时同本金一并归还，数额较小的，则在实际支付时，计入“财务费用”账户，贷记“银行存款”账户。

【例9-10】某企业于1月1日向银行借入30万元，借款期限为1年，借款年利率为10%，借款合同规定按季支付利息，该笔借款用于借款单位的产品生产活动，根据有关凭证编制会计分录。

（1）取得借款时，会计分录为：

借：银行存款	300 000	
贷：短期借款		300 000

（2）月末计提利息（采用预提的方法）时，会计分录为：

借：财务费用（300 000×10%÷12）	2 500	
贷：应付利息		2 500

（3）每季度末支付利息时，会计分录为：

借：应付利息	5 000	
财务费用	2 500	
贷：银行存款		7 500

（4）归还借款本金时，会计分录为：

借：短期借款	300 000	
贷：银行存款		300 000

二、预收账款

预收账款是买卖双方协议商定，由购货方预先支付一部分货款给供货方而发生的一项负债。预收账款是否单独设立账户核算，应视供货企业的具体情况而定。如果企业预收业务比较多，可以设置“预收账款”账户核算；预收业务不多的企业可以不设置“预收账款”账户，直接计入“应收账款”的相关贷方。若单独设置“预收账款”账户，则预收时，计入该账户的贷方，发出货物时，计入该账户的借方。

三、应付股利

企业作为独立核算的经济实体，对其实现的经营成果除了按照税法及有关部门法规规定交税、交费外，还必须对投资者投入的资金给予一定的回报，作为投资者应该分享的所得税后的利润分配，取得投资收益。因此，企业分配给投资者现金股利或利润，在实际支付给投资者之前，形成了一笔负债。在会计核算中设置“应付股利”账户核算。应付股利包括应付给投资者的现金股利、应付给国家以及其他单位和个人的利润等。企业与其他单位或个人的合作项目，如按协议或合同规定，应支付个其他单位或个人的利润也通过“应付股利”账户核算。

董事会提请股东大会批准拟分配给股东的现金股利或股利，不做账务处理；股东大会或类似权力机构批准的年度利润分配方案，借记“利润分配——应付现金股利”账户，贷记“应付股利”账户。

四、其他应付款

其他应付款包括：应付经营租入固定资产租金和包装物租金，职工未按期领取的工资，存入保证金，应付、暂收所属单位、个人的款项，其他应付、暂收款项。

企业采用售后回购方式融入资金的，应按实际收到的金额，借记“银行存款”账户，贷记“其他应付款”账户，回购价与原销售价之间的差额，应在售后回购期间按期计提利息，借记“财务费用”账户，贷记“其他应付款”账户；按照合同约定购回商品时，借记“其他应付款”账户，贷记“银行存款”账户。

【例9-11】甲公司于7月1日向乙公司销售商品，价格为60万元，成本为45万元，约定于11月1日以64万元价格购回，增值税率为13%。

甲公司出售商品时，会计分录为：

借：银行存款	678 000	
贷：其他应付款		600 000
应交税费——应交增值税（销项税额）		78 000

分期计提利息时，会计分录为：

借：财务费用	10 000	
贷：其他应付款		10 000

回购商品时，会计分录为：

借：其他应付款	640 000	
应交税费——应交增值税（进项税额）	83 200	
贷：银行存款		723 200

第五节　预计负债与或有负债

一、或有事项概述

1. 或有事项的定义

或有事项是指过去的交易或事项形成的，其结果由某些未来事项的发生或不发生才能决定的不确定事项。

2. 或有事项的形式

常见的或有事项有未决诉讼或未决仲裁、债务担保、产品质量保证（包括产品安全担保）、承诺、亏损合同、重组义务和环境污染整治等。

3. 或有事项的特点

（1）或有事项是由过去交易或事项形成的。或有事项作为一种不确定事项，是由企业过去的交易或者事项形成的。由过去的交易或者事项形成，是指或有事项的现存状况是由过去交易或者事项引起的客观存在。

（2）或有事项的结果具有不确定性。或有事项结果的不确定性，主要体现在发生的具体时间或金额具有不确定性。例如，债务担保中担保方在债务到期时是否承担和履行连带责任，需要根据被担保方是否按时还款决定。其结果在担保协议签订时是无法确定的。

（3）或有事项的结果由未来事项决定。或有事项发生时，将来对企业产生的是有利影响还是不利影响，以及带来的影响有多大，在或有事项发生时是很难确定的。例如，产品质量担保，其费用是否发生，以及带来的影响有多大，必须等到未来产品产生维修范围内的具体事项时才能决定。

4. 或有事项的内容

或有事项的可能结果会形成资产、负债、或有资产、或有负债等，本节主要阐述或有负债。或有负债是指过去的交易或事项形成的潜在义务，其存在须通过外来不确定事项的发生或不发生予以证实；或过去的交易或事项形成的现时义务，履行该义务不是很可能导致经济利益流出企业或该义务的金额不能可靠计量。

无论是潜在义务还是现时义务，或有负债均不符合负债的确认条件，因为不能在财务报表中予以确认，但应当在财务报表附注中披露有关信息：或有负债的种类及其形成原因、经济利益流出不确定性的说明、预计产生的财务影响以及获得补偿的可能性。

二、或有负债的会计处理

（一）或有负债的确认

与或有事项相关的义务同时满足下列条件的，应当确认为负债，作为预计负债进行确认和计量：

1. 该义务是企业承担的现时义务

这里所指的义务包括法定义务和推定义务。其中，法定义务是指因合同、法规或其他司法解释等产生的义务，通常是企业在经济管理和经济协调中，依照法律、法规的规定必须履行的义务。推定义务，是指因企业的特定行为而产生的义务。企业的“特定行为”，指企业以往的习惯做法、已经公开的承诺或已经公开宣战的经营政策。假定某企业的生产经营活动会对周围环境造成污染，但目前法律及法规没有对该行为进行惩罚和限制，而企业为了维护自己的公众形象，自愿对环境污染进行治理，并进行了公告，此项义务就是企业的推定义务。

2. 履行该义务很可能导致经济利益流出企业

基本确定是指或有事项发生的可能性大于95%但小于等于99%的；很可能是指或有事项发生的可能性大于50%但小于等于95%；可能是指或有事项发生的可能性大于5%但小于等于50%；极小可能是指或有事项发生的可能性大于0%但小于等于5%。

3. 该义务的金额能够可靠地计量

该义务的金额能够可靠地计量，是指与或有事项相关的现时义务的金额能够合理地估计。与确定性负债不同，或有事项形成的现时义务需要估计，只有在其金额能够可靠估计且满足上述两个条件时，企业才能确认该义务为负债。

（二）预计负债的计量

1. 或有负债应当按照最佳估计数进行初始计量

（1）所需支出存在一个连续范围最佳估计数的确定。所需支出存在一个连续范围最佳估计数且该范围内各种结果发生的可能性相同的，最佳估计数应当按照该范围内的中间值确定。例如，某企业因违反合同，预计赔偿金额在100万～120万元，在资产负债表日，企业应当预计的负债金额为(100＋120)÷2＝110万元。

（2）在其他情况下最佳估计数的确定。

第一，涉及单个项目或有事项最佳估计数的确定。如果或有事项涉及单个项目的，按照最有可能发生的金额确定。

第二，涉及多个项目或有事项最佳估计数的确定。如果或有事项涉及多个项目的，应当按照各种可能结果及相关概率计算确定。

2. 预计可获得补偿的处理

如果企业清偿应为或有事项而确认的负债所需之处全部或部分预期由第三方或其他方补偿，则此项补偿金额只有在基本确定能收到时，确认为资产，且确认的补偿金额不能超过所确认负债的账面价值。如：发生交通事故等情况时，企业通常可以从保险公司获得合理的赔偿。

3. 预计负债账面价值的复核

企业应当在资产负债表日对或有负债的账面价值进行复核，有确凿证据证明该账面价值不能真实反映当前最佳估计数的，应当按照当前最佳估计数对该账面价值进行调整。

（三）或有负债的会计处理

【例9－12】某公司某月生产产品1万件，销售收入为10万元，根据产品质量担保条款，该产品售出半年内，发生正常质量问题，企业负责免费维修。根据以往销售经验，企业发生较小质量问题，发生的维修费用为销售收入的1%；发生较大的质量问题，维修费用为销售收入的2%，本月销售的产品预计80%不会有质量问题，10%有较小质量问题，10%有较大质量问题。

根据上述资料，企业此月应预计的负债金额为：

100 000×80%×0＋100 000×10%×1%＋100 000×2%×10%＝300（元）

企业编制会计分录为：

借：销售费用　　300

　　贷：预计负债　　300

（四）亏损合同

亏损合同是指履行合同义务不可避免会发生额成本超过预期经济利益的合同。亏损合同产生的义务符合或有负债的确定条件的，应当确认为负债。企业对亏损合同进行的会计处理，需要遵循下列原则：

如果与亏损合同相关的义务不需支付任何补偿即可撤销，企业通常就不存在现时义务，不应确认为或有负债；如果与亏损合同相关的义务不可撤销，企业就存在了现时义务，同时满足该义务很可能导致经济利益流出企业且金额能够可靠计量的，应当确认为或有负债。

亏损合同存在标的资产的，应当对标的资产进行减值测试并按照规定确认减值损失，在这种情况下，企业通常不需确认或有负债；如果或有负债超过该减值损失的，应当将超过部分确认为或有负债；合同不存在标的资产的，亏损合同相关义务满足或有负债确认条件时，应当确认或有负债。

【例9－13】某公司与甲公司签订了不可撤销合同，预订在第2年初以每件300元的价格向甲公司提供商品2 000件，如果违约，将向甲公司赔偿总价款10%的违约金。公司开始生产商品时，市场上原材料价格突变，预计商品的单位成本将超过合同单价。

（1）如果商品的单位成本为320元。

履行合同发生的损失为＝2 000×(320－300)＝40 000（元）

不履行合同支付的违约金＝2 000×300×10%＝60 000（元）

则资产负债表日，公司选择履行合同的损失和不履行合同支付的违约金两者中的较低者，生产产品；以其金额确认为公司的或有负债，即40 000元，会计分录为：

借：营业外支出　　40 000

　　贷：预计负债　　40 000

待产品完工后，将已经确认的负债冲减产品的成本，会计分录为：

借：预计负债　　40 000

　　贷：库存商品　　40 000

（2）如果商品的单位成本为400元。

履行合同发生的损失为＝2 000×(400－300)＝100 000（元）

不履行合同支付的违约金＝2 000×300×10%＝60 000（元）

则资产负债表日，公司选择履行合同的损失和不履行合同支付的违约金两者中的较低者，不生产产品，仅支付违约金；以其金额确认为公司的预计负债，即 60 000 元，会计分录为：

借：营业外支出　　60 000

　　贷：预计负债　　60 000

支付违约金时，会计分录为：

借：预计负债　　60 000

　　贷：银行存款　　60 000

第六节　流动负债与或有负债的列报和披露

一、流动负债的列报和披露

1. 流动负债的列报

资产负债表中，企业应当根据流动负债科目余额列报比较数据，以此满足使用者需求。但是，“预收账款”项目在列报时，要根据“应收账款”和“预收账款”明细账户的贷方余额合并填列；“应付账款”项目在列报时，要根据“应付账款”和“预付账款”明细账户的贷方余额合并填列。未执行新金融准则和收入准则的企业，“其他应付款”项目应根据“应付利息”“应付股利”“其他应付款”合计填列。

非流动负债中有一年到期的，应当列报在流动负债中的“一年到期的非流动负债”项目中。

2. 流动负债的披露

在列报流动负债后，如果有必要，企业还应当在会计报表附注中披露流动负债的相关重要信息，例如与流动负债相关的会计政策和会计估计等。

二、或有负债的列报和披露

1. 预计负债的列报和披露

在资产负债表中，或有事项形成的预计负债与其他负债有明显的差异，应当单独列报。如果企业因为多项或有事项确认了预计负债，在资产负债表上一般只需通过“预计负债”总括反映；在利润表中，应与其他费用或支出项目合并反映。例如，企业因产品质量保证确认负债时所确认的费用，在利润表中应当作为“销售费用”合并反映，企业对其他单位提供债务担保所确认的费用，在利润表中应当作为“营业外支出”的组成部分予以合并反映。

为了使报表使用者获取充分、详细的有关或有事项的信息，企业应当在会计报表的附注中披露以下内容：

（1）预计负债的种类、形成原因以及经济利益流出不确定性的说明；

（2）各类预计负债的期初、期末余额和本期变动情况；

（3）与预计负债有关的预期补偿金额和本期已经确认的预期补偿金额。

2. 或有负债的披露

或有负债无论是潜在义务还是现时义务，均不符合负债的确认条件，因而不予确认。但是，除非或有负债极小可能导致经济利益流出企业，否则企业应当在附注中披露有关信息，具体包括：

（1）或有负债的种类及其形成原因；

（2）经济利益流出不确定的说明；

（3）或有负债预计产生的财务影响，以及获得补偿的可能性；无法预计的，应当说明原因。

需要注意的是，在涉及未决诉讼、未决仲裁的情况下，如果披露全部或部分信息预期对企业会造成重大不利影响，企业无须披露这些信息，但应当披露该未决诉讼、未决仲裁的性质，以及没有披露这些信息的事实和原因。

知识题

1. 何谓流动负债？流动负债包括哪些内容？
2. 简述流动负债的分类。
3. 简述应付账款和应付票据的主要区别。
4. 简述应付职工薪酬的会计处理方法。
5. 简述预收账款账户结构。
6. 简述或有事项的概念、种类和特征。
7. 简述或有负债的概念和披露要求。
8. 简述预计负债的列报与披露。

技能题

一、目的：掌握流动负债的会计处理。

二、资料：

振华公司某月发生如下经济业务：

1. 从银行借款10万元，借款3个月。

2. 从甲企业购买材料一批，价款为1万元，增值税率为13%，未付款，材料验收入库。

3. 从乙企业购买材料一批，价款为2万元，增值税率为13%，开出商业承兑汇票一张，利率为3%。

4. 结转当月工资费用，其中生产工人工资12万元，管理人员工资3万元。

5. 某企业于3月1日从银行借入20万元，借款期限为6个月，年利率为6%，按季支付利息。

6. 某电脑生产厂家为20名高级管理人员本期发放奖励，每人奖励笔记本电脑一部，价值1.2万元，成本为1万元企业适用的增值税税率为13%。

7. 某企业因违法合同，预计赔偿金额在150万～160万元。

三、要求：在资产负债表日，试确认企业应当预计的负债金额并作出会计分录。

案例分析

在证监会上市公司高管股权激励管理实施办法出台一个多月后，国内首家上市公司期权激励计划公布于众。2006年2月15日，中捷股份（002021）公告显示，中捷股份授予10名高管510万股股票期权，股票来源为向激励高管定向发行，每份股票期权拥有自授权日起5年内的可行权日以6.59元的价格购买一股中捷股份股票的权利。该510万股股票占激励计划签署时中捷股份股本总额13 760万股的3.71%。510万股期权的比例分配是：总经理李瑞元持有14.71%，董事长秘书单升元、副总经理徐仁舜、财务总监唐为斌、副总经理张志友以及监事会主席金启祝分别持有10.78%，监事崔国英、伍静安、副总经理蔡开善、汪明健分别持有7.84%。具体的行权条件规定，激励对象获授股票期权必须同时满足三个条件，即根据《中捷缝纫机股份有限公司股票期权激励计划实施考核办法》，激励对象上一年度绩效考核合格；中捷股份上一年度加权平均净资产收益率不低于10%；中捷股份上一年度扣除非经常性损益后的加权平均净资产收益率不低于10%。

（资料来源：《经济观察报》2006年2月18日，作者：尹先凯，有删减）

案例分析要求：

1. 股权激励是不是治理上市公司弊端的灵丹妙药？

2. 中捷股份公司应该怎样进行会计处理？

第十章

非流动负债

【学习目标】

通过本章的学习，掌握借款费用资本化与费用化的界定、长期借款与应付债券的会计处理方法及非流动负债的列报等；了解非流动负债与流动负债的区别、非流动负债的特点、非流动负债的披露。

第一节 非流动负债概述

一、非流动负债的概念和特点

（一）非流动负债概念及其与流动负债的区别

流动负债以外的负债为非流动负债，非流动负债亦称长期负债（long－term liability）。它是指偿还期在1年或者超过1年的一个营业周期以上的债务，包括长期借款、应付债券、长期应付款等。非流动负债应当按照其性质分类在资产负债表中列示，如长期借款、应付债券、长期应付款等。

被企业划分为持有待售的非流动负债和偿还期在1年以内的非流动负债应当从非流动负债中扣除，单独划分为流动负债，在资产负债表中列示。

对于在资产负债表日起1年内到期的负债，企业有意图且有能力自主地将清偿义务展期至资产负债表日后1年以上的，应当归类为非流动负债；不能自主将其清偿义务展期的，及时在资产负债表后、财务报告批准报出日前牵动了重新安排清偿计划协议，该负债仍然应当划分为流动负债。

企业在资产负债表日或之前违反了长期借款协议，导致贷款人可以随时要求清偿的负债，应当归类为流动负债。贷款人在资产负债表日或之前同意提供在资产负债表日后1年以上的宽限期，在此期限企业能够修正违约行为，且贷款人不能要求随时清偿的，该项负债应当归类为非流动负债，其他负债的划分方法可参照此原则，即企业是否有延展流动负债的主动权。

（二）非流动负债的特点

（1）保证非流动负债得以偿还的基本前提是企业有足够的现金流，除了按期偿还流动性负债不至于破产清算之外，还必须保证到期的非流动负债及时偿还。

（2）非流动负债主要用于工程项目和企业战略性发展的需求。因此，本金及利息费用的数额较大，其本息的偿还需要有长期的积累的过程。企业的长期偿债能力与企业稳定的长期的获利能力是紧密相连的。

（3）长期举债不影响企业原有的股权结构，有利于保持原有股东控制企业的权力。作为股份公司，一般也不会影响股票价格。增发股票将会稀释每股收益额，从而导致股票价格的下跌。负债一般都有明确的到期日，企业必须为债务的偿还做好财务安排，在长期债务契约中，往往还包含限制企业财务决策的条款（如规定负债与产权的比率），所有这些都影响到企业财务的灵活性；而采用增加资本或增发股票的方式筹措长期资本，没有到期日，不需要到期偿还（除非进行清算）。企业的非流动负债数额大小关系到企业资本结构的合理性，保持良好的资本结构可以增强企业的偿债能力。

二、非流动负债的分类

企业应按非流动负债分类（如长期借款、应付债券、长期应付款等）在资产负债表中列示。

1. 长期借款

长期借款是指企业向银行和其他金融机构借入的、偿还期在 1 年或超过 1 年的一个营业周期以上的债务。它具有借款期限较长、到期无条件还本付息、债权人单一、借款不能进行交易等特点。

2. 应付债券

应付债券又称企业债券，是企业为筹集长期资金而向社会、个人及其他经济组织发售的按约定方式支付本金和利息的一种借款凭证。

3. 长期应付款

长期应付款是指企业除长期借款和应付债券以外的其他各种长期应付款，如采用补偿贸易方式引进国外设备的价款、融资租入固定资产的租赁费等。

4. 非流动负债的确认和计量

非流动负债应当以实际发生额入账，同时按照负债本金或债券面值，根据规定的利率按期计提利息，对计提的利息支出根据《企业会计准则——借款费用》准则规定，将计提的利息支出分别计入相关资产成本或当期费用化处理（详见本章第五节）。

非流动负债的计价，由于货币时间价值影响较大，其价值应是根据合同或契约在未来必须支付的本金和所有利息之和按适当的贴现率的折现值之和。贴现率在理论上有两种选择：一是现时证券市场上具有类似风险条件投资的收益率；二是债券发行日的市场收益率。这种现值的确定是有合同或契约为据，从而是客观的。

由于非流动负债有多种类型，其计价方法也有所不同。例如，长期借款应该按照实际收到的金额进行初始计量；公司发行的应付债券应该按照议定的利息支付、到期日的偿付值及所有分期还本金额都应该折算成现值。

非流动负债的后续计量一般采用摊余成本。

凡是在下一个会计期间内到期的非流动负债，应将其从非流动负债转为流动负债。

第二节　长期借款

一、长期借款概述

长期借款（long－term loan）是企业向银行（包括国内银行和国外银行）和其他金融机构借入的、偿还期在1年或超过1年的一个营业周期以上的负债。

按照借款本金的偿还方式，长期借款可分为一次还本和分期还本借款；按照借款币种，长期借款可分为人民币借款和外币借款；按照有无担保标准，长期借款可分为担保借款和信用借款；按照付息方式，长期借款可分为分期付息和到期一次性付息。

二、长期借款的会计处理

长期借款的核算主要包括长期借款本金的借入与偿还、偿还利息的会计处理。为了总括核算和反映企业长期借款的借入、应计利息以及还本付息情况，企业应设置“长期借款”总账。该账户按照贷款单位和贷款种类，分别“本金”“利息调整”等进行明细核算。

“长期借款”账户与“短期借款”账户不同，“短期借款”账户只核算短期借款的本金，尚未支付的利息一般通过“应付利息”账户核算，不计入“短期借款”账户；而“长期借款”账户不仅核算借入、偿还的借款本金，还要核算到期一次还本付息方式下的应计利息以及实际利息和应付利息的差额。

（一）到期一次性还本付息的会计核算

企业借入长期借款时，按实际收到的金额借记“银行存款”账户，贷记“长期借款——本金”账户；如果存在差额，按借贷双方的差额借记或贷记“长期借款——利息调整”账户。资产负债表日计息时，按摊余成本和实际利率计算长期借款的利息费用，符合资本化条件的借款费用计入相关资产的成本，借记“在建工程”“制造费用”等账户；其他的借款费用，应当在发生时计入当期损益，借记“财务费用”账户，按借款本金和合同利率计算确定的应付未付利息，贷记“长期借款——应计利息”账户，按其差额，借记或贷记“长期借款——利息调整”账户。到期还本付息时，借记“长期借款——本金”“长期借款——应计利息”账户，贷记“银行存款”账户。

【例10－1】第1年1月1日，环宇公司为购建某项大型设备向银行借入人民币3 000 000元，年利率6%，3年后一次还本付息。假定设备从该日起开始建造，投入工程款为2 000 000元，第2年1月1日，再次投入工程款1 000 000元，第3年6月30日该工程完工，设备验收并交付使用。假设专门借款的闲置资金没有短期投资收益。

（1）第1年1月1日，从银行借入款项时，会计分录为：

借：银行存款　3 000 000

　　贷：长期借款——本金　3 000 000

（2）第1年1月1日，支付工程款时，会计分录为：

借：在建工程——固定资产购建工程　2 000 0000

　　贷：银行存款　2 000 0000

（3）第1年12月31日，计提利息时，会计分录为：

应计利息 = 3 000 000 × 6% = 180 000（元）

借：在建工程——固定资产购建工程　180 000

　　贷：长期借款——应计利息　180 000

（4）第2年1月1日，再次投入工程款1 000 000元时，会计分录为：

借：在建工程——固定资产购建工程　1 000 000

　　贷：银行存款　1 000 000

（5）第2年12月31日，计提利息：

应计利息 = 3 000 000 × 6% = 180 000（元），应计入工程成本，会计分录为：

借：在建工程——固定资产购建工程　180 000

　　贷：长期借款——应计利息　180 000

（6）第3年1月1日至6月30日应计利息 = 3 000 000 × 6% × 6/12 = 90 000（元），应计入"在建工程"账户，会计分录为：

借：在建工程——固定资产购建工程　90 000

　　贷：长期借款　90 000

借：固定资产　3 450 000

　　贷：在建工程　3 450 000

第3年7月1日至12月31日应计利息 = 3 000 000 × 6% × 6/12 = 90 000（元），应计入"财务费用"账户，会计分录为：

借：财务费用　90 000

　　贷：长期借款——应计利息　90 000

（7）归还借款本息时，会计分录为：

借：长期借款——本金　3 000 000

　　　　　　——应计利息　540 000

　　贷：银行存款　3 540 000

（二）分期付息到期还本

分期付息到期还本与到期一次性还本付息的会计处理的主要不同点在于对利息的处理不同。分期付息的利息通常按年支付，属于流动负债，应通过"应付利息"账户进行核算。

【例10－2】依据〖例10－1〗的资料，假设该笔借款于每年12月31日支付利息，期满后一次性还清本金。宜生公司的会计处理如下：

（1）第1年1月1日，从银行借入款项时，会计分录为：

借：银行存款　3 000 000

　贷：长期借款——本金　3 000 000

（2）第1年1月1日，支付工程款时，会计分录为：

借：在建工程——固定资产购建工程　2 000 0000

　贷：银行存款　2 000 0000

（3）第1年12月31日，计提利息时，会计分录为：

应计利息 =3 000 000 ×6% =180 000（元）

借：在建工程——固定资产购建工程　180 000

　贷：应付利息　180 000

支付利息时，会计分录为：

借：应付利息　180 000

　贷：银行存款　180 000

（4）第2年1月1日，再次投入工程款1 000 000元时，会计分录为：

借：在建工程——固定资产购建工程　1 000 000

　贷：银行存款　1 000 000

（5）第2年12月31日，计提利息：

应计利息 =3 000 000 ×6% =180 000元，应计入工程成本。

借：在建工程——固定资产购建工程　180 000

　贷：应付利息　180 000

支付利息时，会计分录为：

借：应付利息　180 000

　贷：银行存款　180 000

（6）第3年1月1日至6月30日应计利息 =3 000 000 ×6% ×6/12 =90 000元，应计入“在建工程”账户，会计分录为：

借：在建工程——固定资产购建工程　90 000

　贷：应付利息　90 000

借：固定资产　3 450 000

　贷：在建工程　3 450 000

第3年7月1日——12月31日应计利息 =3 000 000 ×6% ×6/12 =90 000元，应计入“财务费用”账户，会计分录为：

借：财务费用　90 000

　贷：应付利息　90 000

支付利息时，会计分录为：

借：应付利息　180 000

　贷：银行存款　180 000

（7）归还借款本息时，会计分录为：

借：长期借款——本金　3 000 000

　贷：银行存款　3 000 000

第三节 应付债券

一、应付债券概述

应付债券又称企业债券，是企业为筹集长期资金而向社会、个人及其他经济组织发售的按约定方式支付本金和利息的一种借款凭证。它是一种书面的债权债务契约，通过债券券面所记载的债券面值、还本期、付息期、票面利率等内容，表明发行债券的企业允诺在未来某一特定日期归还本金、支付利息。应付债券按照不同的标准，可以分为如下几类：

（1）按发行方式分为公募公司债券和私募公司债券。公募公司债券是指按法定手续，经证券主管机构批准在市场上公开发行的债券。私募公司债券是以少数与发行者有特定关系的投资者为募集对象发行的债券。

（2）按有无抵押担保分为有抵押公司债券和无抵押公司债券。抵押公司债券是用一定财产作为公司债偿债保证的债券，抵押品可以是动产、不动产，也可以用股票、债券、其他有价证券作为抵押。无抵押公司债券是无抵押品作为保证的债券，也称信用债券，是仅凭公司信用发行没有抵押品作担保的公司债券。

（3）按是否记名分为记名公司债券和无记名公司债券。记名公司债券是指债券上注明债权人姓名，同时在发行公司账簿上作同样登记的债券（简称“抬头”）；无记名公司债券是指债券上未注明债权人姓名，也不在公司账簿上登记其姓名的债券（简称“无抬头”）。记名公司债券也可以自由转让，但转让时须经过发行债券的公司登记过户或另行发给新的公司债券。

（4）按利息的支付方式分为附息票公司债券和贴现公司债券。附息票公司债券是指在券面上附有到期可领取利息息票的公司债券，持票人到期可以把息票剪下凭以领取利息。息票也是一种有价证券，可以流通、转让。贴现债券是指发行时按规定的折扣率折算，以低于票面金额的价格发行，到期按面额偿还本金的债券。

（5）按债券的还本方式分为一次还本公司债券和分次还本公司债券。一次还本公司债券是指在规定期满时，一并偿还本金的债券；分次还本公司债券是指分期分批偿还本金的债券。

（6）按特殊偿还方式分为可赎回债券和可转换债券。可赎回债券指债券发行企业有权在债券到期日以前，按特定的价格提前赎回的债券；可转换债券是指债券发行一定期间后，持券人可以按一定价格转换成发行企业其他证券（通常是普通股）的债券。

二、应付债券的会计处理

（一）债券发行的核算

企业发行的超过1年期以上的债券，构成了企业的非流动负债。应付债券的入账价值应当按照实际的发行价格确认。债券的发行价格受同期银行存款利率的影响，当债券的票面利率高于同期银行存款利率时，债券的发行价格会高于票面价值，称为溢价发行。溢价收入是企业以后各期多支付利息而事先得到的补偿。当债券的票面利率低于同期银行存款利率时，债券的发行价格会低于票面价值，称为折价发行。债券的折价是企业以后各期少支付利息而事先给予投资者的补偿。当债券的票面利率等于同期银行存款利率时，债券的发行价格会等于票面价值，称为平价发行。溢价或折价是发行债券企业在债券存续期内对利息费用的一种调整。

债券发行价格的确定应考虑货币的时间价值，即债券发行价格是根据本金和利息的现值之和计算确定的。其计算公式如下：

$$\text{债券市价}=\text{每期支付利息}\times\text{还款时利息折现系数（年金现值）}+\text{债券面值}\times\text{到期归还面值折现系数（复利现值）}$$

其中：每期支付利息 = 票面价值 × 每一付息期的票面利率。

$$\text{还款时利息折现系数（年金现值）}=\frac{1-\frac{1}{(1+i)^n}}{i}$$

式中：i 表示每一付息期的市场利率；n 表示付息次数。该系数可以查年金现值系数表。

$$\text{到期归还面值折现系数}=(1+i)^{-n}$$

式中：i 表示市场利率；n 表示付息次数。该系数可以查复利现值表，即现值系数表获得。

【例 10－3】某年 1 月 1 日，A 公司发行 3 年到期的公司债券，债券面值 1 000 000 元，票面利率为 8%，每半年付息一次。实际收到的发行债券款项存入银行。

（1）若债券发行时市场利率为 8%，与债券票面利率相等。每半年付息一次，每期利率为 4%，从年金现值表和现值系数表查得利率 4%，期数为 6 期的年金现值系数是 5.242，现值系数是 0.790。

则债券的发行价格是：

1 000 000 × 4% × 5.242 + 1 000 000 × 0.790 ≈ 1 000 000（元）

则债券应该平价发行。

（2）若债券发行时市场利率为 6%，小于债券票面利率，每半年付息一次，每期利率为 3%，从年金现值表和现值系数表查得利率 3%，期数为 6 期的年金现值系数是 5.417，现值系数是 0.837。

则债券的发行价格是：

1 000 000 × 4% × 5.417 + 1 000 000 × 0.837 = 1 053 680（元）

则债券应该溢价发行，债券溢价 = 1 053 680 － 1 000 000 = 53 680（元）

（3）若债券发行时市场利率为 10%，高于债券票面利率，每半年付息一次，每期利率 5%，从年金现值表和现值系数表查利率 5%，期数为 6 期的年金现值系数是 5.076，现值系数是 0.746。

则债券的发行价格是：

1 000 000 ×4% ×5.076 +1 000 000 ×0.746 =949 040（元）

则债券应该折价发行，债券折价 =1 000 000 －949 040 =50 960（元）

企业发行债券，应设置"应付债券"总账账户进行核算。该账户下设"面值""利息调整""应计利息"三个明细账户，分别核算债券本金的取得和偿还，债券溢、折价的发生和摊销，以及利息的计提和支付情况。企业发行债券时，无论债券平价发行、溢价发行或折价发行，均按债券面值计入"应付债券——面值"明细账户；按照实际收到的款项借记"银行存款""库存现金"等账户；实际收到的款项与面值的差额，计入"应付债券——利息调整"明细账户。

【例 10 －4】依据〖例 10 －3〗的资料，A 公司发行债券的会计处理如下：

（1）若债券发行时市场利率为 8%，按平价发行债券，会计分录为：

借：银行存款	1 000 000	
贷：应付债券——面值		1 000 000

（2）若债券发行时市场利率为 6%，低于债券票面利率，按溢价发行债券，会计分录为：

借：银行存款	1 053 680	
贷：应付债券——利息调整		1 000 000
应付债券——面值		53 680

（3）若债券发行时市场利率为 10%，高于债券票面利率，按折价发行债券：

借：银行存款	949 040	
应付债券——利息调整	50 960	
贷：应付债券——面值		1 000 000

（二）债券溢价、折价摊销和应计利息的核算

企业债券的折价和溢价，并不是出售债券的损失或利益，而是由于债券发行时票面利率不同于市场利率而对利息费用所作的调整。溢价或折价是发行债券企业在债券存续期间内对利息费用的一种调整。利息调整应在债券存续期内采用实际利率法进行摊销。实际利率法是先根据企业尚未偿还应负债券的摊余成本和实际利率计算当期实际利息，再结合票面利息确定当期利息调整金额的方法。这种方法一般要编制利息调整表辅助计算并为账务处理提供参考。实际利率法较为复杂，但由于他是依据实际利率来计提利息费用，所以结果更为准确。实际利率是指将应付债券在债券存续期间的未来现金流量，折现为该债券当前账面价值所使用的利率。

对于分期付息一次还本的债券，应于资产负债表日按债券摊余成本和实际利率计算确定的债券利息费用，借记"在建工程""制造费用""研发支出""财务费用"等账户，按票面价值和票面利率计算确定的应付未付利息，贷记"应付利息"账户，按其差额借记或贷记"应付债券——利息调整"账户。对于一次性还本付息的债券，由于按票面价值和票面利率计算确定的应付债券利息在债券到期时才予以支付，其时间间隔较长，因而应作为非流动负债处理，计入"应付债券——应计利息"账户核算。

1. 溢价发行债券利息费用的核算

【例 10－5】继续沿用〖例 10－3〗的资料，某年 1 月 1 日，A 公司发行 3 年到期的公司债券，债券面值 1 000 000 元，票面利率为 8%，每半年付息一次。实际收到的发行债券款项存入银行。若债券发行时市场利率为 6%，则债券的发行价格是 1 053 680 元，债券溢价为 53 680 元。

各期应摊销的溢价在实际利率法下的计算步骤为：

第一步，按实际利率计算各期利息费用＝期初应付债券账面价值×实际利率；

第二步，计算各期实际应付利息＝应付债券票面价值×票面利率；

第三步，计算当期溢价摊销额＝实际应付利息－按实际利率计算的各期利息费用。

债券溢价摊销表见表 10－1。

表 10－1　　企业债券溢价摊销表（实际利率法）　　单位：元

期　数	实际应付利息	按实际利率计算的利息	溢价摊销	未摊债券溢价	债券账面价值
每半年为一期	(1) 面值×4%	(2) 账面价值×3%	(3) (1)－(2)	(4) 上期(4)－(3)	(5) 面值＋(4)
发行时					1 053 680
1	40 000	31 610.4	8 389.6	45 290.4	1 045 290.4
2	40 000	31 358.71	8 641.29	36 649.11	1 036 649.11
3	40 000	31 099.47	8 900.53	27 748.58	1 027 748.58
4	40 000	30 832.46	9 167.54	18 581.04	1 018 581.04
5	40 000	30 557.43	9 442.57	9 138.47	1 009 138.47
6	40 000	30 861.53②	9 138.47①	0	1 000 000
合 计	240 000	186 320	53 680	—	—

注：① 9 138.47＝53 680－8 389.6－8 641.29－8 900.53－9 167.54－9 442.57；② 30 861.53＝40 000－9 138.47。

根据表 10－1 的计算结果，A 公司的会计处理如下：

（1）第 1 年 6 月 30 日计提利息费用时，会计分录如下：

借：财务费用　　31 610.4

　　应付债券——利息调整　　8 389.6

　　贷：应付利息　　40 000

（2）第 1 年 6 月 30 日支付利息费用时，会计分录为：

借：应付利息　　40 000

　　贷：银行存款　　40 000

（3）第 1 年 12 月 31 日计提利息费用时，会计分录如下：

借：财务费用　　31 358.71

　　应付债券——利息调整　　8 641.29

　　贷：应付利息　　40 000

（4）第 1 年 12 月 31 日支付利息费用时，会计分录为：

借：应付利息　　40 000

　　贷：银行存款　　40 000

第 2 年、第 3 年确认利息费用、支付利息费用的会计处理同上。

2. 折价发行债券利息费用的核算

【例 10－6】继续沿用〖例 10－3〗的资料，某年 1 月 1 日，A 公司发行 3 年到期的公司债券，债券面值 1 000 000 元，票面利率为 8%，每半年付息一次。实际收到的发行债券款项存入银行。若债券发行时市场利率为 10%，则债券的发行价格是 949 040 元，债券折价为 50 960 元。

各期应摊销的折价在实际利率法下的计算步骤为：

第一步，按实际利率计算各期利息费用＝期初应付债券账面价值×实际利率；

第二步，计算各期实际应付利息＝应付债券票面价值×票面利率；

第三步，计算当期折价摊销额＝按实际利率计算的各期利息费用－实际应付利息。

债券折价摊销表见表 10－2。

表 10－2　企业债券折价摊销表（实际利率法）　单位：元

期　数	实际应付利息	按实际利率计算的利息	折价摊销	未摊债券折价	债券账面价值
每半年为一期	(1) 面值×4%	(2) 账面价值×5%	(3) (2)－(1)	(4) 上期(4)－(3)	(5) 面值－(4)
发行时					949 040
1	40 000	47 453	7 453	43 507	956 493
2	40 000	47 824.65	7 824.65	35 682.35	964 317.65
3	40 000	48 215.88	8 215.88	27 466.47	972 533.53
4	40 000	48 626.68	8 626.68	18 839.79	981 160.21
5	40 000	49 058.01	9 058.01	9 781.78	990 218.22
6	40 000	49 781.78②	9 781.78①	0	1 000 000
合 计	240 000	290 960	50 960	—	—

注：① 9 781.78＝50 960－7 453－7 824.65－8 215.88－8 626.68－9 058.01；② 49 781.78＝40 000＋9 781.78。

根据表 10－2 的计算结果，A 公司的会计处理如下：

（1）第 1 年 6 月 30 日计提利息费用时，会计分录如下：

借：财务费用　　47 453

　　贷：应付利息　　40 000

　　　　应付债券——利息调整　　7 453

（2）第 1 年 6 月 30 日支付利息费用时，会计分录为：

借：应付利息　　40 000

　　贷：银行存款　　40 000

(3) 第1年12月31日计提利息费用时，会计分录如下：

借：财务费用　　47 824.65

　　贷：应付利息　　40 000

　　　　应付债券——利息调整　　7 824.65

(4) 第1年12月31日支付利息费用时，会计分录为：

借：应付利息　　40 000

　　贷：银行存款　　40 000

第2年、第3年确认利息费用、支付利息费用的会计处理同上。

实际利率法的特点是：摊销溢价时应付债券的账面价值逐渐递减，直至递减到面值为止；摊销折价时应付债券的账面价值逐渐递增，直至递增到面值为止。

（三）债券偿还的核算

企业发行的公司债券是一项非流动负债，所以在发行债券时就规定了如何偿还的条款。因此，公司应根据发行债券时订立的还本期限与方式偿还本金。债券到期偿还时，其账面价值通过溢价或折价的摊销已等于其面值，因此偿还时直接按债券面值冲减应付债券和银行存款（现金）即可。债券的偿还一般有一次偿还、分期偿还、提前偿还等形式。

1. 债券到期一次偿还

一次偿还是指债券本金于到期日一次偿还。偿还时，无论是平价、溢价或折价发行，均按面值偿还。偿还时按面值借记“应付债券——债券面值”，贷记“银行存款”，表示该笔负债已予清偿。

【例10-7】继续沿用〖例10-3〗的资料，无论债券平价、溢价、折价发行，债券到期时，A公司归还本金的会计处理如下：

借：应付债券——面值　　1 000 000

　　贷：银行存款　　1 000 000

2. 债券分期偿还

分期偿还是指公司发行债券时，便规定按期分批偿还。应于各期偿还日将偿还部分债券的面值冲减“应付债券”和“银行存款”账户，由于部分债券已还本，则以后各期的债券面值随之减少，其利息支出和债券溢价或折价的摊销数额也随之减少。因此，还须在编制“债券溢价（或折价）摊销表”时，计算各期还本后应摊销的溢价或折价，再予摊销入账。

三、可转换公司债的会计处理

（一）可转换债券发行的会计处理

按照1997年国务院证券委发布的《可转换公司债券管理暂行办法》规定，企业要发行可转换债券要符合一定条件。在我国，上市公司和重点国有企业经批准可以发行可转换公司债券。上市公司发行可转换公司债券，应当符合下列条件：

(1) 最近3年连续盈利，且最近3年净资产利润率平均在10%以上，属于能源、原材料、基础设施类的公司可以略低，但是不低于7%；(2) 债券发行后资产负债率不高于70%；(3) 累计债券余额不超过公司净资产额的40%；(4) 筹集资金的投向符合国家产业政策；(5) 债券利率不超过同期存款的利率水平；(6) 债券的发行额不少于人民币1亿元；(7) 国务院证券委员会规定的其他条件。

可转换公司债券是指企业发行的债券持有者可以在一定期间之后，按规定的比率或价格转换为企业发行的股票的债券。作为一种新的融资方式，企业发行可转换债券对债券持有者和企业都具有很大的吸引力。企业发行的可转换公司债，应在初始确认时，将相关负债和权益成分进行分拆，先对负债成分的未来现金流进行折现确认初始入账金额，再按发行收入扣除负债成分初始入账金额的差额确认权益成分的初始入账金额。可转换公司债券持有者行使转换权利，将其持有的债券转换为股票，企业按股票面值和转换的股数计作股本，债券账面价值与股本之间的差额计作资本公积。

【例10-8】某企业于某年1月1日发行10万元2年期债券（为计算方便，未按最低额1亿元举例），票面利率10%，每年计息并支付利息一次，利息到期偿还，发行时市场债券附有转换权，规定发行1年后，可按1 000元面值转换成该企业1 000股股票，该类转换债券市场利率为12%，债券发行价为10万元，款项已收存银行。

第1年1月1日，发行可转换债券时：

可转换公司债负债成分的价值为：

100 000×(P/F,12%,2)+100 000×10%×(P/A,12%,2)=96 620（元）

该债券权益成分的价值为：

100 000-96 620=3 380（元）

借：银行存款	100 000
应付债券——可转换债券——利息调整	3 380
贷：应付债券——可转换债券——面值	100 000
其他权益工具——可转换公司债券	3 380

发行企业年底计算应付利息，假设该债券用于购建固定资产，记：

借：在建工程	11 594
贷：应计利息	10 000
应付债券——可转换债券——利息调整	1 594

(二) 可转换债券转换的会计处理

可转换债券转换成普通股股票时，应将债券尚未摊销的溢价、折价及发行费，连同债券面值一并转销。当债权人将持有的可转换债券转换成普通股股票时，应按股票面值记作股本，可转换债券的账面价值与股票面值之间的差额记作资本公积。

如上例，企业于2014年1月1日将上年发行的10万元债券全部转换为普通股股票，债券的面值为100 000元，账面值为98 214元，企业记：

股票面值为：100 000÷1000×1 000×1=100 000（元）

借：应付债券——可转换债券——面值	100 000
其他权益工具——可转换公司债券	3 380

贷：股本　100 000
　　应付债券——可转换债券——利息调整　1 786
　　资本公积——股本溢价　1 594

第四节　长期应付款

长期应付款是指企业除长期借款和应付债券以外的其他各种长期应付款，如采用补偿贸易方式引进国外设备的价款、融资租入固定资产的租赁费等。

采用补偿贸易方式引进国外设备时，企业是先取得设备，用设备投产后的收益偿还设备价款，融资租入固定资产是出租单位和承租单位约定，租赁的固定资产所有权在承租单位付清最后一笔租金后，就转移给承租单位。承租单位通过长期租用固定资产的办法，达到添置固定资产的目的。因此，采用补偿贸易方式引进国外设备价款和融资租入固定资产租赁费在没有付清之前是企业的其他非流动负债。这类负债的特点是：（1）数额大，偿还期限长；（2）具有分期付款性质，如引进国外设备价款是在合同期内逐期偿还，融资租入固定资产的租赁费是在整个租赁期内逐期偿还；（3）长期应付款的计价经常涉及外币与人民币比例的变动，如引进国外设备价款是通过汇率将外币折算为人民币计算的，还款时汇率变动，会影响还款时人民币的数额。

为了核算各种长期应付款，企业应设置"长期应付款"账户，并按照长期应付款的种类下设"应付引进设备款"和"应付融资租赁款"明细账户。该账户贷方登记长期应付款增加的金额，借方登记长期应付款的减少金额，期末贷方余额反映企业尚未支付的各种长期应付款的余额。

长期应付款的利息支出和有关费用以及外币折合差额，与购建固定资产有关的，在固定资产达到预定可使用状态之前发生的，计入有关固定资产的购建成本；在固定资产达到预定可使用状态之后发生的利息和有关费用，以及外币折合差额，计入当期损益。

应付引进设备款是根据企业与外商签订来料加工、装配业务和中小型补偿贸易合同而引进国外设备所发生的应付款项。当企业引进的设备安装完成投产后，要按合同规定的还款方式，用应收的加工装配收入和出口产品所得的收入偿付。

引进设备时，企业应借记"固定资产"或"在建工程"等账户，贷记"长期应付款——应付引进设备款"账户；待用设备生产的产品归还设备价款时，视同产品销售处理，同时按照产品的作价金额借记"长期应付款——应付引进设备款"账户，贷记"应收账款"账户。

【例 10－9】某年年初，A 公司以补偿贸易方式引进设备一套，设备价款折合人民币 600 000 元，安装费 50 000 元；合同规定该设备价款偿还期限 3 年，年利率 6%，按年计息一次，单利计算；该设备于第 1 年末安装完毕投入使用。该设备款以返销产品价款方式分 2 次偿还。第 3 年初用产品外销价款 350 000 元偿还部分设备款，外销产品成本 250 000 元（税费略）。根据上述经济业务，A 公司会计处理如下：

（1）设备运抵企业时，会计分录如下：

借：在建工程——××工程　　600 000

　　贷：长期应付款——应付引进设备款　　600 000

（2）支付安装费，会计分录如下：

借：在建工程——××工程　　50 000

　　贷：银行存款　　50 000

（3）第1年末应计利息，会计分录如下：

600 000×6%＝36 000（元）

借：在建工程——××工程　　36 000

　　贷：长期应付款——应付引进设备款　　36 000

（4）引进设备安装完毕交付使用，会计分录如下：

借：固定资产　　686 000

　　贷：在建工程——××工程　　686 000

（5）第2年末应计利息，会计分录如下：

600 000×6%＝36 000（元）

借：财务费用　　36 000

　　贷：长期应付款——应付引进设备款　　36 000

（6）第3年初以产品外销价款归还部分设备价款，会计分录如下：

借：应收账款　　350 000

　　贷：主营业务收入　　350 000

借：主营业务成本　　250 000

　　贷：库存商品　　250 000

借：长期应付款——应付引进设备款　　350 000

　　贷：应收账款　　350 000

第五节　借款费用

一、借款费用及其内容

借款费用是企业因借入资金所付出的成本（代价），一般包括借款利息、折价或者溢价的摊销、辅助费用以及因外币借款而发生的汇兑差额等。

因借款发生的利息包括企业向银行或者其他金融机构等借入资金发生的利息、发行公司债券或企业债券发生利息，以及为购建或者生产符合资本化条件的资产而发生的带息债务所承担的利息等。

因借款而发生的溢折价主要是发行债券等发生的折价或溢价，其实质是对债券票面利息的调整（即将债券票面利率调整成为实际利率）。

因借款而发生的辅助费用，是企业在借款过程中发生的诸如手续费、佣金等费用，这些开支也是为了借款而付出的代价，也构成了借款费用。

因外币借款而发生的汇兑差额，是由于汇率的变动导致市场汇率与账面汇率出现差异，从而对外币借款本金及利息的记账本位币所发生的影响金额。

二、借款费用的确认

（一）借款费用资本化的条件

借款费用发生之后，需要解决的关键问题是，计入相关资产的成本，还是计入当期损益。目前，我国会计准则规定，企业发生的借款费用，可直接归属于符合资本化条件的资产的购建或者生产成本的，应当予以资本化计入相关资产成本；其他借款费用，应当在发生时根据其发生额确认为费用，计入当期损益。符合资本化条件的资产，是指需要经过相当长时间的购建或者生产活动才能达到预定可使用或者可销售状态的固定资产、投资性房地产和存货等资产。建造合同成本、无形资产的开发支出等在符合条件的情况下，也可以被认定为符合资本化条件的资产。

（二）借款费用资本化期间的确定

1. 借款费用资本化期间的起点

（1）资产支出已经发生，资产支出包括为购建或者生产符合资本化条件的资产而以支付现金、转移非现金资产或者承担带息债务形式发生的支出；

（2）借款费用已经发生；

（3）为使资产达到预定可使用或者可销售状态所必要的购建或者生产活动已经开始。

购建或者生产符合资本化条件的资产达到预定可使用或者可销售状态时，借款费用应当停止资本化。在符合资本化条件的资产达到预定可使用或者可销售状态之后所发生的借款费用，应当在发生时根据其发生额确认为费用，计入当期损益。

2. 借款费用资本化期间的暂停

符合资本化条件的资产在购建或者生产过程中发生非正常中断且中断时间连续超过3个月的，应当暂停借款费用的资本化。在中断期间发生的借款费用应当确认为费用，计入当期损益，直至资产的购建或者生产活动重新开始。如果中断是所购建或者生产的符合资本化条件的资产达到预定可使用或者可销售状态必要的程序，借款费用的资本化应当继续进行。

非正常中断，通常是由于企业管理决策上的原因或者其他不可预见的原因等所导致的中断。例如，企业因与施工方发生了质量纠纷，或者工程、生产用料没有及时供应，或者资金周转发生了困难，或者施工、生产发生了安全事故，或者发生了与资产购建、生产有关的劳动纠纷等原因，导致资产购建或者生产活动发生了中断，均属于正常中断。

【例10－10】某企业与某年1月1日开始兴建一幢厂房，工程预计第二年11月完工。当年5月1日～8月30日由于工程施工发生了事故，导致工程中断。

根据规定，该中断属于非正常中断，因此5月1日～8月30日发生的借款费用不应资本化，应作为当期损益计入财务费用。

3. 借款费用资本化期间的停止

购建或者生产符合资本化条件的资产达到预定可使用或者可销售状态，可从下列几个方面进行判断：

（1）符合资本化条件的资产的实体建造（包括安装）或者生产工作已经全部完成或者实质上已经完成。

（2）所购建或者生产的符合资本化条件的资产与设计要求、合同规定或者生产要求相符或者基本相符，即使有极个别与设计、合同或者生产要求不相符的地方，也不影响其正常使用或者销售。

（3）继续发生在所购建或生产的符合资本化条件的资产上的支出金额很少或者几乎不再发生。

购建或者生产符合资本化条件的资产需要试生产或者试运行的，在试生产结果表明资产能够正常生产出合格产品，或者试运行结果表明资产能够正常运转或者营业时，应当认为该资产已经达到预定可使用或者可销售状态。

购建或者生产符合资本化条件的资产的各部分分别完工，且每部分在其他部分继续建造过程中可供使用或者可对外销售，且为使该部分资产达到预定可使用或可销售状态所必要的购建或者生产活动实质上已经完成的，应当停止与该部分资产相关的借款费用的资本化；购建或者生产的资产的各部分分别完工，但必须等到整体完工后才可使用或者可对外销售的，应当在该资产整体完工时停止借款费用的资本化。

（三）借款费用资本化的借款范围

借款包括专门借款和一般借款。专门借款是指为了购建或者生产符合资本化条件的资产而专门借入的款项。专门借款通常有专门的、明确的用途，即为购建或者生产某项符合资本化条件的资产而专门借入，并通常应当具有表明该用途的借款合同。一般借款是指除专门借款之外的借款，相对于专门借款而言，一般借款在借入时，其用途通常没有特指用于符合资本化条件的资产的购建或者生产。

借款费用应予资本化的借款范围，既包括专门借款，也可以包括一般借款。对于一般借款，只有在购建或者生产某项符合资本化条件的资产占用了一般借款时，才应将与该部分一般借款相关的借款费用资本化；否则，所发生的借款费用应当计入当期损益。

三、借款费用的计量

（一）借款利息资本化金额的确定

在借款费用资本化期间内，每一个会计期间的利息（包括溢、折价的摊销）的资本化金额，应当按照下列原则处理：

（1）为购建或者生产符合资本化条件的资产而借入专门借款的，应当以专门借款当期实际发生的利息费用减去尚未动用的借款资金存入银行取得的利息收入或进行暂时性投资取得的投资收益后的金额，确定专门借款应予资本化的利息金额。

$$\text{专门借款资本化金额}=\text{专门借款当期实际发生的利息费用}-\text{专门借款闲置资金所产生的利息投资收益}$$

（2）为购建或者生产符合资本化条件的资产而占用了一般借款的，企业应当根据累计资产支出超过专门借款部分的资产支出加权平均数乘以所占用一般借款的资本化率，计算确定一般借款应予资本化的利息金额。资本化率应当根据一般借款加权平均利率计算确定。即企业占用一般借款购建或者生产符合资本化条件的资产时，一般借款的借款费用的资本化金额的确定应当与资产支出相挂钩。计算公式如下：

$$\text{一般借款利息费用资本化金额} = \text{累计资产支出超过专门借款部分的资产支出加权平均数} \times \text{所占用一般借款的资本化率}$$

$$\text{累计支出超过专门借款部分的资产支出加权平均数} = \sum\left(\text{所占用每笔资产支出} \times \frac{\text{每笔资产支出在当期所占用天数}}{\text{当期天数}}\right)$$

$$\text{所占用一般借款的资本化率} = \frac{\text{所占用一般借款当期实际发生的利息之和}}{\text{所占用一般借款本金加权平均数}}$$

$$\text{所占用一般借款本金加权平均数} = \sum\left(\text{所占用每笔一般借款本金} \times \frac{\text{每笔一般借款在当期所占用的天数}}{\text{当期天数}}\right)$$

（3）每一会计期间的利息资本化金额不应超过当期相关借款实际发生的利息金额。

【例 10－11】某公司于第 1 年 1 月 1 日兴建一栋厂房，工期为 2 年，工程进度款每半年投入一次，金额分别为 2 000 万元，3 000 万元，1 000 万元，1 500 万元。为建造该厂房，第 1 年专门借款 4 500 万元，借款期限为 3 年，年利率为 5%，按年支付利息；另外动用一般借款 4 000 万元中的款项，年利率为 6%，期限为 3 年，按年支付利息。闲置的专门借款用于固定收益债券短期投资，该短期投资月利率为 5‰。

① 计算专门借款利息资本化金额：

第 1 年专门借款利息资本化金额＝4 500×5%－2 500×5‰×6＝225－75＝150（万元）

第 2 年专门借款利息资本化金额＝4 500×5%＝225（万元）

② 计算一般借款利息资本化金额：

第 1 年应予资本化的一般借款利息金额＝500×6÷12×6%＝15（万元）

第 2 年应予资本化的一般借款利息金额＝[1 500＋1 500×6÷12]×6%＝135（万元）

③ 根据上述计算结果，建造厂房应予资本化的利息金额如下：

第 1 年利息资本化金额＝150＋15＝165（万元）

第 2 年利息资本化金额＝225＋135＝360（万元）

④ 有关账务处理如下：

第 1 年：

借：在建工程	1 650 000	
财务费用	2 250 000	
应收利息	750 000	
贷：应付利息		4 650 000

第 2 年：

借：在建工程	3 600 000	
财务费用	1 050 000	
贷：应付利息		4 650 000

（二）辅助费用资本化金额的确定

辅助费用是企业为了安排借款而发生的必要费用，包括借款手续费（如发行债券手续费）、佣金等。对于企业发生的专门借款辅助费用，在所购建或者生产的符合资本化条件的资产达到预定可使用或者可销售状态之前发生的，应当在发生时计入相关资产成本；在所购建或者生产的符合资本化条件的资产达到预定可使用或者可销售状态之后发生的，应当在发生时根据其发生额确认为费用。此处资本化或计入当期损益的辅助费用的发生额，是指根据《企业会计准则第22号——金融工具确认和计量》，按照实际利率法所确定的金融负债交易费用对每期利息费用的调整额。借款实际利率与合同利率相差很小的，也可以采用合同利率计算确定利息费用。一般借款发生的辅助费用，也应当按照上述原则确定发生额。

按照《企业会计准则第22号——金融工具确认和计量》的规定，除以公允价值计量的金融负债外，其他金融负债相关的交易费用应当记入金融负债的初始确认金额。为了购建或者生产符合资本化条件的资产的专门借款或者一般借款，通常属于后者。由于辅助费用的发生将导致相关借款实际利率上升，从而需要对各期利息费用作相应的调整，在确定借款辅助费用资本化金额时可以结合借款利息资本化金额一并计算。

（三）外币专门借款汇兑差额资本化金额的确定

在资本化期间，外币专门借款本金及其利息的汇兑差额应当予以资本化，计入符合资本化条件的资产的成本；除外币专门借款之外的其他外币借款本金及其利息所产生的汇兑差额，应当作为财务费用计入当期损益。

【例10-12】甲公司在第1年1月1日，为某工程项目向银行借入1 500万美元，年利率为8%，期限为3年，合同规定，每年1月1日支付借款利息，到期偿还本金。假设无其他费用发生。工程于第1年1月1日开始建造，2年完工，达到预定可使用状态。第1年1月1日、第1年7月1日、第2年1月1日、第2年7月1日分别支出300万美元、500万美元、550万美元、650万美元，公司记账本位币为人民币，外币业务采用外币业务发生当日的即期汇率进行折算，相关汇率如下：

第1年1月1日，市场汇率为1美元=6.70元人民币；

第1年12月31日，市场汇率为1美元=6.75元人民币；

第2年1月1日，市场汇率为1美元=6.76元人民币；

第2年12月31日，市场汇率为1美元=6.72元人民币；

第3年1月1日，市场汇率为1美元=6.77元人民币。

本例中，甲公司计算该外币借款汇兑差额资本化金额如下：

（1）第1年12月31日应付利息=1 500×8%×6.75=810万元。

会计分录为：

借：在建工程——××工程	8 100 000	
贷：应付利息——××银行		8 100 000

外币借款本金及利息汇兑差额=1 500×（6.75-6.70）+810×（6.75-6.75）=75

（万元）应当追加在建工程成本。

会计分录为：

借：在建工程——××工程　　750 000

　　贷：长期借款——××银行——汇兑差额　　750 000

（2）第2年1月1日实际支付利息时，应当支付120万美元，折合成人民币为811.2万元，与应计提的应付利息810万元的差额1.2万元，应当追加在建工程成本。

会计分录为：

借：应付利息——××银行　　8 100 000

　　在建工程——××工程　　12 000

　　贷：银行存款　　8 112 000

（3）第2年12月31日应付利息 =1 500 ×8% ×6.72 =806.4万元。

会计分录为：

借：在建工程——××工程　　8 064 000

　　贷：应付利息——××银行　　8 064 000

外币借款本金及利息汇兑差额 =1 500 ×（6.72 －6.75）+810 ×（6.72 －6.72）= －45万元应当冲减在建工程成本。

会计分录为：

借：长期借款——××银行——汇兑差额　　450 000

　　贷：在建工程——××工程　　450 000

（4）第3年1月1日实际支付本金及利息时，应当支付1 620万美元，即期汇率为1美元 =6.77元人民币折合成人民币为10 967.4万元，与应计提的应付本金（100 080万元）及利息（806.4万元）之和相差81万元，应当追加在建工程成本。

会计分录为：

借：应付利息——××银行　　8 064 000

　　　　　　——××银行——汇兑差额　　300 000

　　　　　　——××银行——本金　　100 500 000

　　在建工程——××工程　　810 000

　　贷：银行存款　　109 674 000

第六节　非流动负债的列报与披露

一、非流动负债的列报

非流动负债涉及“长期借款”“应付债券”“长期应付款”“专项应付款”“预计负债”等众多科目。

“长期借款”项目，应根据“长期借款”总账科目余额扣除“长期借款”科目所属的明细科目中将在资产负债表日期1年内到期且企业不能自主地将清偿义务展期的长期借款后的余额计算填列。

“应付债券”总账科目所属明细科目余额中将于一年内到期的数额之和，应填列在流动负债项目下“一年到期的非流动负债”项目；资产负债表中“应付债券”项目，应根据“应付债券”总账科目余额扣除一年内到期的数额填列。

“长期应付款”等总账科目所属明细科目余额中将于一年内到期的数额之和，应填列在流动负债项目下“一年到期的非流动负债”项目；资产负债表中“长期应付款”项目，应根据“长期应付款”等总账科目余额，减去“未确认融资费用”科目期末余额，扣除一年内到期的数额填列。未执行新金融准则和收入准则的企业，应将“专项应付款”期末余额合并在内。

二、非流动负债的披露

企业应该做好非流动负债的定期披露。除了格式化的列报外，企业还可以根据实际情况，采取合适的方式披露非流动负债的相关情形。随着交易结构设计的推陈出新，以及市场交易模式的创新，原先不曾进入报表的融资业务，由于对企业存在重大影响而不得不要求在定期报告中加以披露。表外融资就是典型，在表外融资的表内披露中要遵循一个重要的原则，就是实质重于形式。

除了定期披露外，企业还应该根据非流动负债交易的重要性对相关交易与事项进行及时的临时披露，从而充分缓解企业与投资者之间关于非流动负债的信息不对称。

知识题

1. 何谓非流动负债？非流动负债如何分类？非流动负债与流动负债有什么区别？
2. 何谓应付债券？应付债券包括那些基本要素？
3. 何谓债券的溢价和折价？溢价和折价有几种摊销方法？
4. 何谓可转换债券？确定可转换债券发行价格应考虑哪些因素？
5. 何谓应付引进设备款？应付引进设备款如何核算？
6. 借款费用的确认原则有哪些？借款费用的资本化金额如何确定？
7. 简述长期借款利息的各种计算方法。
8. 简述非流动负债的列报和披露。

技能题

练习一

一、目的：掌握长期借款的核算。

二、资料：

C公司向银行借入为期3年的长期借款100万元利息率6%，每年付息一次，到期偿还本金。该项借款用于购建一生产流水线，于第3年末建成投产。

三、要求：

1. 用单利法计算应计利息和应归还的本利和。

2. 编制借款、每期计息、偿还利息、偿还本金时的相应会计分录。

练习二

一、目的：掌握公司债券平价发行的处理。

二、资料：

B公司于某年初发行3年期债券用于扩建工程，面值300万元，票面利率10%，发行该债券时市场利率10%，每年12月31日为付息日。

三、要求：

1. 计算该债券发行时的价格。

2. 编制债券发行时的会计分录。

3. 计算每期应计利息并编制会计分录。

4. 编制支付利息的会计分录。

5. 编制到期还本的会计分录。

练习三

一、目的：掌握溢价发行公司债券的核算。

二、资料：

B公司于某年年初发行3年期债券，面值300万元，票面利率10%，发行该债券时市场利率6%，每年12月31日为付息日。

三、要求：

1. 计算该债券发行时的价格。

2. 编制债券发行时的会计分录。

3. 编制每年计提利息的会计分录（溢价额摊销采用实际利率法）。

4. 编制支付利息的会计分录。

5. 编制到期还本的会计分录。

练习四

一、目的：掌握折价发行公司债券的核算。

二、资料：

B公司于某年年初发行3年期债券，面值300万元，票面利率10%，发行该债券时市场利率12%，每年12月31日为付息日。

三、要求：

1. 计算该债券发行时的价格。

2. 编制债券发行时的会计分录。

3. 计算每年计提利息的会计分录（折价额摊销采用实际利率法）。

4. 编制支付利息的会计分录。

5. 编制到期还本的会计分录。

练习五

一、目的：掌握可转换公司债券的核算。

二、资料：

某年1月1日D公司发行3年期，每张面值100元，票面利率6%的可转换公司债券1 000万张，利息每年底计算并支付，该债券发行时市场利率为6%。该债券规定债券持有人持有债券2年以后可将所持债券转换为该公司的普通股票，每100元债券可转换为面值10元，计50股的普通股票。

三、要求：

1. 编制债券发行的会计分录。

2. 编制持有2年后该债券转换为普通股票的会计分录。

案例分析

中国船舶重工股份有限公司发行可转换公司债券概况：

可转换公司债券简称：重工转债。

1. 可转换公司债券代码：113003；

2. 可转换公司债券发行量：805 015万元（805. 015万手）；

3. 可转换公司债券上市量：805 015万元（805. 015万手）；

4. 可转换公司债券上市地点：上海证券交易所；

5. 可转换公司债券上市时间：2012年6月18日；

6. 可转换公司债券存续的起止日期：2012年6月4日至2018年6月4日；

7. 可转换公司债券登记机构：中国证券登记结算有限责任公司上海分公司；

8. 保荐人（主承销商）：中国国际金融有限公司；

9. 担保：中船重工集团承诺对本公司此次发行的债券到期兑付提供全额不可撤销的连带责任保证，已获得了国务院国资委批准；

10. 可转换公司债券信用级别及资信评估机构：本可转换公司债券信用级别为AAA，资信评估机构为大公国际资信评估有限公司。

案例分析要求：

1. 根据《公司法》《证券法》《上市公司证券发行管理办法》《上海证券交易所股票上市规则》以及其他相关的法律法规的规定，上市公司公告书应该编制哪些内容？

2. 如果发行成功，发行方应该怎样编制会计分录。

第十一章

经营成果

【学习目标】

通过本章的学习，掌握收入与费用的会计处理、利润结转的会计处理和利润分配的会计处理；熟悉收入与费用确认的原则和条件、费用与成本的联系与区别，计入损益的利得与损失的内容和利润分配的程序；熟悉收入、费用的概念、内容和特点；熟悉利润的概念和计算步骤。

第一节 收入

一、收入的定义及其分类

收入（revenues）是财务报表使用者评估主体财务业绩和财务状况的关键数据，它有狭义收入与广义收入之分。目前，包括我国在内的各国对“收入”要素的定义一般均指狭义的收入。狭义的收入是企业在日常经营活动中所形成的、会导致所有者权益增加的、与所有者投入资本无关的经济利益的总流入，也称营业收入。“日常活动”是企业为完成其经营目标所从事的经常性活动以及与之相关的其他活动。广义的收入是指能够导致经济利益流入企业的所有有利属性，除营业收入外，还包括非日常活动引起的经济利益流入。

2014 年 5 月 28 日，IASB 与 FASB 联合发布了“IFRS 15——客户合同收入（源于客户合同的收入）”（Revenue from Contracts with Customers）。该准则以合同为基础、以资产负债观为基本理念，是第一个以原则为导向的综合收入准则。2017 年 7 月 5 日，我国财政部修订发布了《企业会计准则第 14 号——收入》，规范了收入的确认、计量和相关信息的披露。根据企业从事日常经营活动的重要性，收入可以分为主营业务收入和其他业务收入。

主营业务是指企业为完成其经营目标而从事的日常活动中的主要活动，可根据企业营业执照上规定的主要业务范围确定，例如，工业、商品流通企业的主营业务是销售商品，银行的主营业务是贷款和为企业办理结算等。主营业务是企业的重要业务，是企业收入的主要来源。

其他业务收入是指主营业务之外的其他日常经营活动所实现的收入，如出租固定资产、出租无形资产、出租包装物和商品、销售材料、用材料进行具有商业实质的非货币性交换或债务重组等实现的收入。在利润表中，该类收入通常与主营业务项目合并后予以综合反映。

二、收入的确认

收入确认的基础是合同，其核心原则是主体确认收入的方式应体现其向客户转让商品和服务（以下简称“转让商品”）的模式，确认金额应当反映主体预计因交付商品和服务而有权获得的金额。收入确认和计量大致分为五步：

第一步，识别与客户订立的合同；

第二步，识别合同中的单项履约义务；

第三步，确定交易价格；

第四步，将交易价格分摊至各单项履约义务；

第五步，履行各单项履约义务时确认收入。

其中，第一步、第二步和第五步主要与收入的确认有关，第三步和第四步主要与收入的计量有关。

（一）识别与客户订立的合同

合同是指双方或多方之间设立有法律约束力的权利义务的协议，包括书面形式、口头形式以及其他形式，如隐含于商业管理或企业以往的习惯做法中等。

1. 收入确认的原则

企业应当在履行了合同中的履约义务，即客户取得相关商品控制权时确认收入。取得相关商品控制权，是指能够主导该商品的使用并从中获得几乎全部的经济利益，也包括有能力阻止其他方主导该商品的使用并从中获得经济利益。取得商品控制权包括以下三个要素：

（1）能力，即客户必须拥有现时权利，能够主导该商品的使用并从中获得几乎全部经济利益。如果客户只能在未来的某一期间主导该商品的使用并从中获益，则表明其尚未取得该商品的控制权。

（2）主导该商品的使用。客户有能力主导该商品的使用，是指客户有权使用该商品，或者能够允许或阻止其他方使用该商品。

（3）能够获得几乎全部的经济利益。商品的经济利益，是指该商品的潜在现金流量，既包括现金流入的增加，也包括现金流出的减少。客户必须拥有获得商品几乎全部经济利益的能力，才能被视为获得了对该商品的控制。客户可以通过很多方式直接或间接地获得商品的经济利益，例如使用、消耗、出售、处置、交换、抵押或持有商品。

2. 收入确认的前提条件

企业与客户之间的合同同时满足下列条件的，企业应当在履行了合同中的履约义务，即在客户取得相关商品控制权时确认收入：

（1）合同各方已批准该合同并承诺将履行各自义务；

（2）该合同明确了合同各方与所转让商品的权利和义务；

（3）该合同有明确的与所转让商品相关的付款条款；

（4）该合同具有商业实质，即履行该合同将改变企业未来现金流量的风险、时间或金额；

（5）企业很可能收回因向客户转让商品而有权取得的对价。

对于不符合这五条规定的合同，企业只有在不再负有向客户转让商品的剩余义务，并且自客户收到的对价不予退回时，才能将已收对价确认为收入；否则，应当将收到的对价作为负债处理，该负债代表了企业在未来向客户转让商品或者支付退款的义务。需要说明的是，没有商业实质的非货币性资产交换，无论何时不应确认收入。从事相同业务经营的企业之间，为便于向客户销售而进行的非货币性资产交换。例如，两家石油公司间相互交换石油，以便及时满足各自不同地点客户的需求，不应当确认收入。

3. 合同合并

企业与同一客户（或该客户的关联方）同时订立或在相近时间内先后订立的两份或多份合同，在满足下列任一条件时应当合并为一份合同进行会计处理：

（1）该两份或多份合同基于同一商业目的而订立并构成“一揽子”交易，如一份合同在不考虑另一份合同的对价的情况下将会发生亏损。

（2）该两份或多份合同中的一份合同的对价金额取决于其他合同的定价或履行情况，如一份合同发生违约，将会影响另一份合同的对价金额。

（3）该两份或多份合同中所承诺的商品（或每份合同中所承诺的部分商品）构成准则规定的单项履约义务。两份或多份合同合并为一份合同进行会计处理的，仍然需要区分该合同中包含的各单项履约义务。

4. 合同变更

经合同各方批准，可以对原有合同范围或价格做出变更。企业应当根据不同情况对合同变更分别进行会计处理：

（1）合同变更部分作为单独合同。合同变更增加了可明确区分的商品合同价款，并且新增合同价款反映了新增商品或服务单独售价的，应当将该合同变更作为一份单独的合同进行会计处理。此类合同变更不影响原合同的会计处理。

【例11－1】甲公司承诺向某客户销售120件产品，每件产品售100元。该批产品彼此之间可明确区分，且将于未来6个月内陆续转让给该客户。甲公司将其中的60件产品转让给该客户后，双方对合同进行了变更，甲公司承诺向该客户额外销售30件相同的产品，这30件产品与原合同中的产品可明确区分，其售价为每件95元（假定该价格反映了合同变更时该产品的单独售价）。上述价格均不包含增值税。

本例中，由于新增的30件产品是可明确区分的，且新增的合同价款反映了新增产品的单独售价，因此，该合同变更实际上构成了一份单独的、在未来销售30件产品的新合同，该新合同并不影响对原合同的会计处理。甲公司应当对原合同中的120件产品按每件产品100元确认收入，对新合同中的30件产品按每件产品95元确认收入。

（2）合同变更作为原合同终止及新合同订立。合同变更不属于（1）的情形，并且，在合同变更日尚未转让商品（或尚未提供服务）与已转让商品（或已提供服务）之间可明确区分的，应视为原合同终止，同时，将原合同的未履约部分与合同变更合并为新合同进行会计处理。

【例11-2】承〖例11-1〗，甲公司新增销售的30件产品售价为每件80元（假定该价格不能反映合同变更时该产品的单独售价）。同时由于客户发现甲公司已转让的60件产品存在瑕疵，要求甲公司对已转让的产品提供每件15元的销售折让以弥补损失。经协商，双方同意将价格折让在销售新增的30件产品的合同价款中进行抵减，金额为90元。上述价格均不包含增值税。

本例中，由于900元的折让金额与已经转让的60件产品有关，因此应当将其作为已销售的60件产品的销售价格的抵减，在该折让发生时冲减当期销售收入。对于合同变更新增的30件产品，由于其售价不能反映该产品在合同变更时的单独售价，因此，该合同变更不能作为单独合同进行会计处理。由于尚未转让给客户的产品（包括原合同中尚未交付的60件产品以及新增的30件产品）与已转让的产品是可明确区分的，因此，甲公司应当将该合同变更作为原合同终止，同时，将原合同的未履约部分与合同变更合并为新合同进行会计处理。该新合同中，剩余产品为90件，其对价为8 400元，即原合同下尚未确认收入的客户已承诺对价6 000元（100×60）与合同变更部分的对价2 400元（80×30）之和，新合同中的90件产品每件产品应确认的收入为93.33元（8 400÷90）。

（3）合同变更部分作为原合同的组成部分。合同变更不属于（1）的情形，并且在合同变更日尚未转让商品（或尚未提供服务）与已转让商品（或已提供服务）之间不可明确区分的，应将该合同变更作为原合同的组成部分进行会计处理，在合同变更时重新计算履约进度，并调整当期收入和相应成本。

【例11-3】第1年1月15日，乙建筑公司和客户签订了一项总金额为1 000万元的固定造价合同，在客户自有土地上建造一幢办公楼，预计合同总成本为700万元。假定该建造服务属于在某一时段内履行的履约义务，并根据累计发生的合同成本占合同预计总成本的比例确定履约进度。截至第1年末，乙公司累计已发生成本420万元。

第1年末，乙公司履约进度＝420÷700＝60%万元。

因此，乙公司在第1年确认的收入＝1 000×60%＝600万元。

第2年初，合同双方同意更改该办公楼屋顶的设计，合同价格和预计总成本因此而分别增加200万元和120万元。由于合同变更后拟提供的剩余服务与在合同变更日或之前已提供的服务不可明确区分，即该合同仍为单项履约义务，因此，乙公司应当将合同变更作为原合同的组成部分进行会计处理。合同变更后的交易价格为1 200万元（1 000＋200）。

乙公司重新估计的履约进度＝420÷（700＋120）＝51.2%

乙公司在合同变更日应额外确认收入＝51.2%×1 200－600＝14.4（万元）

（二）识别合同中的单项履约义务

合同开始日，企业应当对合同进行评估，识别该合同所包含的各项履约义务，并确定各履约义务是在一段时间内履行，还是在某一时点履行，然后，在履行了各单项履约义务时分别确认收入。履约义务是指合同中企业向客户转让可明确区分商品、服务的承诺。履约义务既包括合同中明确的承诺，也包括由于企业的商业惯例、已公开承诺或已公开宣布的政策等导致合同订立时客户合理预期企业将履行的承诺。企业应当将下列向客户转让商品的承诺作为单项履约义务：一是企业向客户转让可明确区分商品的承诺；二是企业向客户转让一系列实质相同且转让模式相同的、可明确区分商品的承诺。

1. 可明确区分的商品

实务中，企业向客户承诺的商品可能包括企业为销售而生产的产品、为转售而购进的商品或使用某商品的权利（如机票等）、向客户提供的各种服务、随时准备向客户提供商品或提供随时可供客户使用的服务（如随时准备为客户提供软件更新服务等）、安排他人向客户提供商品、授权使用许可、可购买额外商品的选择权等。其中，企业随时准备向客户提供商品，是指企业保证客户在其需要时能够随时取得相关商品，而不一定是所提供的每一件具体商品或每一次具体服务本身。例如，健身俱乐部随时可供会员健身，其提供的是随时准备在会员需要时向其提供健身服务的承诺，而并非每一次具体的健身服务。

企业向客户转让可明确区分商品（或者商品或服务的组合）的承诺。企业向客户承诺的商品同时满足下列条件的，应当作为可明确区分商品：一是客户能够从该商品本身或者从该商品与其他易于获得的资源一起使用中受益，即该商品能够明确区分；二是企业向客户转让该商品的承诺与合同中其他承诺可单独区分，即转让该商品的承诺在合同中是可明确区分的。需要特别指出的是，在评估某项商品是否能够明确区分时，应当基于该商品自身的特征，而与客户可能使用该商品的方式无关。因此，企业无须考虑合同中可能存在的阻止客户从其他来源取得相关资源的限制性条款。

企业确定了商品本身能够明确区分后，还应当在合同层面继续评估转让该商品的承诺是否与合同中其他承诺彼此之间可明确区分。这一评估的目的在于确定承诺的性质，即根据合同约定，企业承诺转让的究竟是每一单项商品，还是由这些商品组成的一个或多个组合产出。下列情形通常表明企业向客户转让商品的承诺与合同中的其他承诺不可单独区分：一是企业需提供重大的服务以将该商品与合同中承诺的其他商品进行整合，形成合同约定的某个或某些组合产出转让给客户；二是商品将对合同中承诺的其他商品予以重大修改或定制，实质上每一项商品将被整合在一起，作为投入以生产合同约定的组合产出；三是商品与合同中承诺的其他商品具有高度相关性。合同中包含多项商品时，如果企业无法通过单独交付其中的某一单项商品而履行其合同承诺，可能表明合同中的这些商品会受到彼此的重大影响。

2. 一系列实质相同且转让模式相同的、可明确区分商品

当企业向客户连续转让某项承诺的商品时，如每天提供类似劳务的长期劳务合同等，如果这些商品属于实质相同且转让模式相同的一系列商品，企业应当将这一系列商品作为单项履约义务。其中转让模式相同，是指每一项可明确区分的商品均满足准则规定的在某一时段内履行履约义务的条件，且采用相同方法确定其履约进度。例如，企业与客户签订为期一年的保洁服务合同，承诺每天为客户提供保洁服务。本例中，企业每天所提供的服务都是可明确区分且实质相同的，并且，根据控制权转移的判断标准，每天的服务都属于在某一时段内履行的履约义务。因此，企业应当将每天提供的保洁服务合并在一起作为单项履约义务进行会计处理。企业在判断所转让的一系列商品是否实质相同时，应当考虑合同中承诺的性质，如果企业承诺的是提供确定数量的商品，那么需要考虑这些商品本身是否实质相同；如果企业承诺的是在某一期间内随时向客户提供某项服务，则需要考虑企业在期间内的各个时间段（如每天或每小时）的承诺是否相同，而并非具体的服务行为本身。例如，企业向客户提供2年的酒店管理服务，具体包括保洁、维修、安保等，但没有体的服务次数或时间的要求，尽管企业每天提供的具体服务不一定相同，但是企业每天对于客户的承诺都是相同的，即按照约定的酒店管理标准，随时准备提供相关服务，因此该服务符合“实质相同”的条件。

（三）履行每一单项履约义务时确认收入

主体应在履约义务得到履行时确认收入，即当特定履约义务涉及的商品、服务的控制权转移给客户时确认收入。“控制权转移”的判断是收入模型应用过程中的一大难点。控制权可在某一时点或某一时段内转移。对于在某一时段内履行的履约义务，企业应当选取恰当的方法来确定履约进度；对于在某一时点履行的履约义务，企业应当综合分析控制权转移的迹象，判断其转移时点。

企业应当根据实际情况，首先判断履约义务是否满足在某一时段内履行的条件，如不满足，则该履约义务属于在某一时点履行的履约义务。满足下列任一条件的，属于在某一段时间内履行履约义务，否则属于在某一时点履行履约义务：

第一，客户在企业履约的同时即取得并消耗企业履约所带来的经济利益。企业在履约过程中是持续地向客户转移企业履约所带来的经济利益的，该履约义务属于在某一时段内履行的履约义务，企业应当在履行履约义务的期间确认收入。对于如保洁服务的一些服务类合同，企业在履行履约义务（即提供保洁服务）的同时，客户即取得并消耗了企业履约所带来的经济利益。

第二，客户能够控制企业履约过程中在建的商品。企业在履约过程中在建的商品包括在产品、在建工程、尚未完成的研发项目、正在进行的服务等，由于客户控制了在建的商品，客户在企业提供商品的过程中获得其利益，因此，该履约义务属于在某一时段内履行的履约义务，应当在该履约义务履行的期间内确认收入。

第三，企业履约过程中所产出的商品具有不可替代用途，且该企业在整个合同期间内有权就累计至今已完成的履约部分收取款项。

1. 在一段时段内履行的履约义务的收入确认

对于在某一时段内履行的履约义务，企业应当在该段时间内按照履约进度确认收入，但是，履约进度不能合理确定的除外。企业应当考虑商品的性质，采用产出法或投入法确定恰当的履约进度，并且在确定履约进度时，应当扣除那些控制权尚未转移给客户的商品和服务。企业按照履约进度确认收入时，通常应当在资产负债表日按照合同的交易价格总额乘以履约进度扣除以前会计期间累计已确认的收入后的金额，确认为当期收入。

（1）产出法。产出法是根据已转移给客户的商品对于客户的价值确定履约进度的方法，通常可采用实际测量的完工进度、评估已实现的结果、已达到的里程碑、时间进度、已完工或交付的产品等产出指标确定履约进度。

企业在评估是否采用产出法确定履约进度时，应当考虑具体的事实和情况，并选择能够如实反映企业履约进度和向客户转移商品控制权的产出指标。产出法是根据能够代表向客户转移商品控制权的产出指标直接计算履约进度的，因此通常能够客观地反映履约进度。但是，产出法下有关产出指标的信息有时可能无法直接观察获得，或者为获得这些信息需要花费很高的成本。当选择的产出指标无法计量控制权已转移给客户的商品时，不应采用产出法。

【例 11-4】甲公司与客户签订合同，为该客户拥有的一条铁路更换 100 根铁轨，合同价格为 10 万元（不含税价）。截至 2×18 年 12 月 31 日，甲公司共更换铁轨 60 根，剩余部分预计在 2×19 年 3 月 31 日之前完成。该合同仅包含一项履约义务，且该履约义务满足在某一时段内履行的条件。假定不考虑其他情况，本例中，甲公司提供的更换铁轨的服务属于在某一时段内履行的履约义务，甲公司按照已完成的工作量确定履约进度。因此，截至 2×18 年 12 月 31 日，该合同的履约进度为 60%（60÷100），甲公司应确认的收入为 6 万元（10×60%）。

（2）投入法。投入法是根据企业履行履约义务的投入确定履约进度的方法，通常可采用投入的材料数量、花费的人工工时或机器工时、发生的成本和时间进度等投入指标确定履约进度。当企业从事的工作或发生的投入是在整个履约期间内平均发生时，企业也可以按照直线法确认收入。

投入法所需要的投入指标虽然易于获得，但是，投入指标与企业向客户转移商品的控制权之间未必存在直接的对应关系。因此，企业在采用投入法确定履约进度时，应当扣除那些虽然已经发生、但是未导致向客户转移商品的投入。例如，企业为履行合同应开展一些初始活动，如果这些活动并没有向客户转移企业承诺的服务，则企业在使用投入法确定履约进度时，不应将为开展这些活动发生的相关投入包括在内。

实务中，通常按照累计实际发生的成本占预计总成本的比例（即成本法）确定履约进度，累计实际发生的成本包括企业向客户转移商品过程中所发生的直接成本和间接成本，如直接人工、直接材料、分包成本以及其他与合同相关的成本。

2. 在某一时点履行的履约义务的收入确认

对于不属于在某一时段内履行的履约义务，应当属于在某一时点履行的履约义务，企业应当在客户取得相关商品控制权时点确认收入。在判断客户是否已取得商品控制权（即客户是否能够主导该商品的使用并从中获得几乎全部的经济利益）时，企业应当考虑下列五个迹象：

（1）企业就该商品享有现时收款权利，即客户就该商品负有现时付款义务。当企业就该商品享有现时收款权利时，可能表明客户已经有能力主导该商品的使用并从中获得几乎全部的经济利益。

（2）企业已将该商品的法定所有权转移给客户，即客户已拥有该商品的法定所有权。当客户取得了商品的法定所有权时，可能表明其已经有能力主导该商品的使用并从中获得几乎全部的经济利益，或者能够阻止其他企业获得这些经济利益，即客户已取得对该商品的控制权。如果企业仅是为了确保到期收回货款而保留商品的法定所有权，那么该权利通常不会对客户取得对该商品的控制权构成障碍。

（3）企业已将该商品实物转移给客户，即客户已占有该商品实物。客户如果已经占有商品实物，则可能表明其有能力主导该商品的使用并从中获得其几乎全部的经济利益，或者使其他企业无法获得这些利益。在委托代销安排下，企业应当评估受托方在企业向其转让商品时是否已获得对该商品的控制权，如果没有，企业不应在此时确认收入，通常应当在受托方售出商品时确认销售商品收入。受托方应当在商品销售后，按合同或协议约定的方法计算确定的手续费确认收入。

（4）企业已将商品所有权上的主要风险和报酬转移给客户，即客户已取得该商品所有权上的主要风险和报酬，可能表明客户已经取得了主导该商品的使用并从中获得其几乎全部经济利益的能力。但是，在评估商品所有权上的主要风险和报酬是否转移时，不应考虑导致企业在除所转让商品之外产生其他单项履约义务的风险。例如，企业将产品销售给客户，并承诺提供后续维护服务的安排中，销售产品和提供维护服务均构成单项履约义务，企业将产品销售给客户之后，虽然仍然保留了与后续维护服务相关的风险，但是，由于维护服务构成单项履约义务，所以该保留的风险并不影响企业已将产品所有权上的主要风险和报酬转移给客户的判断。

（5）客户已接受该商品。企业销售给客户的商品通过了客户的验收，可能表明客户已经取得了该商品的控制权。企业在评估是否已经将商品的控制权转移给客户时，应当考虑合同条款。合同中有关客户验收的条款可能允许客户在商品不符合约定规格的情况下解除合同或要求企业采取补救措施。当企业能够客观地确定其已经按照合同约定的标准和条件将商品的控制权转移给客户时，客户验收只是一项例行程序，并不影响企业判断客户取得该商品控制权的时点。相反，当企业无法客观地确定其向客户转让的商品是否符合合同规定的条件时，在客户验收之前，企业无法确定客户是否能够主导该商品的使用并从中获得其几乎全部的经济利益，因此企业不能认为已经将该商品的控制权转移给了客户。实务中，定制化程度越高的商品，越难以证明客户验收仅是一项例行程序，在验收完成之前，企业无法确定其商品是否能够满足客户的主观标准。因此，企业应当在客户完成验收并接受该商品时才能确认收入。

【例11－5】企业与客户签订合同，在客户拥有的土地上按照客户的设计要求为其建造厂房。在建造过程中客户有权修改厂房设计，并与企业重新协商设计变更后的合同条款。客户每月末按当月工程进度向企业支付工程款。如果客户终止合同，已完成建造部分的厂房归客户所有。

本例中，企业为客户建造厂房，该厂房位于客户的土地上，客户终止合同时，已建造的厂房归客户所有。这些均表明客户在该厂房建造的过程中就能够控制该在建厂房。因此，企业提供的该建造服务属于在某一时段内履行的履约义务，企业应当在提供该服务的期间内确认收入。

三、收入的计量

（一）确定交易价格

交易价格（transaction price，成交价格）是主体预期因交付合同所承诺的商品、服务而有权向客户收取的对价金额（可以是固定金额，也可以是可变金额）。企业在确定交易价格时，应当假定将按照现有合同的约定向客户转让商品，且该合同不会被取消、续约或变更。在确定交易价格时，主体须考虑可变对价、货币时间价值、非现金对价及任何应付给客户的对价的影响。此外，主体还应当考虑有效预期的过往商业惯例、已公布政策或特定声明。

1. 可变对价

企业与客户的合同中约定的对价金额可能会因折扣、价格折让、返利、退款、奖励积分、激励措施、业绩奖金、索赔等因素而变化。此外，根据一项或多项或有事项的发生而收取不同对价金额的合同，也属于可变对价的情形。合同中存在可变对价的，企业应当按照期望值或最可能发生金额确定可变对价的最佳估计数。期望值是按照各种可能发生的对价金额及相关概率计算确定的金额。如果企业拥有大量具有类似特征的合同，企业据此估计合同可能产生多个结果时，按照期望值估计可变对价金额通常是恰当的。最可能发生金额是一系列可能发生的对价金额中最可能发生的单一金额，即合同最可能产生的单一结果。当合同仅有两个可能结果（例如，企业能够达到或不能达到某业绩奖金目标）时，按照最可能发生金额估计可变对价金额可能是恰当的。

【例 11－6】甲公司向零售商乙公司销售 1 000 台电视机，每台价格为 3 000 元，合同价款合计 300 万元。甲公司向乙公司提供价格保护，同意在未来 6 个月内如果同款电视机售价下降，则按照合同价格与最低售价之间的差额向乙公司支付差价。甲公司根据以往执行类似合同的经验，预计电视机售价为 3 000 元、2 500 元、2 000 元等不同结果发生的概率分别为 50%、30% 和 20%。

本例中，甲公司认为期望值能够更好地预测其有权获取的对价金额，甲公司估计交易价格为每台 2 750 元（3 000 ×50% +2 500 ×30% +2 500 ×20%）。

2. 合同中存在的重大融资成分

当企业将商品的控制权转移给客户的时间与客户实际付款的时间不一致时，如企业以赊销的方式销售商品，或者要求客户支付预付款等，如果各方以在合同中明确（或者以隐含的方式）约定的付款时间为客户或企业就转让商品的交易提供了重大融资利益，则合同中即包含了重大融资成分，企业在确定交易价格时，应当对已承诺的对价金额做出调整，以剔除货币时间价值的影响。

合同中存在重大融资成分的，企业应当按照假定客户在取得商品、服务控制权时，即以现金支付而需支付的金额确定交易价格。该交易价格与合同对价之间的差额，应当在合同期间内采用实际利率法摊销。合同开始日，企业预计客户取得商品、服务控制权与客户支付价款间隔不超过 1 年的，可以不考虑合同中存在的重大融资成分。

3. 客户支付非现金对价

非现金对价包括实物资产、无形资产、股权、客户提供的广告服务。客户支付非现金对价的，企业应当按照非现金对价的公允价值确定交易价格。非现金对价公允价值不能合理估计的，企业应当参照其承诺向客户转让商品、提供服务的单独售价间接确定交易价格。非现金对价公允价值因其形式以外的原因而发生变动的，应当作为可变对价，按准则规定处理。

4. 应付客户对价

企业应付客户（或向客户购买本企业商品、服务的第三方，下同）对价的，应当将该应付对价作为交易价格的抵减项，但应付客户对价是为了自客户取得其他可明确区分商品、服务的除外。企业应付客户对价是为了自客户取得其他可明确区分商品、服务的，应当按照其他相关企业会计准则的规定确认所购买的商品、服务。企业应付客户对价超过自客户取得可明确区分商品、服务公允价值的，超过金额应当作为交易价格的抵减项。自客户取得的可明确区分商品、服务公允价值不能合理估计的，企业应付客户对价应当全额作为交易价格的抵减项。

（二）将交易价格分摊至各单项履约义务

如果单项合同内识别出多项履约义务，交易价格应当基于单独售价的比例分摊至每一项单独的履约义务。如果单独售价无法直接观察，则企业需要对其做出估计。

单独售价应在合同开始时确定，并基于主体在类似情形下向相似客户出售类似商品或服务的可观察价格。若单独售价无法直接观察，主体须运用市场评估、预计成本加利润或余值法对其进行估计。

1. 分摊交易价格

合同中包含两项或多项履约义务的，企业应在合同开始日，按照各项履约义务所承诺商品或服务的相对单独售价，将交易价格分摊至各项履约义务。单独售价是指企业向客户单独销售某商品、提供某服务的价格。

交易价格的后续变动，应当以合同开始日确定的单独售价为基础分摊至相关履约义务。企业不得因合同开始日之后单独售价的变动而重新分摊交易价格。

【例 11－7】甲公司与客户签订合同，向其销售 A、B 两项商品，A 商品的单独售价为 3 000 元，B 商品的单独售价为 18 000 元，合同价款为 21 000 元。合同约定，A 商品于合同开始日交付，B 商品在一个月之后交付，只有当两项商品全部交付之后，甲公司才有权收取 21 000 元的合同对价。假定 A 商品和 B 商品分别构成单项履约义务，其控制权在交付时转移给客户。上述价格均不包含增值税，且假定不考虑相关税费影响。甲公司的相关会计处理如下：

分摊至 A 商品的合同价款为［(3 000/(3 000＋18 000))×21 000］＝3 000 元；

分摊至 B 商品的合同价款为［(18 000/(3 000＋18 000))×21 000］＝18 000 元。

（1）交付 A 商品时，

借：合同资产	3 000	
贷：主营业务收入		3 000

（2）交付 B 商品时，

借：应收账款	21 000	
贷：合同资产		3 000
主营业务收入		18 000

2. 单独售价

单独售价的证据是企业在相似环境下向相似客户单独销售该商品、提供该服务的可观察价格。单独售价无法直接观察的，企业应当综合考虑其能够合理取得的全部相关信息，采用市场调整法、成本加成法、余值法等方法合理估计单独售价。

市场调整法，是指企业根据某商品或类似商品的市场售价，考虑本企业的成本和毛利等进行适当调整后的金额，确定其单独售价的方法。企业可以对其销售商品的市场进行评估，进而估计客户在该市场上购买本企业的商品所愿意支付的价格，也可以参考其竞争对手销售类似商品的价格，并在此基础上进行必要调整，以反映本企业的成本及毛利。

成本加成法，是指企业根据某商品的预计成本加上其合理毛利后的金额，确定其单独售价的方法。其中，预计成本应当与企业在定价时通常会考虑的成本因素一致，既包括直接成本，也包括间接成本。企业在确定合理毛利时，应当考虑的因素包括类似商品单独售价的毛利水平、行业内的历史毛利水平、行业平均售价、市场情况以及企业的利润目标等。

余值法，是指企业根据合同交易价格减去合同中其他商品可观察单独售价后的余额，确定某商品单独售价的方法。企业在商品近期售价波动幅度巨大，或者因未定价且未曾单独销售而使售价无法可靠确定时，可采用余值法估计其单独售价。例如，企业以 10 万元的价格向客户销售 A、B、C 三件可明确区分的商品。其中 A 商品和 B 商品经常单独对外销售，销售价格分别为 2.5 万元和 4.5 万元，C 商品为新产品，企业尚未对其定价且未曾单独销售，市场上也无类似商品。在这种情况下，企业采用余值法估计 C 商品的单独售价为 3 万元，即合同价格 10 万元减去 A 商品和 B 商品的单独售价之和 7 万元后的余额。

3. 分摊合同折扣

对于合同折扣（合同中各项履约义务所承诺商品、服务的单独售价之和高于合同交易价格的金额），企业应在各项履约义务之间按比例分摊；若有确凿证据表明合同折扣仅与合同中一项或多项（而非全部）履约义务相关的，企业应在采用余值法估计单独售价（如有）之前，将相关合同折扣分摊至该一项或多项履约义务。

【例 11－8】甲公司与客户签订合同，向其销售 A、B、C 三种产品，合同总价款为 120 万元，这三种产品构成 3 个单项履约义务。企业经常单独出售 A 产品，其可直接观察的单独售价为 50 万元；B 产品和 C 产品的单独售价不可直接观察，企业采用市场调整法估计 B 产品的单独售价为 25 万元，采用成本加成法估计 C 产品的单独售价为 75 万元。甲公司经常以 50 万元的价格单独销售 A 产品，并且经常将 B 产品和 C 产品组合在一起以 70 万元的价格销售。假定上述价格均不包含增值税。

本例中，这三种产品的单独售价合计为 150 万元，而该合同的价格为 120 万元，因此该合同的折扣为 30 万元。由于甲公司经常将 B 产品和 C 产品组合在一起以 70 万元的价格销售，该价格与其单独售价的差额为 30 万元，与该合同的折扣一致，而 A 产品单独销售的价格与其单独售价一致，证明该合同的折扣仅应归属于 B 产品和 C 产品。因此，在该合同下，分摊至 A 产品的交易价格为 50 万元，分摊至 B 产品和 C 产品的交易价格合计为 70 万元，甲公司应当进一步按照 B 产品和 C 产品的单独售价的相对比例将该价格在二者之间进行分摊。因此，各产品分摊的交易价格分别为：A 产品为 50 万元，B 产品为 17.5 万元（$25 \div 100 \times 70$），C 产品为 52.5 万元（$75 \div 100 \times 70$）。

四、收入的会计处理

（一）会计科目的设置

为实现对收入的会计处理，一般需要设置下列会计科目（与收入产生有关的“主营业务成本”“其他业务成本”科目在本章第二节进行介绍）。

1. 主营业务收入

本科目核算企业确认的销售商品、提供服务等主营业务的收入，本科目可按主营业务的种类进行明细核算。

企业在履行了合同中的单项履约义务时，应按照已收或应收的合同价款，加上应收取的增值税额，借记“银行存款”“应收账款”“应收票据”“合同资产”等科目，按应确认的收入金额，贷记本科目，按应收取的增值税额，贷记“应交税费——应交增值税（销项税额）”“应交税费——待转销项税额”等科目。企业收到的对价为非现金资产时，应按该非现金资产在合同开始日的公允价值，借记“存货”“固定资产”“无形资产”等有关科目，贷记本科目。涉及增值税的，还应进行相应的处理。期末，应将本科目的余额转入“本年利润”科目，结转后本科目应无余额。

2. 其他业务收入

本科目核算企业确认的除主营业务活动以外的其他经营活动实现的收入，包括出租固定资产、出租无形资产、出租包装物和商品、销售材料、用材料进行非货币性交换（非货币性资产交换具有商业实质且公允价值能够可靠计量）或债务重组等实现的收入。企业（保险）经营受托管理业务收取的管理费收入，也通过本科目核算。本科目可按其他业务的种类进行明细核算。企业确认其他业务收入的主要账务处理参见“主营业务收入”科目。期末，应将本科目的余额转入“本年利润”科目，结转后本科目应无余额。

3. 合同履约成本

本科目核算企业为履行当前或预期取得的合同所发生的、不属于其他企业会计准则规范范围且按照准则应当确认为一项资产的成本。企业因履行合同而产生的毛利不在本科目核算。本科目可按合同，分别按“服务成本”“工程施工”等进行核算。企业发生上述合同履约成本时，借记本科目，贷记“银行存款”“应付职工薪酬”“原材料”等科目；对合同履约成本进行摊销时，借记“主营业务成本”“其他业务成本”等科目，贷记本科目。涉及增值税的，还应进行相应的处理。本科目期末借方余额反映企业尚未结转的合同履约成本。

4. 合同履约成本减值准备

本科目核算与合同履约成本有关的资产的减值准备，可按合同进行明细核算。与合同履约成本有关的资产发生减值的，按应减记的金额，借记“资产减值损失”科目，贷记本科目；转回已计提的资产减值准备时，做相反的会计分录。本科目期末贷方余额反映企业已计提但尚未转销的合同履约成本减值准备。

5. 合同取得成本

本科目核算企业取得合同发生的、预计能够收回的增量成本。本科目可按合同进行明细核算。企业发生上述合同取得成本时，借记本科目，贷记“银行存款”“其他应付款”等科目；对合同取得成本进行摊销时，按照其相关性借记“销售费用”等科目，贷记本科目。涉及增值税的，还应进行相应的处理。本科目期末借方余额反映企业尚未结转的合同取得成本

6. 合同取得成本减值准备

本科目核算与合同取得成本有关的资产的减值准备，可按合同进行明细核算。与合同取得成本有关的资产发生减值的，按应减记的金额，借记“资产减值损失”科目，贷记本科目；转回已计提的资产减值准备时，做相反的会计分录。本科目期末贷方余额反映企业已计提但尚未转销的合同取得成本减值准备。

7. 应收退货成本

本科目核算销售商品时预期将退回商品的账面价值，扣除收回该商品预计发生的成本（包括退回商品的价值减损）后的余额。本科目可按合同进行明细核算。

企业发生附有销售退回条款的销售的，应在客户取得相关商品控制权时，按照已收或应收合同价款，借记“银行存款”“应收账款”“应收票据”“合同资产”等科目，按照因向客户转让商品而预期有权收取的对价金额（即：不包含预期因销售退回将退还的金额），贷记“主营业务收入”“其他业务收入”等科目，按照预期因销售退回将退还的金额，贷记“预计负债——应付退货款”等科目；结转相关成本时，按照预期将退回商品转让时的账面价值，扣除收回该商品预计发生的成本（包括退回商品的价值减损）后的余额，借记本科目，按照已转让商品转让时的账面价值，贷记“库存商品”等科目，按其差额，借记“主营业务成本”“其他业务成本”等科目。涉及增值税的，还应进行相应处理。

本科目期末借方余额反映企业预期将退回商品转让时的账面价值，扣除收回该商品预计发生的成本（包括退回商品的价值减损）后的余额，在资产负债表中按其流动性计入“其他流动资产”或“其他非流动资产”项目。

8. 合同资产

本科目核算企业已向客户转让商品而有权收取对价的权利，仅取决于时间流逝因素的权利不在本科目核算。本科目应按合同进行明细核算。企业在客户实际支付合同对价或在该对价到期应付之前，已经向客户转让了商品的，应当按因已转让商品而有权收取的对价金额，借记本科目或“应收账款”科目，贷记“主营业务收入”“其他业务收入”等科目；企业取得无条件收款权时，借记“应收账款”等科目，贷记本科目。涉及增值税的，还应进行相应的处理。

9. 合同资产减值准备

本科目核算合同资产的减值准备。本科目应按合同进行明细核算。合同资产发生减值的，按应减记的金额，借记“资产减值损失科目”，贷记本科目；转回已计提的资产减值准备时，做相反的会计分录。本科目期末贷方余额反映企业已计提但尚未转销的合同资产减值准备。

10. 合同负债

本科目核算企业已收或应收客户对价而应向客户转让商品的义务。本科目应按合同进

行明细核算。企业在向客户转让商品之前，客户已经支付了合同对价或企业已经取得了无条件收取合同对价权利的，企业应当在客户实际支付款项与到期应支付款项孰早时点，按照该已收或应收的金额，借记“银行存款”“应收账款”“应收票据”等科目，贷记本科目；企业向客户转让相关商品时，借记本科目，贷记“主营业务收入”“其他业务收入”等科目。涉及增值税的，还应进行相应的处理。企业因转让商品收到的预收款适用《企业会计准则第14号——收入》准则进行会计处理时，不再使用“预收账款”科目及“递延收益”科目。本科目期末贷方余额，反映企业在向客户转让商品之前，已经收到的合同对价或已经取得的无条件收取合同对价权利的金额。

（二）主营业务收入的会计处理

企业销售商品，在客户取得了商品的控制权时可以确认收入，应按实收或应收价款，借记“银行存款”“应收账款”“应收票据”等账户，按确认的收入金额，贷记“主营业务收入”“其他业务收入”等账户，按税法确认的增值税额，贷记“应交税费——应交增值税（销项税额）”账户。对销售过程中应缴纳的流转税费（增值税除外），借记“税金及附加”账户，贷记“应交税费”账户；期末结转销售成本时，借记“主营业务成本”“其他业务成本”等账户，贷记“库存商品”“原材料”等账户。如果商品销售不符合收入确认条件，对已经发出的商品，应借记“发出商品”，贷记“库存商品”账户。

1. 在某一时点履行的履约义务的收入

【例11－9】本企业与N公司签订了购货合同，根据该合同，N公司持转账支票购货，价款5 000元，增值税率16%。N公司已经取得了商品的控制权，本企业根据送款回单等有关凭证，记：

借：银行存款	5 800	
贷：主营业务收入		5 000
应交税费——应交增值税（销项税额）		800

2. 在某一时段履行的履约义务

【例11－10】甲公司经营一家健身俱乐部。第1年2月1日，某客户与乙公司签订合同，成为甲公司的会员，并向甲公司支付会员费3 600元（不含税价），可在未来的12个月内在该俱乐部健身，且没有次数的限制。乙公司在该合同下的履约义务是承诺随时准备在客户需要时为其提供健身服务，客户已使用俱乐部健身的次数不会影响其未来继续使用的次数。该履约义务属于在某一时段内履行的展约义务，并且该履约义务在会员的会籍期间内随时间的流逝而被履行。因此，甲公司按照直线法确认收入，即每月应当确认的收入为300元（3 600÷12），截至第1年12月31日，甲公司应确认的收入为3 300元（300×11）。

（1）甲公司预售客户3 600元时，会计处理如下：

借：银行存款	3 600	
贷：合同负债		3 600

（2）每月确认收入时，会计处理如下：

借：合同负债	300	
贷：主营业务收入		300

如果客户购买的是确定数量的服务，如在未来 12 个月内，乙公司的履约义务是为客户提供这 100 次健身服务，而不是随时准备为其提供健身服务的承诺，则乙公司应当按照客户已使用健身服务的次数确认收入。

3. 对合同中的履约义务进行区分

【例 11 – 11】客户在移动公司自有营业厅办理如下合约：购买 3 500 元的一款手机（市场价 3 000 元），赠送话费 720 元（分 12 个月平均返还），套餐合约要求客户未来 12 个月内，每月最低消费 88 元。

在本例中，由于本项套餐合约销售，移动公司共收到银行存款 3 836 元，其中 3 500 元为合约办理时一次性收取，其余 336 元通过客户每月话费回收。该合约同时为移动公司分别带来手机销售收入和移动业务收入，其中手机销售收入在销售时点确认，移动业务收入在未来 12 个月内做分摊。

首先，识别履约义务及确定独立销售价格：合约所包含的手机销售和提供通信服务可以明显区分，应作为单独的履约义务确认销售价格。终端市场价为 3000 元，通信服务价格为 1 056 元（88 ×12）。

其次，确定交易价格：交易价格是主体为交换向客户转移所承诺商品或服务，预期将有权获得的对价金额。因此，协议期交易价格 =3 500 +（88 –60）×12 =3 836 元。

最后，分摊交易价格：

手机销售产生的收入 =3 000 ÷（3 000 +1 056）×3 836 =2 837 元；

移动业务产生的收入 =1 056 ÷（3 000 +1 056）×3 836 =999 元。

（1）办理该套餐业务的当月，移动公司确认手机销售收入和一项合同负债，会计处理如下：

借：银行存款	3 500	
贷：主营业务收入——手机销售		2 837
合同负债		663

（2）在未来 12 个月，假设客户每月消费 88 元，扣除移动公司每月返还的 60 元后每月支付 28 元，移动公司将合同负债 663 元分 12 个月摊销确认收入，每个月的会计处理如下：

借：银行存款	28	
合同负债	55	
贷：主营业务收入——移动业务		83

（三）关于特定交易的会计处理

在企业销售业务中，除了上述一般销售业务外，还会发生分期收款销售、附有销售退回条款的销售、售后费用、售后回购等一些特殊销售业务。

1. 存在重大融资利益的合同

在合同中存在企业为客户提供重大融资利益的，企业应按照应收合同价款，借记“长期应收款”等科目；按照假定客户在取得商品控制权时即以现金支付其需支付的金额（即现销价格）确定的交易价格，贷记“主营业务收入”科目，按其差额，贷记“未实现融资收益”科目，并在收款期内按实际利率法摊销。

【例 11 - 12】某公司售出大型设备一套，采用分期收款销售方式，销售价格 100 万元，合同约定每年末等额收款，分 5 年收取，未考虑增值税等税费因素。该设备成本 75 万元。假定购货方在销售成立日支付货款，只须付 80 万元，则应收账款金额的公允价值可以被认定为 80 万元，据此可计算得出年金为 20 万元、期数为 5 年、现值为 80 万元的折现率为 7. 93%。计算结果见表 11 - 1。

表 11 - 1　　财务费用和已收本金计算表　　单位：万元

项　目	未收本金	财务费用	已收本金	收现总额
销售日	80	0	0	0
第 1 年末	100	6. 34	13. 66	20
第 2 年末	66. 34*	5. 26	14. 74	20
第 3 年末	51. 6	4. 10	15. 90	20
第 4 年末	35. 7	2. 83	17. 17	20
第 5 年末	18. 53	1. 47	18. 53	20
总　额		20	80	100

注：* 摊余成本 = 100 - 20 - (20 - 6. 34) = 66. 34 万元。

(1) 销售实现时，记：

借：长期应收款	1 000 000	
贷：主营业务收入		800 000
未实现融资收益		200 000
借：主营业务成本	750 000	
贷：库存商品		750 000

(2) 第 1 年末，记：

借：银行存款	200 000	
贷：长期应收款		200 000
借：未实现融资收益	63 400	
贷：财务费用		63 400

(3) 第 2 年末，记：

借：银行存款	200 000	
贷：长期应收款		200 000
借：未实现融资收益	52 600	
贷：财务费用		52 600

(4) 第 3 年末，记：

借：银行存款	200 000	
贷：长期应收款		200 000

借：未实现融资收益　　41 000
　　贷：财务费用　　41 000

（5）第4年末，记：

借：银行存款　　200 000
　　贷：长期应收款　　200 000
借：未实现融资收益　　28 300
　　贷：财务费用　　28 300

（6）第5年末，记：

借：银行存款　　200 000
　　贷：长期应收款　　200 000
借：未实现融资收益　　14 700
　　贷：财务费用　　14 700

在合同中存在客户为企业提供重大融资利益的，企业应按照已收合同价款，借记“银行存款”等科目，按照假定客户在取得商品控制权时以现金支付的应付金额（即现销价格）确定的交易价格，贷记“合同负债”等科目，按其差额，借记“未确认融资费用”科目。涉及增值税的，还应进行相应的处理。

【例11－13】第1年1月1日，甲公司与乙公司签订合同，向其销售一批产品。合同约定，该批产品将于2年之后交货。合同中包含两种可供选择的付款方式，即乙公司可以在2年后交付产品时支付449.44万元，或者在合同签订时支付400万元。乙公司选择在合同签订时支付货款。该批产品的控制权在交货时转移。甲公司于第1年1月1日收到乙公司支付的货款。上述价格均不包含增值税，且假定不考虑相关税费影响。

本例中，按照上述两种付款方式计算的内含利率为6%。考虑到乙公司付款时间和产品交付时间之间的间隔以及现行市场利率水平，甲公司认为该合同包含重大融资成分，在确定交易价格时，应当对合同承诺的对价金额进行调整，以反映该重大融资成分的影响。

假定该融资费用不符合借款费用资本化的要求。甲公司的账务处理为：

（1）第1年1月1日收到货款，记：

借：银行存款　　4 000 000
　　未确认融资费用　　494 400
　　贷：合同负债　　4 494 400

（2）第1年12月31日确认融资成分的影响，记：

借：财务费用（4 000 000×6%）　　240 000
　　贷：未确认融资费用　　240 000

（3）第2年12月31日交付产品，记：

借：财务费用（4 240 000×6%）　　254 400
　　贷：未确认融资费用　　254 400
借：合同负债　　4 494 400
　　贷：主营业务收入　　4 494 400

为简化实务操作，如果在合同开始日，企业预计客户取得商品控制权与客户支付价款间隔不超过一年的，可以不考虑合同中存在的重大融资成分。企业应当对类似情形下的类似合同统一应用此简化处理方法。

企业在编制利润表时，应当将合同中存在的重大融资成分的影响（即：利息收入和利息支出）与按照准则确认的收入区分开来，分别列示。企业在按照准则对与客户的合同进行会计处理时，只有在确认了合同资产（或应收款项）和合同负债时，才应当分别确认相应的利息收入和利息支出。

2. 附有销售退回条款的销售

对于附有销售退回条款的销售，企业应当在客户取得相关商品控制权时，按照因向客户转让商品而预期有权收取的对价金额（不包含预期因销售退回将退还的金额）确认收入，按照预期因销售退回将退还的金额确认负债；同时，按照预期将退回商品转让时的账面价值，扣除收回该商品预计发生的成本（包括退回商品的价值减损）后的余额，确认为一项资产，按照所转让商品转让时的账面价值，扣除上述资产成本的净额结转成本。

每一资产负债表日，企业应当重新估计未来销售退回情况，如有变化，应当作为会计估计变更进行会计处理。

【例 11－14】甲公司是一家健身器材销售公司。第 1 年 11 月 1 日，甲公司向乙公司销售 500 件健身器材，单位销售价格为 500 元，单位成本为 400 元，开出的增值税专用发票上注明的销售价格为 25 万元，增值税额为 4.25 万元。健身器材已经发出，但款项尚未收到。根据协议约定，乙公司应于第 1 年 12 月 31 日之前支付货款，在第 2 年 3 月 31 日之前有权退还健身器材。甲公司根据过去的经验，估计该批健身器材的退货率约为 20%。在第 1 年 12 月 31 日，甲公司对退货率进行了重新评估，认为只有 10% 的健身器材会被退回。甲公司为增值税一般纳税人，健身器材发出时纳税义务已经发生，实际发生退回时取得税务机关开具的红字增值税专用发票。假定健身器材发出时控制权转移给乙公司。甲公司进行如下相关会计处理：

（1）第 1 年 11 月 1 日发出健身器材时，记：

借：应收账款	292 500	
贷：主营业务收入		200 000
预计负债——应付退货款		50 000
应交税费——应交增值税（销项税额）		42 500
借：主营业务成本	160 000	
应收退货成本	40 000	
贷：库存商品		200 000

（2）第 1 年 12 月 31 日前收到货款时，记：

借：银行存款	292 500	
贷：应收账款		292 500

（3）第 1 年 12 月 31 日，甲公司对退货率进行重新评估，记：

借：预计负债——应付退货款	25 000	
贷：主营业务收入		25 000

借：主营业务成本　　20 000
　　贷：应收退货成本　　20 000

（4）第2年3月31日发生销售退回，实际退货量为40件，退货款项已经支付，记：

借：库存商品　　16 000
　　应交税费——应交增值税（销项税额）　　3 400
　　预计负债——应付退货款　　25 000
　　贷：应收退货成本　　16 000
　　　　主营业务收入　　5 000
　　　　银行存款　　23 400

借：主营业务成本　　4 000
　　贷：应收退货成本　　4 000

3. 附有质量保证条款的销售

对于附有质量保证条款的销售企业，应当评估该质量保证是否在向客户保证所销售商品符合既定标准之外，提供了一项单独的服务。企业提供单独的额外服务的，应当作为单项履约义务，进行会计处理。否则质量保证责任应当按照或有事项的要求进行会计处理。在评估质量保证是否是一项单独的服务时，企业应当考虑把质量保证是否为法定要求、质量保证期限，以及企业承诺履行任务的性质等因素。法定要求的质量保证通常是为了保护客户，使其避免购买瑕疵或缺陷商品，而并非为客户提供一项单独的质量保证服务。

【例11－15】10月，M公司对外销售车床20台，每台售价5万元。M公司在出售车床时做出以下承诺：车床售出后，3年内若出现非意外事件造成的车床故障和质量问题，M公司负责保修（含更换零件）。经判断，该质量保证条款不属于一项单独的服务。根据以往经验，保修费用一般为销售额的2%～4%。对该项业务，M公司应当计提后续服务费用，预计金额3万元（20×5×3%）。有关会计处理如下：

借：应收账款——××企业　　1 160 000
　　贷：主营业务收入　　1 000 000
　　　　应交税费——应交增值税（销项税额）　　160 000

借：销售费用——产品质量保证　　30 000
　　贷：预计负债——产品质量保证　　30 000

待保修义务实际发生时，将实际的发生支出借记“预计负债”账户。

企业提供的质量保证同时包含保证类质量保证和服务类质量保证的，应当分别对其进行会计处理；无法合理区分的，应当将这两类质量保证一起作为单项履约义务进行会计处理。

【例11－16】甲公司向乙公司销售一批商品，价款100万元，增值税16万元，商品的质量保证期为1年，但在合同中有条款体现：乙公司自愿额外支付2万元（假定不考虑增值税），将质保期延长至2年。甲公司已经履行合同义务，乙公司取得相关商品控制权，并支付所有款项。

分析：在该项业务中，商品的正常质保期是1年。但乙公司额外支付2万元，将质保期延长了1年。于是甲公司延长的这1年质保期属于单项履约义务，相应的交易价格2万元应与商品销售收入区分开来，在收到时先计入“合同负债”科目，在相应延长的质保期结束时一次性确认收入或在保质期内分期摊销计入收入。甲公司相应会计处理如下：

（1）收到价款时：

借：银行存款　　1 180 000

　　贷：主营业务收入　　1 000 000

　　　　应交税费——应交增值税（销项税额）　　160 000

　　　　合同负债　　20 000

（2）在质保期结束时：

借：合同负债　　20 000

　　贷：其他业务收入　　20 000

4. 售后回购

售后回购是企业在销售资产的同时，又以合同的形式约定日后按一定价格重新购回所售该资产的一种销售方式。在这种交易方式下，销售方应根据合同或协议条款具体判断所售商品是否满足收入确认条件。如果能够满足收入确认条件，销售时按一般销售业务进行会计处理；回购时，作为购进商品处理。但在一般情况下，通过售后回购交易方式所售资产的所有权上的主要风险和报酬并未从销售方转移到购买方，即不能满足收入确认条件。由此，在这种情况下，企业收到的款项应作负债处理；如果回购价格大于原售价，其差额应在回购期间按期计提利息。资产出库时，按其实际成本（或进价）或计划成本（或售价），借记“发出商品”，贷记“库存商品”等；回购时，借记“库存商品”等，贷记“发出商品”。

【例11－17】M公司某日与N公司签订销售合同，向N公司销售一批商品，价款40万元，增值税额6.8万元。合同约定，M公司在4个月到期日购回，回购价为42万元（不含增值税）。商品已发出，货款收到。设其成本为35万元，不考虑其他税费因素。因回购期不长，不考虑货币时间价值，采用直线法计提利息费用。

（1）发出商品时：

借：发出商品——N公司　　350 000

　　贷：库存商品　　350 000

同时，

借：银行存款　　468 000

　　贷：其他应付款　　400 000

　　　　应交税费——应交增值税（销项税额）　　68 000

（2）由于回购价大于原售价，M公司应在4个月的回购期内计提利息费用，并将其直接记入当期财务费用。因售后回购是一种融资行为，回购价大于原价的差额相当于融资费用，因而应在每月计提时直接记入当期财务费用。本例每月计提利息费用5 000元（20 000/4）。

每月计提利息时：

借：财务费用　　5 000

　　贷：其他应付款　　5 000

（3）M 公司到期按合同约定回购，按对方开来的专用发票，记：

借：其他应付款　　420 000
　　应交税费——应交增值税（进项税额）　　71 400
　　贷：银行存款　　491 400

（4）回购资产入库，记：

借：库存商品　　350 000
　　贷：发出商品——N 公司　　350 000

5. 附有客户额外购买选择权的销售

企业在销售商品的同时，会向客户授予选择权，允许客户可以据此免费或者以折扣价格购买额外的商品。企业向客户授予的额外购买选择权的形式包括销售激励、客户奖励积分、未来购买商品的折扣券以及合同续约选择权等。对于附有客户额外购买选择权的销售，企业应当评估该选择权是否向客户提供了一项重大权利。如果客户只有在订立了一项合同的前提下才额外购买选择权，并且客户行使该选择权购买额外商品时，能够享受到超过该地区和该市场中其他同类客户所能够享有的折扣，则通常认为该选择权向客户提供了一项重大权利，应当作为单项履约义务。在这种情况下，客户在该合同下支付的价款，实际上购买了两项单独的商品：一是客户在该合同下原本购买的商品；二是客户可以免费或者以折扣价格购买额外商品的权利。企业应当按照交易价格分摊的原则，将交易价格在这两项商品之间进行分摊。其中，分摊至后者的交易价格与未来的商品相关，因此企业应当在客户未来行使该选择权取得相关商品的控制权时，或者在该选择权失效时确认为收入。客户额外购买选择权的单独售价无法直接观察的，企业应当综合考虑客户行使和不行使该选择权所能获得的折扣的差异、客户行使该选择权的可能性等全部相关信息后，予以合理估计。

【例 11－18】甲公司以 100 元的价格向客户销售 A 商品，购买该商品的客户可以得到一张 40% 的折扣券，客户可以在未来的 30 天内使用该折扣券购买甲公司原价不超过 100 元的任一商品。同时，甲公司计划推出季节性促销活动，在未来 30 天内针对所有产品均提供 10% 的折扣。上述两项优惠不能叠加使用。根据历史经验，甲公司预计有 80% 的客户会使用该折扣券，额外购买商品的金额平均为 50 元。上述金额均不包含增值税，且假定不考虑相关税费影响。

本例中，购买 A 商品的客户能够取得 40% 的折扣券，其远高于所有客户均能享有的 10% 的折扣，因此，甲公司认为该折扣券向客户提供了重大权利，应当作为单项履约义务。考虑到客户使用该折扣券的可能性以及额外购买的金额，甲公司估计该折扣券的单独售价为 12 元 ［$50 \times 80\% \times (40\% - 10\%)$］。甲公司按照 A 产品和折扣券单独售价的相对比例对交易价格进行分摊，A 商品分摊的交易价格为 89 元 ［$100 \div (100 + 12) \times 100$］，折扣券选择权分摊的交易价格为 11 元 ［$12 \div (100 + 12) \times 100$］。甲公司在销售 A 商品时的账务处理如下：

借：银行存款　　100
　　贷：主营业务收入　　89
　　　　合同负债　　11

6. 客户未行使的权利

企业因销售商品向客户收取的预收款，赋予了客户一项在未来从企业取得该商品的权利，并使企业承担了向客户转让该商品的义务，因此，企业应当将预收的款项确认为合同负债，待未来履行了相关履约义务，即向客户转让相关商品时，再将该负债转为收入。某些情况下，企业收取的预收款无须退回，但是客户可能会放弃其全部或部分合同权利，例如，放弃储值卡的使用等。企业预期将有权获得与客户所放弃的合同权利相关的金额的，应当按照客户行使合同权利的模式按比例将上述金额确认为收入；否则，企业只有在客户要求其履行剩余履约义务的可能性极低时，才能将相关负债余额转为收入。企业在确定其是否预期将有权获得与客户所放弃的合同权利相关的金额时，应当考虑将估计的可变对价计入交易价格的限制要求。如果有相关法律规定，企业所收取的、与客户未行使权利相关的款项须转交给其他方的（例如，法律规定无人认领的财产需上交政府），企业不应将其确认为收入。

【例 11－19】甲公司经营连锁面包店，向客户销售了 5 000 张储值卡，每张卡的面值为 200 元，总额为 1 000 000 元。客户可在甲公司经营的任何一家门店使用该储值卡进行消费。根据历史经验，甲公司预期客户购买的储值卡中将有大约相当于储值卡面值金额 5%（即 50 000 元）的部分不会被消费。截至该年 12 月 31 日，客户使用该储值卡消费的金额为 400 000 元。甲公司为增值税一般纳税人，在客户使用该储值卡消费时发生增值税纳税义务。

甲公司预期将有权获得与客户未行使的合同权利相关的金额为 50 000 元，该金额应当按照客户行使合同权利的模式按比例确认为收入。因此，甲公司在 2×18 年销售的储值卡应当确认的收入金额为 362 976 元 [（400 000 + 50 000 × 400 000 ÷ 950 000）÷（1 + 16%）]。甲公司的账务处理为：

（1）销售储值卡时，会计处理如下：

借：库存现金	1 000 000	
贷：合同负债		862 069
应交税费——待转销项税额		137 931

（2）根据储值卡的消费金额确认收入，同时将对应的待转销项税额确认为销项税额，会计处理如下：

借：合同负债	362 976	
应交税费——待转销项税额	55 172	
贷：主营业务收入		362 976
应交税费——应交增值税（销项税额）		55 172

（四）其他业务收入的会计处理

其他业务是企业主营业务以外的其他经营活动实现的收入，如企业出租固定资产、出租无形资产、出租包装物和商品、销售材料等实现的收入。这些业务通称附营业务，其业务收入是企业营业收入的重要组成部分，也应比照主营业务收入、费用的确认原则和计量方法，正确确认和计量。但根据重要性原则，其会计处理可以适当简化，仅需设“其他业务收入”和“其他业务成本”两个总账账户，并应按收入种类进行明细核算。“其他业务收入”账户的贷方记确认计量的收入额，借方记月末结转至“本年利润”账户的金额，结转后，期末无余额。

与其他业务收入相关的支出，如销售材料、包装物、提供劳务等所发生的相关成本，应通过“其他业务成本”账户核算，发生上述各项费用支出时，记入其借方，月末结转至“本年利润”账户时，记入其贷方，结转后，期末无余额。发生的相关税金及教育费附加，借记“税金及附加”账户，贷记“应交税费”账户。

【例11－20】企业销售呆滞材料一批，价款1 400元，增值税238元。根据有关凭证，记：

借：银行存款	1 638	
贷：其他业务收入		1 400
应交税费——应交增值税（销项税额）		238

五、其他计入营业利润的收益

（一）公允价值变动收益

公允价值变动损益是指以公允价值计量且其变动计入当期损益的金融资产和其他采用公允价值模式计量的资产，如投资性房地产，以及负债由于公允价值变动形成的损益。

企业设置“公允价值变动损益”账户，有关资产的公允价值高于其账面价值时，应确认公允价值变动收益，借记有关资产科目，贷记“公允价值变动损益”科目，“公允价值变动损益”的贷方发生额增加营业利润。有关资产的公允价值低于其账面价值时，应确认公允价值变动损失，做相反的会计处理。“公允价值变动损益”的借方发生额减少营业利润，实质构成企业的一项费用。

（二）投资收益

投资收益是指企业从事各项对外投资活动取得的收益（各项投资业务取得的收入大于其成本的差额）；投资损失是指企业从事各项对外投资活动发生的损失（各项投资业务取得的收入小于其成本的差额）。投资收益大于投资损失的差额为投资净收益；反之则为投资净损失。

企业设置“投资收益”账户，出售有关投资获得收益时，贷记“投资收益”科目，“投资收益”的贷方发生额增加营业利润。有出售有关投资发生损失时，借记“投资收益”科目，“投资收益”的借方发生额增加营业利润，实质构成企业的一项费用。

（三）资产处置收益

企业设置“资产处置损益”科目核算企业出售划分为持有待售的非流动资产（金融工具、长期股权投资和投资性房地产除外）或处置组（子公司和业务除外）时确认的处置利得或损失，以及处置未划分为持有待售的固定资产、在建工程、生产性生物资产及无形资产而产生的处置利得或损失。债务重组中因处置非流动资产产生的利得或损失和非货币性资产交换中换出非流动资产产生的利得或损失也在“资产处置损益”科目核算。

要注意资产处置损益与营业外收支核算范围的差异。如果资产处置后还有使用价值，则计入“资产处置损益”科目，反之则计入“营业外支出”科目。例如，固定资产的毁损报废后，不再有使用价值，则记入“营业外支出”科目。若用固定资产抵债、投资、捐赠等，这些经营行为是为了换取对价，说明资产具有一定的商业价值，发生的损益则应计入“资产处置损益”科目。“资产处置损益”的贷方发生额属于一项收益，增加营业利润；“资产处置损益”的借方发生额属于一项费用，减少营业利润。

（四）其他收益

企业设置“其他收益”科目，核算企业获得的相关政府补助。

《企业会计准则第 16 号——政府补助》规范了政府补助的确认、计量、列示和相关信息的披露。该准则规定，政府补助同时满足下列条件的，才能予以确认：一是企业能够满足政府补助所附条件；二是企业能够收到政府补助。企业应当根据政府补助的定义和特征对来源于政府的经济资源进行判断，并按照准则的要求对政府补助进行相应的会计处理和列报。

该准则规定，与企业日常活动相关的政府补助，应当按照经济业务实质，计入其他收益或冲减相关成本费用。与企业日常活动无关的政府补助，计入营业外收入或冲减相关损失。通常情况下，若政府补助补偿的成本费用是营业利润之中的项目，或该补助与日常销售等经营行为密切相关（如增值税即征即退等），则认为该政府补助与日常活动相关。

政府补助分为与资产相关的政府补助和与收益相关的政府补助。首先，与资产相关的政府补助。实务中，企业通常先收到补助资金，再按照政府要求将补助资金用于构建固定资产和无形资产等长期资产。企业在取得与资产相关的政府补助时，应当按照补助资金的金额，借记“银行存款”等科目，贷记“递延收益”科目。然后在相关资产使用寿命内，按合理系统的方法分期计入损益，借记“递延收益”科目，贷记“其他收益”和“营业外收入”科目。

其次，与收益有关的政府补助，应当分情况进行下列处理。（1）用于补偿企业已发生的相关成本费用或损失的，直接计入当期损益和冲减相关成本。这类补助通常与企业已经发生的行为有关，是对企业已发生的成本费用或损失的补偿，或是对企业过去行为的奖励。（2）用于补偿企业以后期间的相关成本费用或损失的，确认为递延收益，并在确认相关成本费用或损失的期间计入当期损益或冲减相关成本。

【例 11－21】乙企业销售其自主开发的软件。按照国家有关规定，该企业的这种产品适用增值税即征即退政策，按 16% 的税率征收增值税后，对其增值税实际税负超过 3% 的部分，实行即征即退。乙企业 2×18 年 8 月在进行纳税申报时，对归属于 7 月的增值税即征即退提交退税申请，经主管税务机关审核后的退税额为 10 万元。

本例中，软件企业即征即退增值税与企业日常销售密切相关，属于与企业的日常活动相关的政府补助。乙企业 2×18 年 8 月申请退税并确定了增值税退税额，账务处理如下：

借：其他应收款　　100 000

　　贷：其他收益　　100 000

【例 11－22】甲企业于第 1 年 3 月 15 日与其所在地地方政府签订合作协议，根据协议约定，当地政府将向甲企业提供 1 000 万元奖励资金，用于企业的人才激励和人才引进奖励，甲企业必须按年向当地政府报送详细的资金使用计划并按规定用途使用资金。协议同时还约定，甲企业自获得奖励起 10 年内注册地址不得迁离本地区，否则政府有权追回奖励资金。甲企业于第 1 年 4 月 10 日收到 1 000 万元补助资金，分别在第 1 年 12 月、第 2 年 12 月使用了 600 万元和 400 万元，用于发放总裁级高管年度奖金。本例中不考虑相关税费等其他因素。

本例中，甲企业应当在取得政府补助时先判断是否满足政府补助的确认条件。如果客观情况表明甲企业在未来 10 年内离开该地区的可能性很小，例如通过成本效益分析认为甲企业迁离该地区的成本远高于收益，则甲企业在收到补助资金时应当计入“递延收益”科目，实际按规定用途使用补助资金时，再计入当期损益。

假设甲企业选择总额法对此类补助进行会计处理，其账务处理如下：

（1）第 1 年 4 月 10 日甲企业实际收到补助资金：

借：银行存款　　10 000 000

　　贷：递延收益　　10 000 000

（2）第 1 年 12 月、第 2 年 12 月甲企业将补助资金用于发放高管奖金时相应结转递延收益：

① 第 1 年 12 月：

借：递延收益　　6 000 000

　　贷：其他收益　　6 000 000

② 第 2 年 12 月：

借：递延收益　　4 000 000

　　贷：其他收益　　4 000 000

政府补助有两种会计处理方法：总额法和净额法。如果本例中甲企业选择按净额法对此类政府补助进行会计处理，则应当在确认相关管理费用期间，借记“递延收益”科目，贷记“管理费用”科目。

如果甲企业在取得补助资金时暂时无法确定能否满足政府补助所附条件，即在未来 10 年内注册地址不得迁离本地区，则应当将收到的补助资金先计入“其他应付款”科目，待客观情况表明其能够满足政府补助所附条件后再转入“递延收益”科目。

六、收入项目在利润表中的列报

“主营业务收入”和“其他业务收入”在利润表中的“营业收入”项目进行合并列报。“公允价值变动收益”（损失以“－”号填列）、“投资收益”（损失以“－”号填列）、“资产处置收益”（损失以“－”号填列）和“其他收益”在利润表中的“营业利润”项目之上进行单独列报。

第二节 费 用

一、费用概述

广义的费用（expense）是指会计期间内经济利益的总流出，表现形式为资产减少或负债增加而引起的所有者权益减少，但不包括向所有者分配或其他综合收益减少等有关的资产减少或负债增加。狭义的费用是指企业在日常活动中发生的、会导致所有者权益减少的、与向所有者分配利润无关的经济利益的总流出。本节仅对除所得税费用外的狭义费用的核算进行介绍，所得税费用和营业外支出的核算在本章第三节进行介绍。

费用的确认是将企业发生的会计事项作为费用正式入账并列入利润表的过程。费用的实质是资产的耗费，但并非资产的耗费都是费用。支出、成本和费用是三个既有区别又有联系的概念。对这三个概念进行辨别有利于正确的理解费用。

支出是指各项资产的减少，包括成本性支出、费用性支出、偿债性支出和权益性支出。其中偿债性支出、费用性支出和权益性支出可以从会计等式所表达的会计要素之间的关系进行理解。

成本性支出（广义的成本）是指为了取得资产或达到特定目的而实际发生的支出金额，是对象化的支出。如企业为生产产品而发生的支出为产品生产成本，企业为购建固定资产而发生的支出为固定资产成本。狭义的成本仅指为了生产产品或提供劳务而实际发生的支出。

费用性支出（广义的费用）是指减少资产同时引起费用增加的支出，费用的增加会带来利润的减少。一般认为广义的费用包括营业成本、税金及附加、期间费用、投资损失、公允价值变动损失、资产减值损失、营业外支出和所得税费用。狭义的费用不包括营业外支出。

二、营业成本的结转

配比原则认为，为产生当期营业收入所发生的费用，应当确认为该期的费用。配比原则的基本含义在于，当营业收入已经赚取时，某项资产（如存货等）已被消耗、已经售出（如库存商品等）、已被耗用（如劳务）。这些资产和劳务的成本，应当在确认有关收入的同期予以确认。因此，费用的确认要根据费用与营业收入的相关程度，确定哪些资产耗费或负债的承诺应从本期营业收入中扣除，或理解为应当从本期营业收入中得到补偿。

在制造企业，销售成本指销售产品的制造成本，即生产成本；在商业企业，销售成本是指已销商品的进价成本；对施工企业，则是指工程结算成本；对其他企业，则是指营业（营运）成本等。为了核算企业确认商品销售、提供劳务等主营业务收入时应结转的成本，企业应设置“主营业务成本”账户，并按主营业务种类进行明细核算。

月末，企业应根据本月销售存货、提供劳务等的实际成本，计算其应结转的主营业务成本，借记本账户，贷记“库存商品”“合同履约成本”等。采用计划成本或售价核算库存商品的，平时的营业成本按计划成本或售价结转。月末，还应结转本月商品销售应分摊的产品成本差异或商品进销差价。已计提存货跌价准备的，还应同时结转已计提的存货跌价准备。

【例 11－23】某企业销售 A 商品 400 件，每件生产成本为 500 元，已经计提存货跌价准备 10 000 元。根据有关凭证，记：

借：主营业务成本——A	190 000	
存货跌价准备	10 000	
贷：库存商品——A		200 000

企业应设置“其他业务成本”账户，核算企业确认的除主营业务活动以外的其他经营活动所发生的支出，包括销售材料的成本、出租固定资产的折旧额、出租无形资产的摊销额、出租包装物的成本或摊销额等。除主营业务活动以外的其他经营活动发生的相关税费，在“税金及附加”科目核算。采用成本模式计量投资性房地产的，其投资性房地产计提的折旧额或摊销额，也通过本科目核算。本科目可按其他业务成本的种类进行明细核算。企业发生的其他业务成本，借记本科目，贷记“原材料”“周转材料”等科目。期末，应将本科目的余额转入“本年利润”科目，结转后本科目无余额。

三、税金及附加的会计处理

税金及附加是指企业在商品销售环节所缴纳的流转税（增值税除外）及其附加费，包括消费税、城市维护建设税、资源税、教育费附加、房产税、土地使用税、车船税和印花税等相关税费。企业应设置“税金及附加”账户，并设置相应的明细账户。但这类交易事项的会计处理，应是先根据税收法规和省级（含）以上政府规定的收费规定，贷记“应交税费——应交××税（费）”金额后，财务会计才能作为一项“费用”，借记“税金及附加”。因此，属于税务会计范畴，在《税务会计》课中阐述。

四、期间费用

期间费用（period expense）是不能归集于某个特定产（商）品或劳务项目的费用，其发生虽然与企业的经营有关，但与具体的产品（商品）品种和劳务项目无直接关系。因此，不能将其对象化为成本，而应在发生的当期直接从营业收入中扣除。期间费用包括销售费用、管理费用和财务费用。企业期间费用的结转方法随其利润的结转方法，有表结法和账结法两种方法（在本章第三节述及）。

1. 销售费用（sales expense）

为了核算企业销售商品（材料）、提供劳务服务过程中发生的各项费用（包括保险费、包装费、展览费和广告费、商品维修费、预计产品质量保证损失、运输费、装卸费等以及为销售本企业商品而专设的销售机构的职工薪酬、业务费、折旧费等经营费用），企业应设置“销售费用”账户，并在该账户下，按费用项目设置多栏式明细账进行明细核算。

企业在商品销售过程中发生的包装费、保险费、展览费和广告费、运输费、装卸费等费用，借记本账户，贷记“库存现金”“银行存款”等账户。

企业发生的为销售本企业商品而专设销售机构的职工薪酬、业务费等经营费用，借记本账户，贷记“应付职工薪酬”“银行存款”“累计折旧”等账户。

期末，应将本账户余额转入“本年利润”账户，结转后本账户应无余额。

【例 11－24】某企业当月支付运输费用 5 000 元，开转账支票付讫（未考虑增值税）。根据有关凭证，记：

借：销售费用	5 000	
贷：银行存款		5 000

【例 11－25】某企业本月支付电视广告费 60 000 元，签发支票付讫。根据有关凭证，记：

借：销售费用——广告费	60 000	
贷：银行存款		60 000

2. 管理费用（administrative expense）

为了核算企业为组织和管理企业经营活动所发生的管理费用，企业应设置“管理费用”账户，并应按费用项目进行明细核算。管理费用包括企业筹建期间的开办费、董事会和行政管理部门在企业经营管理中发生的或应由企业统一负担的公司经费（包括行政管理部门职工薪酬、修理费、物料消耗、低值易耗品摊销、办公费和差旅费等）、工会经费、董事会费（包括董事会成员津贴、会议费和差旅费等）、聘请中介机构费、咨询费（含顾问费）、诉讼费、业务招待费、技术转让费、矿产资源补偿费、行政管理部门固定资产折旧、无形资产摊销、研发阶段的费用化支出、存货的盘亏和损毁（减盘盈）等。

企业与固定资产有关的后续支出，包括固定资产发生的日常修理费、大修理费用、更新改造支出、房屋的装修费用等，没有满足固定资产准则规定的固定资产确认条件的，也在本账户核算。

企业发生管理费用时，借记“管理费用”科目，贷记“银行存款”“应付职工薪酬”“累计折旧”“累计摊销”“研发支出”等有关科目。期末，应将本账户的余额转入“本年利润”账户，结转后本账户应无余额。

【例 11－26】某企业本月 30 日统计确认应付行政管理部门的职工薪酬 50 000。

借：管理费用——应付管理职工薪酬	50 000	
贷：应付职工薪酬		50 000

【例 11－27】某企业本月 15 日支付业务招待费 550 元，购买办公用品 110 元。根据有关凭证，记：

借：管理费用——业务招待费	550	
——办公费	110	
贷：银行存款		660

3. 财务费用（financing expense）

为了核算企业为筹集经营活动所需资金等而发生的筹资费用，企业应设置“财务费用”账户，并应按费用项目进行明细核算。财务费用包括利息支出（减利息收入）、汇兑损益、筹资手续费、现金折扣或收到的现金折扣等。为购建或生产满足资本化条件的资产发生的应予资本化的借款费用，在“在建工程”“制造费用”等账户核算，不在本账户核算。

企业发生的财务费用，借记本账户，贷记“应付利息”“银行存款”“应收账款”等账户。发生的应冲减财务费用的利息收入、汇兑差额、现金折扣，借记“银行存款”“应付账款”等账户，贷记本账户。期末，应将本账户余额转入“本年利润”账户，结转后本账户应无余额。

企业的银行借款主要是短期借款，由于银行与企业按季度结算利息，因此企业每季度的前两个月应确定预提应付利息额。季末，再根据银行转来的“借款利息通知单”实际支付利息。在实务中，由于银行与企业的记账时间不一致，企业计算的应付利息与银行计算的金额可能不一致。因此，企业在接到“银行借款利息通知单”时，如果计算金额小于银行计算金额，应借记“财务费用”；反之，可冲减“财务费用”。每月计提应付利息的计算公式如下：

$$\text{每月应付借款利息额} = \text{银行借款月平均余额} \times \text{月利息率}$$

$$\text{或} = \text{银行借款全月余额累计数} \times \text{日利息率}$$

$$\text{银行借款日平均余额} = \text{银行借款全月余额累计数} \div 30\ (\text{天})$$

采用上述公式计算出的应付利息额比较准确，但因企业短期借款账户余额不是反映累计数，计算时为了简化计算工作，每月预提应付利息时，可采用期初余额加期末余额被2除的方法，求得短期借款的平均余额，据以计算预提应付利息。预提应付利息核算属于预提待付费用的支付方式，其核算要通过“应付利息”账户。

【例11－28】某企业按月预提生产周转借款利息，按季向银行支付利息。设第一季度每月预提2 000元，则1月、2月每月应记：

借：财务费用——利息支出	2 000	
贷：应付利息		2 000

3月，银行通知，第一季度实际应付利息6 800元，则3月应记：

借：财务费用——利息支出	2 800	
贷：应付利息		2 800

实际付息时，记：

借：应付利息	6 800	
贷：银行存款		6 800

五、资产减值损失

资产减值损失是指企业应收账款、存货、长期股权投资、持有至到期投资、固定资产、在建工程、工程物资、无形资产等发生减值确认的减值损失。企业应根据确认的减值损失，借记“资产减值损失”科目，贷记“坏账准备”“存货跌价准备”“长期股权投资减值准备”“持有至到期投资减值准备”“固定资产减值准备”“在建工程减值准备”“工程物资减值准备”“无形资产减值准备”等科目。

企业计提坏账准备、存货跌价准备、持有至到期投资减值准备等后，相关资产的价值又得以恢复的，应在原已计提的减值准备金额内，按恢复增加的金额，借记“坏账准备”“存货跌价准备”“持有至到期投资减值准备”等科目，贷记“资产减值损失”科目。企业计提的长期股权投资减值准备、固定资产减值准备、在建工程减值准备、工程物资减值准备、无形资产减值准备，按照我国会计准则的规定，不得转回。

由于持有股权和债权性投资产生的投资损失、公允价值计量的资产的持有损失和相关资产处置带来的损失也构成企业的费用。“投资收益”“公允价值变动损益”和“资产处置损益”账户的借方发生额产生的费用在本章第一节进行了介绍，在此不再赘述。

六、费用项目在利润表中的列报

主营业务成本和其他业务成本在利润表中的“营业成本”项目进行合并列报，管理费用、销售费用、财务费用、资产减值损失、公允价值变动损失、投资损失、资产处置损失在利润表中以“－”号进行单独列报。根据财政部关于一般企业财务报表格式的要求，企业应在利润表中“管理费用”项目的下对“研发费用”项目进行单独披露，应根据“管理费用”科目下的“研发费用”明细科目的发生额，在利润表中对“研发费用”这一项目进行分析填列。还应在“财务费用”项目下对“利息费用”和“利息收入”明细项目进行披露。“利息费用”项目反映企业为筹集生产经营所需资金等而发生的应予费用化的利息支出，应根据“财务费用”科目的相关明细科目的发生额分析填列。“利息收入”项目反映企业确认的利息收入。该项目应根据“财务费用”科目的相关明细科目的发生额分析填列。

第三节 利润与利润分配

一、利润的构成

企业作为独立的经济实体，应当以自己的经营收入抵补其成本费用，并且实现盈利。企业盈利的大小在很大程度上反映企业生产经营的经济效益，表明企业在每一会计期间的最终经营成果。

利润是指企业在一定会计期间的经营成果。利润包括收入减去费用后的净额、直接计入当期利润的利得和损失等。

直接计入当期的利得和损失，是指应当计入当期损益、会导致所有者权益发生增减变动的、与所有者投入资本或者向所有者分配利润无关的利得或者损失。

利润与收入、费用（成本）一样，都是比较宽泛的概念。在财务会计中，最主要的利润概念有营业利润、利润总额和净利润，它们反映利润形成过程中的三个主要环节。利润相关计算步骤与公式包括营业利润、利润总额和净利润。

（一）营业利润

营业利润是企业在日常经营活动中所产生或实现或期望实现的利润，包括企业从事生产、销售、投资等活动所实现的利润。其计算公式如下：

$$\text{营业利润}=\text{营业收入}-\text{营业成本}-\text{税金及附加}-\text{销售费用}-\text{管理费用}-\text{财务费用}-\text{资产减值损失}\pm\text{公允价值变动损益}\pm\text{投资损益}\pm\text{资产处置损益}+\text{其他收益}$$

其中：营业收入是指企业经营业务所实现的收入总额，包括主营业务收入和其他业务收入；营业成本是指企业经营业务所发生的实际成本总额，包括主营业务成本和其他业务成本；资产减值损失是指企业计提各项资产减值准备所形成的损失；公允价值变动收益（或损失）是指企业交易性金融资产等公允价值变动形成的应计入当期损益的利得（或损失）；投资收益（或损失）是指企业以各种方式对外投资所取得的收益（或发生的损失）。

（二）利润总额

利润总额（total profit）也称账面利润，是在营业利润的基础上，加上计入当期利润的利得或损失。其计算公式如下：

$$\text{利润总额}=\text{营业利润}+\text{营业外收入}-\text{营业外支出}$$

利得（gains）是指由企业非日常活动所形成的、会导致所有者权益增加的、与所有者投入资本无关的经济利益的流入。损失（losses）是指由企业非日常活动所形成的、会导致所有者权益减少的、与向所有者分配利润无关的经济利益的流出。利得与损失的产生，既可源自交易，也可源自企业持有资产和负债的变动所产生的“持产”，还可源自非对等交换。从会计核算的角度，利得和损失分为两类：一类是直接计入当期利润的利得和损失；另一类是直接计入所有者权益的利得和损失。对直接计入当期利润的利得和损失，一般是通过“营业外收入”“营业外支出”账户进行会计处理。

1. 营业外收入

营业外收入是企业发生的与其日常经营活动没有直接关系的收益。营业外收入并不是由企业经营资金耗费所产生的，不需要企业付出代价，实际上是一种纯收入，也不需要与有关费用进行配比。营业外收入主要包括非流动资产损毁报废利得、债务重组利得、与企业日常活动无关的政府补助、盘盈利得和捐赠利得等内容。

（1）非流动资产损毁报废利得。是指因自然灾害等发生损毁、已丧失使用功能而报废的非流动资产清理所产生的利得。

（2）债务重组利得。指重组债务的账面价值超过用于清偿债务的现金、非现金资产的公允价值、所转股份的公允价值，或者重组后债务账面价值之间的差额。

（3）资产盘盈利得。企业在现金等资产清查盘点中确认的资产实存额超过其账面额的资产，报经批准后计入营业外收入。

（4）政府补助。指企业与日常活动无关的、从政府无偿取得货币或非货币资产所形成的利得。

（5）接受捐赠利得。企业接受捐赠产生的利得，企业接受的捐赠和债务豁免，按照会计准则规定符合确认条件的，应确认为当期收益。但企业接受控股股东（或控股股东的子公司）或非控股股东（或非控股股东的子公司），直接或间接代为偿债、债务豁免或捐赠，经济实质表明属于控股股东或非控股股东对企业的资本性投入，应当将相关利得计入所有者权益（资本公积）。

（6）罚款收入。它是指对方违反国家有关行政管理法规，按照规定支付给本企业的罚款，不包括银行的罚息。

（7）企业合并损益。合并对价小于取得可辨认净资产公允价值的差额。

（8）无法支付的应付款项。因债权人单位撤销、将应付款项划转给关联方等其他企业或其他原因而无法支付或无须支付，经确认后转入当期损益的应付款项。

2. 营业外支出

营业外支出是企业发生的与其日常经营活动没有直接关系的各项支出。营业外支出主要包括：非流动资产损毁报废损失、债务重组损失、公益性捐赠支出、非常损失和盘亏损失等。

（1）非流动资产损毁报废损失。指因自然灾害等发生损毁、已丧失使用功能而报废的非流动资产清理所产生的损失。

（2）债务重组损失。它是重组债务的账面价值超过抵债资产的公允价值、债权人放弃债权所享有股份的公允价值、重组后债务的入账价值而产生的净损失额。

（3）公益性捐赠支出。它是企业对外进行的公益性捐赠资产的支出。

（4）非常损失。它企业因自然灾害所造成的损失，在扣除保险公司的赔偿后的净损失。

（5）资产盘亏损失。企业在财产清查盘点中确认的资产实存额低于其账面额的资产净损失。

（6）罚款支出。它指企业因违反法律或未履行经济合同、协议而支付的赔偿金、违约金、罚息、罚款支出、滞纳金等以及因违法经营而发生的被没收财物损失。

为了总括反映和监督企业营业外收入和支出情况，企业应设置“营业外收入”“营业外支出”账户。企业发生营业外收入时，借记有关账户，贷记“营业外收入”账户；期末转账时，借记“营业外收入”账户，贷记“本年利润”账户，结转后该账户期末无余额。企业发生营业外支出时，借记“营业外支出”账户，贷记“固定资产清理”“待处理财产损溢”“银行存款”等账户。期末转账时，借记“本年利润”账户，贷记“营业外支出”账户。

【例 11－29】某企业对外进行公益性捐赠 100 000 元，根据有关凭证，记：

借：营业外支出——公益性捐赠　　100 000

　　贷：银行存款　　100 000

【例 11－30】5 月 15 日，某企业遭受重大自然灾害，并于 6 月 10 日收到政府支付的补助款200 000元，根据有关凭证，记：

借：银行存款　　200 000

　　贷：营业外收入——政府补助　　200 000

（三）净利润

净利润是利润总额减去记入本期损益的所得税费用后的余额。计算公式如下：

净利润 = 利润总额 − 所得税费用

若为亏损，“利润”以“ − ”表示；所得税费用是按会计准则确认计量的当期所得税费用与递延所得税费用之和。

二、利润和净利润的核算

1. 利润的会计处理

（1）表结法（结表不结账法）。

企业采用表结法时，每年各月（12 月除外）月末计算本月利润时，只是将全部损益类账户的余额（累计），按“利润表”的填制要求，填入利润表的相应项目中去，在利润表中计算出本月利润及截至本月末的本年累计利润，各月（12 月除外）损益类账户不必进行转账结算，年终一次结转至“本年利润”账户。

采用“表结法”计算时，月末按以下步骤进行：

第一步，将各损益类账户的余额（累计）填入利润表中相应项目的“本年累计”栏，而对“公允价值变动收益”“投资收益”等项目则应以有关损益类账户余额的净差额填入（损失以“ − ”号填列），之后，根据利润表的项目结构关系，在表中计算主营业务利润、营业利润、利润总额、净利润等。第一步完成后，利润表中各项目的“本年累计”栏的金额就可计算出来。

第二步，将利润表中“本年累计”栏各项目的金额减去上月本表相同项目“本年累计”栏金额，求出本月各项目金额，填入本月利润表中“本月数”各对应项目中去，即可求得本月利润总额、净利润等。如果是 1 月，可直接将各损益类账户的余额或有关账户余额的净差额填入利润表中的“本月数”和“本年累计”栏内，即 1 月利润表每一项目的两个金额栏数额相同。

第三步，在年末（12 月）时，应采用“账结法”将全部损益类账户的全年累计余额结转至“本年利润”账户，结转后，损益类账户无余额，通过“本年利润”账户结出本年度的利润或亏损额。采用“表结法”核算利润，“本年利润”账户平时不用，年终使用一次。

在表结法下，将每期利润计算与编制利润表结合起来，每月末（12 月除外）不必结转损益类账户的余额。企业在“表结”利润的情况下，每月编制资产负债表时，如果平时不进行利润分红，表内“未分配利润”项目应填列利润表中的“利润总额”；如果平时进行部分利润分配，应根据利润表中的“利润总额”与“利润分配”账户的差额，填列资产负债表中的“未分配利润”项目。

（2）账结法（结表结账法）。

企业采用账结法时，每月末都要将所有损益类账户的余额转入“本年利润”账户（结平各损益类账户），通过“本年利润”账户结出当月利润和截至各月的本年累计利润。期末（1～11 月），将各收入类账户的余额转入“本年利润”账户的贷方，将成本、支出、费用类账户的余额转入“本年利润”账户的借方，将“公允价值变动损益”“投资收益”“资产减值损失”等账户的净收益，转入本账户（贷记本账户）；若是净损失，做相反的会计分录。结转后，若“本年利润”账户为贷方余额，表示本年的累计净利润额，若为借方余额，表示本年的累计净亏损额。若在年度中间未分配利润，应将其余额填列到资产负债表的“未分配利润”项目下（这时该账户实为所有者权益性质）。年度终了，应将“本年利润”转入“利润分配——未分配利润”账户。若本年实现净利润，应借记本账户，贷记“利润分配——未分配利润”账户；如为净亏损，做相反的会计分录。结转后本账户应无余额。

【例 11－31】某企业在 12 月末结账前，“主营业务收入”账户余额 80 万元、“其他业务收入”余额 4.4 万元、“公允价值变动损益”账户贷方余额 1 万元、“营业外收入”账户余额 0.8 万元，据以作结转分录如下：

借：主营业务收入	800 000	
其他业务收入	44 000	
公允价值变动损益	10 000	
营业外收入	8 000	
贷：本年利润		862 000

【例 11－32】上述企业在 12 月末结账前，“主营业务成本”账户余额为 64 万元、“营业税金及附加”账户余额 1.45 万元、“其他业务成本”账户余额 1.1 万元、“销售费用”账户余额 1.5 万元、“管理费用”账户余额 1.75 万元、“财务费用”账户余额 0.33 万元、“营业外支出”账户余额 0.25 万元，据以作结转分录如下：

借：本年利润	703 800	
贷：主营业务成本		640 000
税金及附加		14 500
其他业务成本		11 000
销售费用		15 000
管理费用		17 500
财务费用		3 300
营业外支出		2 500

根据〖例 11－31〗〖例 11－32〗，可知该企业当月利润总额为 862 000－703 800＝158 200（元）

2. 所得税费用的会计处理

财务会计计算出来的利润（亏损）总额，是根据会计准则、会计制度计算的，由于某些交易事项（收入、成本、费用）的会计处理与国家现行企业所得税法规定不一致，而在企业计算应交所得税时，则必须根据企业所得税法的规定。因此，需要将利润总额调整为计税利润额，即应纳税所得额，再以此为依据计算应交所得税。

财务会计的所得税会计处理（accounting for income taxes）① 方法有应付税款法和纳税影响会计法。纳税影响会计法包括递延法和债务法，而债务法又分利润表债务法与资产负债表债务法，我国《企业会计准则第 18 号——所得税》主张采用资产负债表债务法。执行《小企业会计准则》的企业，可以采用应付税款法②，以简化所得税的会计处理，降低企业的税务风险。按会计准则规定进行的所得税会计处理，本属财务会计范畴，但在会计记录环节，由于企业是一套账，为了体现所得税会计处理的完整性、系统性，同时也为了避免重复，本章不再阐述资产负债表债务法，而在《高级财务会计》或《税务会计》中一并介绍。

企业应设置损益类账户——“所得税费用”，它核算企业根据所得税准则确认的应从当期利润总额中扣除的所得税费用。本账户应按“当期所得税费用”“递延所得税费用”进行明细核算。

资产负债表日，企业按照税法计算确定的当期应交所得税金额，借记本账户（当期所得税费用），贷记“应交税费——应交所得税”账户。

在确认相关资产、负债时，根据所得税准则应予确认的递延所得税资产，借记“递延所得税资产”账户，贷记“所得税费用——递延所得税费用”“其他综合收益”等账户；对应予确认的递延所得税负债，借记“所得税费用——递延所得税费用”“其他综合收益”等账户，贷记“递延所得税负债”账户。

资产负债表日，根据所得税准则应予确认的递延所得税资产大于“递延所得税资产”账户余额的差额，借记“递延所得税资产”账户，贷记“所得税费用——递延所得税费用”“其他综合收益”等账户；对应予确认的递延所得税资产小于“递延所得税资产”账户余额的差额，做相反的会计分录。

资产负债表日，根据所得税准则应予确认的递延所得税负债小于“递延所得税负债”账户余额的差额，借记“递延所得税负债”账户，贷记“所得税费用——递延所得税费用”“其他综合收益”等账户；对应予确认的递延所得税负债大于“递延所得税负债”账户余额的差额，做相反的会计分录。

期末，应将“所得税费用”账户余额转入“本年利润”账户，结转后本账户应无余额。

【例 11－33】承〖例 11－31〗〖例 11－32〗，设月初“本年利润”账户贷方余额 100 万元，企业当年有赞助款支出 7 000 元、营业外支出中列支滞纳税款的罚款金额 2 000 元，无暂时性差异，所得税税率 25%，当年已预缴所得税 230 000 元，12 月预缴所得税 61 800 元。有关会计处理下：

全年应纳税所得额＝1 000 000＋158 200＋7 000＋2 000＝1 167 200（元）

全年应纳所得税额＝1 167 200×25%＝291 800（元）

1～11 月的所得税已经完成了计提、结转和缴纳，12 月计提按 291 800 元与 230 000

---

① 不同于《税务会计》中的所得税会计（income taxes accounting）。

② 采用应付税款法的企业，其财务会计中的所得税会计处理服从税法，与税务会计保持一致。

元的差额计提和预缴所得税，记：

借：所得税费用　　61 800

　　贷：应交税费——应交所得税　　61 800

12 月月末，将 12 月的所得税费用结转至“本年利润”账户，记：

借：本年利润　　61 800

　　贷：所得税费用　　61 800

3. 计算并结转本年净利润

年度终了，企业应将“本年利润”账户的借、贷方发生额进行合计，并结出其累计余额。若为贷方余额，即为净利润，应借记“本年利润”，贷记“利润分配——未分配利润”；若为借方余额，即为净亏损，应作相反方向的会计分录。年度结转后，“本年利润”账户无余额。

“利润分配”账户核算企业利润的分配（或亏损的弥补）和历年分配（或弥补）后的积存余额。

【例 11－34】根据〖例 11－31〗〖例 11－32〗和〖例 11－33〗，假定期初“本年利润”账户贷方余额为 100 万元，年中未进行利润分配，计算出该企业当年净利润为 773 024 元，见表 11－2。

表 11－2　　**本 年 利 润**

××年 12 月　　单位：元

	期初余额 1 000 000
【例 11－32】703 800	【例 31】　862 000
【例 11－33】61 800	
【例 11－34】1 096 400	
	期末余额：0

结转本年净利润，记：

借：本年利润　　1 096 400

　　贷：利润分配——未分配利润　　1 096 400

三、利润分配的会计处理

（一）利润分配程序

在一般情况下，企业实现的净利润必须按照国家有关法律、法规及公司章程的规定进行分配。企业实现的利润或净利润首先是弥补企业以前年度亏损，然后再进行分配。

企业分配利润时，应按法律规定提取盈余公积金，然后向投资人分配利润或股利，剩余的部分形成企业未分配利润。企业提取的盈余公积和未分配利润又构成了企业的留存收益。企业净利润的分配是一个过程，留存收益是分配的结果。

企业的净利润除国家另有规定者外，应严格按照下列顺序进行分配：

（1）提取法定盈余公积。企业应按公司法等有关法律规定提取法定盈余公积。公司制企业应按本年净利润 10% 的比例提取法定盈余公积。非公司制企业可以按超过 10% 的比例提取。当企业提取的法定盈余公积累计额达到公司注册资本 50% 以上时，可以不再提取法定公积金。由于是依据公司法的规定提取法定盈余公积，不需要公司股东大会或类似权力机构批准，提取法定盈余公积通常在年终决算时进行会计处理。

（2）提取任意盈余公积。股份有限公司在提取法定盈余公积金后，经过股东大会决议可以提取任意盈余公积，提取的比例由企业自行确定。如果公司章程中明确规定，不需要股东大会批准，可以在年终决算时提取任意盈余公积。如果公司章程中没有规定是否提取、提取的比例，如何提取需经过股东大会批准的，年终决算时不进行提取的会计处理。等到转年，股东大会批准后，作为下年度本期业务进行会计处理。

（3）向投资人分配利润或股利。企业在提取盈余公积后，可按规定向投资人分配利润。企业实现的净利润扣除提取的盈余公积再加上期初未分配利润，构成了可供向投资者分配的利润。企业应按投资人出资比例或持有的股份向投资人进行分配。

第一，一般的企业向投资人分配利润的程序。应在年终前将利润分配方案提交给董事会或类似权力机构审议，利润分配方案批准后，就可在年终决算前根据批准的利润分配方案进行分配。也就是说，当年实现利润，当年就进行了分配。年终决算后，决算报表中的未分配利润是期初未分配利润与本期剩余的利润之和。

第二，股份有限公司向股东分配利润的程序。股份有限公司按照可供向股东分配的利润分配优先股现金股利，然后分配普通股现金股利，最后是分配普通股股票股利。如果企业以利润转增资本，也应按这一顺序进行分配。

由于股份有限公司提交的利润分配方案，需在转年召开的股东大会上审议，经批准后才能进行分配。因此，年终决算前不进行分红的会计处理。也就是说，当年实现的净利润，转年批准后才能进行分配。因此，拟分配或批准分配的现金股利、股票股利应作为资产负债表日后非调整项目，在报表附注中披露。待下年股东大会审议批准后，按批准的利润分配方案向股东进行分配，作为下一个报告期的发生经济业务。

年终结算时，结转的向股东分配现金股利金额以及股票股利的金额，实际是当年 2 季度召开股东大会批准的上年的利润分配额。

（4）企业未分配利润的形成。经过上述的利润分配的程序，企业还有剩余的利润就形成企业未分配利润滚存下年，形成企业不规定用途的留存收益。

一般企业未分配利润的构成如下：

$$\text{结转下年的未分配利润}=\text{上年结转的未分配利润}+\left(\text{本年实现的净利润}-\text{提取法定盈余公积}-\text{向投资者分配的利润}\right)$$

股份有限公司未分配利润的构成如下：

$$\text{结转下年的未分配利润}=\text{上年结转的未分配利润}-\text{按上年净利润计算提取的任意盈余公积}-\text{向投资者分配上年的利润}+\text{本年实现的净利润}-\text{按本年净利润计算提取的法定盈余公积}$$

（5）中央企业还应根据《中央企业资本收益收取管理暂行办法》《国有资本经营预算编报办法》的规定，按税后利润一定比例缴纳资本收益金。石油石化、电信、煤炭、电力、烟草 5 个行业的上缴标准为税后利润的 10%；科研院所和军工企业 3 年内暂时不上缴；其余中央企业均按照 5% 的标准上缴资本收益金。

（二）企业利润分配应设置的账户

为了总括地反映企业利润分配及年终决算业务，应设置“利润分配”总账，根据企业的需要设置明细账户。企业常用的明细账户如下：

1. “利润分配——提取法定盈余公积”明细账户

该账户用来反映企业按公司法规定的比例，从净利润中提取的法定盈余公积。提取法定盈余公积时，借记该账户，贷记“盈余公积”账户；年终决算时，借记“利润分配——未分配利润”明细账户，贷记该账户。

2. “利润分配——提取任意盈余公积”明细账户

该账户用来反映股份有限公司根据公司的决议，从净利润中提取的任意盈余公积。提取任意盈余公积时，借记该账户，贷记“盈余公积”；年终决算时，借记“利润分配——未分配利润”明细账户，贷记该账户。

3. “利润分配——应付利润”明细账户

该账户用来反映一般的企业向投资人分配的利润。如果年终企业根据批准的利润分配方案，向投资人分配利润时，借记该账户，贷记“应付利润”账户，同时进行年终决算。年终决算时，借记“利润分配——未分配利润”明细账户，贷记该账户。

4. “利润分配——应付现金股利”明细账户

该账户用来反映股份有限公司根据股东大会批准的利润分配方案，向投资人分配现金股利时，借记该账户，贷记“应付股利”账户。年终决算时，借记“利润分配——未分配利润”明细账户，贷记该账户。

5. “利润分配——转作股本股利”明细账户

该账户用来反映股份有限公司根据股东大会批准的利润分配方案，向投资人分配股票股利时，借记该账户，贷记“应付股利”账户。年终决算时，借记“利润分配——未分配利润”明细账户，贷记该账户。

6. “利润分配——盈余公积补亏”明细账户

该账户用来反映企业按公司法的规定，用提取的盈余公积弥补以前年度企业累计发生的亏损。用盈余公积弥补亏损时，借记：“盈余公积”账户，贷记“利润分配——盈余公积补亏”明细账户。年终决算时，借记该账户，贷记“利润分配——未分配利润”明细账户。

7. “利润分配——未分配利润”明细账户

该账户作为年终决算账户，贷方用来反映年初未分配利润以及全年累计实现的净利润；借方用来反映年初尚未弥补的亏损额以及全年累计发生的亏损额。年终决算后，该账户期末借方余额，表示结转下年尚未弥补的亏损额；该账户期末贷方余额，表示结转下年未分配的利润。

（三）利润分配的会计处理

1. 提取法定盈余公积的会计处理

按照法律规定，无论是一般的企业，还是股份有限公司，每一个企业都必须提取法定盈余公积。因此，每一个企业都应根据法定提取的比例以及当年累计实现的净利润计算应提取的法定盈余公积，并在年终决算前进行会计处理。

企业在提取法定盈余公积时，应借记“利润分配——提取法定盈余公积”账户，贷记“盈余公积——法定盈余公积”账户。

【例 11-35】某有限责任公司当年实现净利润 200 万元，年终决算前，按净利润 10% 提取了 20 万元法定盈余公积。

提取时，记：

借：利润分配——提取法定盈余公积　　200 000

　　贷：盈余公积——法定盈余公积　　200 000

【例 11-36】某上市公司，当年累计实现的净利润 8 000 万元。年终决算前，该公司按 10% 提取了 800 万元法定盈余公积。

提取法定净利润时，记：

借：利润分配——提取法定盈余公积　　8 000 000

　　贷：盈余公积——法定盈余公积　　8 000 000

2. 向投资人分配利润的会计处理

一般的企业，年终决算前董事会或类似权力机构就审议批准了利润分配方案，年终向投资人分配利润时，应借记“利润分配——应付利润”账户，贷记“应付利润”账户。

股份有限公司应在下一个年度，股东大会审议批准利润分配方案后，借记“利润分配——提取任意盈余公积”“利润分配——应付优先股股利”“利润分配——应付普通股股利”“利润分配——转作资本股利”账户，贷记“盈余公积——任意盈余公积”“应付股利”等账户。

【例 11-37】根据〖例 11-35〗的资料，该公司向投资人分配利润 100 万元。

借：利润分配——应付利润　　1 000 000

　　贷：应付利润　　1 000 000

【例 11-38】根据〖例 11-36〗资料，该上市公司当年年初未分配利润 500 万元，4 月公告上年不分配利润。当年年度实现的净利润 8 000 万元，年终决算时，按 10% 已经提取了 800 万元法定盈余公积。年终决算以后未分配利润 7 350 万元。该公司已将拟分配的现金股利作为资产负债表日后非调整事项反映在报表附注中。

第 2 年 3 月 31 日该股份有限公司召开了股东大会，对董事会提出的利润分配方案进行了审议。根据最终分配方案，提取任意盈余公积 800 万元，分配普通股现金股利 500 万元，分配股票股利 1 200 万元。对上述事项进行会计处理：

（1）提取任意盈余公积时，记：

借：利润分配——提取任意盈余公积　　8 000 000

　　贷：盈余公积——任意盈余公积　　8 000 000

（2）向股东分配现金股利时，记：

借：利润分配——应付现金股利　　5 000 000

　　贷：应付股利　　5 000 000

（3）向股东分配股票股利时，记：

借：利润分配——转作股本股利　　12 000 000

　　贷：股本　　12 000 000

（四）年终决算的会计处理

年终决算时，应结平除了年终决算账户外其他利润分配明细账的账户余额。将利润分配总账下的各明细账的余额结转至年终决算账户时，应借记“利润分配——未分配利润”账户，贷记“利润分配——提取法定盈余公积”“利润分配——提取任意盈余公积”“利润分配——应付利润”或“利润分配——应付现金股利”“利润分配——转作股本股票”等账户。

如果当年实现了净利润，应借记“本年利润”账户，贷记“利润分配——未分配利润”明细账。如果企业当年发生了亏损，应借记“利润分配——未分配利润”明细账户，贷记“本年利润”账户。

年终决算后，“利润分配——未分配利润”明细账户贷方余额表示未分配利润。如果“利润分配——未分配利润”明细账户贷方余额表示尚未弥补、结转下年的亏损。

【例11－39】根据〖例11－35〗〖例11－37〗的资料，进行年终决算。

将实现的净利润结转至年终决算账户时，记：

借：本年利润　　2 000 000

　　贷：利润分配——未分配利润　　2 000 000

将提取的法定盈余公积以及分配的利润结转至年终决算账户时，记：

借：利润分配——未分配利润　　1 200 000

　　贷：利润分配——提取法定盈余公积　　200 000

　　　　利润分配——应付利润　　1 000 000

年终决算后该企业“本年利润”总账账户以及“利润分配——提取盈余公积”和“利润分配——应付利润”明细账户结平，年终决算账户“利润分配——未分配利润”贷方余额80万元，即为结转下年的未分配利润。

【例11－40】承〖例11－36〗，假定该上市公司当年没有其他利润分配，进行年终决算。

将实现的净利润结转至年终决算账户时，记：

借：本年利润　　80 000 000

　　贷：利润分配——未分配利润　　80 000 000

将提取的法定盈余公积结转至年终决算账户时，记：

借：利润分配——未分配利润　　8 000 000

　　贷：利润分配——提取法定盈余公积　　8 000 000

年终决算后该企业“本年利润”总账账户以及“利润分配——提取法定盈余公积”

明细账户结平，年终决算账户“利润分配——未分配利润”贷方余额7200万元，即为结转下年的未分配利润。

【例11－41】承〖例11－38〗，该上市公司第2年实现净利润10 000万元。第2年年终决算前，该公司按10%提取了1 000万元法定盈余公积。

将实现的净利润结转至年终决算账户时，记：

借：本年利润	100 000 000	
贷：利润分配——未分配利润		100 000 000

提取法定盈余公积金时，记：

借：利润分配——提取法定盈余公积	10 000 000	
贷：盈余公积——法定盈余公积		10 000 000

【例11－42】根据〖例11－38〗〖例11－41〗的资料，对该上市公司第2年提取任意盈余公积、股利分配和年终提取法定盈余公积结转至年终决算账户。

结转“利润分配”科目所属其他明细科目余额。

借：利润分配——未分配利润	35 000 000	
贷：利润分配——提取法定盈余公积		10 000 000
——提取任意盈余公积		8 000 000
——应付现金股		5 000 000
——转作股本的股利		12 000 000

知识题

1. 何谓收入？收入有哪些基本特征？
2. 简述收入确认的基础、核心原则和步骤。
3. 简述收入计量的基础和内容。
4. 何谓费用、成本和支出？
5. 何谓利得、损失？如何进行确认？
6. 何谓利润？简述利润的确定方法？
7. 营业利润、利润总额、净利润如何计算？
8. 简述利润的账结法与表结法。
9. 试述一般企业和股份有限公司利润分配的程序。

技能题

练习一

一、目的：掌握主营业务收入、主营业务成本、营业税金及附加以及期间费用的会计处理。

二、资料：

A公司6月发生有关经济业务如下：

1. 5日，商品销售一批，商品成本10万元；增值税专用发票注明价款12万元，增值税额2.04万元。(1) 如果该销售符合商品销售收入确认的条件；(2) 如果不符合收入确认的条件。

2. 6日，商品销售一批，增值税专用发票注明价款8万元，增值税额1.36万元。企业与购买方签订协议：按2/10、1/20、n/30的比例给予现金折扣。为简化，在计算现金折扣时不考虑增值税因素。按总价法核算，假定该业务符合收入确认条件。假定购买方付清货款分别是：本月12日、19日、29日。

3. 11日，支付广告费1.5万元，销售机构业务费2 000元。

4. 18日，采用分期收款（付款期限3年）销售方式商品销售一批，价款240万元（不考虑税费因素），于每年年末平均收款。折现率5%。

5. 21日，支付运输费、保险费共计5 600元。

6. 22日，计算应交消费税3.6万元。

7. 25日，购买技术图书资料，支付2 100元。

8. 26日，支付资产评估费1.2万元。

9. 28日，预提短期银行借款利息6 600元。

10. 30日，结转商品销售成本5.5万元。

三、要求：根据以上经济业务，做出相应会计分录。

练习二

一、目的：掌握其他业务收支和营业外收支的会计处理。

二、资料：

N公司9月发生有关经济业务如下：

1. 转让某项专有技术使用权，收到转让收入36万元，款已收妥入账。

2. 出租包装物，收到租金550元，出租期间，支付修理费50元。

3. 因违反合同规定，支付罚款1 400元。

4. 仓库发生火灾，确认库存商品损失3.5万元，保险公司理赔损失额的75%。

5. 企业注销一笔无法支付的应付账款，金额5万元

三、要求：根据上述经济业务，做出相应的会计分录。

练习三

一、目的：掌握收入确认会计处理。

二、资料：

第1年11月，甲公司与客户签订合同，向客户销售并安装一部电梯，合同总金额为50万元，其中电梯销售价格为40万元，安装服务收费为10万元，甲公司已经收到总价款50万元和相关增值税销项税额。甲公司的合同总成本为40万元，其中包括电梯的采购成本32万元和安装成本8万元。第1年12月，甲公司将电梯运达客户的施工安装现场并经过客户验收，客户已取得对电梯的控制权，但是根据客户的装修进度，第2年1月才会安装该电梯，安装期为2个月，假设安装成本在两个月内平均摊销。销售电梯使用的增值税税率为16%，安装业务的增值税税率为11%。

三、要求：请根据该合同的履约义务确认的收入和成本金额，作出甲公司会计处理。

练习四

一、目的：掌握分期收款销售的会计处理。

二、资料：

20×7 年甲企业销售给 AB 公司大型机器设备一套，合同价格为 1 200 万元，价款在 4 年内平均收取，每年收款一次。假定该大型机器设备在不采用分期收款方式时的销售价格为 1 000 万元，不考虑增值税因素。

三、要求：根据上述资料，计算分期收款销售下的实际利率、每年应冲减的财务费用并做出从发出设备到陆续收到货款的会计分录。

练习五

一、目的：掌握利润形成的会计处理。

二、资料：

B 公司 10 月有关资料如下（金额单位：元）：

主营业务收入	220 000
主营业务成本	155 000
营业税金及附加	18 000
其他业务收入	24 000
其他业务成本	16 700
销售费用	15 500
管理费用	25 000
财务费用	3 400
营业外收入	17 800
营业外支出	5 600

设所得税税率为 25%。

三、要求：根据上述资料，计算 B 公司当月营业利润、利润总额、所得税和净利润；假定该公司按账结法进行会计处理，请做出相应的会计分录。

练习六

一、目的：掌握利润分配的会计处理。

二、资料：

甲股份有限公司某年度实现净利润 980 万元，按净利润的 10% 提取法定盈余公积，该年度 4 月按上一年净利润的 5% 提取任意盈余公积 72 万元，向股东分派现金股利 350 万元，同时分派每股面值 1 元的股票股利 250 万股。

三、要求：根据上述资料，进行该年发生的利润分配和该年度年终决算的会计处理。

第十二章

所有者权益

【学习目标】

通过本章的学习，掌握公司制企业实收资本（股本）、资本溢价（股本溢价）、其他综合收益和盈余公积的会计处理；熟悉所有者权益的概念及来源，公司制企业所有者权益的构成，资本公积的内容，综合收益的概念及构成，其他综合收益的概念、分类及内容，留存收益的概念及构成，盈余公积的作用，企业亏损的弥补；了解所有者权益和负债的区别，其他权益工具、其他资本公积、库存股。

第一节　所有者权益概述

一、所有者权益的概念及来源

1. 所有者权益的概念

所有者权益是指企业资产扣除负债后由所有者享有的剩余权益。公司制企业的所有者权益又称为股东权益。

2. 所有者权益的来源

所有者权益的来源包括所有者投入的资本、直接计入所有者权益的利得和损失、留存收益。

（1）所有者投入的资本是所有者投入企业的资本部分，既包括构成企业注册资本部分，也包括投入资本超过注册资本部分的金额，即资本溢价。

（2）直接计入所有者权益的利得和损失是不应计入当期损益、会导致所有者权益发生增减变动且与所有者投入资本或者向所有者分配利润无关的利得或损失。

（3）留存收益是企业历年实现的净利润未向所有者分配而留存于企业的部分，包括盈余公积和未分配利润。

二、所有者权益与负债的区别

所有者和债权人都是企业资金的提供者，均享有对企业资产的要求权，但是所有者权益与负债之间存在着显著差别，主要体现在以下几个方面：

1. 性质不同

负债是企业对债权人负担的经济责任，属于债权人权益，即债权人对企业资产的要求权，在企业清算时债权人对企业的资产具有优先求偿权。所有者权益是所有者对企业剩余资产的要求权，并且在顺序上置于债权人的要求权之后。

2. 权利不同

债权人只有获取企业用以清偿债务的资产的要求权，即只享有收回本金和按事先约定的利率收回利息的权利，不能参与企业经营决策和收益分配。所有者享有参与企业经营决策和收益分配的权利。

3. 偿还期限不同

负债具有偿还性，必须在约定的偿还期限内偿还。所有者权益在企业持续经营的情况下一般不需清偿，只有在企业清算时才向所有者进行清偿。

4. 风险和收益不同

负债一般具有明确的偿还期限和事先约定的利率，企业无论盈利与否均需按期还本付息，债权人风险相对较小。所有者获得的收益大小取决于企业的盈利水平与经营政策，风险相对较大。

5. 计量特性不同

负债在发生时可以按照会计准则规定的方法直接单独予以计量。所有者权益不必单独计量，而是对资产和负债计量后形成的结果，因而所有者权益可以理解为被动要素或差量要素。

三、公司制企业所有者权益的构成

（一）企业的组织形式

企业组织形式主要包括独资企业、合伙企业和公司制企业。

1. 个人独资企业

我国《个人独资企业法》规定，个人独资企业由一个自然人投资，财产为投资人个人所有，投资人以其个人财产对企业债务承担无限责任的经营实体。个人独资企业的投资人对企业的全部财产及其相关经营收益依法享有所有权。个人独资企业不具有法人地位。

2. 合伙企业

我国《合伙企业法》规定，合伙企业是指自然人、法人和其他组织在我国境内设立的普通合伙企业和有限合伙企业。普通合伙企业由普通合伙人组成，合伙人对合伙企业债务承担无限连带责任。有限合伙企业由普通合伙人和有限合伙人组成，普通合伙人对合伙企业债务承担无限连带责任，有限合伙人以其认缴的出资额为限对合伙企业债务承担责任。合伙企业不具有法人地位。

3. 公司制企业

公司制企业（corporation）是指依法设立的有限责任公司和股份有限公司，是独立的法人主体，有独立的法人财产，享有法人财产权。有限责任公司的股东以其认缴的出资额为限对公司承担责任，股份有限公司的股东以其认购的股份为限对公司承担责任。公司股东依法享有资产收益、参与重大决策和选择管理者等权利。

（二）公司制企业所有者权益的构成

公司制企业的所有者权益主要包括实收资本（股本）、资本公积、其他综合收益和留存收益。公司发行的除普通股以外的归类为权益工具的各种金融工具，也构成所有者权益的一部分，在会计上作为“其他权益工具”单独核算和列报。公司回购的自身权益工具在注销或转让之前作为“库存股”单独核算，并作为所有者权益的减项构成所有者权益的一部分。

本章主要介绍公司制企业（有限责任公司和股份有限公司）所有者权益的会计处理。

第二节 实收资本及其他权益工具

一、实收资本概述

实收资本（paid - in capitals）是投资者投入资本形成法定资本的价值。目前，我国实行的是注册资本认缴登记制度。所谓注册资本，是指企业在设立时向工商部门登记的资本总额，也就是全部出资者设定的出资额之和。注册资本是企业的法定资本，是企业承担民事责任的财力保障。当全部所有者足额缴入资本后，实收资本等于注册资本。对于股份有限公司，实收资本表现为实际发行的普通股股票面值，又称为股本。

实收资本根据所有者的性质不同，一般分为国家投资、法人投资、个人投资和外商投资。由于企业的组织形式不同，所有者投入资本的核算也有所不同。

二、有限责任公司接受投资的会计处理

有限责任公司应当设置“实收资本”账户，并按股东分别设置明细账户，用于核算股东实缴注册资本的数额。

根据所有者投入资产形态的不同，可分为接受货币资产投资和接受非货币资产投资，其中非货币资产投资包括存货投资、固定资产投资、无形资产投资、股权投资等。

新设有限责任公司接受所有者投资时，一般不存在超额缴存资本的情况，因而不涉及资本溢价问题。有限责任公司在经营过程中接受新投资者投资或原投资者追加投资时，投资者实际投入的出资额可能会与按约定投资比例享有的资本份额不等，此时会涉及资本溢价问题，详见本章第三节。

（一）接受货币资金投资的会计处理

企业接受货币资金投资时，应按实际收到的货币资金，借记“银行存款”账户，贷

记“实收资本”账户。

【例 12－1】A 公司和 B 公司各出资 500 万元，共同投资设立甲有限责任公司，各持股 50%。

甲公司接受 A 公司和 B 公司投资的会计分录如下：

借：银行存款	10 000 000	
贷：实收资本——甲公司		5 000 000
——乙公司		5 000 000

（二）接受非货币资产投资的会计处理

企业接受所有者以存货、固定资产、无形资产、股权等投资时，应当按照投资合同或协议约定的价值确定存货、固定资产、无形资产、股权等资产的成本，但合同或协议约定价值不公允的除外。投资方为受资企业开具了增值税专用发票且受资企业根据税法规定可以据此抵扣增值税的，应确认可抵扣的增值税。如果投资合同或协议约定由受资企业承担相关资产运杂费等相关费用的，相关费用应计入资产的入账价值。具体会计分录为：按投资合同或协议约定的价值和受资企业承担的费用金额借记“原材料”“库存商品”“固定资产”“在建工程”“无形资产”“长期股权投资”等账户，按可抵扣的增值税借记“应交税费——应交增值税（进项税额）”“应交税费——待抵扣进项税额”等账户，按投资者享有的注册资本份额贷记“实收资本”账户，按受资企业承担的相关费用贷记“银行存款”等账户。

【例 12－2】甲公司接受乙公司投入的不需安装的机器设备一台并作为固定资产核算，投资协议约定的价值为 1 160 000 元，乙公司为甲公司开具的增值税专用发票注明的价款为 1 000 000 元、增值税 160 000 元。此外，按照投资协议约定，甲公司以银行存款支付此设备的运费 1 100 元，取得增值税专用发票注明的价款为 1 000 元、增值税 100 元。

甲公司接受投资的会计分录如下：

借：固定资产	1 001 000	
应交税费——应交增值税（进项税额）	160 100	
贷：实收资本——乙公司		1 160 000
银行存款		1 100

三、股份有限公司发行普通股股票的会计处理

股份有限公司的实收资本又称为股本，全部股本由等额股份构成并通过发行股票筹集资金，股东以其所持股份对公司承担有限责任。股份有限公司的设立方式分为募集式和发起式两种。发起设立，是指由发起人认购公司应发行的全部股份而设立公司；募集设立，是指由发起人认购公司应发行股份的一部分，其余股份向社会公开募集或者向特定对象募集而设立公司。

股份公司根据公司发展需要，在符合有关规定的情况下，可以公开发行新股、定向增发新股或者配股。股份有限公司发行的股票，按其享有的权利不同分为普通股和优先股，其中普通股是基本股份。根据股票发行价格和股票面值的关系不同，股票发行分为平价发行、溢价发行和折价发行，我国只允许平价发行和溢价发行，不允许折价发行股票。

股份有限公司应当设置“股本”账户并按股东设置明细账进行核算。此外，企业还应设置备查账簿对核定的股本总额、股份总数、每股面值，进行备查登记。

股份公司发行普通股股票时，按发行总价款扣除与发行股票相关的交易费用①的金额借记“银行存款”，按发行股票的总面值贷记“股本”；如存在贷方差额，按贷方差额贷记“资本公积——股本溢价”；如存在借方差额，按借方差额借记“资本公积——股本溢价”。

【例 12－3】甲股份有限公司委托某证券公司发行普通股股票 1 000 万股，每股面值 1 元，每股发行价格 5 元。证券公司按发行收入的 1% 收取手续费，发行股票资金冻结期间产生的利息收入为 15 000 元，股票全部售出。

实收价款 = 5 × 10 000 000 －（5 × 10 000 000 × 1% － 15 000）= 49 515 000（元）

股本 = 1 × 10 000 000 = 10 000 000（元）

股本溢价 = 49 515 000 － 10 000 000 = 39 515 000（元）

借：银行存款　　49 515 000

　　贷：股本　　10 000 000

　　　　资本公积——股本溢价　　39 515 000

四、股份有限公司分派股票股利的会计处理

经股东大会批准，股份公司可以向股东分派股票股利，并按股东原持有的股份进行分配。分派股票股利，不会影响企业的资产和负债，也不会影响企业的所有者权益总额，但是会引起所有者权益结构的变化，因此公司分派股票股利时需要按规定办理增资手续，并进行相应的会计处理。发放股票股利会产生稀释作用，因为发放股票股利会导致普通股数量增加，每股净资产由此减少，其他条件不变的情况下，每股收益会下降，相应的股价也会下降。

分配给股东的股票股利，应在办理增资手续后，借记“利润分配——转作普通股股利”账户，贷记“股本”账户。如果按股东所持股份比例分配的股票股利不足 1 股时，应采用发放现金股利或股东之间相互转让凑成整股的方法处理。

【例 12－4】甲股份公司经股东大会批准，按照普通股股本的 10% 分派股票股利，并办妥增资手续。甲公司在分派股票股利之前的普通股股本共 1 000 万股，每股面值 1 元，假定不存在股票股利不足 1 股的情况。

① 交易费用包括登记费，承销费，法律、会计、评估及其他专业服务费用，印刷成本和印花税等。发行股票资金冻结期间产生的利息收入从交易费用中扣除。

甲公司会计处理如下：

借：利润分配——转作普通股股利　　1 000 000

　　贷：股本　　1 000 000

借：利润分配——未分配利润　　1 000 000

　　贷：利润分配——转作普通股股利　　1 000 000

五、减少资本的会计处理

在我国，公司成立后股东不得抽逃出资，但在特殊情况下经过批准可减少资本。企业由于资本过剩或由于连续 3 年发生亏损或当年发生了重大亏损时可减少实收资本。企业减少注册资本的，应在原登记机关申请变更，企业减资后的注册资本不得低于法定的最低注册资本限额。

有限责任公司经企业登记机关批准减资后，向投资者发还投资款时，借记“实收资本”账户，贷记“银行存款”账户。股份有限公司减资一般是通过回购股票的方式进行，详见本章第四节。

六、实收资本的报表列示

在资产负债表日，实收资本或股本应当按照其期末余额列示于资产负债表，并作为所有者权益部分的第一个项目列示。

七、其他权益工具

企业发行的除普通股以外的归类为权益工具的各种金融工具，在会计上作为“其他权益工具”单独核算和列报，例如公司发行的优先股、永续债等金融工具在被划分为权益工具时，或者公司发行可转换公司债券的权益部分，均应作为“其他权益工具”核算。

1. 发行其他权益工具的会计处理

企业发行被归类为权益工具的优先股、永续债等金融工具时，按发行价格扣除佣金、手续费等交易费用后的净额借记“银行存款”，贷记“其他权益工具——优先股、永续债等”；在存续期间分派股利时，借记“利润分配——应付优先股股利、应付永续债利息等”，贷记“应付股利——优先股股利、永续债利息等”。

2. 回购其他权益工具的会计处理

回购其他权益工具时，借记“库存股——其他权益工具”，贷记“银行存款”；注销库存股时，借记“其他权益工具”，贷记“库存股——其他权益工具”，借记或贷记“资本公积——资本溢价（或股本溢价）”，资本溢价或股本溢价不够冲减的，依次冲减盈余公积和未分配利润。

3. 其他权益工具转换为普通股的会计处理

归类为权益工具的优先股、永续债等金融工具转换为普通股时，按其账面价值借记

“其他权益工具”，按普通股面值贷记“实收资本或股本”，按差额贷记“资本公积——资本溢价或股本溢价”“银行存款”等，资本溢价或股本溢价不够冲减的，依次冲减盈余公积和未分配利润。

4. 其他权益工具重分类为金融负债的会计处理

被归类为权益工具的优先股、永续债等金融工具重分类为金融负债时，按其他权益工具账面价值借记“其他权益工具——优先股、永续债等”，按金融负债面值贷记“应付债券——优先股、永续债等（面值）”，按应付债券公允价值与面值的差额贷记或借记“应付债券——优先股、永续债等（利息调整）”，按重分类后公允价值与账面价值的差额贷记或借记“资本公积——资本溢价（或股本溢价）”，资本溢价或股本溢价不够冲减的，依次冲减盈余公积和未分配利润。

5. 金融负债重分类为其他权益工具的会计处理

被归类为金融负债的优先股、永续债等金融工具重分类为权益工具时，按金融负债面值借记“应付债券——优先股、永续债等（面值）”，按利息调整余额借记或贷记“应付债券——优先股、永续债等（利息调整）”，按贷方差额贷记“其他权益工具——优先股、永续债等”。

其他权益工具在资产负债表所有者权益部分单独列示，列示顺序在“实收资本”之后。

第三节　资本公积

一、资本公积概述

资本公积（capital reserve）是所有者投入资本的组成部分，包括资本溢价（股本溢价）和其他资本公积。资本溢价用于核算股东出资额大于其在企业注册资本中所占份额的部分，股份有限公司可称之为股本溢价。其他资本公积是指除资本溢价（或股本溢价）项目以外形成的资本公积。

企业应设置“资本公积”总分类账户，同时设置以下明细账户进行明细分类核算。

1. “资本公积——资本溢价”明细账

该明细账户用于核算有限责任公司成立后，接受新投资者投资或原投资者追加投资时，投资者的出资额高于其享有的注册资本比例的部分。

2. “资本公积——股本溢价”明细账

该明细账户用于核算股份有限公司股票发行价格超过股票面值即股本的溢价部分，以及发行权益性证券直接相关的交易费用，例如登记费，承销费，法律、会计、评估及其他专业服务费用，印刷成本和印花税等。

3. “资本公积——其他资本公积”明细账

该明细账户用来核算除上述资本公积以外的资本公积。

本节介绍资本溢价和其他资本公积的会计处理（股本溢价的核算参见本章第二节）。

二、资本溢价的会计处理

对于有限责任公司而言，新投资者投资或原有投资者追加投资时，往往要付出大于原投资者的出资额，才能获得与原投资者相同的持股比例。这是因为，在企业正常经营过程中投入的资金，即使与企业创立时投入的资金在数量上一致，其获利能力却不相同。企业在创立初期，投资往往伴随着或大或小的风险，投资报酬率经历了从无到有、从低到高的过程。当企业转入正常的生产经营后，投资报酬率一般要高于初创阶段，而高于初创阶段的投资报酬率是以初创时必要的垫支资本带来的，企业创始人为此付出了代价。此外，企业在经营过程中实现的利润，会有一部分留存于企业形成留存收益，新投资者介入后将与原投资者共享这部分留存收益。综上，新投资者介入或原有投资者追加投资时，往往需要超额缴存资本，这就形成了资本溢价。

【例12－5】甲公司是A公司和B公司各出资700万元于3年前设立，经营状况良好，现C公司希望投资入股。甲公司和C公司间的投资协议规定，C公司出资700万元，享有变更后注册资本的30%，款项已收到，并按规定办理了增资手续。

C公司享有的实收资本份额＝(700＋700)÷(1－30%)×30%＝600（万元）

资本溢价＝700－600＝100（万元）

借：银行存款	7 000 000	
贷：实收资本——C公司		6 000 000
资本公积——资本溢价		1 000 000

三、其他资本公积的会计处理

其他资本公积主要包括两个方面：一是以权益结算的股份支付在等待期内确认的成本费用；二是权益法核算的长期股权投资，投资方享有的被投资单位除净利润、利润分配以及其他综合收益以外所有者权益的其他变动的份额。在此，仅介绍以权益结算的股份支付相关的其他资本公积，关于权益法核算的长期股权投资形成的其他资本公积的会计处理，参见第五章。

股份支付，是指企业为获取职工和其他方提供服务而授予权益工具或者承担以权益工具为基础确定的负债的交易。股份支付分为以权益结算的股份支付和以现金结算的股份支付。以权益结算的股份支付，是指企业为获取服务以股份或其他权益工具作为对价进行结算的交易。以权益结算的股份支付，会计处理方法如下：

(1) 授予后立即可行权的换取职工服务的以权益结算的股份支付，应当在授予日按照权益工具的公允价值计入相关成本或费用账户，同时增加“资本公积——其他资本公积”。完成等待期内的服务或达到规定业绩条件才可行权的换取职工服务的以权益结算的股份支付，在等待期内的每个资产负债表日，应当以对可行权权益工具数量的最佳估计为基础，按照权益工具授予日的公允价值，将当期取得的服务计入相关成本或费用，同时记入“资本公积——其他资本公积”。

（2）以权益结算的股份支付换取其他方服务的，如果其他方服务的公允价值能够可靠计量的，应当按照其他方服务在取得日的公允价值，计入相关成本或费用，并相应增加“资本公积——其他资本公积”；其他方服务的公允价值不能可靠计量但权益工具公允价值能够可靠计量的，应当按照权益工具在服务取得日的公允价值，计入相关成本或费用，相应增加“资本公积——其他资本公积”。

（3）在行权日，企业根据实际行权的权益工具数量，计算确定应转入实收资本或股本的金额，将其转入实收资本或股本，借记“银行存款”“资本公积——其他资本公积”，贷记“实收资本”或“股本”，差额记入“资本公积——资本溢价”。

【例12－6】甲公司为乙公司的母公司，第1年1月1日，甲公司以其自身权益工具为乙公司的100名管理人员每人授予10 000份3年期股票期权，每份期权在第1年1月1日的公允价值为30元。第1年末能够行权的条件是乙公司净利润增长率要达到15%，第2年末能够行权的条件是乙公司的净利润两年平均增长率达到12%，第3年末行权条件是乙公司3年净利润平均增长率达到10%。第1年乙公司净利润增长率为13%，有5名管理人员离开，预计第2年的净利润增长率为12%，预计第2年末可行权，预计还有5名管理人员离开。第2年乙公司净利润只增长8%，未达到两年平均增长12%，当年又有10名管理人员离开，预计第3年末可行权，预计第3年还将有10名管理人员离开。第3年乙公司净利润增长了11%，3年平均增长超过10%，当年有15名管理人员离开。第3年12月31日剩余管理人员全部行权，行权价格为10元。

（1）甲公司会计处理。

① 第1年1月1日。授予日不做会计处理。

② 第1年12月31日。因估计第2年末即可行权，所以应计入长期股权投资和资本公积的金额＝(100－5－5)×10 000×30×1/2＝13 500 000元。

借：长期股权投资　13 500 000
　　贷：资本公积——其他资本公积　13 500 000

③ 第2年12月31日。预计第3年末可行权，因此等待期调整为3年，第2年应计入长期股权投资和资本公积的金额＝(100－5－10－10)×10 000×30×2/3－13 500 000＝1 500 000元。

借：长期股权投资　1 500 000
　　贷：资本公积——其他资本公积　1 500 000

④ 第3年12月31日。第3年应计入长期股权投资和资本公积的金额＝(100－5－10－15)×10 000×30－(13 500 000＋1 500 000)＝6 000 000元。

借：长期股权投资　6 000 000
　　贷：资本公积——其他资本公积　6 000 000

借：银行存款　7 000 000
　　资本公积——其他资本公积　21 000 000
　　贷：股本　700 000
　　　　资本公积——股本溢价　27 300 000

（2）乙公司会计处理。

① 第1年1月1日。授予日不做账务处理。

② 第1年12月31日。因估计第2年即可行权，所以应计入成本费用的金额 =（100 − 5 − 5）×10 000×30×1/2 = 13 500 000元。

借：管理费用	13 500 000	
贷：资本公积——其他资本公积		13 500 000

③ 第2年12月31日。预计第3年末可行权，因此等待期调整为3年，应计入成本费用的金额 =（100 − 5 − 10 − 10）×10 000×30×2/3 − 13 500 000 = 1 500 000元。

借：管理费用	1 500 000	
贷：资本公积——其他资本公积		1 500 000

④ 第3年12月31日。应计入成本费用的金额 =（100 − 5 − 10 − 15）×10 000×30 −（13 500 000 + 1 500 000）= 6 000 000元。

借：管理费用	6 000 000	
贷：资本公积——其他资本公积		6 000 000
借：资本公积——其他资本公积	21 000 000	
贷：资本公积——股本溢价		21 000 000

四、资本公积转增资本的会计处理

资本溢价或股本溢价可以转增资本，但不得用于弥补亏损。资本公积转增资本，需经股东大会或股东会决议批准，此时应按投资者所持有的股份同比例增加各股东的股权，具体会计分录为：借记“资本公积——资本溢价”或“资本公积——股本溢价”，贷记“实收资本”或“股本”账户。

资本公积转增资本，不会引起企业所有者权益总额的变化，只是所有者权益内部结构发生了变化。

五、资本公积的报表列示

在资产负债表日，资本公积应当按照其期末余额列示于资产负债表所有者权益部分，列示顺序在实收资本（或股本）之后，有其他权益工具项目的，资本公积应列示于其他权益工具之后。

第四节　库存股

公司回购其发行在外的权益工具在尚未注销或转让之前，应作为“库存股”（treasury stocks）单独核算，例如回购的普通股、其他权益工具。

根据我国《公司法》规定，股份公司在以下情况下可以收购本公司股份：减少公司注册资本；与持有本公司股份的其他公司合并；将股份奖励给本公司职工；股东因对股东大会作出的公司合并、分立决议持异议，要求公司收购其股份的。

一、回购股份注销的会计处理

股份公司可以在符合规定的情况下回购其发行在外的普通股股票，以核销股本。

回购股份时，按实际支付的价款借记“库存股”账户，贷记“银行存款”等账户。

注销库存股时，按注销股票的面值借记“股本”账户，按库存股的实际成本贷记“库存股”账户；存在贷方差额的贷记“资本公积——股本溢价”；存在借方差额的，首先冲减股本溢价，即借记“资本公积——股本溢价”账户，股本溢价不足冲减的再冲减盈余公积，即借记“盈余公积”账户，盈余公积仍不足冲减的，将尚未冲减的差额再冲减未分配利润，即借记“利润分配——未分配利润”账户。

回购股份会导致公司净资产减少，即所有者权益总额减少。注销库存股时，不影响企业的所有者权益总额的变化，只是所有者权益内部结构的变化。

【例 12－7】甲股份有限公司经批准回购本公司发行在外的面值为 1 元的普通股 100 万股用以减少股本，回购股份实际支付的价款为 1 000 万元，已知甲公司“资本公积——股本溢价”账户余额为 500 万元，“盈余公积”账户余额为 300 万元。

(1) 回购股份：

借：库存股	10 000 000	
贷：银行存款		10 000 000

(2) 注销库存股：

借：股本	1 000 000	
资本公积——股本溢价	5 000 000	
盈余公积	3 000 000	
利润分配——未分配利润	1 000 000	
贷：库存股		10 000 000

二、回购股份转让的会计处理

回购股份时，应按实际支付的金额借记“库存股”科目，贷记“银行存款”等科目。

转让库存股时，应按实际收到的金额，借记“银行存款”等科目，按库存股的实际成本贷记“库存股”账户；存在贷方差额的贷记“资本公积——股本溢价”；存在借方差额的，首先冲减股本溢价，即借记“资本公积——股本溢价”账户，股本溢价不足冲减的再冲减盈余公积，即借记“盈余公积”账户，盈余公积仍不足冲减的，将尚未冲减的差额再冲减未分配利润，即借记“利润分配——未分配利润”账户。

【例 12－8】10 月，甲股份公司将其所持有的库存股转让，实际收到的价款为 3 000 000 元，所转让的库存股账面余额为 4 000 000 元，甲公司“资本公积——股本溢价”账户余额为 800 000 元，“盈余公积”账户余额为 500 000 元。

借：银行存款　　3 000 000
　　资本公积——股本溢价　　800 000
　　盈余公积　　200 000
　　贷：库存股　　4 000 000

三、回购股份奖励职工的会计处理

公司为奖励职工而回购的股份，按实际支付的价款借记“库存股”账户，贷记“银行存款”等账户。

将收购的股份奖励给本公司职工属于以权益结算的股份支付，如果向职工收取价款，按实际收到的价款借记“银行存款”账户；根据奖励股票期权的公允价值借记“资本公积——其他资本公积”；根据奖励库存股的账面价值贷记“库存股”账户；经上述处理后，存在借方差额的，依次冲减股本溢价、盈余公积和未分配利润，即借记“资本公积——股本溢价”“盈余公积”“未分配利润”等账户，存在贷方差额的贷记“资本公积——股本溢价”账户。

【例 12－9】6 月 30 日，甲股份公司为奖励本企业职工，回购本公司发行在外的普通股股票 100 000 股，实际支付价款 2 000 000 元；7 月 1 日，将回购的股份全部奖励给本企业职工，并收取职工款项 500 000 元，奖励职工股票期权的公允价值为 1 200 000 元。甲公司“资本公积——股本溢价”余额为 4 500 000 元。

（1）回购股份：

借：库存股　　2 000 000
　　贷：银行存款　　2 000 000

（2）把股份奖励给职工：

借：银行存款　　500 000
　　资本公积——其他资本公积　　1 200 000
　　资本公积——股本溢价　　300 000
　　贷：库存股　　2 000 000

四、授予限制性股票的会计处理

上市公司实施限制性股票的股权激励时，通过非公开发行的方式向激励对象授予一定数量的公司股票，并规定锁定期和解锁期，在锁定期和解锁期内，不得上市流通及转让。达到解锁条件，可以解锁；如果全部或部分股票未被解锁而失效或作废，通常由上市公司按照事先约定的价格立即进行回购。

（1）向职工发行的限制性股票按有关规定履行注册登记等增资手续的，收到职工缴纳的认股款时，按职工缴纳的认股款借记“银行存款”，按股票面值贷记“股本”，按借贷差额贷记“资本公积——股本溢价”；同时，按照发行限制性股票的数量以及相应的回购价格计算确定的金额借记“库存股”，贷记“其他应付款——限制性股票回购义务”。

（2）等待期内股份支付相关的会计处理。上市公司应当综合考虑限制性股票锁定期和解锁期等相关条款，按照《企业会计准则第 11 号——股份支付》相关规定判断等待期，进行与股份支付相关的会计处理。

（3）未达到限制性股票解锁条件而需回购股票时，按照应支付的金额借记“其他应付款——限制性股票回购义务”，贷记“银行存款”；同时，按照注销的限制性股票数量相对应的股本金额借记“股本”，按照注销的限制性股票数量相对应的库存股的账面价值贷记“库存股”，按照借贷差额借记“资本公积——股本溢价”。

（4）达到限制性股票解锁条件而无须回购的股票，按照解锁股票相对应的负债的账面价值借记“其他应付款——限制性股票回购义务”，按照解锁股票相对应的库存股的账面价值贷记“库存股”，按借贷差额贷记“资本公积——股本溢价”。

【例 12－10】甲公司采用授予职工限制性股票的形式实施股权激励计划。第 1 年 1 月 1 日，以非公开发行方式向 100 名管理人员每人授予 10 000 股股票，每股面值为 1 元，授予价格为每股 5 元。当日，100 名管理人员全部出资认购，总认购款项为 500 万元，并办理了增资手续。甲公司估计该限制性股票股权激励在授予日的公允价值为每股 5 元。激励计划规定，这些管理人员从第 1 年 1 月 1 日起在甲公司连续服务满 3 年的，所授予股票将于第 4 年 1 月 1 日全部解锁，其间离职的，甲公司将按照原授予价格每股 5 元回购。未来 3 年内，所授予的股票不得上市流通或转让，激励对象因获授限制性股票而取得的现金股利由公司代管，作为应付股利在解锁时支付，未能解锁的限制性股票在回购时扣除激励对象已享有的该部分现金股利。第 1 年，有 5 名管理人员离职，估计 3 年中离职的管理人员合计为 10 名，当年宣告发放现金股利为每股 1 元。第 2 年，又有 2 名管理人员离职，甲公司重新估计 3 年离职人员合计数为 8 人，当年宣告发放现金股利为每股 1.1 元。第 3 年，没有管理人员离职，当年宣告发放现金股利为每股 1.2 元。假定甲公司管理人员离职均发生在年末，不考虑其他因素。

（1）授予日。

借：银行存款　　5 000 000

　　贷：股本　　1 000 000

　　　　资本公积——股本溢价　　4 000 000

同时：

借：库存股　　5 000 000

　　贷：其他应付款——限制性股票回购义务　　5 000 000

（2）等待期内确认管理费用和资本公积。

① 第 1 年确认管理费用和资本公积金额 $=(100-10)\times1\times5\times1/3=150$（万元）

借：管理费用　　1 500 000

　　贷：资本公积——其他资本公积　　1 500 000

② 第 2 年确认管理费用和资本公积金额 $=(100-8)\times1\times5\times2/3-150=156.67$（万元）

借：管理费用　　1 566 700

　　贷：资本公积——其他资本公积　　1 566 700

③ 第 3 年确认管理费用和资本公积金额 $=(100-5-2)\times1\times5-150-156.67=$

158.33（万元）

借：管理费用　　1 583 300

　　贷：资本公积——其他资本公积　　1 583 300

（3）等待期内分配现金股利及股票回购。

① 第1年12月31日预计未来可解锁限制性股票持有者的现金股利 = 1 × (100 - 10) × 1 = 90 万元，预计未来不可解锁限制性股票持有者的现金股利 = 1 × 10 × 1 = 10 万元。

借：利润分配——应付现金股利　　900 000

　　贷：应付股利——限制性股票股利　　900 000

借：其他应付款——限制性股票回购义务　　900 000

　　贷：库存股　　900 000

借：其他应付款——限制性股票回购义务　　100 000

　　贷：应付股利——限制性股票股利　　100 000

第1年12月31日回购限制性股票：

借：其他应付款——限制性股票回购义务　　200 000

　　应付股利——限制性股票股利　　50 000

　　贷：银行存款　　250 000

借：股本　　50 000

　　资本公积——股本溢价　　200 000

　　贷：库存股　　250 000

② 第2年12月31日预计未来可解锁限制性股票持有者的现金股利 = (1 + 1.1) × (100 - 8) × 1 - 90 = 103.2 万元，预计未来不可解锁限制性股票持有者的现金股利 = (1 + 1.1) × (8 - 5) × 1 + 1 × 5 × 1 - 10 = 1.3 万元。

借：利润分配——应付现金股利　　1 032 000

　　贷：应付股利——限制性股票股利　　1 032 000

借：其他应付款——限制性股票回购义务　　1 032 000

　　贷：库存股　　1 032 000

借：其他应付款——限制性股票回购义务　　13 000

　　贷：应付股利——限制性股票股利　　13 000

第2年12月31日回购限制性股票：

借：其他应付款——限制性股票回购义务　　58 000

　　应付股利——限制性股票股利　　42 000

　　贷：银行存款　　100 000

借：股本　　20 000

　　资本公积——股本溢价　　80 000

　　贷：库存股　　100 000

③ 第3年12月31日预计未来可解锁限制性股票持有者的现金股利 = (1 + 1.1 + 1.2) × (100 - 7) × 1 - 90 - 103.2 = 113.7 万元，预计未来不可解锁限制性股票持有者的现金股利 = (1 + 1.1 + 1.2) × (7 - 2 - 5) × 1 + 1 × 5 × 1 + 2.1 × 2 × 1 - 10 - 1.3 = -2.1 万元。

借：利润分配——应付现金股利　　1 137 000
　　贷：应付股利——限制性股票股利　　1 137 000
借：其他应付款——限制性股票回购义务　　1 137 000
　　贷：库存股　　1 137 000
借：应付股利——限制性股票股利　　21 000
　　贷：其他应付款——限制性股票回购义务　　21 000

（4）解锁日。

库存股余额 = 500 − 90 − 25 − 103.2 − 10 − 113.7 = 158.1（万元）

其他应付款余额 = 500 − 90 − 10 − 20 − 103.2 − 1.3 − 5.8 − 113.7 + 2.1 = 158.1（万元）

其他资本公积余额 = 150 + 156.67 + 158.33 = 465（万元）

借：其他应付款——限制性股票回购义务　　1 581 000
　　贷：库存股　　1 581 000
借：资本公积——其他资本公积　　4 650 000
　　贷：资本公积——股本溢价　　4 650 000

支付可解锁限制性股票持有者的现金股利(1 + 1.1 + 1.2) × (100 − 7) × 1 = 306.9（万元）：

借：应付股利——限制性股票股利　　3 069 000
　　贷：银行存款　　3 069 000

五、库存股的报表列示

"库存股"账户的余额方向为借方，属于所有者权益的减项，在资产负债表日，应当将"库存股"账户的期末余额作为"减：库存股"列示在资产负债表所有者权益部分，列示顺序在"资本公积"项目之后。

第五节　其他综合收益

一、其他综合收益的概念

企业所有者权益的变化源于以下几个方面：一是企业与所有者之间的资本交易，例如接受投资者投资、向投资者分配利润；二是企业实现的净利润（或亏损）；三是其他综合收益。其中净利润与其他综合收益构成企业的综合收益。

综合收益（comprehensive income）是指企业在某一期间除与所有者以其所有者身份进行的交易之外的其他交易或事项所引起的所有者权益变动。

其他综合收益（other comprehensive income）是指根据其他会计准则规定未在当期损益中确认的各项利得和损失，也就是直接计入当期所有者权益的利得和损失。利得是指企业在非日常活动中形成的、会导致企业所有者权益增加的、与所有者投入资本无关的经济利益流入；损失是指企业在非日常活动中形成的、会导致企业所有者权益减少的、与向所有者分配利润无关的经济利益的流出。

二、其他综合收益的分类及内容

1. 其他综合收益的分类

其他综合收益分为两类：一类是以后会计期间不能重分类进损益的其他综合收益；另一类是以后会计期间在满足规定条件时将重分类进损益的其他综合收益。

2. 以后会计期间不能重分类进损益的其他综合收益

以后会计期间不能重分类进损益的其他综合收益主要包括以下内容：

（1）重新计量设定受益计划净负债或净资产导致的变动。

（2）长期股权投资按照权益法核算的在被投资单位不能重分类进损益的其他综合收益变动中所享有的份额。

（3）指定为以公允价值计量且其变动计入其他综合收益的金融资产核算的非交易性权益工具的公允价值变动，即其他权益工具投资公允价值变动。

（4）企业自身信用风险公允价值变动。

在处置形成该类其他综合收益的资产或负债时，该类其他综合收益不得重分类进入处置当期损益，而只能转入处置当期的留存收益。

3. 以后会计期间在满足规定条件时将重分类进损益的其他综合收益项目

以后会计期间在满足规定条件时将重分类进损益的其他综合收益项目：

（1）按照权益法核算的在被投资单位可重分类进损益的其他综合收益变动中所享有的份额。

（2）作为以公允价值计量且其变动计入其他综合收益的金融资产核算的债务工具的公允价值变动，即其他债权投资公允价值变动。

（3）金融资产重分类按规定可以将原计入其他综合收益的利得或损失转入当期损益的部分。

（4）其他债权投资信用减值准备。

（5）现金流量套期工具产生的利得或损失中属于有效套期的部分。

（6）外币财务报表折算差额。

（7）自用房地产或作为存货的房地产转换为以公允价值模式计量的投资性房地产在转换日公允价值大于账面价值部分。

在处置形成该类其他综合收益的资产或负债时，该类其他综合收益应结转计入处置当期损益。

无论是否能够重分类进入处置当期损益，与上述事项相关的所得税影响也应同时计入其他综合收益，也就是其他综合收益应当以税后净额反映。

三、其他综合收益的会计处理

其他综合收益的形成源自特定的资产或负债，在此举例重点介绍自用房地产转换为以公允价值模式计量的投资性房地产形成的其他综合收益、以公允价值计量且其变动计入其他综合收益的金融资产公允价值变动形成的其他综合收益、长期股权投资权益法核算形成的其他综合收益的会计处理，对于外币财务报表折算差额、现金流量套期工具产生的利得或损失中属于有效套期的部分、重新计量设定受益计划净负债或净资产导致的变动等特殊事项暂不涉及。

【例12-11】第1年1月1日，甲公司将自用办公楼用于出租，并采用公允价值模式进行后续计量。转换日，该办公楼原值5 000 000元，累计折旧1 000 000元，未计提减值准备，当日公允价值为4 500 000元。第1年12月31日，收取全年租金300 000元，当年末该办公楼公允价值为4 600 000元。第2年1月1日，租赁期届满，甲公司将该办公楼出售，价款4 800 000元，假定不考虑增值税因素。甲公司适用的企业所得税税率为25%。

（1）第1年1月1日转换为投资性房产。

借：投资性房地产——成本	4 500 000	
累计折旧	1 000 000	
贷：固定资产		5 000 000
其他综合收益		375 000
递延所得税负债		125 000

（2）第1年12月31日收取租金。

借：银行存款	300 000	
贷：其他业务收入		300 000

（3）第1年12月31日投资性房地产公允价值变动。

借：投资性房地产——公允价值变动	100 000	
贷：公允价值变动损益		100 000
借：所得税费用	25 000	
贷：递延所得税负债		25 000

（4）第2年1月1日处置投资性房地产。

借：银行存款	4 800 000	
贷：其他业务收入		4 800 000
借：其他业务成本	4 600 000	
贷：投资性房地产——成本		4 500 000
——公允价值变动		100 000
借：公允价值变动损益	100 000	
其他综合收益	375 000	
贷：其他业务成本		475 000
借：递延所得税负债	150 000	
贷：所得税费用		150 000

【例12-12】第1年1月1日，甲公司购入上市公司A公司按面值公开发行的3年期企业债券，价款1 000 000元，利率5%，按年付息到期还本，作为以公允价值计量且其变动计入其他综合收益的金融资产核算。第1年12月31日，应收A公司债券利息50 000

元。第1年12月31日，持有的A公司债券公允价值为1 050 000元。第2年1月1日，甲公司将A公司债券出售，取得价款1 120 000元（含尚未支付的利息）。

（1）第1年1月1日购入A公司债券。

借：债权投资——成本　　1 000 000

　　贷：银行存款　　1 000 000

（2）第1年12月31日确认应收A公司利息。

借：应收利息　　50 000

　　贷：投资收益　　50 000

（3）第1年12月31日确认债券和股权公允价值变动。

借：债权投资——公允价值变动　　50 000

　　贷：其他综合收益　　50 000

借：其他综合收益　　12 500

　　贷：递延所得税负债　　12 500

（4）第2年1月1日处置A公司债券。

借：银行存款　　1 120 000

　　贷：债权投资——成本　　1 000 000

　　　　　　　　——公允价值变动　　50 000

　　　　应收利息　　50 000

　　　　投资收益　　20 000

借：其他综合收益　　37 500

　　贷：投资收益　　37 500

借：递延所得税负债　　12 500

　　贷：所得税费用　　12 500

【例12－13】第1年1月1日，甲公司以2 800 000元取得乙公司30%的股权，对乙公司具有重大影响，采用权益法进行后续计量。投资日，乙公司可辨认净资产公允价值为10 000 000元（等于账面价值），甲公司与乙公司会计政策和会计期间一致。第1年12月1日，乙公司将一批成本为300 000元的商品销售给甲公司，不含税售价500 000元，增值税80 000元，开具增值税专用发票，款项已付。第1年12月31日，甲公司将该批商品的60%对外出售，不含税价款400 000元，增值税64 000元，款项已收。第1年乙公司实现净利润1 000 000元，以公允价值计量且其变动计入其他综合收益的金融资产（债务工具）公允价值上升100 000元。第2年1月1日，甲公司将乙公司股权全部出售，收取价款3 200 000元。甲公司和乙公司均为增值税一般纳税人，适用的企业所得税税率均为25%。

甲公司会计处理如下：

（1）第1年1月1日取得投资：

借：长期股权投资——成本　　2 800 000

　　贷：银行存款　　2 800 000

借：长期股权投资——成本　　200 000

　　贷：营业外收入　　200 000

借：所得税费用　　50 000
　　贷：递延所得税负债　　50 000

（2）第1年12月1日购入商品：

借：库存商品　　500 000
　　应交税费——应交增值税（进项税额）　　80 000
　　贷：银行存款　　580 000

（3）第1年12月31日销售商品：

借：银行存款　　464 000
　　贷：主营业务收入　　400 000
　　　　应交税费——应交增值税（销项税额）　　64 000

结转销售成本：

借：主营业务成本　　300 000
　　贷：库存商品　　300 000

（4）第1年12月31日按权益法调整长期股权投资账面价值：

投资收益 = [1 000 000 − (500 000 − 300 000) × 40%] × 30% = 276 000（元）

递延所得税负债 = 276 000 × 25% = 69 000（元）

其他综合收益 = 100 000 × (1 − 25%) × 30% = 22 500（元）

递延所得税负债 = 22 500 × 25% = 5 625（元）

借：长期股权投资——损益调整　　276 000
　　　　　　　　——其他综合收益　　22 500
　　贷：投资收益　　276 000
　　　　其他综合收益　　22 500

借：其他综合收益　　5 625
　　所得税费用　　69 000
　　贷：递延所得税负债　　74 625

（5）第2年1月1日处置投资：

借：银行存款　　3 200 000
　　投资收益　　98 500
　　贷：长期股权投资——成本　　3 000 000
　　　　　　　　　　——损益调整　　276 000
　　　　　　　　　　——其他综合收益　　22 500

借：其他综合收益　　16 875
　　贷：投资收益　　16 875

借：递延所得税负债　　124 625
　　贷：所得税费用　　124 625

四、其他综合收益的报表列示

在资产负债表日，其他综合收益应当以其期末余额（税后净额）在资产负债表所有者权益部分的“其他综合收益”项目单独列示，列示顺序在“资本公积”项目之后，存在“减：库存股”的，列示在“减：库存股”项目之后。同时，报告当期形成的其他综合收益，还应当按照不同分类以税后净额列示于利润表。

第六节　留存收益

留存收益（retained earnings）是企业历年实现的净利润未向所有者分配而留存于企业的累积盈余。留存收益源于企业实现的净利润，包括盈余公积金和未分配利润两部分，其中盈余公积是有特定用途的累积盈余，未分配利润是没有指定用途的累积盈余。

一、盈余公积

（一）盈余公积的概念

盈余公积（surplus reserve）是企业按净利润一定比例提取而形成的一种积累，是留与企业具有专门用途的留存收益。

盈余公积分为两类：一类是法定盈余公积，根据我国《公司法》的规定，法定盈余公积按照税后利润的10%提取，法定盈余公积累计额达到注册资本的50%时可以不再提取；另一类是任意盈余公积，公司从税后净利润中提取法定盈余公积后，经股东会或者股东大会决议，还可以从税后净利润中提取任意盈余公积。

盈余公积的提取实际上是对企业向所有者分配利润的一种限制，企业实现的净利润在向所有者分配利润之前必须先按照规定提取盈余公积。提取盈余公积不会引起企业资产、负债和所有者权益总额的变化，只是导致所有者权益内部结构的变化，即盈余公积增加，同时未分配利润等量减少，所有者权益总额不变。

（二）盈余公积的用途

根据我国《公司法》的规定，企业提取的盈余公积主要用于弥补亏损、扩大生产经营、转增资本。

企业发生亏损时，首先可以用以后年度的税后利润弥补，超过税法规定的弥补期限的，可以用以后年度的税前利润弥补；以后年度利润不足以弥补亏损的，经股东会或股东大会批准后可以用盈余公积弥补亏损。

企业提取的盈余公积较多时，可以将提取的盈余公积转增资本，但必须经过股东大会决议或类似机构批准。在将盈余公积转增资本时，应按投资人持股比例进行结转。

需要强调的是，盈余公积的用途并不是指其实际占用形态，提取盈余公积也并不是单独将这部分资金从企业资金周转过程中抽取出来。企业提取的盈余公积，无论是用于弥补亏损，还是用于转增资本，只不过是企业所有者权益内部结构的转换。企业盈余公积的结存数，只是表现为企业所有者权益的组成部分，表明企业生产经营资金的一个来源而已，其形成的资金可能表现为一定的货币资金，也可能表现为一定的实物资产，如存货和固定资产等，随同企业的其他来源所形成的资金进行循环周转。

（三）盈余公积的会计处理

企业为核算盈余公积应设置“盈余公积”总账，总括地反映盈余公积的提取、使用和结存的情况。同时，还要设置“盈余公积——法定盈余公积”“盈余公积——任意盈余公积”等明细账户，详细记录盈余公积的增减变化及其结果。

1. 提取盈余公积的会计处理

【例 12－14】甲公司全年实现净利润 5 000 000 元，分别按照净利润的 10% 和 5% 提取法定盈余公积和任意盈余公积。

借：利润分配——提取法定盈余公积	500 000	
——提取任意盈余公积	250 000	
贷：盈余公积——法定盈余公积		500 000
——任意盈余公积		250 000

2. 盈余公积转增资本的会计处理

企业根据投资人的决议，用盈余公积转增资本时，应按投资人持有的比例转增资本。借记“盈余公积——法定盈余公积”账户，贷记“实收资本”或“股本”账户。

盈余公积转增资本不会引起企业资产、负债和所有者权益总额的变化，只是所有者权益内部结构的变化。

【例 12－15】甲有限责任公司经批准用法定盈余公积 1 000 000 元转增资本。

借：盈余公积——法定盈余公积	1 000 000	
贷：实收资本		1 000 000

3. 盈余公积弥补亏损的会计处理

盈余公积弥补亏损时，虽然不会引起企业资产、负债和所有者权益总额的变化，但所有者权益内部结构发生了变化，因此需要进行相应的会计处理。

企业用盈余公积弥补亏损时，应在“利润分配”总账下设置“利润分配——盈余公积补亏”明细账户进行核算，以单独反映盈余公积弥补亏损的金额。经批准用盈余公积弥补亏损时，借记“盈余公积”账户，贷记“利润分配——盈余公积补亏”；然后，再借记“利润分配——盈余公积补亏”，贷记“利润分配——未分配利润”。

【例 12－16】甲公司尚未弥补的亏损 1 000 000 元，经过股东大会批准后用法定盈余公积弥补亏损 500 000 元。

借：盈余公积——法定盈余公积	500 000	
贷：利润分配——盈余公积补亏		500 000
借：利润分配——盈余公积补亏	500 000	
贷：利润分配——未分配利润		500 000

二、未分配利润

未分配利润（undistributed profit）是指企业实现的净利润经过弥补亏损、提取盈余公积和向投资者分配利润后留存在企业、未指明特定用途的历年结存利润。相对所有者权益其他组成部分来说，企业对于未分配利润的使用和分配有较大的自主权。

未分配利润期末余额在借方，表示历年累积的尚未弥补的亏损。企业当年发生的亏损可以用以后年度的税前利润、税后利润弥补，如果利润不足以弥补亏损，经过股东大会或相应的权力机构批准后也可用以前年度提取的盈余公积弥补亏损。盈余公积弥补亏损的会计处理见前文所述。

按照我国《税法》的规定，企业当年发生的亏损可以在以后连续5个年度内（具备高新技术企业或科技型中小企业资格的企业，从2018年1月开始延长至10年），用各年应纳税所得额弥补，即以税前利润弥补亏损；从第6年开始，如果还有尚未弥补的亏损，只能用税后净利润弥补。无论是用以后年度实现的税前利润还是税后净利润弥补以前年度亏损，弥补亏损本身均不必进行特别会计处理，只需将本年实现的净利润结转至“利润分配——未分配利润”，各年实现的利润或亏损最终都汇集到“利润分配——未分配利润”账户，借、贷相抵就意味着以利润弥补了亏损。弥补后，如果“利润分配——未分配利润”明细账是借方余额表示尚未弥补的亏损；如果“利润分配——未分配利润”明细账是贷方余额表示已扭亏为盈。

【例12－17】甲公司第1年发生亏损500万元，并据此确认递延所得税资产125万元。至第5年末尚有未弥补亏损100万元。第6年、第7年甲公司实现的利润总额分别为80万元和120万元。假定没有纳税调整事项，企业所得税税率为25%，亏损税前弥补年限为5年。

（1）第6年的会计处理（税前利润弥补亏损）。第1年甲公司发生的亏损可在第2年至第6年连续5年内用税前利润弥补，因此第6年实现的利润总额80万元可以先弥补第1年发生的亏损尚未弥补的部分，第6年用税前利润弥补亏损后，第1年发生的亏损尚有20万元未弥补，这20万元尚未弥补的亏损在第7年不得再以税前利润弥补，相应的应冲销“递延所得税资产”余额 $100\times25\%=25$ 万元。

借：所得税费用	250 000	
贷：递延所得税资产		250 000
借：本年利润	250 000	
贷：所得税费用		250 000
借：本年利润	550 000	
贷：利润分配——未分配利润		550 000

截至第6年末，“利润分配——未分配利润”期末借方余额 $=100\times(1-25\%)-55=20$ 万元，表示截至第6年末尚未弥补的亏损。

（2）第7年的会计处理（税后利润弥补亏损）。因为第7年不得弥补第1年尚未弥补的亏损，所以应先计算缴纳所得税，然后用税后利润弥补第1年亏损。

应交企业所得税 $=120\times25\%=30$（万元）

借：所得税费用	300 000	
贷：应交税费——应交所得税		300 000
借：本年利润	300 000	
贷：所得税费用		300 000

借：本年利润　　　　　　　　　　　　　　　　　　　　　900 000

　　贷：利润分配——未分配利润　　　　　　　　　　　　　900 000

第7年末，“利润分配——未分配利润”期末贷方余额 = 90 - 20 = 70（万元），表示截至第7年末甲公司已扭亏为盈，历年经营累积下来的未分配利润为70万元。

知识题

1. 简述所有者权益的概念及其来源。
2. 公司制企业所有者权益由哪几部分构成？
3. 简述资本公积的内容。
4. 何谓库存股？库存股在财务报表中如何列示？
5. 一个企业所有者权益的变化主要源自哪几个方面？
6. 何谓综合收益？综合收益如何构成？
7. 何谓其他综合收益？其他综合收益分为哪两种类型？
8. 何谓留存收益？留存收益由哪两部分构成？
9. 盈余公积有何用途？
10. 企业弥补亏损的方式有几种？

技能题

练习一

一、目的：掌握有限责任公司接受投资的会计处理。

二、资料：

甲公司系A公司和B公司各出资500万元于5年前设立，经营状况良好，现C公司希望以其一项专利技术投资入股，投资协议约定的价值为300万元，C公司享有变更后注册资本的20%，已按规定履行了增资手续。此外，甲公司以银行存款支付与取得无形资产直接相关的费用1万元。

三、要求：根据上述资料编制甲公司接受C公司投资的会计分录。

练习二

一、目的：掌握股份公司发行股票的会计处理。

二、资料：

甲股份有限公司委托某证券公司发行普通股股票500万股，每股面值1元，每股发行价格10元。证券公司按发行收入的1%收取手续费，发行股票资金冻结期间产生的利息收入为10 000元，股票全部售出。

三、要求：根据上述资料编制甲公司发行股票的会计分录。

练习三

一、目的：掌握其他资本公积的会计处理。

二、资料：

(1) 甲公司第1年12月批准了一项股份支付协议，该协议规定：第2年1月1日，向100名管理人员每人授予10 000份股票期权，这些管理人员必须从第2年1月1日起连续为公司服务3年，服务期届满时每位管理人员可以每股5元的价格购买公司10 000股甲公司股票，每股面值1元。甲公司估计该股票期权在授予日的公允价值为每份8元。

（2）第2年，有5名管理人员离职；第2年12月31日，甲公司估计3年内将共有12名管理人员离职。

（3）第3年，又有3名管理人员离职；第3年12月31日，甲公司将估计3年内总共离职人数修正为有10名。

（4）第4年又有1名管理人员离职。

（5）第5年1月1日，未离职的管理人员全部行权，甲公司将910 000股库存股授予91名管理人员，库存股账面价值为5 460 000元，同时收取行权价款。

三、要求：根据上述资料写出甲公司相关会计分录。

练习四

一、目的：掌握股份公司回购股票的会计处理。

二、资料：

甲公司经批准回购股票进行减资。甲公司以每股3元的价格回购股票100万股，每股面值1元，股票回购后全部注销，已知甲公司“资本公积——股本溢价”余额为100万元，“盈余公积”余额为50万元。

三、要求：根据上述资料写出甲公司相关的会计分录。

练习五

一、目的：掌握其他综合收益的会计处理。

二、资料：

第1年1月1日，甲公司将自用办公楼用于出租，租期3年，每年末收取租金100 000元，采用公允价值模式进行后续计量。转换日，该办公楼原值1 000 000元，累计折旧200 000元，已计提减值准备100 000元，当日公允价值为900 000元。第1年12月31日该办公楼公允价值为1 200 000元，第2年12月31日该办公楼公允价值为1 500 000元，第3年12月31日该办公楼的公允价值为1 300 000元。第4年1月1日甲公司将该办公楼出售，价款1 250 000元，假定不考虑增值税和所得税因素。

三、要求：根据上述资料写出甲公司相关会计分录。

案例分析

2015年，国务院发布《关于国有企业发展混合所有制经济的意见》，国资委和发改委共同在7个重点领域开展混改试点。实施国有企业混合所有制改革，有利于国有企业转换经营机制，完善法人治理结构，健全市场化经营机制，促进国有企业转换经营机制，放大国有资本功能，实现国有资产保值增值，实现各种所有制资本取长补短，夯实社会主义基本经济制度的微观基础。党的十九大报告也提出，要深化国有企业改革，发展混合所有制经济，培育具有全球竞争力的世界一流企业。中国联通是首家在集团公司层面进行混改的央企，混改完成后，联通集团对中国联通失去了绝对控股地位，是新一轮国企改革以来力度最大的一次。中国联通混改的相关资料如下：

（1）向战略投资者非公开发行不超过约90.37亿股股份，中国人寿、百度、腾讯、阿里巴巴、京东、苏宁等多家公司作为战略投资者参与其中。

（2）由联通集团向结构调整基金协议转让其持有的中国联通约19亿股股份，联通集团对中国联通的持股比例从原来的62.7%降低到约36.7%。

（3）向核心员工首期授予不超过约8.48亿股限制性股票，募集资金不超过约32.13亿元。

（4）混改后中国联通的股权结构为：联通集团公司占36.7%，战略投资者占35.2%，员工股权激励占2.7%，公众股东占25.4%。在互联网公司中腾讯占5.18%，百度占3.30%，阿里巴巴占2.04%，京东占2.36%，苏宁占1.88%。

（5）公司董事会成员由7名扩大至13名，其中非独立董事8名，这8名非独立董事中有3人来自联通，其余5人分别来自中国人寿、腾讯、百度、京东以及阿里巴巴，国内互联网四巨头BATJ已占据中国联通非独立董事的半壁江山。

（6）针对核心员工的限制性股票激励计划的有效期为10年，激励计划首期授予方案的有效期为60个月，自激励对象获授限制性股票之日起生效。其中前24个月为禁售期，激励对象通过激励计划所持有的限制性股票将被锁定，且不得以任何形式转让，不得用于担保或偿还债务；限制性股票禁售期满后为限制性股票解锁期，解锁期至少为36个月。在36个月的解锁期中，中国联通分别对2018年至2020年的主营业务、利润增长、净资产收益率均提出了数据指标要求。第一个解锁期要求2018年主营业务收入基准增长率不低于4.4%，利润总额较2017年增长率不低于65.4%，净资产收益率不低于2%；第二个解锁期要求上述数据分别为11.7%、224.8%和3.9%；第三个解锁期的条件则为20.9%、378.2%和5.4%。

（本案例由作者根据公开报道资料整理而得。）

案例分析要求：请根据上述资料，简要分析中国联通、联通集团、战略投资者各方在中国联通混改中所涉及的基本会计问题。

第十三章

财务报表

【学习目标】

通过本章的学习，掌握资产负债表、利润表、现金流量表和所有者权益变动表的编制；熟悉财务报告、财务报表、合并财务报表、个别财务报表、中期财务报告、分部报告的概念，资产负债表的概念与作用，利润表的概念与作用，现金流量表的概念与作用，现金流量表的编制基础，现金流量的分类，经营活动现金流量的列报方式，现金流量表附注的内容，所有者权益变动表的概念与作用；了解财务报表列报的基本要求，资产负债表的列报要求，现金流量的编制方法，附注的主要内容，财务报表分析方法，财务比率，杜邦分析体系。

第一节　财务报表概述

一、财务报表的相关概念

1. 财务报告

财务会计报告又称财务报告（financial reporting）是指企业对外提供的反映企业某一特定日期的财务状况和某一会计期间的经营成果、现金流量等会计信息的文件。财务报告包括财务报表及其附注和其他应当在财务报告中披露的相关信息和资料。

根据我国《企业会计准则——基本准则》规定，财务报告的目标是向财务会计报告使用者提供与企业财务状况、经营成果和现金流量等有关的会计信息，反映企业管理层受托责任履行情况，有助于财务报告使用者作出经济决策。

财务报告使用者包括投资者、债权人，政府及其有关部门和社会公众等。

2. 财务报表

财务报表（financial statements）是对企业财务状况、经营成果、现金流量的结构性表述，至少应包括资产负债表、利润表、现金流量表、所有者权益（或股东权益）变动表及附注。财务报表各组成部分具有同等的重要程度。

3. 个别财务报表和合并财务报表

集团的母公司需要同时编制合并财务报表和个别财务报表，符合豁免条件的投资性主体无须编制合并财务报表。

个别财务报表是仅反映母公司自身财务状况、经营成果和现金流量的财务报表。

合并财务报表是反映母公司和其全部子公司形成的企业集团整体财务状况、经营成果和现金流量的财务报表。合并财务报表的编制应遵循《企业会计准则第30号——财务报表列报》和《企业会计准则第33号——合并财务报表》的规定。此外，合并现金流量表的编制还应遵循《企业会计准则第31号——现金流量表》的规定。

4. 中期财务报告

中期财务报告是以中期为基础编制的财务报告，中期是指短于一个完整会计年度的报告期间，具体分为月度、季度和半年度。中期财务报告至少应当包括资产负债表、利润表、现金流量表和附注。中期财务报告的编制应遵循《企业会计准则第30号——财务报表列报》和《企业会计准则第32号——中期财务报告》的规定。此外，中期现金流量表还应遵循《企业会计准则第31号——现金流量表》的规定。

5. 分部报告

企业存在多种经营或跨地区经营的，应当按照《企业会计准则第35号——分部报告》的规定，在附注中披露分部信息。分部包括业务分部和地区分部，企业应当区分主要报告形式和次要报告形式披露分部信息。对于主要报告形式，企业应当在附注中披露分部收入、分部费用、分部利润（亏损）、分部资产总额和分部负债总额等。分部信息的主要报告形式是业务分部的，应当就次要报告形式披露下列信息：对外交易收入占企业对外交易收入总额10%或者以上的地区分部，以外部客户所在地为基础披露对外交易收入；分部资产占所有地区分部资产总额10%或者以上的地区分部，以资产所在地为基础披露分部资产总额。分部信息的主要报告形式是地区分部的，应当就次要报告形式披露下列信息：对外交易收入占企业对外交易收入总额10%或者以上的业务分部，应当披露对外交易收入；分部资产占所有业务分部资产总额10%或者以上的业务分部，应当披露分部资产总额。

二、财务报表列报的基本要求

1. 依据各项会计准则确认和计量的结果编制财务报表

企业应当根据实际发生的交易和事项，遵循《企业会计准则——基本准则》（以下简称“基本准则”）、各项具体会计准则及解释的规定进行确认和计量，并在此基础上编制财务报表。企业应当在附注中对这一情况作出声明，只有遵循了企业会计准则的所有规定时，财务报表才应当被称为“遵循了企业会计准则”。同时，企业不应以在附注中披露代替对交易和事项的确认和计量，也就是说，企业采用的不恰当的会计政策，不得通过在附注中披露等其他形式予以更正，企业应当对交易和事项进行正确的确认和计量。此外，如果按照各项会计准则规定披露的信息不足以让报表使用者了解特定交易或事项对企业财务状况、经营成果和现金流量的影响时，企业还应当披露其他的必要信息。

2. 列报基础

企业应当以持续经营为基础编制财务报表。持续经营是会计的基本前提，也是会计确认、计量及编制财务报表的基础。

企业如果存在以下情况之一，则通常表明其处于非持续经营状态：（1）企业已在当期进行清算或停止营业；（2）企业已经正式决定在下一个会计期间进行清算或停止营业；（3）企业已确定在当期或下一个会计期间没有其他可供选择的方案而将被迫进行清算或停止营业。企业处于非持续经营状态时，应当采用清算价值等其他基础编制财务报表，比如破产企业的资产采用可变现净值计量、负债按照其预计的结算金额计量等。在非持续经营情况下，企业应当在附注中声明财务报表未以持续经营为基础列报、披露未以持续经营为基础的原因以及财务报表的编制基础。

3. 权责发生制

除现金流量表按照收付实现制编制外，企业应当按照权责发生制编制其他财务报表。在采用权责发生制会计的情况下，当项目符合基本准则中财务报表要素的定义和确认标准时，企业就应当确认相应的资产、负债、所有者权益、收入和费用，并在财务报表中加以反映。

4. 列报的一致性

可比性是会计信息质量的一项重要质量要求，目的是使同一企业不同期间和同一期间不同企业的财务报表相互可比。本准则规定，财务报表项目的列报应当在各个会计期间保持一致，不得随意变更。这一要求不仅只针对财务报表中的项目名称，还包括财务报表项目的分类、排列顺序等方面。

在下列情况下，企业可以变更财务报表项目的列报：（1）会计准则要求改变财务报表项目的列报；（2）企业经营业务的性质发生重大变化或对企业经营影响较大的交易或事项发生后，变更财务报表项目的列报能够提供更可靠、更相关的会计信息。企业变更财务报表项目列报的，应当根据本准则的有关规定提供列报的比较信息。

5. 依据重要性原则单独或汇总列报项目

关于项目在财务报表中是单独列报还是汇总列报，应当依据重要性原则来判断。总的原则是，如果某项目单个看不具有重要性，则可将其与其他项目汇总列报；如具有重要性，则应当单独列报。企业应当遵循如下规定：

（1）性质或功能不同的项目，一般应当在财务报表中单独列报，但是不具有重要性的项目可以汇总列报。

（2）性质或功能类似的项目，一般可以汇总列报，但是对其具有重要性的类别应该单独列报。

（3）项目单独列报的原则不仅适用于报表，还适用于附注。某些项目的重要性程度不足以在资产负债表、利润表、现金流量表或所有者权益变动表中单独列示，但对附注却具有重要性，在这种情况下应当在附注中单独披露。

（4）《企业会计准则第 30 号——财务报表列报》规定在财务报表中单独列报的项目，企业应当单独列报。其他会计准则规定单独列报的项目，企业应当增加单独列报项目。

重要性是判断财务报表项目是否单独列报的重要标准。本准则规定，重要性是指在合理预期下，如果财务报表某项目的省略或错报会影响使用者据此作出经济决策的，则该项目就具有重要性。企业在进行重要性判断时，应当根据所处环境，从项目的性质和金额大小两方面予以判断：一方面，应当考虑该项目的性质是否属于企业日常活动、是否显著影响企业的财务状况、经营成果和现金流量等因素；另一方面，判断项目金额大小的重要性，应当通过单项金额占资产总额、负债总额、所有者权益总额、营业收入总额、营业成本总额、净利润、综合收益总额等直接相关或所属报表单列项目金额的比重加以确定。企业对于各个项目的重要性判断标准一经确定，不得随意变更。

6. 财务报表项目金额间的相互抵销

财务报表项目应当以总额列报，资产和负债、收入和费用、直接计入当期利润的利得项目和损失项目的金额不能相互抵销，即不得以净额列报，但企业会计准则另有规定的除外。

以下三种情况不属于抵销：

（1）一组类似交易形成的利得和损失以净额列示的，不属于抵销。例如，汇兑损益应当以净额列报，为交易目的而持有的金融工具形成的利得和损失应当以净额列报。但是，如果相关的利得和损失具有重要性，则应当单独列报。

（2）资产或负债项目按扣除备抵项目后的净额列示，不属于抵销。例如，资产计提的减值准备，实质上意味着资产的价值确实发生了减损，资产项目应当按扣除减值准备后的净额列示，这样才反映了资产当时的真实价值。

（3）非日常活动产生的利得和损失，以同一交易形成的收益扣减相关费用后的净额列示更能反映交易实质的，不属于抵销。非日常活动并非企业主要的业务，非日常活动产生的损益以收入扣减费用后的净额列示，更能有利于报表使用者的理解。例如，非流动资产处置形成的利得或损失，应当按处置收入扣除该资产的账面金额和相关销售费用后的净额列报。

7. 比较信息的列报

本准则规定，企业在列报当期财务报表时，至少应当提供所有列报项目上一个可比会计期间的比较数据，以及与理解当期财务报表相关的说明，目的是向报表使用者提供对比数据，提高信息在会计期间的可比性。列报比较信息的这一要求适用于财务报表的所有组成部分，即既适用于四张报表，也适用于附注。

通常情况下，企业列报所有列报项目上一个可比会计期间的比较数据，至少包括两期各报表及相关附注。当企业追溯应用会计政策或追溯重述，或者重新分类财务报表项目时，按照《企业会计准则第28号——会计政策、会计估计变更和差错更正》等的规定，企业应当在一套完整的财务报表中列报最早可比期间期初财务报表，即应当至少列报三期资产负债表、两期其他各报表（利润表、现金流量表和所有者权益变动表）及相关附注。其中，列报的三期资产负债表分别指当期期末的资产负债表、上期期末（即当期期初）的资产负债表以及上期期初的资产负债表。

企业根据规定确需变更财务报表项目列报的，应当至少对可比期间的数据按照当期的列报要求进行调整，并在附注中披露调整的原因和性质以及调整的各项目金额。但是，在某些情况下，对可比期间比较数据进行调整是不切实可行的，企业应当在附注中披露不能调整的原因以及假设金额重新分类可能进行的调整的性质。关于企业变更会计政策或更正差错时要求的对比较信息的调整，由《企业会计准则第 28 号——会计政策、会计估计变更和差错更正》规范。

8. 财务报表表首的列报要求

财务报表通常与其他信息（如企业年度报告等）一起公布，企业应当将按照企业会计准则编制的财务报告与一起公布的同一文件中的其他信息相区分。

企业在财务报表的显著位置（通常是表首部分）应当至少披露下列基本信息：

（1）编报企业的名称。如企业名称在所属当期发生了变更的，还应明确标明。

（2）对资产负债表而言，应当披露资产负债表日；对利润表、现金流量表、所有者权益变动表而言，应当披露报表涵盖的会计期间。

（3）货币名称和单位。按照我国企业会计准则的规定，企业应当以人民币作为记账本位币列报，并标明金额单位，如人民币元、人民币万元等。

（4）财务报表是合并财务报表的，应当予以标明。

9. 报告期间

企业至少应当按年编制财务报表。根据《中华人民共和国会计法》的规定，会计年度自公历 1 月 1 日起至 12 月 31 日止。因此，企业在编制年度财务报表时，可能存在年度财务报表涵盖的期间短于 1 年的情况，比如企业在年度中间（如 3 月 1 日）开始设立等。在这种情况下，企业应当披露年度财务报表的实际涵盖期间及其短于 1 年的原因，并应当说明由此引起财务报表项目与比较数据不具可比性这一事实。

第二节　资产负债表

一、资产负债表的概念与作用

资产负债表（balance sheet）是反映企业某一特定日期财务状况的会计报表。资产负债表是静态报表，表明在某一特定日期企业所拥有的经济资源、所承担的债务和所有者拥有的权益，其编制基础是基本会计等式“资产 = 负债 + 所有者权益”。

资产负债表的作用主要有以下几个方面：

（1）可以提供某一日期资产的总额及其结构，表明企业拥有或控制的资源及其分布情况。

（2）可以提供某一日期的负债总额及其结构，表明企业未来需要用多少资产或劳务清偿债务以及清偿时间。

（3）可以反映所有者拥有的权益，据以判断资本保值增值的情况以及对负债的保障程度。

此外，资产负债表还可以为财务分析提供基本数据，据以计算如流动比率、速动比率、资产负债率、产权比率等财务比率，从而有助于报表使用者作出经济决策。

二、资产负债表的列报要求

（一）总体要求

（1）分类别列报。资产负债表最根本的目标是反映企业在资产负债表日所拥有的资源、所承担的负债以及所有者所拥有的权益。因此，资产负债表应当按照资产、负债和所有者权益三大要素分类别列报。

（2）资产和负债按流动性列报。资产应当按照流动性分为流动资产和非流动资产列示，负债应当按照流动性分为流动负债和非流动负债列示。流动性，通常按资产的变现或耗用时间长短或者负债的偿还时间长短来确定。按照企业会计准则规定，应先列报流动性强的资产或负债，再列报流动性弱的资产或负债。

（3）列报相关的合计、总计项目。资产负债表中的资产类至少应当列示流动资产和非流动资产的合计项目；负债类至少应当列示流动负债、非流动负债以及负债的合计项目；所有者权益类应当列示所有者权益的合计项目。此外，还应当分别列示资产总计项目、负债和所有者权益总计项目，以判断资产负债表是否遵循基本会计等式“资产＝负债＋所有者权益”。

（二）资产的列报要求

资产应当按照流动资产和非流动资产两大类别在资产负债表中列式，在流动资产和非流动资产类别下进一步按性质分项列式。

资产满足下列条件之一的应当归类为流动资产，否则应当归类为非流动资产：

（1）预计在一个正常营业周期中变现、出售或耗用。主要包括应收账款、存货等资产。正常营业周期，是指企业从购买用于加工的资产起至实现现金或现金等价物的期间。正常营业周期通常短于1年，但也存在正常营业周期长于1年的情况，如商品房、飞机、轮船等，此时尽管与之相关的应收账款、原材料、产成品等资产超过1年才变现、耗用或出售，但仍应作为流动资产列示。正常营业周期不能确定的，应当以1年作为正常营业周期。

（2）主要为交易目的而持有。主要指以公允价值计量且其变动计入当期损益的金融资产，如交易性金融资产。

（3）预计在资产负债表日起1年内（含1年）变现。例如，1年内到期的非流动资产、持有待售资产等。

（4）自资产负债表日起1年内，交换其他资产或清偿负债的能力不受限制的现金或现金等价物。用途受到限制的现金或现金等价物不能作为流动资产列示。

（三）负债的列报

负债应当按照流动负债和非流动负债两大类别在资产负债表中列式，在流动负债和非流动负债类别下进一步按性质分项列式。

负债满足下列条件之一的，应当归类为流动负债，否则归类为非流动负债：

（1）预计在一个正常营业周期中清偿。例如，应付账款、预收账款、应付职工薪酬、应交税费等。

（2）主要为交易目的而持有。例如，交易性金融负债。

（3）自资产负债表日起 1 年内到期应予以清偿。例如，1 年内到期的长期应付款。

（4）企业无权自主地将清偿推迟至资产负债表日后 1 年以上。

此外，划分流动负债和非流动负债时注意以下两点：

（1）对于在资产负债表日起 1 年内到期的负债，企业预计能够自主地将清偿义务展期至资产负债表日后 1 年以上的，应当归类为非流动负债；不能自主地将清偿义务展期的，即时在资产负债表日后、财务报告批准报出日前签订了重新安排清偿计划协议，在资产负债表日仍应当归类为流动负债。

（2）企业在资产负债表日或之前违反了长期借款协议，导致贷款人可随时要求清偿的负债，应当归类为流动负债。但是，如果贷款人在资产负债表日或之前同意提供在资产负债表日后 1 年以上的宽限期，企业能够在此期限内改正违约行为，且贷款人不能要求随时清偿时，应当归类为非流动负债。

（四）所有者权益的列报

所有者权益是企业资产扣除负债后的剩余权益，反映企业在某一特定日期投资者拥有的净资产的总额。资产负债表中的所有者权益类项目一般按照净资产的不同来源和特定用途进行分类，按照“实收资本（股本）”“其他权益工具”（如果有的话）、“资本公积”“减：库存股”（如果有的话）、“盈余公积”“未分配利润”分项列示。

三、资产负债表的列报格式与列报方法

（一）资产负债表的列报格式

资产负债表的列报格式分为两种：账户式资产负债表和报告式资产负债表。

报告式资产负债表是上下结构，上半部列示资产，下半部列示负债和所有者权益，具体排列形式又分为两种：一种是按照“资产 = 负债 + 所有者权益”排列；另一种是按照“资产 - 负债 = 所有者权益”排列。

账户式资产负债表是左右结构，左边列示资产，右边列示负债和所有者权益。根据《企业会计准则第 30 号——财务报表列报》的规定，我国资产负债表采用账户式结构，左边列示资产，按资产的流动性强弱排列；右边列示负债和所有者权益，按要求清偿时间的先后顺序列示。同时，该准则规定企业应当提供比较资产负债表，各个项目应当分“年初余额”和“期末余额”两栏分别列示。根据财政部《关于修订印发 2019 年度一般企业财务报表格式的通知》，一般企业资产负债表列报格式如表 13 - 1 所示（适用于已执行新金融准则、新收入准则和新租赁准则的企业）。

表 13－1 **资产负债表** 会企 01 表

编制单位：　______年___月___日　单位：元

资产	期末余额	年初余额	负债和所有者权益（或股东权益）	期末余额	年初余额
流动资产：			流动负债：		
货币资金			短期借款		
交易性金融资产			交易性金融负债		
衍生金融资产			衍生金融负债		
应收票据			应付票据		
应收账款			应付账款		
应收款项融资			预收账款		
预付账款			合同负债		
其他应收款			应付职工薪酬		
存货			应交税费		
合同资产			其他应付款		
持有待售资产			持有待售负债		
一年内到期的非流动资产			一年内到期的非流动负债		
其他流动资产			其他流动负债		
流动资产合计			流动负债合计		
非流动资产：			非流动负债：		
债权投资			长期借款		
其他债权投资			应付债券		
长期应收款			其中：优先股		
长期股权投资			永续债		
其他权益工具投资			租赁负债		
其他非流动金融资产			长期应付款		
投资性房地产			预计负债		
固定资产			递延收益		
在建工程			递延所得税负债		
生产性生物资产			其他非流动负债		
油气资产			非流动负债合计		
使用权资产			负债合计		
无形资产			所有者权益（或股东权益）：		
开发支出			实收资本（或股本）		
商誉			其他权益工具		
长期待摊费用			其中：优先股		
递延所得税资产			永续债		
其他非流动资产			资本公积		
非流动资产合计			减：库存股		
			其他综合收益		
			专项储备		
			盈余公积		
			未分配利润		
			所有者权益（或股东权益）合计		
资产总计			负债和所有者权益(或股东权益)总计		

（二）资产负债表的列报方法

1. 年初余额的列报

资产负债表“年初余额”栏内各项数字，应根据上年末资产负债表“期末余额”栏内所列数字直接填列。如果上年末资产负债表各个项目的名称和内容与本年末不相一致，应对上年年末资产负债表各项目的名称和数字按照本年末的规定进行调整，填入“年初余额”栏内。

2. 期末余额的列报

（1）“交易性金融资产”项目，反映资产负债表日企业分类为以公允价值计量且其变动计入当期损益的金融资产，以及企业持有的指定为以公允价值计量且其变动计入当期损益的金融资产的期末账面价值。该项目应根据“交易性金融资产”科目的相关明细科目的期末余额分析填列。自资产负债表日起超过一年到期且预期持有超过一年的以公允价值计量且其变动计入当期损益的非流动金融资产的期末账面价值，在“其他非流动金融资产”项目反映。

（2）“应收票据”项目，反映资产负债表日以摊余成本计量的、企业因销售商品、提供服务等收到的商业汇票，包括银行承兑汇票和商业承兑汇票。该项目应根据“应收票据”科目的期末余额，减去“坏账准备”科目中相关坏账准备期末余额后的金额分析填列。

（3）“应收账款”项目，反映资产负债表日以摊余成本计量的、企业因销售商品、提供服务等经营活动应收取的款项。该项目应根据“应收账款”科目的期末余额，减去“坏账准备”科目中相关坏账准备期末余额后的金额分析填列。

（4）“应收款项融资”项目，反映资产负债表日以公允价值计量且其变动计入其他综合收益的应收票据和应收账款等。

（5）“其他应收款”项目，应根据“应收利息”、“应收股利”和“其他应收款”科目的期末余额合计数，减去“坏账准备”科目中相关坏账准备期末余额后的金额填列。其中的“应收利息”仅反映相关金融工具已到期可收取但于资产负债表日尚未收到的利息。基于实际利率法计提的金融工具的利息应包含在相应金融工具的账面余额中。

（6）“持有待售资产”项目，反映资产负债表日划分为持有待售类别的非流动资产及划分为持有待售类别的处置组中的流动资产和非流动资产的期末账面价值。该项目应根据“持有待售资产”科目的期末余额，减去“持有待售资产减值准备”科目的期末余额后的金额填列。

（7）“债权投资”项目，反映资产负债表日企业以摊余成本计量的长期债权投资的期末账面价值。该项目应根据“债权投资”科目的相关明细科目期末余额，减去“债权投资减值准备”科目中相关减值准备的期末余额后的金额分析填列。自资产负债表日起一年内到期的长期债权投资的期末账面价值，在“一年内到期的非流动资产”项目反映。企业购入的以摊余成本计量的一年内到期的债权投资的期末账面价值，在“其他流动资产”项目反映。

（8）“其他债权投资”项目，反映资产负债表日企业分类为以公允价值计量且其变动计入其他综合收益的长期债权投资的期末账面价值。该项目应根据“其他债权投资”科目的相关明细科目的期末余额分析填列。自资产负债表日起一年内到期的长期债权投资的期末账面价值，在“一年内到期的非流动资产”项目反映。企业购入的以公允价值计量且其变动计入其他综合收益的一年内到期的债权投资的期末账面价值，在“其他流动资产”项目反映。

（9）“其他权益工具投资”项目，反映资产负债表日企业指定为以公允价值计量且其变动计入其他综合收益的非交易性权益工具投资的期末账面价值。该项目应根据“其他权益工具投资”科目的期末余额填列。

（10）“固定资产”项目，反映资产负债表日企业固定资产的期末账面价值和企业尚未清理完毕的固定资产清理净损益。该项目应根据“固定资产”科目的期末余额，减去“累计折旧”和“固定资产减值准备”科目的期末余额后的金额，以及“固定资产清理”科目的期末余额填列。

（11）“在建工程”项目，反映资产负债表日企业尚未达到预定可使用状态的在建工程的期末账面价值和企业为在建工程准备的各种物资的期末账面价值。该项目应根据“在建工程”科目的期末余额，减去“在建工程减值准备”科目的期末余额后的金额，以及“工程物资”科目的期末余额，减去“工程物资减值准备”科目的期末余额后的金额填列。

（12）“使用权资产”项目，反映资产负债表日承租人企业持有的使用权资产的期末账面价值。该项目应根据“使用权资产”科目的期末余额，减去“使用权资产累计折旧”和“使用权资产减值准备”科目的期末余额后的金额填列。

（13）“一年内到期的非流动资产”项目，通常反映预计自资产负债表日起一年内变现的非流动资产。对于按照相关会计准则采用折旧（或摊销、折耗）方法进行后续计量的固定资产、使用权资产、无形资产和长期待摊费用等非流动资产，折旧（或摊销、折耗）年限（或期限）只剩一年或不足一年的，或预计在一年内（含一年）进行折旧（或摊销、折耗）的部分，不得归类为流动资产，仍在各该非流动资产项目中填列，不转入“一年内到期的非流动资产”项目。

（14）“交易性金融负债”项目，反映资产负债表日企业承担的交易性金融负债，以及企业持有的指定为以公允价值计量且其变动计入当期损益的金融负债的期末账面价值。该项目应根据“交易性金融负债”科目的相关明细科目的期末余额填列。

（15）“应付票据”项目，反映资产负债表日以摊余成本计量的、企业因购买材料、商品和接受服务等开出、承兑的商业汇票，包括银行承兑汇票和商业承兑汇票。该项目应根据“应付票据”科目的期末余额填列。

（16）“应付账款”项目，反映资产负债表日以摊余成本计量的、企业因购买材料、商品和接受服务等经营活动应支付的款项。该项目应根据“应付账款”和“预付账款”科目所属的相关明细科目的期末贷方余额合计数填列。

（17）“其他应付款”项目，应根据“应付利息”、“应付股利”和“其他应付款”科目的期末余额合计数填列。其中的“应付利息”仅反映相关金融工具已到期应支付但于资产负债表日尚未支付的利息。基于实际利率法计提的金融工具的利息应包含在相应金融工具的账面余额中。

（18）“持有待售负债”项目，反映资产负债表日处置组中与划分为持有待售类别的资产直接相关的负债的期末账面价值。该项目应根据“持有待售负债”科目的期末余额填列。

（19）“租赁负债”项目，反映资产负债表日承租人企业尚未支付的租赁付款额的期末账面价值。该项目应根据“租赁负债”科目的期末余额填列。自资产负债表日起一年内到期应予以清偿的租赁负债的期末账面价值，在“一年内到期的非流动负债”项目反映。

（20）“长期应付款”项目，反映资产负债表日企业除长期借款和应付债券以外的其他各种长期应付款项的期末账面价值。该项目应根据“长期应付款”科目的期末余额，减去相关的“未确认融资费用”科目的期末余额后的金额，以及“专项应付款”科目的期末余额填列。

（21）“递延收益”项目中摊销期限只剩一年或不足一年的，或预计在一年内（含一年）进行摊销的部分，不得归类为流动负债，仍在该项目中填列，不转入“一年内到期的非流动负债”项目。

（22）“合同资产”和“合同负债”项目。企业应按照《企业会计准则第 14 号——收入》的相关规定根据本企业履行履约义务与客户付款之间的关系在资产负债表中列示合同资产或合同负债。“合同资产”项目、“合同负债”项目，应分别根据“合同资产”科目、“合同负债”科目的相关明细科目的期末余额分析填列，同一合同下的合同资产和合同负债应当以净额列示，其中净额为借方余额的，应当根据其流动性在“合同资产”或“其他非流动资产”项目中填列，已计提减值准备的，还应减去“合同资产减值准备”科目中相关的期末余额后的金额填列；其中净额为贷方余额的，应当根据其流动性在“合同负债”或“其他非流动负债”项目中填列。由于同一合同下的合同资产和合同负债应当以净额列示，企业也可以设置“合同结算”科目（或其他类似科目），以核算同一合同下属于在某一时段内履行履约义务涉及与客户结算对价的合同资产或合同负债，并在此科目下设置“合同结算——价款结算”科目反映定期与客户进行结算的金额，设置“合同结算——收入结转”科目反映按履约进度结转的收入金额。资产负债表日，“合同结算”科目的期末余额在借方的，根据其流动性在“合同资产”或“其他非流动资产”项目中填列；期末余额在贷方的，根据其流动性在“合同负债”或“其他非流动负债”项目中填列。

（23）按照《企业会计准则第 14 号——收入》的相关规定确认为资产的合同取得成本，应当根据“合同取得成本”科目的明细科目初始确认时摊销期限是否超过一年或一个正常营业周期，在“其他流动资产”或“其他非流动资产”项目中填列，已计提减值准备的，还应减去“合同取得成本减值准备”科目中相关的期末余额后的金额填列。

（24）按照《企业会计准则第 14 号——收入》的相关规定确认为资产的合同履约成本，应当根据“合同履约成本”科目的明细科目初始确认时摊销期限是否超过一年或一个正常营业周期，在“存货”或“其他非流动资产”项目中填列，已计提减值准备的，还应减去“合同履约成本减值准备”科目中相关的期末余额后的金额填列。

（25）按照《企业会计准则第 14 号——收入》的相关规定确认为资产的应收退货成

本，应当根据“应收退货成本”科目是否在一年或一个正常营业周期内出售，在“其他流动资产”或“其他非流动资产”项目中填列。

（26）按照《企业会计准则第 14 号——收入》的相关规定确认为预计负债的应付退货款，应当根据“预计负债”科目下的“应付退货款”明细科目是否在一年或一个正常营业周期内清偿，在“其他流动负债”或“预计负债”项目中填列。

（27）企业按照《企业会计准则第 22 号——金融工具确认和计量》的相关规定对贷款承诺、财务担保合同等项目计提的损失准备，应当在“预计负债”项目中填列。

（28）“其他权益工具”项目，反映资产负债表日企业发行在外的除普通股以外分类为权益工具的金融工具的期末账面价值。对于资产负债表日企业发行的金融工具，分类为金融负债的，应在“应付债券”项目填列，对于优先股和永续债，还应在“应付债券”项目下的“优先股”项目和“永续债”项目分别填列；分类为权益工具的，应在“其他权益工具”项目填列，对于优先股和永续债，还应在“其他权益工具”项目下的“优先股”项目和“永续债”项目分别填列。

（29）“专项储备”项目，反映高危行业企业按国家规定提取的安全生产费的期末账面价值。该项目应根据“专项储备”科目的期末余额填列。

【例 13－1】甲公司“应付账款”账户期末贷方余额为 5 000 万元，其中“应付 A 公司账款”明细账户贷方余额为 8 000 万元，“应付 B 公司账款”明细账户借方余额 3 000 万元；“预付账款”账户期末借方余额为 4 000 万元，其中“预付 C 公司账款”明细账户借方余额 5 000 万元，“预付 D 公司账款”明细账户贷方余额 1 000 万元。与预付账款有关的“坏账准备”明细科目贷方余额为 500 万元。

甲公司期末资产负债表中“应付账款”项目列示金额 = 8 000 + 1 000 = 9 000 万元；“预付账款”列示金额 = 3 000 + 5 000 − 500 = 7 500 万元。

根据《碳排放权交易试点有关会计处理暂行规定》（征求意见稿）的规定，碳排放权交易试点地区参与碳排放权交易机制的企业以及参与碳排放权交易的其他企业，在资产负债表资产方的“一年内到期的非流动资产”项目之前单独设置“碳排放权”项目，反映重点排放企业取得的碳排放权的账面价值，该项目应当按照“碳排放权”科目的期末账面价值列报；在资产负债表负债方的“应付账款”项目和“预收账款”项目之间单独设置“应付碳排放权”项目，反映重点排放企业需履约碳排放义务的账面价值，该项目应当按照“应付碳排放权”科目的期末账面价值列报。

第三节　利润表

一、利润表的概念与作用

利润表（income statement）是反映企业在一定会计期间经营成果的报表。利润表是动态报表，其编制基础是会计等式“收入 − 费用 = 利润”。

利润表的作用主要体现在以下几个方面：

（1）利润表可以充分反映企业经营业绩的主要来源和构成，有助于报表使用者判断净利润的质量及其风险、预测净利润的持续性，从而作出正确的经济决策。

（2）利润表可以反映一定会计期间收入的实现情况，如实现的营业收入、投资收益、公允价值变动损益、资产处置收益、其他收益、营业外收入等。

（3）利润表可以反映一定会计期间的费用耗费情况，如耗费的营业成本、税金及附加、销售费用、管理费用、财务费用、营业外支出等。

（4）利润表可以反映企业生产经营的成果，即净利润的实现情况，据以判断资本保值增值情况。

此外，利润表中的信息与资产负债表中的信息相结合，还可以提供财务分析的基本数据，据以计算应收账款周转率、存货周转率、总资产周转率、销售净利率、资产收益率、净资产收益率等财务比率。

二、利润表的列报格式与列报方法

（一）利润表的列报格式

我国目前的利润表本质上属于综合收益表。综合收益表（comprehensive income statement）是用于反映企业在一定期间综合收益的会计报表。综合收益是指企业在某一期间除与所有者以其所有者身份进行的交易之外的其他交易或事项所引起的所有者权益变动，包括净利润和其他综合收益两部分，净利润是综合收益的主要构成部分。

1. 传统利润表

传统利润表的格式分为两种：单步式利润表和多步式利润表。单步式利润表是将当期所有的收入列在一起，然后将所有的费用列在一起，两者相减得出当期净利润。多步式利润表是通过对当期的收入、费用、支出项目按性质加以归类，按利润的形成环节列示一些中间性的利润指标，分步计算当期净损益，便于报表使用者理解企业经营成果的不同来源。根据《企业会计准则第 30 号——财务报表列报》的规定，我国采用多步式利润表，可以分以下三个步骤编制利润表：

第一步，以营业收入为基础，减去营业成本、税金及附加、销售费用、管理费用、财务费用、资产减值损失，加上公允价值变动收益（减公允价值变动损失）、投资收益（减去投资损失）、资产处置收益（减去资产处置损失）、其他收益，计算出营业利润。

第二步，以营业利润为基础，加上营业外收入，减去营业外支出，计算出利润总额。营业外收入属于计入当期损益的利得，不属于会计中的收入要素，如接受捐赠利得；营业外支出属于计入当期损益的损失，不属于会计中的费用要素，如对外捐赠损失。

第三步，以利润总额为基础，减去所得税费用，计算出净利润（或净亏损）。

根据《企业会计准则第 30 号——财务报表列报》的规定，企业应当提供比较利润表，以使报表使用者通过比较不同期间利润的实现情况，判断并预测企业经营成果的发展趋势。所以，利润表各项目应当分为“本期金额”和“上期金额”两栏分别列示。

2. 其他综合收益

其他综合收益是指根据其他企业会计准则规定未在当期损益中确认的各项利得和损失，也就是直接计入当期所有者权益的利得和损失，分为“以后会计期间不能重分类进损益的其他综合收益”和“以后会计期间在满足规定条件时将重分类进损益的其他综合收益项目”两类，在综合收益表中按分类以税后净额列示。

3. 综合收益总额

净利润加上其他综合收益等于综合收益总额。

4. 每股收益

普通股或潜在普通股已公开交易的企业，以及正处于公开发行普通股或潜在普通股过程中的企业，还应当在利润表中列示每股收益信息，包括基本每股收益和稀释每股收益。不存在稀释性潜在普通股的企业应当在利润表中单独列示基本每股收益。存在稀释性潜在普通股的企业应当在利润表中单独列示基本每股收益和稀释每股收益。

根据财政部《关于修订印发2019年度一般企业财务报表格式的通知》，一般企业利润表列报格式如表13－2所示（适用于已执行新金融准则、新收入准则和新租赁准则的企业）。

表13－2 **利润表** 会企02表

编制单位： ______年 单位：元

项　目	本年金额	上年金额
一、营业收入		
减：营业成本		
税金及附加		
销售费用		
管理费用		
研发费用		
财务费用		
其中：利息费用		
利息收入		
加：其他收益		
投资收益（损失以“－”号填列）		
其中：对合营企业和联营企业的投资收益		
以摊余成本计量的金融资产终止确认收益（损失以“－”号填列）		
净敞口套期收益（损失以“－”号填列）		
公允价值变动收益（损失以“－”号填列）		
信用减值损失（损失以“－”号填列）		
资产减值损失（损失以“－”号填列）		
资产处置收益（损失以“－”号填列）		

续表

项　目	本年金额	上年金额
二、营业利润（亏损以“－”号填列）		
加：营业外收入		
减：营业外支出		
三、利润总额（亏损总额以“－”号填列）		
减：所得税费用		
四、净利润（净亏损以“－”号填列）		
（一）持续经营净利润（净亏损以“－”号填列）		
（二）终止经营净利润（净亏损以“－”号填列）		
五、其他综合收益的税后净额		
（一）不能重分类进损益的其他综合收益		
1. 重新计量设定受益计划变动额		
2. 权益法下不能转损益的其他综合收益		
3. 其他权益工具投资公允价值变动		
4. 企业自身信用风险公允价值变动		
……		
（二）将重分类进损益的其他综合收益		
1. 权益法下可转损益的其他综合收益		
2. 其他债权投资公允价值变动		
3. 金融资产重分类计入其他综合收益的金额		
4. 其他债权投资信用减值准备		
5. 现金流量套期储备		
6. 外币财务报表折算差额		
……		
六、综合收益总额		
七、每股收益		
（一）基本每股收益		
（二）稀释每股收益		

（二）利润表的列报方法

1. 利润表年初数的填列

利润表中“上年金额”栏内各项数字，应根据上期利润表“本年金额”栏内所列数字填列。

如果上期利润表规定的各个项目的名称和内容同本期不相一致，应对上期利润表各项目的名称和数字按本期的规定进行调整后填入“上年金额”栏内。

2. 利润表本期数的填列

（1）“营业收入”项目，反映企业经营主要业务和其他业务所确认的收入总额。该项目应根据“主营业务收入”“其他业务收入”贷方发生额之和填列。

如果结账前，该账户有借方发生额，属本期销售退回或销售折让，应抵减本期贷方发生额，按抵减后的差额填列。

（2）“营业成本”项目，反映企业经营主要业务和其他业务发生的实际成本总额。该项目应根据“主营业务成本”“其他业务成本”借方发生额之和填列。

（3）“税金及附加”项目，综合反映企业应负担的消费税、城市维护建设税、资源税、土地增值税、教育费附加、房产税、车船税、城镇土地使用税、印花税等税费。该项目应根据“税金及附加”总账借方发生额直接填列。

（4）“销售费用”项目，反映企业在销售商品过程中发生的包装费、广告费等费用，以及专设的销售机构的职工薪酬、业务费等经营费用。该项目应根据“销售费用”总账借方发生额直接填列。

（5）“管理费用”项目，反映企业为组织和管理生产经营发生的管理费用。该项目应根据“管理费用”总账借方发生额减去“研发费用”后的差额填列。

（6）“研发费用”项目，反映企业进行研究与开发过程中发生的费用化支出。该项目应根据“管理费用”科目下的“研发费用”明细科目的发生额分析填列。

（7）“财务费用”项目，反映企业利息净支出、手续费、汇兑损益理财费用。该项目应根据“财务费用”总账借方发生额直接填列。“利息费用”项目反映企业为筹集生产经营所需资金等而发生的应予费用化的利息支出，“利息收入”项目反映企业确认的利息收入，这两个项目应根据“财务费用”科目的相关明细科目的发生额分析填列。

如果该账户出现贷方发生额，在报表中以“－”号填列。

（8）“其他收益”项目，反映计入其他收益的政府补助等。该项目应根据在损益类科目新设置的“其他收益”科目的发生额分析填列。

（9）“投资收益”项目，反映企业以各种方式对外投资所取得的净损益。如果该账户本期是贷方发生额，表示投资收益，据此直接填列该项目。如果该账户本期是借方发生额，则表示投资损失，应以“－”号表示其金额。

（10）“公允价值变动收益”项目，反映企业按照相关准则规定，发生的资产或负债公允价值变动的净损益。

（11）“信用减值损失”项目，反映企业计提的各项金融工具减值准备所形成的预期信用损失，该项目应根据“信用减值损失”科目的发生额分析填列。

（12）“资产减值损失”项目，反映企业各项资产发生的减值损失。该项目应根据“资产减值损失”总账借方发生额直接填列。

如果本期发生资产减值损失的转回，应以该账户借方发生额扣除转贷方转回金额之后的差额填列。

（13）“资产处置收益”项目，反映企业出售划分为持有待售的非流动资产（金融工具、长期股权投资和投资性房地产除外）或处置组时确认的处置利得或损失，以及处置未划分为持有待售的固定资产、在建工程、生产性生物资产及无形资产而产生的处置利得或损失。债务重组中因处置非流动资产产生的利得或损失和非货币性资产交换产生的利得或损失也包括在本项目内。该项目应根据在损益类科目新设置的“资产处置损益”科目的发生额分析填列。如为处置损失，以“ - ”号填列。

（14）“营业利润”项目，反映企业经营活动的成果。应根据上述报表各项目的金额加减计算的结果填列。如果发生了亏损，应以“ - ”号表示。

（15）“营业外收入”项目，反映企业发生的营业利润以外的收益，主要包括债务重组利得、与企业日常活动无关的政府补助、盘盈利得、捐赠利得等。该项目应根据“营业外收入”科目的发生额分析填列。反映企业发生的营业利润以外的支出，主要包括债务重组损失、公益性捐赠支出、非常损失、盘亏损失、非流动资产毁损报废损失等。该项目应根据“营业外支出”科目的发生额分析填列。

（16）“营业外支出”项目，反映企业发生的与其经营活动无直接关系的支出或损失。该项目应根据“营业外支出”总账的借方发生额直接填列。同时还要根据明细账户的发生额，填列其下的“非流动资产处置损失或收益”项目。

（17）“利润总额”项目，反映企业实现的利润总额。应根据上述报表各项目的金额加减计算的结果填列。如果发生了亏损，应以“ - ”号表示。

（18）“所得税费用”项目，反映企业根据《企业会计准则第 18 号——所得税》具体准则确认应从当期利润总额中扣除的所得税费用，包括按照税法规定计算的当期所得税费用及按照资产负债表债务法确认的递延所得税费用。该项目应根据“所得税费用”账户的借方发生额直接填列。

（19）“净利润”项目，反映企业税后利润。应根据报表中“利润总额”项目的金额减去“所得税费用”项目的金额计算的结果填列。如果发生了亏损，应以“ - ”号表示。

“持续经营净利润”和“终止经营净利润”分别反映净利润中与持续经营相关的净利润和与终止经营相关的净利润；如为净亏损，以“ - ”号填列。两个项目应按照《企业会计准则第 42 号——持有待售的非流动资产、处置组和终止经营》的相关规定分别列报。

（20）“其他综合收益”项目，反映企业根据规定未能在损益中确认的各项利得和损失扣除所得税影响后的净额，在利润表中分“不能重分类进损益的其他综合收益”和“将重分类进损益的其他综合收益”分别列报。该项目应根据“其他综合收益”账户的发生额及相关账户的资料分析填列。

（21）“综合收益总额”项目，反映企业在某一期间除与所有者以其所有者身份进行的交易之外的其他交易或事项所引起的所有者权益变动。综合收益总额项目反映净利润和其他综合收益扣除所得税影响后的净额相加后的合计金额。

（22）“每股收益”信息。每股收益是指普通股股东每持有一股所能享有的企业利润或需承担的企业亏损。每股收益通常被用来反映企业的经营成果，衡量普通股的获利水平及投资风险，是投资者、债权人等信息使用者据以评价企业盈利能力、预测企业成长潜力、进而作出相关经济决策的一项重要的财务指标。每股收益分为基本每股收益和稀释每股收益两类。

① 基本每股收益。基本每股收益只考虑当期实际发行在外的普通股股份，按照归属于普通股股东的当期净利润除以当期实际发行在外普通股的加权平均数计算确定。

【例 13-2】甲公司年初发行在外的普通股为 20 000 万股；2 月 28 日新发行普通股 10 800 万股；12 月 1 日回购普通股 4 800 万股，以备将来奖励职工。甲公司当年实现净利润 6 500 万元。

发行在外普通股加权平均数 $=20\ 000\times12/12+10\ 800\times10/12-4\ 800\times1/12=28\ 600$ 万股，或者 $=20\ 000\times2/12+30\ 800\times9/12+26\ 000\times1/12=28\ 600$ 万股。

基本每股收益 $=6\ 500/28\ 600=0.23$（元）

② 稀释每股收益。稀释每股收益是以基本每股收益为基础，假设企业所有发行在外的稀释性潜在普通股（如可转换公司债券、认股权证、股份期权等）均已转换为普通股，从而分别调整归属于普通股股东的当期净利润以及发行在外普通股的加权平均数计算而得的每股收益。

【例 13-3】甲公司当年归属于普通股股东的净利润为 25 500 万元，期初发行在外的普通股股数为 10 000 万股，年内普通股股数未发生变化。当年 1 月 1 日，公司按面值发行 40 000 万元的 3 年期可转换公司债券，每张面值 100 元，票面利率为 2%，每年末付息。该可转换公司债券自发行结束后 12 个月以后即可转换为普通股，转股价格为每股 10 元，即每 100 元债券可转换为 10 股面值 1 元的普通股。假设不具备转换权的类似债券的市场利率为 3%，债券利息直接计入当期损益，所得税税率为 25%。

基本每股收益 $=25\ 500/10\ 000=2.55$（元）

每年支付利息 $=40\ 000\times2\%=800$（万元）

负债成分公允价值 $=800\times(P/A,3\%,3)+40\ 000\times(P/F,3\%,3)=38\ 868.56$（万元）

权益成分公允价值 $=40\ 000-38\ 868.56=1\ 131.44$（万元）

假设转换所增加的净利润 $=38\ 868.56\times3\%\times(1-25\%)=874.54$（万元）

假设转换所增加的普通股股数 $=40\ 000/10=4\ 000$（万股）

增量股的每股收益 $=874.54/4\ 000=0.22$（元）

增量股的每股收益小于基本每股收益，可转换公司债券具有稀释作用。

稀释每股收益 $=(25\ 500+874.54)/(10\ 000+4\ 000)=1.88$（元）

第四节 现金流量表

一、现金流量表的概念与作用

现金流量表（cash flow statement）是反映企业一定会计期间内现金和现金等价物流入和流出的报表。现金流量表属于动态报表。编制现金流量表的主要目的是为报表使用者提供企业一定会计期间内现金和现金等价物流入和流出的信息，以便财务报表使用者了解和评价企业获取现金和现金等价物的能力，并据以预测企业未来现金流量。

现金流量表的作用主要体现在以下几个方面：

（1）有助于评价企业支付能力、偿债能力和周转能力；

（2）有助于预测企业未来现金流量；

（3）有助于分析企业收益质量及影响现金流量的因素，掌握企业经营活动、投资活动和筹资活动的现金流量，可以从现金流量的角度了解净利润的质量，为分析和判断企业的财务前景提供信息。

二、现金流量表的编制基础

现金流量表以现金及现金等价物为基础编制，划分为经营活动、投资活动和筹资活动，按照收付实现制原则编制，将权责发生制下的盈利信息调整为收付实现制下的现金流量信息。

1. 现金

现金是指企业库存现金以及可以随时用于支付的存款，具体包括库存现金、银行存款和其他货币资金。

需要注意的是，银行存款和其他货币资金中有些是不能随时用于支付的存款，例如不能随时支取的定期存款等，不应作为现金，而应列作投资；提前通知金融企业便可支取的定期存款，则应包括在现金范围内。

2. 现金等价物

现金等价物是指企业持有的期限短、流动性强、易于转化为已知金额现金、价值变动风险很小的投资。一项投资被确认为现金等价物必须同时具备四个条件：期限短、流动性强、易于转化为已知金额现金、价值变动风险很小。其中，期限较短一般是指从购买日起，3 个月内到期，例如可在证券市场上流通的 3 个月到期的短期债券投资等。

现金等价物虽然不是现金，但其支付能力与现金的差别不大，可视为现金。

三、现金流量的分类与列报

（一）现金流量的分类

现金流量是指企业现金和现金等价物的流入和流出。应该注意的是，企业货币资金之间的转换，只涉及货币资金结构的变化，不会影响现金的流入和流出总量的变化，如企业从银行提取现金，是企业现金存放形式的转换，并未流出企业，不构成现金流量；同样，现金和现金等价物之间的转换也不属于现金流量，比如企业用现金购买将于 3 个月到期的国库券。

根据企业业务活动的性质和现金流量的来源，现金流量可划分为经营活动现金流量、投资活动现金流量和筹资活动现金流量。

（1）经营活动。经营活动是指企业投资活动和筹资活动以外的所有交易和事项。例如，销售商品、提供服务、购买商品、接受服务、支付职工薪酬、支付各项税费、收到税费返还等。

（2）投资活动。投资活动是指企业长期资产的购建和不包括在现金等价物范围内的投资及其处置活动。长期资产是指固定资产、无形资产、在建工程等持有期限在1年或超过1年的一个营业周期以上的资产。例如购买或处置固定资产、无形资产，取得或处置长期股权投资、交易性金融资产等。

（3）筹资活动。筹资活动是指导致企业资本及债务规模和结构发生变化的活动。这里的资本既包括实收资本（股本），也包括资本溢价（股本溢价）；这里的债务是指对外举债，包括向银行借款、发行债券以及偿还债务。通常情况下，应付账款、应付票据等属于经营活动，不属于筹资活动。

对于企业日常活动之外特殊的、不经常发生的特殊项目，如自然灾害损失、保险赔偿款、捐赠等，应当归并到相关类别中，并单独列示。例如，对于自然灾害损失和保险赔款，如属于流动资产损失，应当列入经营活动现金流量；属于固定资产损失，应当列入投资活动现金流量；如果不能确指，则可以列入经营活动现金流量。捐赠收入和支出，可以列入经营活动。如果特殊项目的现金流量金额不大，则可以列入相应现金流量类别下的“其他”项目，不必单独列示。

（二）现金流量的列报要求

（1）现金流量应当分别按照现金流入和现金流出总额列报，从而全面揭示企业现金流量的方向、规模和结构。但是，下列各项可以按净额列报：

第一，代客户收取或支付的现金，以及周转快、金额大、期限短项目的现金流入和现金流出。例如，证券公司代收的客户证券买卖交割费、印花税等，旅游公司代游客支付的房费、餐费、交通费、行李托运费、门票费、票务费、签证费、文娱费等费用。这些项目由于周转快，在企业停留的时间短，企业加以利用的余地比较小，净额更能说明其对企业支付能力、偿债能力的影响；反之，如果以总额反映，反而会对评价企业的支付能力和偿债能力、分析企业的未来现金流量产生误导。

第二，金融企业的有关项目，主要是指期限较短、流动性强的项目。

（2）为了提供可比信息，现金流量应当分“上期金额”和“本期金额”分别列报。

（三）经营活动现金流量的列报方式

经营活动现金流量有直接法和间接法两种列报方式。

（1）直接法。直接法是通过现金收入和支出的主要类别反映来自企业经营活动的现金流量。一般以利润表中的营业收入为起点，调整与经营活动有关项目的增减活动，然后计算出经营活动的现金流量。

（2）间接法。间接法是以本期净利润为起点，调整不涉及现金的收入、费用、营业外收支以及有关项目的增减变动，据此计算出经营活动的现金流量。

《企业会计准则第31号——现金流量表》规定，现金流量表正表采用直接法列示经营活动现金流量；同时要求在附注中采用间接法列示经营活动现金流量。

四、现金流量表的列报格式与列报方法

（一）现金流量表的列报格式

现金流量表是以收入为起点直接列示经营活动、投资活动、筹资活动所形成的现金流量。另外，还包括汇率变动对现金的影响、现金及等价物净增加额、期末现金及现金等价物余额的内容。所依据的公式如下：现金净流量 = 现金流入 - 现金流出。以年度报表为例，一般企业的现金流量表格式如表 13 - 3 所示。

表 13 - 3 **现金流量表** 会企 03 表

编制单位： ＿＿年 单位：元

项　目	本年金额	上年金额
一、经营活动产生的现金流量：		
销售商品、提供劳务收到的现金		
收到的税费返还		
收到的其他与经营活动有关的现金		
现金流入小计		
购买商品、接受劳务支出的现金		
支付给职工以及为职工支付的现金		
支付的各项税费		
支付的其他与经营活动有关的现金		
现金流出小计		
经营活动产生的现金流量净额		
二、投资活动产生的现金流量：		
收回投资所收到的现金		
取得投资收益所收到的现金		
处置固定资产、无形资产和其他长期资产所收回的现金净额		
处置子公司及其他营业单位收到现金净额		
收到的其他与投资活动有关的现金		
现金流入小计		
购建固定资产、无形资产和其他长期资产所支付的现金		
投资支付的现金		
取得子公司及其他营业单位支付的现金净额		
支付其他与投资活动有关的现金		
现金流出小计		
投资活动产生的现金流量净额		

续表

项　目	本年金额	上年金额
三、筹资活动产生的现金流量：		
吸收投资所收到的现金		
借款所收到的现金		
收到的其他与筹资活动有关的现金		
现金流入小计		
偿还债务所支付的现金		
分配股利、利润或偿付利息所支付的现金		
支付的其他与筹资活动有关的现金		
现金流出小计		
筹资活动产生的现金流量净额		
四、汇率变动对现金的影响		
五、现金及现金等价物净增加额		
加：年初现金及现金等价物余额		
六、年末现金及等价物余额		

（二）现金流量表的列报方法

1. 经营活动产生的现金流量

（1）“销售商品、提供劳务收到的现金”项目，反映企业销售商品、提供劳务实际收到的现金（含销售收入和应向购买者收取的增值税额），包括本期销售商品、提供劳务收到的现金，以及前期销售和前期提供劳务本期收到的现金和本期预收的账款，减去本期退回本期销售的商品和前期销售本期退回的商品支付的现金。企业销售材料和代购代销业务收到的现金，也在该项目反映。

本项目可以根据“库存现金”“银行存款”“应收账款”“应收票据”“预收账款”“主营业务收入”“其他业务收入”等账户记录分析填列，也可以利润表中的“营业收入”为基础调整计算，计算公式如下：

营业收入

加：销项税额

（经营性应收款项期初余额－经营性应收款项期末余额）

（预收账款期末余额－预收账款期初余额）

减：本期计提的坏账准备

应收票据贴现息

视同销售的销项税额

根据以上公式调整计算时，如果存在与应收账款有关的特殊交易或事项也需考虑，如债务重组等。

【例13－4】已知甲公司本年利润表“主营业务收入”为100万元；资产负债表“预收账款”期初、期末余额分别为0和3万元，“应收账款”期初、期末余额分别为10万元和 5 万元；此外，本期“增值税销项税额”为 17 万元，本期计提坏账准备 1 万元。

甲公司本年现金流量表“销售商品、提供劳务收到的现金”项目列示金额 = 100 + 17 +（10 − 5）+（3 − 0）− 1 = 124 万元。

（2）“收到的税费返还”项目，反映企业收到返还的各种税费，如收到的增值税、消费税、所得税、教育费附加返还等。

本项目可根据“库存现金”“银行存款”“税金及附加”“营业外收入”等账户的记录分析填列。

（3）“收到的其他与经营活动有关的现金”项目，反映企业除了上述各项目外收到的其他与经营活动有关的现金流入，如接受捐赠、罚款收入、流动资产损失中由个人赔偿的现金收入等。其他现金流入如价值较大的，应单列项目反映。

本项目可根据“库存现金”“银行存款”“管理费用”“销售费用”等账户的记录分析填列。

（4）“购买商品、接受劳务支付的现金”项目，反映企业购买材料、商品、接受劳务实际支付的现金，包括本期购入材料、商品、接受劳务支付的现金（包括增值税进项税额），以及本期支付前期购入商品、接受劳务的未付款项和本期预付款项。本期发生的购货退回收到的现金应从该项目中减去。

本项目可以根据“现金”“银行存款”“应付账款”“应付票据”“预付账款”“主营业务收入”“其他业务收入”等账户的记录分析填写，也可以利润表中的“营业成本”项目为基础调整计算，计算公式如下：

营业成本

加：进项税额

（存货期末余额 − 存货期初余额）

（经营性应付款项期初余额 − 经营性应付款项期末余额）

（预付账款期末余额 − 预付账款期初余额）

本期计提的存货跌价准备

存货盘亏

减：计入本期生产成本的非材料费用

存货盘盈

根据以上公式调整计算时，如果存在与存货相关的特殊交易或事项也需加以考虑，如债务重组取得存货、以存货清偿债务、以存货对外投资、接受所有者以存货投资等。

【例 13 − 5】甲公司本年利润表“营业成本”为 80 万元；资产负债表“存货”项目年初为 230 万元、年末为 300 万元（其中材料费 180 万元、人工费 100 万元、折旧费 20 万元），“应付账款”项目年初为 300 万元、年末为 280 万元。

甲公司本年度现金流量表中“购买商品、接受劳务支付的现金”项目列示金额 = 80 +（180 − 230）+（300 − 280）= 50 万元。

（5）“支付给职工以及为职工支付的现金”项目，反映企业实际支付给职工，以及为职工支付的现金，包括本期实际支付给职工的工资、奖金、各种津贴和补贴等，以及为职工支付的其他费用。该项目不包括支付给离退休人员的各项费用和支付给在建工程人员的工资等。

企业支付给离退休人员的各项费用，包括支付给统筹退休金以及未参加统筹的退休人员的费用，在“支付给其他与经营活动有关的现金”项目中反映；支付的在建工程人员的工资，在“购建固定资产、无形资产和其他长期资产所支付的现金”项目反映。

企业为职工支付的养老、失业等社会保险基金，补充养老保险、住房公积金，支付给职工的住房困难补助，以及企业支付给职工或为职工支付的其他福利费等，应按职工的工作性质和服务对象，分别在该项目和“购建固定资产、无形资产和其他长期资产所支付的现金”项目反映。

本项目可根据“应付职工薪酬”“库存现金”“银行存款”等账户的记录分析填列，也可以根据利润表有关费用项目及相关账户资料调整计算。

【例 13-6】甲公司本年记入存货成本的职工薪酬为 10 万元，记入管理费用的职工薪酬为 5 万元，记入销售费用的职工薪酬为 1 万元。“应付职工薪酬”账户期初余额为 12 万元，其中在建工程人员 2 万元；期末余额为 17 万元，其中在建工程人员 3 万元。本期为职工代扣代缴个人所得税 3 万元，其中在建工程人员 0.5 万元。

甲公司本年现金流量表中“支付给职工以及为职工支付的现金”项目列示金额 = $10+5+1+[(12-2)-(17-3)]=12$（万元）

（6）“支付的各项税费”项目，反映企业按规定支付的各种税费，包括本期发生并支付的税费，以及本期支付以前各期发生的税费和预交的税金。该项目不包括计入固定资产价值、实际支付的耕地占用税等。也不包括本期退回的增值税、所得税，本期退回的增值税、所得税在“收到的税费返还”项目反映。

本项目可根据“应交税费”“库存现金”“银行存款”等账户的记录分析填列。

（7）“支付的其他与经营活动有关的现金”项目，反映企业除上述各项目外，支付的其他与经营活动有关的现金流出，如捐赠支出、罚款支出，支付的差旅费、业务招待费现金支出、支付的保险费等。其他现金流出如价值较大的，应单列项目反映。本项目可根据有关账户的记录分析填列。

2. 投资活动产生的现金流量

（1）“收回投资所收到的现金”项目，反映企业出售、转让或到期收回除现金等价物以外的金融资产、长期股权投资、投资性房地产而收到的现金。该项目不包括长期债权投资收回的利息，以及收回的非现金资产。

本项目可根据“以摊余成本计量的金融资产”等金融资产、“长期股权投资”“投资性房地产”“库存现金”“银行存款”等账户的记录分析填列。

（2）“取得投资收益所收到的现金”项目，反映企业因股权性投资和债权性投资而取得的现金股利、利息，以及从子公司、联营企业和合营企业分回利润收到的现金。该项目不包括股票股利。

本项目可根据“库存现金”“银行存款”“投资收益”等账户的记录分析填列。

（3）“处置固定资产、无形资产和其他长期资产所收回的现金净额”项目，反映企业处置固定资产、无形资产和其他长期资产所取得的现金，减去为处置这些资产而支付的有关费用后的净额。由于自然灾害所造成的固定资产等长期资产损失而收到的保险赔偿收入，也在该项目反映。

本项目可根据“固定资产清理”“库存现金”“银行存款”等账户的记录分析填列。

【例 13－7】甲公司本年出售一台不需要设备，收到价款总计 30 900 元，其中应交增值税 600 元。该设备原值 50 000 元，已提折旧 30 000 元，已计提减值准备 5 000 元。支付相关处置费用 300 元。计算甲公司出售该设备的资产处置收益金额，以及“处置固定资产、无形资产和其他长期资产所收回的现金净额”。

资产处置收益＝(30 900－600)－(50 000－30 000－5 000)－300＝15 000（元）

处置固定资产、无形资产和其他长期资产所收回的现金净额＝30 900－300＝30 600（元）

（4）“处置子公司及其他营业单位收到的现金净额”项目，反映企业处置子公司及其他营业单位所取得的现金减去子公司或其他营业单位持有的现金及现金等价物以及相关处置费用后的净额。本项目可根据有关账户记录分析填列。

（5）“收到的其他与投资活动有关的现金”项目，反映企业除了上述各项以外，收到的其他与投资活动有关的现金流入。其他现金流入如价值较大的，应单列项目反映。本项目可以根据有关账户的记录分析填列。

（6）“购建固定资产、无形资产和其他长期资产所支付的现金”项目，反映企业购买、建造固定资产，取得无形资产和其他长期资产所支付的现金，不包括为购建固定资产而发生的借款利息资本化的部分，以及融资租入固定资产支付的租赁费，借款利息和融资租入固定资产支付的租赁费，在筹资活动产生的现金流量中反映。本项目可以根据“固定资产”“在建工程”“无形资产”“库存现金”“银行存款”等账户的记录分析填列。

（7）“投资所支付的现金”项目，反映企业进行权益性投资和债券性投资支付的现金，包括企业取得的除现金等价物以外的各类金融资产、长期股权投资以及支付的佣金、手续费等附加费用。本项目可根据“以摊余成本计量的金融资产”“长期股权投资”“库存现金”“银行存款”等账户的记录分析填列。

企业购买股票和债券时，实际支付的价款中包含的已宣告但尚未领取的现金股利或已到付息期但尚未领取的债券的利息，应在投资活动的“支付的其他与活动有关的现金”项目反映；收回购买股票和债券时支付的已宣告但尚未领取的现金股利或已到付息期但尚未领取的债券利息，在投资活动的“收到的其他与投资活动有关的现金”项目反映。

（8）“取得子公司及其他营业单位支付的现金净额”项目，反映企业取得子公司及其他营业单位购买出价中以现金支付的部分，减去子公司及其他营业单位持有的现金和现金等价物后的净额。本项目可根据有关账户记录分析填列。

（9）“支付其他与投资活动有关的现金”项目，反映企业除了上述各项以外，支付的其他与投资活动有关的现金流出。其他现金流出如价值较大的，应单列项目反映。本项目可根据有关账户的记录分析填列。

3. 筹资活动产生的现金流量

（1）“吸收投资所收到的现金”项目，反映企业收到的投资者投入的现金，包括以发行股票、债券等方式筹集的实际收到款项净额（发行收入减去支付的佣金等发行费用后的净额）。以发行股票、债券等方式筹集资金而由企业直接支付的审计、咨询等费用，在

"支付的其他与筹资活动有关的现金"项目反映，不从该项目内减去。本项目根据"实收资本（或股本）""库存现金""银行存款"等账户的记录分析填列。

（2）"借款所收到的现金"项目，反映企业举借各种短期、长期借款所收到的现金。本项目可根据"短期借款""长期借款""应付债券""库存现金""银行存款"等账户的记录分析填列。

（3）"收到的其他与筹资活动有关的现金"项目，反映企业除上述各项目外，收到的其他与筹资活动有关的现金流入，如接受现金捐赠等。其他现金流入如价值较大的，应单列项目反映。本项目可根据有关账户的记录分析填列。

（4）"偿还债务所支付的现金"项目，反映企业以现金偿还债务的本金，包括偿还金融企业的借款本金，偿还债券本金等。企业偿还的借款利息、债券利息，在"分配股利、利润或偿还利息所支付的现金"项目反映，不包括在该项目内。本项目可根据"短期借款""长期借款""应付债券""库存现金""银行存款"等账户的记录分析填列。

（5）"分配股利、利润或偿付利息所支付的现金"项目，反映企业实际支付的现金股利，支付给其他投资单位的利润以及支付的借款利息、债券利息等。本项目可根据"应付股利""应付利息""利润分配""财务费用""在建工程""制造费用""研发支出""长期借款""库存现金""银行存款"等账户的记录分析填列。

（6）"支付的其他与筹资活动有关的现金"项目，反映企业除了上述各项外，支付的其他与筹资活动有关的现金流出，如融资租入固定资产支付的租赁费，以分期付款方式购建固定资产以后各期支付的现金，发行债券、股票等方式筹集资金而由企业直接支付的审计、咨询等费用。其他现金流出如价值较大的，应单列项目反映。本项目可根据有关账户的记录分类填列。

4. 汇率变动对现金的影响

汇率变动对现金的影响项目，反映企业外币现金流量及境外子公司的现金流量折算为人民币时，所采用的现金流量发生日的汇率或平均汇率折算的人民币金额与"现金及现金等价物净增加额"中外币现金净增加额按期末汇率折算的人民币金额之间的差额。

五、现金流量表的编制方法

具体编制现金流量表时，可以采用以下几种方法：

（一）工作底稿法

工作底稿法是以工作底稿为工具，将资产负债表、利润表及相关账簿等资料，登记在工作底稿上。以现金流量表项目为标志编制调整分录，重新整合信息据以编制现金流量表的方法。

采用工作底稿法，首先将利润表、资产负债表的相关数据登记到工作底稿上；然后按现金流量表项目归类编制调整分录，并将编制的调整分录登记在工作底稿上；根据工作底稿中调整后的数据编制现金流量表。

为避免重复或遗漏，编制调整分录的顺序是先从利润表开始，并按利润表项目的顺序分析；然后是资产负债表，并按资产负债表项目顺序分析编制调整分录。

（二）T型账户法

T型账户法是以T型账户为工具，根据资产负债表、利润表、相关账簿等资料，以现金流量项目为标志，通过编制调整分录重新整合数据，编制现金流量表的方法。

首先，为所有非现金项目开设T型账户，将各账户的期末与期初余额的变动数分别登记在各T型账户中；然后，开设“现金及等价物”的T型账户，借贷方分别列示经营活动、投资活动和筹资活动三部分，并登记期初期末变动数；再后，编制调整会计分录，将调整分录登记在各T型账户中，并进行核对，各账户借贷相抵后的余额与原先登记的期末期初变动数应当一致；最后，根据现金及现金等价物的T型账户中各部分现金流入量和流出量的金额编制现金流量表。

（三）直接分析法

直接分析法是直接根据资产负债表、利润表和有关账簿资料进行分析并计算出现金流量表各项目的金额，据以编制现金流量表的一种方法。

（四）软件生成法

随着会计信息化的普及，越来越多的企业利用会计软件编制现金流量表。利用会计软件编制现金流量表有多种方法，其中比较常用的是辅助核算法。所谓辅助核算法，是借助会计软件的项目核算功能实现编制现金流量的方法。这种方法的思路是：首先，将“现金流量”视为一个项目大类，在该大类下设置经营活动现金流量、投资活动现金流量、筹资活动现金流量、汇率变动产生的现金流量等项目分类，再在各分类下设置具体的现金流量表项目；然后，将现金类科目设置为“现金流量”项目核算；接下来，填制凭证时，凡是分录中涉及现金类科目的，应选择具体的现金流量项目；在此基础上，会计软件根据凭证信息自动汇总现金流量相关数据；最后，在报表系统中利用报表模板生成现金流量表。

六、现金流量表附注

《企业会计准则第31号——现金流量表》规定，企业应当在现金流量表附注中披露以下信息：

（1）将净利润调节为经营活动现金流量的信息。将净利润调节为经营活动现金流量的信息，即以净利润为起点间接列示经营活动的现金净流量，这就是列报经营活动现金流量的间接法。

（2）不涉及当期现金收支，但影响企业财务状况或在未来可能影响企业现金流量的重大投资和筹资活动有关的信息。例如，债务转为资本、融资租入固定资产、1年内到期的可转换公司债券。

（3）现金及现金等价物净变动情况等信息。具体内容如表13－4所示。

表 13－4　　现金流量表补充资料　　单位：元

项目	金额
1. 将净利润调节为经营活动现金流量：	
净利润	
加：计提的资产减值准备	
固定资产折旧	
无形资产摊销	
处置固定资产、无形资产和其他长期资产的损失（减：收益）	
固定资产报废损失	
公允价值变动损失（减：收益）	
财务费用	
投资损失（减：收益）	
递延所得税资产减少	
递延所得税负债增加	
存货的减少（减：增加）	
经营性应收项目的减少（减：增加）	
经营性应付项目的增加（减：减少）	
其他	
经营活动产生的现金流量净额	
2. 不涉及现金收支的重大投资和筹资活动：	
债务转为资本	
一年内到期的可转换公司债券	
融资租入固定资产	
3. 现金及现金等价物净变动情况：	
现金的期末余额	
减：现金的期初余额	
加：现金等价物的期末余额	
减：现金等价物的期初余额	
现金及现金等价物净增加额	

第五节　所有者权益变动表

一、所有者权益变动表的概念与作用

所有者权益变动表（statement of changes in owners' equity）是反映企业所有者权益各

组成部分当期增减变动情况的报表。所有者权益变动表同样属于动态报表。

所有者权益变动表可以全面反映一定时期所有者权益变动的情况，不仅包括所有者权益总额的增减变动，还应包括所有者权益增减变动的重要结构性信息，使报表使用者了解企业一定时期综合收益导致所有者权益的变动及其结果，以及与所有者资本交易导致所有者权益的变动及其结果。

二、所有者权益变动表的列报格式与列报方法

（一）所有者权益变动表的列报格式

为了清楚地表明所有者权益各组成部分当期的增减变动情况，所有者权益变动表以矩阵的形式列示。各行列示导致所有者权益变动的交易或事项，按所有者权益变动的来源对一定时期所有者权益变动情况进行全面反映；各列按照所有者权益各组成部分及其总额列示交易或事项对所有者权益的影响。此外，为了提供可比信息，根据企业会计准则的规定，所有者权益变动表各项目应分别提供“本年金额”和“上年金额”两栏数据。根据《财政部关于修订印发2018年度一般企业财务报表格式的通知》规定，一般企业所有者权益（股东权益）变动表的格式见表13－5（适用于已执行新金融准则或新收入准则的企业）。

表13－5　所有者权益（股东权益）变动表　会企04表

编制单位：　______年　单位：元

项　目	本年金额								上年金额
	实收资本（或股本）	其他权益工具	资本公积	减：库存股	其他综合收益	盈余公积	未分配利润	所有者权益合计	……
一、上年年末余额									
1. 会计政策变更									
2. 前期差错更正									
二、本年年初余额									
三、本年增减变动金额（减少以“－”号填列）									
（一）综合收益									
（二）所有者投入和减少资本									
1. 所有者投入资本									
2. 股份支付计入股东权益的金额									
3. 其他									
（三）利润分配									
1. 提取盈余公积									
2. 对所有者（或股东）的分配									
3. 其他									

续表

项 目	本年金额								上年金额
	实收资本（或股本）	其他权益工具	资本公积	减：库存股	其他综合收益	盈余公积	未分配利润	所有者权益合计	……
（四）所有者权益内部结转									
1. 资本公积转增资本（或股本）									
2. 盈余公积转增资本（或股本）									
3. 盈余公积弥补亏损									
4. 设定受益计划变动额结转留存收益									
5. 其他综合收益结转留存收益									
6. 其他									
四、本年年末余额									

（二）所有者权益变动表的列报方法

1. 上年金额栏的列报方法

所有者权益变动表“上年金额”栏内各项数字，应根据上年度所有者权益变动表“本年”金额栏内所列数字填列。如果上年度所有者权益变动表规定的各个项目的名称和内容同本年度不一致，应对上年度所有者权益变动表各项目的名称和数字按本年度的规定进行调整后填入“上年金额”栏内。

2. 本年金额栏的列报方法

所有者权益变动表“本年金额”栏内各项数字一般应根据“实收资本（或股本）”“其他权益工具”“资本公积”“库存股”“其他综合收益”“盈余公积”“利润分配”“以前年度损益调整”等账户的发生额分析填列。

如果企业发生了会计政策变更并采用追溯调整法进行处理，或者发生前期重要差错并采用追溯重述法进行处理的情况下，需要填列“会计政策变更”和“前期差错更正”项目数字，并在“上年年末余额”的基础上调整得到“本年年初余额”，以体现会计政策变更和前期差错更正的影响。

第六节 财务报表编制案例

本节通过一个综合案例介绍资产负债表、利润表、现金流量表和股东权益变动表的编制。

一、案例资料

甲公司系增值税一般纳税人，适用的增值税税率为16%，所得税税率为25%，流通在外的普通股为100万股。相关资料如下：

（一）年初科目余额表

甲公司年初科目余额表如表13－6所示。

表13－6　　年初科目余额表　　单位：元

科目名称	借方余额	科目名称	贷方余额
库存现金	100 000	短期借款	200 000
银行存款	5 000 000	应付账款	800 000
应收账款	1 000 000	应付职工薪酬	500 000
坏账准备	－10 000	股本	10 000 000
原材料	300 000	资本公积	1 000 000
库存商品	800 000	盈余公积	1 500 000
长期股权投资	7 000 000	利润分配——未分配利润	7 390 000
固定资产	8 000 000		
累计折旧	－1 200 000		
无形资产	500 000		
累计摊销	－100 000		
合计	21 390 000	合计	21 390 000

（二）交易和事项

甲公司本年度交易和事项如下：

（1）购入原材料一批，收到增值税专用发票注明的价款为500 000元、增值税80 000元，款项以银行存款支付，材料已验收入库。

（2）客户偿还购货款285 000元。

（3）购入不需安装的设备一台，收到增值税专用发票注明的价款100 000元、增值税16 000元，款项以银行存款支付；另以银行存款支付运费1 100元，其中增值税100元，取得增值税专用发票。

（4）以银行存款偿还应付账款400 000元。

（5）车间领用原材料500 000元，其中450 000元用于生产产品，其余50 000元属于车间一般消耗。

（6）以银行存款支付车间水费11 000元，其中增值税1 000元，取得增值税专用发票。

（7）销售产品一批，开具增值税专用发票注明的价款为1 000 000元、增值税160 000元，收取50%款项并送存银行。

（8）偿还短期借款本息合计210 000元，其中本金200 000元，利息10 000元。

（9）以库存现金支付业务招待费 1 000 元。

（10）从银行借入分期付息、到期还本的 3 年期长期借款 500 000 元。

（11）子公司宣告分配现金股利，甲公司应收 250 000 元。

（12）联营企业宣告分配现金股利，甲公司应收 100 000 元。

（13）将 500 000 元银行存款划入某证券公司以备投资。

（14）用以上存入证券公司的款项 200 000 元购买某上市公司股票，作为交易性金融资产核算；购入某公司按面值发行的公司债券 200 000 元，作为以公允价值计量且其变动计入其他综合收益的金融资产核算。假定不考虑相关税费。

（15）用银行存款支付职工工资 500 000 元。

（16）分配工资费用，其中生产人员 300 000 元，车间管理人员 100 000 元，行政管理人员 100 000 元，销售人员 200 000 元。

（17）计提本年长期借款利息 25 000 元。

（18）计提产品免费维修费 100 000 元。

（19）计提固定资产折旧 300 000 元，其中车间 150 000 元、行政管理部门 100 000 元、销售部门 50 000 元。

（20）摊销管理用无形资产 50 000 元。

（21）交易性金融资产公允价值上升 50 000 元；以公允价值计量且其变动计入其他综合收益的金融资产公允价值上升 10 000 元。

（22）结转制造费用至生产成本。

（23）产品全部完工入库。

（24）销售产品一批，开具普通发票，价税合计 2 320 000 元，收到不带息银行承兑汇票一张，面值 2 320 000 元。

（25）以银行存款预付供应商货款 100 000 元。

（26）计提坏账准备 3 000 元。

（27）结转销售成本 600 000 元。

（28）以银行存款缴纳增值税 382 900 元。

（29）计提城市维护建设税 26 803 元、教育费附加 11 487 元。

（30）结转损益类账户余额至本年利润账户。

（31）计提应交企业所得税 505 677.5 元。

（32）确认递延所得税资产 25 750 元，全部计入所得税费用；确认递延所得税负债 15 000 元，其中 12 500 元计入所得税费用，其余 2 500 元计入其他综合收益。

（33）将所得税费用结转至本年利润账户。

（34）按净利润的 10% 提取法定盈余公积；按净利润的 20% 分配现金股利。

（35）将本年利润及利润分配各明细账户余额转入未分配利润。

二、编写会计分录

根据以上交易和事项，编写会计分录，如表 13－7 所示。

表 13 –7 **会计分录** 单位：元

序号	科目	借方金额	贷方金额
(1)	原材料	500 000	
	应交税费——应交增值税（进项税额）	80 000	
	银行存款		580 000
(2)	银行存款	285 000	
	应收账款		285 000
(3)	固定资产	101 000	
	应交税费——应交增值税（进项税额）	16 100	
	银行存款		117 100
(4)	应付账款	400 000	
	银行存款		400 000
(5)	生产成本	450 000	
	制造费用	50 000	
	原材料		500 000
(6)	制造费用	10 000	
	应交税费——应交增值税（进项税额）	1 000	
	银行存款		11 000
(7)	银行存款	580 000	
	应收账款	580 000	
	主营业务收入		1 000 000
	应交税费——应交增值税（销项税额）		160 000
(8)	财务费用	10 000	
	短期借款	200 000	
	银行存款		210 000
(9)	管理费用	1 000	
	库存现金		1 000
(10)	银行存款	500 000	
	长期借款		500 000
(11)	应收股利	250 000	
	投资收益		250 000
(12)	应收股利	100 000	
	长期股权投资		100 000
(13)	其他货币资金	500 000	
	银行存款		500 000
(14)	交易性金融资产	200 000	
	其他债权投资	200 000	
	其他货币资金		400 000

续表

序号	科目	借方金额	贷方金额
（15）	应付职工薪酬 银行存款	500 000	 500 000
（16）	生产成本 制造费用 管理费用 销售费用 应付职工薪酬	300 000 100 000 100 000 200 000	 700 000
（17）	财务费用 应付利息	25 000	 25 000
（18）	销售费用 预计负债	100 000	 100 000
（19）	制造费用 管理费用 销售费用 累计折旧	150 000 100 000 50 000	 300 000
（20）	管理费用 累计摊销	50 000	 50 000
（21）	交易性金融资产 其他债权投资 公允价值变动损益 其他综合收益	50 000 10 000	 50 000 10 000
（22）	生产成本 制造费用	310 000	 310 000
（23）	库存商品 生产成本	1 060 000	 1 060 000
（24）	应收票据 主营业务收入 应交税费——应交增值税（销项税额）	2 320 000	 2 000 000 320 000
（25）	预付账款 银行存款	100 000	 100 000
（26）	资产减值损失 坏账准备	3 000	 3 000
（27）	主营业务成本 库存商品	600 000	 600 000
（28）	应交税费 银行存款	382 900	 382 900

续表

序号	科 目	借方金额	贷方金额
(29)	税金及附加	38 290	
	应交税费		38 290
(30)	主营业务收入	3 000 000	
	投资收益	250 000	
	公允价值变动损益	50 000	
	财务费用		35 000
	管理费用		251 000
	销售费用		350 000
	资产减值损失		3 000
	主营业务成本		600 000
	税金及附加		38 290
	本年利润		2 022 710
(31)	所得税费用	505 677. 5	
	应交税费		505 677. 5
(32)	递延所得税资产	25 750	
	其他综合收益	2 500	
	所得税费用		13 250
	递延所得税负债		15 000
(33)	本年利润	492 427. 5	
	所得税费用		492 427. 5
(34)	利润分配——提取法定盈余公积	153 028. 25	
	——应付普通股股利	306 056. 50	
	盈余公积		153 028. 25
	应付股利		306 056. 50
(35)	①		
	本年利润	1 530 282. 50	
	利润分配——未分配利润		1 530 282. 50
	②		
	利润分配——未分配利润	459 084. 75	
	利润分配——提取法定盈余公积		153 028. 25
	——应付普通股股利		306 056. 50

三、登记 T 型账户

根据以上会计分录登记相关 T 型账户。

库存现金

期初余额 100 000	
	（9）1 000
期末余额 99 000	

银行存款

期初余额 5 000 000	（1） 580 000
（2） 285 000	（3） 117 100
（7） 580 000	（4） 400 000
（10） 500 000	（6） 11 000
	（8） 210 000
	（13）500 000
	（15）500 000
	（25）100 000
	（28）382 900
期末余额 3 564 000	

应收账款

期初余额 1 000 000	
（7） 580 000	（2）285 000
期末余额 1295 000	

坏账准备

	期初余额 10 000
	（26） 3 000
	期末余额 13 000

原材料

期初余额 300 000	
（1） 500 000	（5）500 000
期末余额 300 000	

库存商品

期初余额 800 000	
（23） 1 060 000	（27）600 000
期末余额 1 260 000	

长期股权投资

期初余额 7 000 000	
	（12）100 000
期末余额 6 900 000	

固定资产

期初余额 8 000 000	
（3） 101 000	
期末余额 8 101 000	

累计折旧

	期初余额 1 200 000
	（19） 300 000
	期末余额 1 500 000

无形资产

期初余额 500 000	
期末余额 500 000	

累计摊销

	期初余额 100 000
	（20） 50 000
	期末余额 150 000

短期借款

	期初余额 200 000
（8） 200 000	
	期末余额 0

应付账款

	期初余额 800 000
（4）400 000	
	期末余额 400 000

应付职工薪酬

（15） 500 000	期初余额 500 000
	（16） 700 000
	期末余额 700 000

股本

	期初余额 10 000 000
	期末余额 10 000 000

资本公积

	期初余额 1 000 000
	期末余额 1 000 000

盈余公积

	期初余额 1 500 000
	（34） 153 028.25
	期末余额 1 653 028.25

利润分配

	期初余额 7 390 000
（34）153 028.25	（35） 1 530 282.50
（34）306 056.50	（35） 153 028.25
（35）459 084.75	（35） 306 056.50
	期末余额 8 461 197.75

应交税费

（1） 80 000	（7） 160 000
（3） 16 100	（24）320 000
（6） 1 000	（29） 38 290
（28）382 900	（31）505 677.50
	期末余额 543 967.50

生产成本

（5） 450 000	（23）1 060 000
（16） 300 000	
（22） 310 000	
期末余额 0	

制造费用

（5） 50 000	（22）310 000
（6） 10 000	
（16）100 000	
（19）150 000	
期末余额 0	

主营业务收入

（30） 3 000 000	（7） 1 000 000
	（24） 2 000 000

财务费用

（8） 10 000	（30）35 000
（17）25 000	

管理费用

（9） 1 000	（30）251 000
（16）100 000	
（19）100 000	
（20） 50 000	

长期借款

	（10）500 000
	期末余额 500 000

应收股利

（11）250 000	
（12）100 000	
期末余额 350 000	

投资收益

（30）250 000	（11）250 000

其他货币资金

（13） 500 000	（14）400 000
期末余额 100 000	

交易性金融资产

（14）　200 000	
（21）　50 000	
期末余额 250 000	

其他债权投资

（14）　200 000	
（21）　10 000	
期末余额 210 000	

销售费用

（16）200 000	（30）350 000
（18）100 000	
（19）　50 000	

预计负债

	（18）　100 000
	期末余额 100 000

公允价值变动损益

（30）50 000	（21）50 000

其他综合收益

（32）2 500	（21）　10 000
	期末余额 7 500

应收票据

（24）　2 320 000	
期末余额 2 320 000	

预付账款

（25）　100 000	
期末余额 100 000	

资产减值损失

（26）3 000	（30）3 000

主营业务成本

（27）600 000	（30）600 000

税金及附加

（29）38 290	（30）38 290

本年利润

（33）　492 427.50	（30）2 022 710
（35）1 530 282.50	

所得税费用

（31）505 677.5	（32）　13 250
	（33）492 427.50

递延所得税资产

（32）　25 750	
期末余额 25 750	

递延所得税负债

	（32）　15 000
	期末余额 15 000

应付股利

	（34）　306 056.50
	期末余额 306 056.50

应付利息

	（17）　25 000
	期末余额 25 000

四、试算平衡

根据T型账编制发生额余额试算平衡表，如表13－8所示。

表13－8　　发生额余额试算平衡表　　单位：元

科目	期初余额		借方发生额	贷方发生额	期末余额	
	借	贷			借	贷
库存现金	100 000			1 000	99 000	
银行存款	5 000 000		1 365 000	2 801 000	3 564 000	
其他货币资金			500 000	400 000	100 000	
应收票据			2 320 000		2 320 000	
应收账款	1 000 000		580 000	285 000	1 295 000	
坏账准备		10 000		3 000		13 000
预付账款			100 000		100 000	
应收股利			350 000		350 000	
交易性金融资产			250 000		250 000	
原材料	300 000		500 000	500 000	300 000	
库存商品	800 000		1 060 000	600 000	1 260 000	
其他债权投资			210 000		210 000	
长期股权投资	7 000 000			100 000	6 900 000	
固定资产	8 000 000		101 000		8 101 000	
累计折旧		1 200 000		300 000		1 500 000
无形资产	500 000				500 000	
累计摊销		100 000		50 000		150 000
递延所得税资产			25 750		25 750	
短期借款		200 000	200 000			0
应付账款		800 000	400 000			400 000
应付职工薪酬		500 000	500 000	700 000		700 000
应交税费			480 000	1 023 967.5		543 967.50
应付股利				306 056.50		306 056.50
应付利息				25 000		25 000

续表

科目	期初余额		借方发生额	贷方发生额	期末余额	
	借	贷			借	贷
长期借款				500 000		500 000
预计负债				100 000		100 000
递延所得税负债				15 000		15 000
股本		10 000 000				10 000 000
资本公积		1 000 000				1 000 000
其他综合收益			2 500	10 000		7 500
盈余公积		1 500 000		153 028. 25		1 653 028. 25
本年利润			2 022 710	2 022 710		
利润分配		7 390 000	918 169. 5	1 989 367. 25		8 461 197. 75
制造费用			310 000	310 000	0	
生产成本			1 060 000	1 060 000	0	
主营业务收入			3 000 000	3 000 000		
主营业务成本			600 000	600 000		
税金及附加			38 290	38 290		
销售费用			350 000	350 000		
管理费用			251 000	251 000		
财务费用			35 000	35 000		
资产减值损失			3 000	3 000		
投资收益			250 000	250 000		
公允价值变动损益			50 000	50 000		
所得税费用			492 427. 5	492 427. 5		
合 计	22 700 000	22 700 000	18 324 847	18 324 847	25 374 750	25 374 750

五、编制财务报表

（一）资产负债表

根据有关账户期末余额资料编制资产负债表，如表 13 －9 所示。

表 13－9　　**资产负债表（简表）**　　单位：元

资产	期末余额	年初余额	负债和所有者权益（或股东权益）	期末余额	年初余额
流动资产：			流动负债：		
货币资金	3 763 000	5 100 000	短期借款	0	200 000
交易性金融资产	250 000		应付账款	400 000	800 000
应收票据及应收账款	3 602 000	990 000	应付职工薪酬	700 000	500 000
预付账款	100 000		应交税费	543 967. 5	
其他应收款	350 000		其他应付款	331 056. 5	
存货	1 560 000	1 100 000	流动负债合计	1 975 024	1 500 000
流动资产合计	9 625 000	71 900 000	非流动负债：		
非流动资产：			长期借款	500 000	
其他债权投资	210 000		预计负债	100 000	
长期股权投资	6 900 000	7 000 000	递延所得税负债	15 000	
固定资产	6 601 000	6 800 000	非流动负债合计	615 000	
无形资产	350 000	400 000	负债合计	2 590 024	
递延所得税资产	25 750		所有者权益（或股东权益）：		
非流动资产合计	14 086 750	14 200 000	股本	10 000 000	10 000 000
			资本公积	1 000 000	1 000 000
			其他综合收益	7 500	
			盈余公积	1 653 028. 25	1 500 000
			未分配利润	8 461 197. 75	7 390 000
			所有者权益（或股东权益）合计	21 121 726	19 890 000
资产总计	23 711 750	21 390 000	负债和所有者权益（或股东权益）总计	23 711 750	21 390 000

（二）利润表

根据有关账户发生额资料编制利润表，如表 13－10 所示。

表 13－10　　**利润表（简表）**　　单位：元

项目	本年金额
一、营业收入	3 000 000
减：营业成本	600 000
税金及附加	38 290
销售费用	350 000
管理费用	251 000
财务费用	35 000
其中：利息费用	35 000
资产减值损失	3 000

续表

项目	本年金额
加：投资收益（损失以“-”号填列）	250 000
其中：对联营企业和合营企业的投资收益	
公允价值变动收益（损失以“-”号填列）	50 000
二、营业利润（亏损以“-”号填列）	2 022 710
加：营业外收入	
减：营业外支出	
三、利润总额（亏损总额以“-”号填列）	2 022 710
减：所得税费用	492 427.5
四、净利润（净亏损以“-”号填列）	1 530 282.5
五、其他综合收益的税后净额	7 500
（二）将重分类进损益的其他综合收益	7 500
2. 其他债权投资公允价值变动	7 500
六、综合收益总额	1 537 782.5
七、每股收益：	
（一）基本每股收益	1.54

（三）现金流量表

1. 编制工作底稿

此处采用工作底稿法编制现金流量表。将资产负债表年初余额、年末余额，以及利润表各项目发生额过入工作底稿，以利润表项目为基础，结合资产负债表项目和账簿资料编写调整分录。调整分录和工作底稿分别如表 13－11、表 13－12 所示。

表 13－11　　调整分录　　单位：元

序号	报表项目	借方金额	贷方金额	说明
（1）	经营活动现金流量——销售商品、提供劳务收到的现金	865 000		分析调整营业收入；“应交税费”是指销项税额
	应收账款	295 000		
	应收票据	2 320 000		
	营业收入		3 000 000	
	应交税费		480 000	
（2）	营业成本	600 000		调整营业成本；“应交税费”是指进项税额；对于存货增加中包含的职工薪酬、折旧等非购买商品接受劳务形成部分在此暂且调整“购买商品接受劳务支付的现金”项目，后面调整折旧、应付职工薪酬时再作调整
	应交税费	81 000		
	预付账款	100 000		
	应付账款	400 000		
	存货	460 000		
	经营活动现金流量——购买商品接受劳务支付的现金		1 641 000	

续表

序号	报表项目	借方金额	贷方金额	说明
(3)	税金及附加	38 290		调整税金及附加；假定税金及附加全部以现金支付，后续调整应交税费时再作调整
	经营活动现金流量——支付的各项税费		38 290	
(4)	销售费用	350 000		调整销售费用；假定销售费用全部为付现费用，后续调整折旧、职工薪酬、预计负债等项目时再作调整
	经营活动现金流量——支付的其他与经营活动有关的现金		350 000	
(5)	管理费用	251 000		调整管理费用；假定管理费用全部为付现费用，后续调整折旧、摊销、职工薪酬等项目时再作调整
	经营活动现金流量——支付的其他与经营活动有关的现金		251 000	
(6)	财务费用	35 000		调整财务费用
	应付利息		25 000	
	筹资活动现金流量——分配股利、利润和偿付利息支付的现金		10 000	
(7)	资产减值损失	3 000		调整资产减值损失；“应收账款”是指坏账准备对应的列示项目
	应收账款		3 000	
(8)	交易性金融资产	50 000		调整交易性金融资产公允价值变动损益
	公允价值变动损益		50 000	
(9)	应收股利	350 000		调整投资收益
	投资收益		250 000	
	长期股权投资		100 000	
(10)	所得税费用	492 427.5		调整所得税费用；递延所得税负债同时涉及所得税费用和其他综合收益
	递延所得税资产	25 750		
	其他综合收益	2 500		
	应交税费		505 677.5	
	递延所得税负债		15 000	
(11)	交易性金融资产	200 000		调整交易性金融资产
	投资活动——投资所支付的现金		200 000	
	其他债权投资	210 000		调整其他债权投资
	投资活动——投资所支付的现金		200 000	
	其他综合收益		10 000	
(12)	固定资产	101 000		调整固定资产；“应交税费”是指购买固定资产支付的进项税额
	应交税费	16 100		
	购建固定资产、无形资产和其他长期资产支付的现金		117 100	
	经营活动现金流量——购买商品接受劳务支付的现金	150 000		调整当期计提的折旧；“固定资产”是指累计折旧对应的列示项目；计入制造费用的折旧费是对第（2）笔现金流的调整；计入管理费用和销售费用的折旧费是对第（4）、（5）笔现金流量的调整
	经营活动现金流量——支付的其他与经营活动有关的现金	150 000		
	固定资产		300 000	

续表

序号	报表项目	借方金额	贷方金额	说明
(13)	经营活动现金流量——支付的其他与经营活动有关的现金 无形资产	50 000	 50 000	调整无形资产摊销；计入管理费用的无形资产摊销是对第（5）笔现金流量的调整
(14)	短期借款 筹资活动现金流量——偿还债务所支付的现金	200 000	 200 000	调整短期借款
(15)	应付职工薪酬 经营活动现金流量——支付给职工以及为职工支付的现金	500 000	 500 000	调整发放的应付职工薪酬
	经营活动现金流量——购买商品接受劳务支付的现金 经营活动现金流量——支付的其他与经营活动有关的现金 应付职工薪酬	400 000 300 000	 700 000	调整本期分配的职工薪酬；计入生产成本、制造费用的职工薪酬是对第（2）笔现金流量的调整；计入销售费用、管理费用的职工薪酬是对第（4）、（5）笔现金流量的调整
(16)	应交税费 经营活动现金流量——支付的各项税费 经营活动现金流量——支付的各项税费 应交税费	382 900 38 290	 382 900 38 290	调整应交税费；所得税、增值税进项税额和销项税额之前已经调整，此处不需考虑；借方应交税费是缴纳的增值税；贷方应交税费是应交的城建税和教育费附加，需要对第（3）笔现金流量进行调整
(17)	未分配利润 应付股利	306 056. 50	 306 056. 50	调整应付股利
(18)	筹资活动现金流量——借款所收到的现金 长期借款	500 000	 500 000	调整长期借款
(19)	经营活动现金流量——支付的其他与经营活动有关的现金 预计负债	100 000	 100 000	调整预计负债；计提的销售费用需要对第（4）笔现金流量进行调整
(20)	未分配利润 盈余公积	153 028. 25	 153 028. 25	调整盈余公积
(21)	净利润 未分配利润	1 530 282. 50	 1 530 282. 50	结转净利润
(22)	现金及现金等价物净增加额 货币资金	1 337 000	 1 337 000	调整现金及现金等价物净增加额

表 13－12　　现金流量表工作底稿　　单位：元

项目	期初余额	调整分录		期末余额
		借方	贷方	
一、资产负债表项目				
资产：				
货币资金	5 100 000		（22）1 337 000	3 763 000
交易性金融资产		（8）50 000 （11）200 000		250 000
应收票据		（1）2 320 000		2 320 000
应收账款	990 000	（1）295 000	（7）3 000	1 282 000
预付账款		（2）100 000		100 000
应收股利		（9）350 000		350 000
存货	1 100 000	（2）460 000		1 560 000
其他债权投资		（11）210 000		210 000
长期股权投资	7 000 000		（9）100 000	6 900 000
固定资产	6 800 000	（12）101 000	（12）300 000	6 601 000
无形资产	400 000		（13）50 000	350 000
递延所得税资产		（10）25 750		25 750
负债和所有者权益：				
短期借款	200 000	（14）200 000		0
应付账款	800 000	（2）400 000		400 000
应付职工薪酬	500 000	（15）500 000	（15）700 000	700 000
应交税费		（2）81 000 （12）16 100 （16）382 900	（1）480 000 （10）505 677.5 （16）38 290	543 967.5
应付股利			（17）306 056.50	306 056.50
应付利息			（6）25 000	25 000
长期借款			（18）500 000	500 000
预计负债			（19）100 000	100 000
递延所得税负债			（10）15 000	15 000
股本	10 000 000			10 000 000
资本公积	1 000 000			1 000 000
其他综合收益		（10）2 500	（11）10 000	7 500
盈余公积	1 500 000		（20）153 028.25	1 653 028.25
未分配利润	7 390 000	（17）306 056.50 （20）153 028.25	（21）1 530 282.50	8 461 197.75

续表

项目	调整分录		本期数
	借方	贷方	
二、利润表项目			
营业收入		（1）3 000 000	3 000 000
营业成本	（2）600 000		600 000
税金及附加	（3）38 290		38 290
销售费用	（4）350 000		350 000
管理费用	（5）251 000		251 000
财务费用	（6）35 000		35 000
资产减值损失	（7）3 000		3 000
公允价值变动损益		（8）50 000	50 000
投资收益		（9）250 000	250 000
所得税费用	（10）492 427. 5		492 427. 5
净利润	（21）1 530 282. 50		1 530 282. 50
三、现金流量表项目			
（一）经营活动现金流量			
销售商品提供劳务收到的现金	（1）865 000		865 000
现金流入小计			865 000
购买商品接受劳务支付的现金	（12）150 000 （15）400 000	（2）1 641 000	1 091 000
支付给职工以及为职工支付的现金		（15）500 000	500 000
支付的各项税费	（16）38 290	（3）38 290 （16）382 900	382 900
支付的其他与经营活动有关的现金	（12）150 000 （13）50 000 （15）300 000 （19）100 000	（4）350 000 （5）251 000	1 000
现金流出小计			1 974 900
经营活动产生的现金流量净额			-1 109 900
（二）投资活动现金流量			
投资所支付的现金		（11）400 000	400 000
购建固定资产、无形资产和其他长期资产支付的现金		（12）117 100	117 100
现金流出小计			517 100
投资活动产生的现金流量净额			-517 100

续表

项目	调整分录		本期数
	借方	贷方	
（三）筹资活动现金流量			
借款所收到的现金	（18）500 000		500 000
现金流入小计			500 000
偿还债务所支付的现金		（14）200 000	200 000
分配股利、利润和偿付利息支付的现金		（6）10 000	10 000
现金流出小计			210 000
筹资活动产生的现金流量净额			290 000
现金及现金等价物净增加额	（22）1 337 000		–1 337 000

2. 编制现金流量表

根据工作底稿现金流量表部分的“本期数”金额编制现金流量表，如表 13－13 所示。

表 13－13　现金流量表（简表）

单位：元

项 目	本年金额
一、经营活动现金流量	
销售商品提供劳务收到的现金	865 000
现金流入小计	865 000
购买商品接受劳务支付的现金	1 091 000
支付给职工以及为职工支付的现金	500 000
支付的各项税费	382 900
支付的其他与经营活动有关的现金	1000
现金流出小计	1 974 900
经营活动产生的现金流量净额	–1 109 900
二、投资活动现金流量	
投资所支付的现金	400 000
购建固定资产、无形资产和其他长期资产支付的现金	117 100
现金流出小计	517 100
投资活动产生的现金流量净额	–517 100
三、筹资活动现金流量	
借款所收到的现金	500 000
现金流入小计	500 000
偿还债务所支付的现金	200 000
分配股利、利润和偿付利息支付的现金	10 000
现金流出小计	210 000
筹资活动产生的现金流量净额	290 000
四、汇率变动对现金及现金等价物的影响	—
五、现金及现金等价物净增加额	–1 337 000

3. 现金流量表附注

现金流量表附注如表 13－14 所示。

表 13－14　　现金流量表附注　　单位：元

项目	金额
1. 将净利润调节为经营活动现金流量	
净利润	1 530 282.50
加：计提的资产减值准备	3 000
固定资产折旧	300 000
无形资产摊销	50 000
公允价值变动损失（减：收益）	－50 000
财务费用	35 000
投资损失（减：收益）	－250 000
递延所得税资产减少	－25 750
递延所得税负债增加	12 500
存货的减少（减：增加）	－460 000
经营性应收项目的减少（减：增加）	－2 715 000
经营性应付项目的增加（减：减少）	460 067.5
经营活动产生的现金流量净额	－1 109 900
2. 不涉及现金收支的投资和筹资	
债务转为资本	—
1 年内到期的可转换公司债券	—
融资租入固定资产	—
3. 现金及现金等价物净增加情况	
现金的期末余额	3 763 000
减：现金的期初余额	5 100 000
加：现金等价物的期末余额	—
减：现金等价物的期初余额	—
现金及现金等价物净增加额	－1 337 000

在将净利润调节为经营活动现金流量时，“递延所得税负债增加”“经营性应收项目的增加”“经营性应付项目的增加”具体计算过程如下：

（1）递延所得税负债增加是指与所得税费用有关的递延所得税负债，其他债权投资产生的递延所得税计入其他综合收益，不影响净利润，所以应予以剔除，即本期递延所得税负债增加额为 15 000－2 500＝12 500 元。

（2）经营性应收项目的增加计算如下：

应收账款增加＝(1 282 000＋3 000)－990 000＝295 000（元）

应收票据增加＝2 320 000（元）

预付账款增加＝100 000（元）

经营性应收项目的增加合计＝295 000＋2 320 000＋100 000＝2 715 000（元）

（3）经营性应付项目的增加计算如下：

应付账款减少 = 800 000 - 400 000 = 400 000（元）

应付职工薪酬增加 = 700 000 - 500 000 = 200 000（元）

经营性应交税费增加 = 543 967.5 + 16 100 = 560 067.5（元）

预计负债增加 = 100 000（元）

经营性应付项目增加合计 = 200 000 + 560 067.5 - 400 000 + 100 000 = 460 067.5（元）

（四）股东权益变动表

根据有关账户资料编制股东权益变动表，如表 13 - 15 所示。

表 13 - 15　　　　股东权益变动表（简表）　　　　单位：元

项　目	本年金额					
	实收资本（或股本）	资本公积	其他综合收益	盈余公积	未分配利润	所有者权益合计
一、上年年末余额	10 000 000	1 000 000	0	1 500 000	7 390 000	19 890 000
1. 会计政策变更						
2. 前期差错更正						
二、本年年初余额	10 000 000	1 000 000		1 500 000	7 390 000	19 890 000
三、本年增减变动金额（减少以“-”号填列）			7 500	153 028.25	1 071 197.75	1 231 726
（一）综合收益			7 500		1 530 282.50	1 537 782.5
（二）所有者投入和减少资本						
……						
（三）利润分配				153 028.25	-459 084.75	-306 056.50
1. 提取盈余公积				153 028.25	-153 028.25	0
2. 对所有者（或股东）的分配					-306 056.50	-306 056.50
（四）所有者权益内部结转						
……						
四、本年年末余额	10 000 000	1 000 000	7 500	1 653 028.25	8 461 197.75	21 121 726

第七节　附注

一、附注概述

附注是对在资产负债表、利润表、现金流量表和所有者权益变动表等报表中列示项目的文字描述或明细资料，以及对未能在这些报表中列示项目的说明等。

附注相关信息应当与资产负债表、利润表、现金流量表和所有者权益变动表等报表中列示的项目相互参照，以有助于使用者联系相关联的信息，并从整体上更好地理解财务报表。

《企业会计准则第30号——财务报表列报》对附注的披露要求是对企业附注披露的最低要求，适用于所有类型的企业；此外，企业还应当按照各项会计准则的规定在附注中披露相关信息。

二、附注披露的主要内容

附注一般应当按照下列顺序至少披露：

1. 企业的基本情况

（1）企业注册地、组织形式和总部地址。

（2）企业的业务性质和主要经营活动。如企业所处的行业、所提供的主要产品或服务、客户的性质、销售策略、监管环境的性质等。

（3）母公司以及集团最终母公司的名称。

（4）财务报告的批准报出者和财务报告批准报出日。如果企业已在财务报表其他部分披露了财务报告的批准报出者和批准报出日信息，则无须重复披露；或者已有相关人员签字批准报出财务报告，可以其签名及其签字日期为准。

（5）营业期限有限的企业，还应当披露有关其营业期限的信息。

2. 财务报表的编制基础

企业应当根据企业会计准则规定判断企业是否持续经营，并披露财务报表是否以持续经营为基础编制。

3. 遵循企业会计准则的声明

企业应当声明编制的财务报表符合企业会计准则的要求，真实、完整地反映了企业的财务状况、经营成果和现金流量等有关信息，以此明确企业编制财务报表所依据的制度基础。如果企业编制的财务报表只是部分地遵循了企业会计准则，附注中不得做出这种表述。

4. 重要会计政策和会计估计

（1）重要会计政策的说明。企业应当披露采用的重要会计政策，并结合企业的具体实际披露其重要会计政策的确定依据和财务报表项目的计量基础。其中，会计政策的确定依据主要是指企业在运用会计政策过程中所做的重要判断，这些判断对在报表中确认的项目金额具有重要影响。财务报表项目的计量基础包括历史成本、重置成本、可变现净值、现值和公允价值等会计计量属性，比如存货是按成本还是按可变现净值计量等。

（2）重要会计估计的说明。企业应当披露重要会计估计，并结合企业的具体实际披露其会计估计所采用的关键假设和不确定因素。

5. 会计政策和会计估计变更以及差错更正的说明

企业应当按照《企业会计准则第 28 号——会计政策、会计估计变更和差错更正》的规定，披露会计政策和会计估计变更以及差错更正的情况。

6. 报表重要项目的说明

企业应当按照资产负债表、利润表、现金流量表、所有者权益变动表及其项目列示的顺序，采用文字和数字描述相结合的方式披露报表重要项目的说明。报表重要项目的明细金额合计，应当与报表项目金额相衔接。

7. 或有和承诺事项、资产负债表日后非调整事项、关联方关系及其交易等需要说明的事项

8. 有助于财务报表使用者评价企业管理资本的目标、政策及程序的信息

此外，根据《企业会计准则第 30 号——财务报表列报》的规定，企业还应在附注中披露以下具体信息：

（1）费用按照性质分类的利润表补充资料，可将费用分为耗用的原材料、职工薪酬费用、折旧费用、摊销费用等。

（2）关于其他综合收益各项目的信息，包括：其他综合收益各项目及其所得税影响；其他综合收益各项目原计入其他综合收益、当期转出计入当期损益的金额；其他综合收益各项目的期初和期末余额及其调节情况。

（3）在资产负债表日后、财务报告批准报出日前提议或宣布发放的股利总额和每股股利金额（或向投资者分配的利润总额）。

（4）终止经营的收入、费用、利润总额、所得税费用和净利润，以及归属于母公司所有者的终止经营利润。企业披露的上述数据应当是针对终止经营在整个报告期间的经营成果。

根据《碳排放权交易试点有关会计处理暂行规定》（征求意见稿）的规定，碳排放权交易试点地区参与碳排放权交易机制的企业应当在财务报表附注中披露下列信息：

（1）与碳排放相关的信息，包括参与减排机制的特征、碳排放清单年度报告、碳排放战略、节能减排措施等。

（2）与碳排放权交易会计处理相关的会计政策，包括碳排放权确认、计量与列报的方法。

（3）碳排放权持有及变动情况，包括碳排放权的数量和金额的变动情况，取得碳排放权的方式及数量等。

（4）碳排放权公允价值的获取渠道、用于投资的碳排放权的公允价值变动对当期损益的影响金额，以及出售碳排放权产生的收益计入当期损益的金额等。

第八节　财务报表分析

一、财务报表分析的目的

财务报表分析基于财务报表数据并结合其他有关资料，运用特定方法对企业的财务状况、经营成果和现金流量情况进行综合分析和评价，从而有助于财务报表使用者作出经济决策，一般包括战略分析、会计分析、财务分析和前景分析等四个维度。

二、财务报表分析方法

财务报表分析的方法有很多种类，其中最主要的是比较分析法和因素分析法。

（一）比较分析法

比较分析法，是对两个或两个以上的可比数据进行对比，从而揭示差异或趋势。

1. 按比较参照标准分类

（1）趋势分析，是指将企业的财务指标与本企业历史值进行比较分析，从而发现其变化趋势或规律，并预测未来发展趋势。

（2）同业分析，又称横向比较分析，是指将企业的财务指标与行业均值或对标企业进行比较分析，从而评价企业在同行业中所处的位置或与对标企业存在的差异。

（3）预算差异分析，是指将企业财务指标实际值与预算值进行比较分析，从而评价预算的执行情况。

2. 按比较内容分类

（1）总量比较分析，是指对报表项目的总金额进行比较分析，如比较总资产、净资产、净利润、应收账款、存货、营业收入、营业成本、管理费用、经营活动现金流量净额等等。

（2）结构百分比比较分析，是指把资产负债表、利润表、现金流量表转换为结构百分比报表，从而对结构百分比进行比较分析。例如，分析资产负债表各项目时，可以把资产总额设定为100%，并据以计算其他各资产负债表项目占资产总额的百分比；分析利润表各项目时，可以把营业收入设定为100%，并据以计算其他各利润表项目占营业收入的百分比。结构百分比分析可以快速发现有显著差异的项目，从而揭示进一步分析的方向。

（3）财务比率比较分析，是指对基于财务报表数据计算出来的各种财务比率进行比较分析。同总量指标不同，财务比率是相对数，排除了企业规模的影响，具有较好的可比性，是最常用的一种比较分析。

（二）因素分析法

因素分析法，是依据财务指标与其驱动因素之间的关系，从数量上确定各因素对指标影响程度的一种方法。因素分析法具体应用时又有多种方法，其中常用的是连环替代法。连环替代法，是将分析指标分解为各个可以量化的因素并确定替代顺序，并根据各个因素之间的依存关系，顺次用各因素的比较值替代基准值，据以测定各因素对分析指标的影响。

【例13－8】甲公司将A材料用于制造A产品，当月A产品及A材料相关资料如表13－16所示。

表 13-16　**A 产品与 A 材料相关资料**

项目	单位	计划值	实际值
A 产品产量	件	100	120
A 材料单耗	千克/件	10	11
A 材料单价	元/千克	8	9

根据上述资料，计算当月甲公司 A 材料费用实际值、计划值及二者的差异，并运用连环替代法分析产品产量、材料单耗和材料单价对该差异的影响程度。

材料费用 = 产品产量 × 材料单耗 × 材料单价

A 材料费用实际值 = 120 × 11 × 9 = 11 880（元）

A 材料费用计划值 = 100 × 10 × 8 = 8 000（元）

实际值与计划值的差异 = 11 880 − 8 000 = 3 880（元）

运用连环替代法分析产品产量、材料单耗和材料单价对该差异的影响程度，替代顺序依次为：产品产量、材料单耗和材料单价。

（1）计划指标：100 × 10 × 8 = 8 000 元；

（2）第一次替代：120 × 10 × 8 = 9 600 元；

（3）第二次替代：120 × 11 × 8 = 10 560 元；

（4）第三次替代：120 × 11 × 9 = 11 880 元（实际值）；

（5）产品产量的影响 =（2）−（1）= 9 600 − 8 000 = 1 600 元；

（6）材料单耗的影响 =（3）−（2）= 10 560 − 9 600 = 960 元；

（7）材料单价的影响 =（4）−（3）= 11 880 − 10 560 = 1 320 元。

验证：

（5）+（6）+（7）= 1 600 + 960 + 1 320 = 3 880 =（4）−（1）= 实际值与计划值的差异

三、财务比率

财务比率比较分析是较常用的财务报表分析方法。依据财务报表数据可以计算各类财务比率。主要的财务比率包括以下几种：

（一）短期偿债能力比率

短期偿债能力比率用于衡量企业短期偿债能力，主要包括流动比率、速动比率和现金比率。

1. 流动比率

流动比率 = 流动资产 ÷ 流动负债

该比率越高，表明企业短期偿债能力越强。流动比率不存在普遍适用的标准值，不同行业差别也比较明显，以往一般认为生产型企业合理的最低流动比率是 2，但这也并非是绝对的或一成不变的，流动比率低于 2 的成功企业并不鲜见。

2. 速动比率

速动比率 = 速动资产 ÷ 流动负债

速动资产是指货币资金、应收账款、交易性金融资产等可在较短时间内变现的流动资产。存货、预付账款、持有待售资产、一年内到期的非流动资产及其他流动资产的变现金额和变现时间一般具有较大的不确定性，称为非速动资产。该比率越高，表明企业短期偿债能力越强。一般认为速动比率为 1 是比较合理的，这意味着即将变现的速动资产恰好可以偿还即将到期的流动负债。但这也并非是绝对的，不同行业速动比率可能存在显著差别。例如，超市往往是现款销售，可能导致速动比率低于 1；而存在大量赊销的企业可能速动比率会高于 1。

3. 现金比率

现金比率 = 货币资金 ÷ 流动负债

与其他速动资产不同，现金可以直接用于偿还到期的负债，而无须等待不确定的变现时间，是比较保守的短期偿债能力比率。该比率越高，表明企业短期偿债能力越强。

4. 现金流量比率

现金流量比率 = 经营活动现金净流量 ÷ 流动负债

该比率表明每 1 元流动负债的经营活动现金流量保障程度，往往更具说服力。该比率越高，企业短期偿债能力越强。虽然该指标分子来源于现金流量表流量数据，分母来源于资产负债表存量数据，但计算时分母中的流动负债依然要用期末余额而并非当年平均余额，因为流动负债期末余额代表实际需要偿还的负债。

（二）长期偿债能力比率

长期偿债能力比率用于衡量企业长期偿债能力，常用的有以下几种：

1. 资产负债率

资产负债率 = 负债总额 ÷ 资产总额 ×100%

该比率表明在企业的全部资产中由债权人提供的资产所占比重的大小，可以反映企业长期的偿债能力，该比率越低，企业偿债越有保障，负债也就越安全；同时，该比率也可以反映企业的举债能力，该比率越低，企业举债相对也越容易。资产负债率是衡量企业负债水平及风险程度的重要指标，一般认为一般企业资产负债率的适宜水平是 50% 左右。但这也并非是绝对的，不同行业可能存在显著差别，例如房地产行业资产负债率普遍较高。

2. 产权比率和权益乘数

产权比率 = 负债总额 ÷ 股东权益 ×100%

权益乘数 = 资产总额 ÷ 股东权益

产权比率和权益乘数是资产负债率的另外两种表现形式，是两种常用的财务杠杆率，其关系是：

权益乘数 = 资产总额 ÷ 股东权益
= (负债 + 股东权益) ÷ 股东权益
= 负债 ÷ 股东权益 + 股东权益 ÷ 股东权益
= 1 + 产权比率

权益乘数 = 资产总额 ÷ 股东权益
= 资产总额 ÷ (资产总额 − 负债总额)
= 1 ÷ (1 − 负债总额 ÷ 资产总额)
= 1 ÷ (1 − 资产负债率)

3. 长期资本负债率

长期资本负债率 = 非流动负债 ÷ (非流动负债 + 股东权益) × 100%

流动负债的金额会经常发生变化，非流动负债则较为稳定，因而长期资本负债率是反映企业资本结构的一种方式。

4. 利息保障倍数

利息保障倍数 = 息税前利润 ÷ 利息费用
= (净利润 + 利息费用 + 所得税费用) ÷ 利息费用

长期债务一般不需要每年还本，但往往需要每年付息。利息保障倍数表明每 1 元利息费用有多少倍的息税前利润作为偿付保障，该指标越大利息支付越有保障，如果利息支付缺乏保障，归还本金就更难保障。利息费用既包括计入财务费用的费用化利息，也包括计入资产成本的资本化利息。

5. 现金流量利息保障倍数

现金流量利息保障倍数 = 经营活动现金净流量 ÷ 利息费用

现金流量利息保障倍数表明每 1 元利息费用有多少倍的经营活动现金流量净额作为支付保障，往往更为可靠。

6. 现金流量与负债比率

经营活动现金流量净额与负债比率 = 经营活动现金流量净额 ÷ 负债总额 × 100%

该比率表明企业经营活动现金流量净额偿还全部负债的能力，该比率越高表明企业偿债能力越强。同上述现金流量比率，分母的负债总额要用负债期末余额。

（三）营运能力比率

营运能力比率是用于衡量企业资产管理效率的比率，主要包括应收账款周转率、存货周转率、流动资产周转率、营运资本周转率、非流动资产周转率和总资产周转率，具体又可分为周转次数、周转天数、资产与收入比等形式。资产周转次数越多，周转天数越少，表明资产的变现能力越强，资产占用的资金周转速度越快。

1. 应收账款周转率

应收账款周转次数 = 营业收入 ÷ 应收账款

应收账款周转天数 = 365 ÷ 应收账款周转次数 = 365 ÷ (营业收入 ÷ 应收账款)

应收账款与收入比 = 应收账款 ÷ 营业收入

应收账款周转次数表明 1 年中应收账款周转的次数，或者说每 1 元应收账款投资支持的营业收入。应收账款周转天数又称应收账款收现期，表明从销售开始到收回现金所需要的平均天数。应收账款与收入比表明每1元收入所需的应收账款投资。

从理论上讲，应收账款是由赊销引起的，因此计算时应使用赊销额而非全部营业收入，当企业外部财务报表使用者无法获取企业赊销数据时，可以用营业收入替代计算。

2. 存货周转率

存货周转次数 = 营业成本 ÷ 应收账款

存货周转天数 = 365 ÷ 存货周转次数 = 365 ÷ (营业成本 ÷ 应收账款)

存货周转次数表明1年中存货周转的次数，存货周转天数表明存货周转一次需要的天数，也就是存货转换为现金平均需要的天数。

在分解总资产周转率时，为了使得存货周转率与其他资产周转率保持口径一致，可使用"营业收入"替代"营业成本"来计算存货周转率，即：

存货周转次数 = 营业收入 ÷ 存货

存货周转天数 = 365 ÷ 存货周转次数 = 365 ÷ (营业收入 ÷ 存货)

存货与收入比 = 存货 ÷ 营业收入

无论是使用"营业收入"还是使用"营业成本"都可以达到分析目的，两种周转率的差额是由毛利所导致。

3. 流动资产周转率

流动资产周转次数 = 营业收入 ÷ 流动资产

流动资产周转天数 = 365 ÷ 流动资产周转次数 = 365 ÷ (营业收入 ÷ 流动资产)

流动资产与收入比 = 流动资产 ÷ 营业收入

流动资产周转次数表明1年中流动资产周转的次数，或者说每1元流动资产投资支持的营业收入。流动资产周转天数表明流动资产周转一次需要的天数，也就是流动资产转换成现金所需要的平均天数。流动资产与收入比表明每1元营业收入所需的流动资产投资。

4. 营运资本周转率

营运资本是指流动资产超过流动负债的部分，即营运资本 = 流动资产 - 流动负债。

营运资本周转次数 = 营业收入 ÷ 营运资本

营运资本周转天数 = 365 ÷ 营运资本周转次数 = 365 ÷ (营业收入 ÷ 营运资本)

营运资本与收入比 = 营运资本 ÷ 营业收入

营运资本周转次数表明1年中营运资本周转的次数，或者说每1元营运资本投资支持的营业收入。营运资本周转天数表明营运资本周转一次需要的天数，也就是营运资本转换成现金所需要的平均天数。营运资本与收入比表明每1元营业收入所需的营运资本投资。

5. 非流动资产周转率

非流动资产周转次数 = 营业收入 ÷ 非流动资产

非流动资产周转天数 = 365 ÷ 非流动资产周转次数 = 365 ÷ (营业收入 ÷ 非流动资产)

非流动资产与收入比 = 非流动资产 ÷ 营业收入

非流动资产周转次数表明1年中非流动资产周转的次数，或者说每1元非流动资产投资支持的营业收入。非流动资产周转天数表明非流动资产周转一次需要的天数，也就是非流动资产转换成现金所需要的平均天数。非流动资产与收入比表明每1元营业收入所需的非流动资产投资。

6. 总资产周转率

$$总资产周转次数 = 营业收入 \div 总资产$$

$$总资产周转天数 = 365 \div 总资产周转次数 = 365 \div (营业收入 \div 总资产)$$

$$总资产与收入比 = 总资产 \div 营业收入$$

总资产周转次数表明1年中总资产周转的次数，或者说每1元总资产投资支持的营业收入。总资产周转天数表明总资产周转一次需要的天数，也就是总资产转换成现金所需要的平均天数。总资产与收入比表明每1元营业收入所需的总资产投资。

在计算营运能力比率时，因为同时涉及来自利润表的流量数据和来自资产负债表的存量数据，所以来自资产负债表的存量数据使用当期平均值更为合理，即以上各计算公式中的应收账款、存货、流动资产、营运资本、非流动资产、总资产等数据应使用当年的平均值来参与计算，一般用年初、年末平均值计算，在可能的情况下也可以用各月平均值计算。出于简化，也可直接采用期末数计算。

（四）盈利能力比率

盈利能力比率用于衡量企业盈利能力的大小，主要包括营业净利率、总资产净利率和权益净利率。

1. 营业净利率

$$营业净利率 = 净利润 \div 营业收入 \times 100\%$$

该比率表明净利润占营业收入的百分比，或者说每1元营业收入所带来的净利润是多少。该比率越大，表明企业的盈利能力越强。

2. 总资产净利率

$$总资产净利率 = 净利润 \div 总资产 \times 100\%$$

该比率表明企业运用全部资产所获得利润的水平，即每1元总资产所创造的净利润。该比率越高，表明企业投入产出水平越高，资产运营越有效。

计算该指标时，总资产使用平均数更合理，出于简化也可直接采用期末数计算。

3. 权益净利率

$$权益净利率 = 净利润 \div 股东权益 \times 100\%$$

该比率表明每1元股东权益赚取的净利润，具有很强的综合性，可概括企业全部经营业绩和财务业绩，是衡量企业总体盈利能力的重要指标，也称为股东权益报酬率、净资产收益率。

计算该指标时，股东权益使用平均数更合理，出于简化也可直接采用期末数计算。

（五）市价比率

市价比率一般用于公司整体的价值评估，包括市盈率、市净率和市销率。

1. 市盈率

市盈率＝每股市价÷每股收益

每股收益＝普通股股东净利润÷流通在外普通股加权平均股数

该比率衡量普通股股东愿意为每1元净利润支付的价格，反映了投资者对公司未来前景的预期，相当于每股收益的资本化金额。

2. 市净率

市净率＝每股市价÷每股净资产

每股净资产＝普通股股东权益÷流通在外普通股股数

该比率反映普通股股东愿意为每1元净资产支付的价格，说明市场对公司资产质量的评价，也称为市账率。

3. 市销率

市销率＝每股市价÷每股营业收入

每股营业收入＝营业收入÷流通在外普通股加权平均股数

该比率反映普通股股东愿意为每1元营业收入支付的价格。

四、杜邦分析体系

杜邦分析体系是利用各主要财务比率之间的内在联系，对企业财务状况和经营成果进行综合系统评价的系统方法。杜邦分析体系以权益净利率为核心，以总资产净利率和权益乘数为分解，重点揭示企业获利能力和财务杠杆水平对权益净利率的影响，以及各相关指标间的相互作用关系。

权益净利率是一个综合性最强的指标，是杜邦分析系统的核心，取决于总资产净利率和权益乘数的大小。总资产净利率是影响权益净利率最重要的指标，其值大小又取决于营业净利率和总资产周转率的高低。权益乘数表示企业的负债程度，反映了企业利用财务杠杆进行经营活动的程度。资产负债率高，权益乘数就大，企业会获得更多杠杆利益，但财务风险也更高，其计算公式如下：

权益净利率＝净利润÷股东权益

＝（净利润÷总资产）×（总资产÷股东权益）

＝总资产净利率×权益乘数

总资产净利率＝净利润÷总资产

＝（净利润÷营业收入）×（营业收入÷总资产）

＝营业净利率×总资产周转次数

∴权益净利率＝营业净利率×总资产周转次数×权益乘数。

杜邦分析体系基本框架如图 13－1 所示。

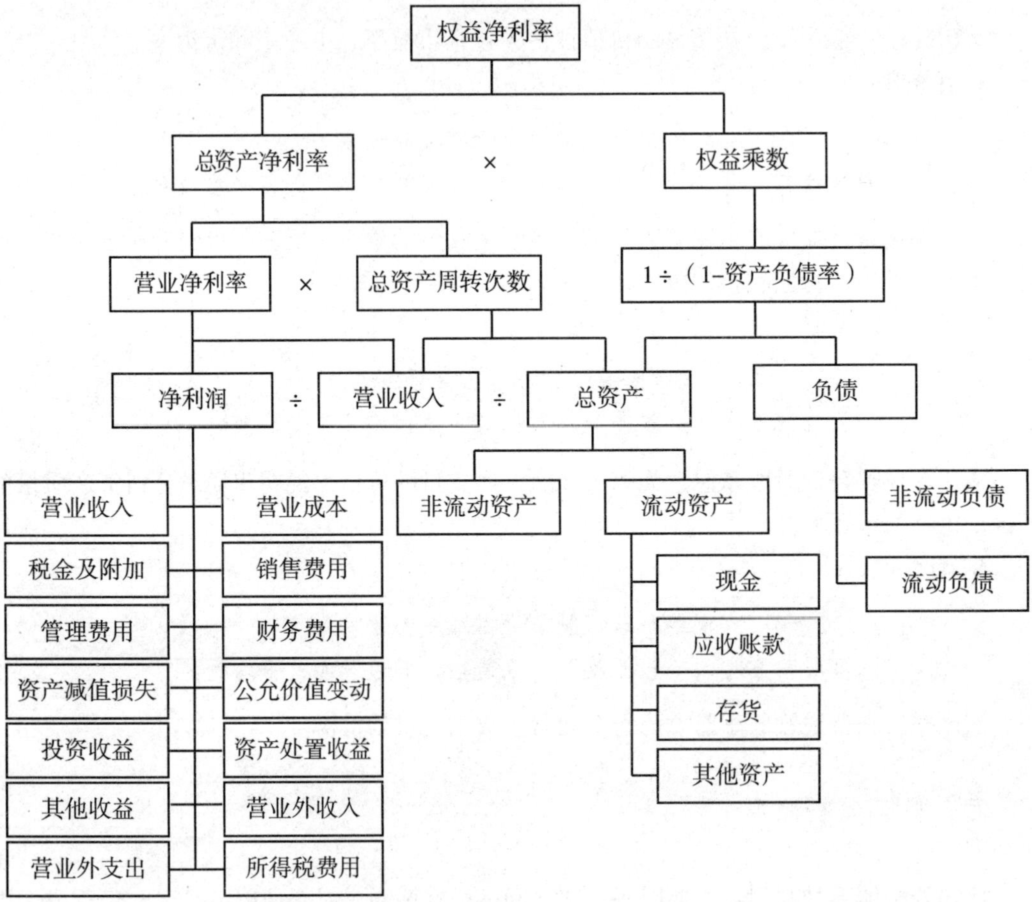

图 13－1　杜邦分析体系基本框架

五、财务报表分析应注意的问题

第一，财务报表分析不是数字游戏，要透过数字看本质，充分挖掘各方信息并灵活运用各种分析方法，进行全面系统的分析和评价，善于通过财务报表分析发现问题、揭示原因并为最终决策提供依据。

第二，鉴于财务报表自身的局限性、财务报表的可靠性以及比较基础的合理性，应限定性地使用分析结论，同时要具体问题具体分析，避免分析结论的机械化、绝对化和简单化。例如，某企业存货周转速度突然放缓，这是否意味着存货管理出现了问题？当然不能简单地这样认为。因为，有可能是该企业根据未来市场需求或订单需要年末大量进货。表面上看，这导致了存货周转速度变慢，实际上这些存货将很快变现并给企业带来巨大收益，特别是对于那些“奇货可居”的存货更是如此。又如，某企业应收账款周转速度突然加快，这是否意味着企业应收账款管理得到了改善？当然不一定是。因为，有可能是企业应收账款出现了问题，进而计提了大量的坏账准备或进行了债务重组。表面上看，这导致了应收账款周转速度加快，实际上意味着企业将承受巨大坏账损失。再如，某企业权益净利率相比上年显著降低，这是否意味着企业出现了问题？这就要具体分析。我们知道，权益净利率受总资产净利率和权益乘数两方面因素的影响，有可能企业总资产净利率较上年甚至提高了，只是权益乘数的降低导致权益净利率的降低。权益乘数为什么降低了？有可能是企业往年的财务杠杆过高，财务风险加剧，企业意识到这一问题并主动去杠杆、优化资本结构，结果导致财务杠杆降低进而使权益净利率降低，这种调整是企业出于发展战略的恰当考量，能够使得企业资本结构更加稳健，有效地防范和化解企业财务风险，反而更加有利于企业的长远发展和战略实施，为股东获得更加稳健持久的回报。

第三，企业会受到各种内外环境的影响，进行财务报表分析要结合国家层面的宏观环境、所在行业的中观环境以及企业自身的微观环境等各方面进行基本面分析。例如：韩国当局一意孤行部署萨德反导系统，这一行为严重挑战了中国广大民众的爱国底线，使得在华韩企失去了广泛民意基础，进而影响企业发展，同时也殃及韩国旅游业；随着“三去一降一补”政策的实施，传统产能过剩行业特别是高能耗、高排放行业如钢铁、水泥、电解铝等行业势必受到影响；随着限购、限贷、限价、限售、限商等调控政策的出台和多主体供应、多渠道保障、租购并举的住房制度的建立和完善，房地产行业势必受到冲击，同时其上下游行业如家电、装修、建材业都会或多或少受到影响，这一点可从厨电龙头老板电器 2017 年第四季度营收增速急速放缓、净利润下降中得到印证。当我们对这些企业进行分析并据以作出决策时，不得不考虑背后环境因素的影响，因为这些因素不仅是数字变化背后的深层次原因，还是评价企业战略定位和战略调整恰当性的依据。

知识题

1. 简述财务报告的目标。
2. 多步式利润表如何列示利润？
3. 简述现金流量表的编制基础。
4. 现金流量分为哪几种类型？
5. 经营活动现金流量列报方式分为哪两种？
6. 简述现金流量表附注的主要内容。
7. 如何将净利润调节为经营活动现金流量？
8. 简述财务报表附注的主要内容。
9. 何谓比较分析法？
10. 何谓因素分析法？
11. 反映企业短期偿债能力的财务比率有哪些？

12. 反映企业长期偿债能力的财务比率有哪些?
13. 反映企业营运能力的财务比率有哪些?
14. 反映企业盈利能力的财务比率有哪些?
15. 简述杜邦分析体系的基本框架。

技能题

练习一

一、目的：熟悉财务报表间的勾稽关系。

二、资料：

甲公司 2017 年财务报表部分资料如下：

1. 资产的期初余额和期末余额分别为 12 000 万元和 20 000 万元。
2. 负债的期初余额和期末余额分别为 3 000 万元和 8 000 万元。
3. 其他综合收益的期初余额和期末余额分别为 480 万元和 840 万元。
4. 接受投资者投资 1 500 万元，向股东分配利润 900 万元。
5. 资产负债表应收账款项目的期初余额和期末余额分别为 156 万元和 358 万元，当期计提坏账准备 2 万元。
6. 应付账款的期初余额和期末余额分别为 275 万元和 128 万元。
7. 存货的期初余额和期末余额分别为 800 万元和 1 250 万元。
8. 当期计提固定资产折旧 320 万元。
9. 本期确认递延所得税资产 40 万元，全部计入所得税费用。
10. 本期确认递延所得税负债 150 万元，其中 30 万元计入所得税费用，120 万元计入其他综合收益。

三、要求：假定不考虑其他因素，根据上述资料计算：

1. 甲公司 2017 年净利润。
2. 甲公司 2017 年经营活动现金净流量。

练习二

一、目的：提升阅读和理解财务报表的能力。

二、资料：

某公司年报显示，利润表中的主营业务收入为 2.86 亿元，现金流量表中的“销售商品、提供劳务收到的现金”为 1.52 亿元，资产负债表中年末的应收票据、应收账款合计为 1.2 亿元。

三、要求：

已知该公司不存在会计差错和舞弊，请对该公司财务报表数据进行合理解释。

练习三

一、目的：掌握权益净利率的计算及其因素分析。

二、资料：

某公司相关资料如下表所示：

单位：元

指标	本年值	上年值
营业收入	12 000 000	1 000 000
净利润	3 600 000	3 200 000
年末资产总额	40 000 000	35 000 000
年末所有者权益	30 000 000	28 000 000

三、要求：

1. 请分别计算该公司本年和上年的权益净利率及权益净利率的变动（百分数，保留两位小数）。

2. 请用连环替代法对权益净利率的变动进行因素分析，并具体计算营业净利率、总资产周转率和权益乘数各自对权益净利率变动的影响（百分数，保留两位小数）。

练习四

一、目的：掌握财务报表的编制。

二、资料：

甲公司系增值税纳税人，增值税税率为16%，执行企业会计准则，相关资料如下：

1. 年初余额见下表。

单位：元

资产类账户	年初余额	负债及所有者权益类账户	年初余额
库存现金	100 000	短期借款	600 000
货币资金	1 400 000	应付票据	300 000
交易性金融资产	20 000	应付账款	1 100 000
应收票据	250 000	其他应付款	60 000
应收账款	287 340	应付职工薪酬	130 000
其他应收款	17 160	应交税费	40 000
存 货	2 600 000	长期借款	600 000
长期股权投资	280 000	实收资本	3 500 000
固定资产	2 000 000	盈余公积	178 500
累计折旧	（贷）646 000	未分配利润	500 000
无形资产	800 000		
累计摊销	（贷）100 000		
合 计	7 008 500	合 计	7 008 500

2. 交易和事项如下：

（1）购入原材料一批，取得增值税专用发票注明的价款200 000元、增值税32 000元，货款已付，材料尚未验收入库。

（2）上述原材料到达，验收入库。

（3）销售产品一批，开具增值税专用发票注明的价款400 000元、增值税64 000万元，产品已发出，货款尚未收到。

（4）公司出售部分交易性金融资产，账面价值20 000元，出售价款22 000元，不考虑相关税费。

（5）购入不需要安装的设备一台，取得普通发票注明的价款116 000元，运费2 000元，全部款项以银行存款支付。

（6）出售产品一批，开具普通发票，价税合计928 000元，款项已收。

（7）从银行取得5年期借款200 000元，用于购建固定资产。

（8）基本生产车间报废设备一台，原价300 000元，已提折旧280 000元，支付清理费500元，取得残值收入1 000元，均通过银行存款收付，设备清理完毕。

（9）收到子公司宣告发放的现金股利40 000元存入银行。

（10）归还银行短期借款本金350 000元，利息21 000元。

（11）收回客户欠款468 000元，款项存入银行。

（12）出售产品一批，开具增值税专用发票注明价款300 000元、增值税48 000元，收到客户开出的不带息商业承兑汇票一张，面值348 000元。

（13）提取现金400 000元，准备发放工资。

（14）以提取现金支付工资400 000元。

（15）期末进行工资分配，其中生产人员320 000元，车间管理人员30 000元，厂部管理人员50 000元。

（16）分配非货币性福利费56 000元，其中生产人员44 800元，车间管理人员4 200元，厂部管理人员7 000元。

（17）计提到期一次还本付息的长期借款利息30 000元。

（18）生产车间领用原材料800 000元。

（19）计提固定资产折旧120 000元，其中车间100 000元，厂部20 000元。

（20）摊销无形资产价值70 000元。

（21）提取坏账准备23 200元。

（22）以银行存款支付广告费50 000元。

（23）本期投产的产品全部完工入库，无期末在产品。

（24）结转本期已销商品成本800 000元。

（25）本期应交企业所得税155 812.8元。

（26）结转损益类账户余额至本年利润。

（27）计提法定盈余公积金47 452.08元，应付普通股股利100 000元。

（28）将本年利润和利润分配各明细账户金额转入未分配利润。

（29）以银行存款交纳增值税208 000元、所得税40 000元。

（30）以银行存款偿还应付账款100 000元。

三、要求：

1. 编写以上各交易和事项的会计分录。

2. 编制资产负债表、利润表、现金流量表和所有者权益变动表。

第十四章

资产负债表日后事项

【学习目标】

通过本章的学习，掌握资产负债表日后调整事项的会计处理；熟悉资产负债表日后事项的含义及分类，资产负债表日后调整事项和非调整事项的区分，资产负债表日后非调整事项的会计处理；了解资产负债表日后调整事项的内容，资产负债表日后非调整事项的内容。

第一节　资产负债表日后事项概述

企业财务报告从编制完成到批准报出再到最终实际报出往往需要经历一段时间。在资产负债表日至财务报告批准报出日之间，企业发生的一些交易或事项可能对企业报告期的财务状况和经营成果产生重要影响，也有一些交易或事项虽然与财务报告期的财务状况和经营成果无关但可能会影响财务报告使用者的判断和决策。因此，为使报告期财务报告提供的会计信息更加准确和全面，以便财务报告使用者更好地据此作出经济决策，需要对这些“特殊时期”的某些交易和事项进行分析和评价，以确定是否需要调整报告期的财务报表，或者是否需要在财务报表附注中进行披露。为了规范资产负债表日以后至财务报告批准报出日之间发生的与报告期财务报告有关的交易或事项，我国财政部专门发布了《企业会计准则第29号——资产负债表日后事项》。

一、资产负债表日后事项的含义

资产负债表日后事项（events occurring after balance sheet date），是指资产负债表日至财务报告批准报出日之间发生的有利或不利事项。

资产负债表日是指会计年度末和会计中期期末，会计中期是指短于一个完整会计年度的报告期间，包括半年度、季度和月度。例如，提供年度财务报告时，资产负债表日就是报告年度的12月31日，提供半年度财务报告时，资产负债表日就是当年的6月30日，提供第一季度财务报告时，资产负债表日就是当年的3月31日。

财务报告批准报出日是指董事会或类似机构批准财务报告报出的日期，通常是指对财务报告的内容负有法律责任的单位或个人批准财务报告对外公布的日期。对于设置董事会的公司制企业，财务报告批准报出日是指董事会批准财务报告报出的日期；对于其他企业，财务报告批准报出日是指经理（厂长）会议或类似机构批准财务报告报出的日期。

有利或不利事项，是指资产负债表日后对企业财务状况、经营成果具有一定影响的事项，包括有利影响和不利影响。如果某些事项的发生对于企业并无任何影响，那么这些事项就不属于资产负债表日后事项。也就是说，在资产负债表日至财务报告批准报出日之间发生的事项不一定就属于资产负债表日后事项。

二、资产负债表日后事项涵盖的期间

资产负债表日后事项涵盖的期间是自资产负债表日次日至财务报告批准报出日止的一段时间。财务报告批准报出以后、实际报出之前又发生与资产负债表日或其后事项有关的事项，并由此影响财务报告对外公布日期的，应当以董事会或类似机构再次批准财务报告对外公布的日期为截止日期。

【例 14－1】甲公司当年度的财务报告于第 2 年 2 月 15 日编制完成，注册会计师完成年度财务报表审计工作并签署审计报告的日期为第 2 年 3 月 25 日，董事会批准财务报告对外公布的日期为第 2 年 4 月 15 日，财务报告实际对外公布的日期为第 2 年 4 月 20 日，股东大会召开日期为第 2 年 5 月 10 日。

本例中，甲公司当年资产负债表日后事项涵盖的期间为第 2 年 1 月 1 日至第 2 年 4 月 15 日。如果在 4 月 15 日至 4 月 20 日之间又发生了重大事项，需要调整财务表相关项目的数字或者需要在财务报表附注中披露，经调整或披露后的财务报告再经董事会批准报出的日期为第 2 年 4 月 23 日，实际报出的日期为 4 月 30 日，则资产负债表日后事项涵盖的期间为第 2 年 1 月 1 日至 4 月 23 日。

三、资产负债表日后事项的分类

资产负债表日后事项分为资产负债表日后调整事项和资产负债表日后非调整事项。

（一）资产负债表日后调整事项

资产负债表日后调整事项是指对资产负债表日已经存在的情况提供了新的或进一步证据的事项。

如果资产负债表日及所属会计期间已经存在某种情况，但当时并不知道其存在或者不能知道确切结果，资产负债表日后发生的事项能够证实该情况的存在或者确切结果，则该事项属于资产负债表日后调整事项。如果资产负债表日后事项对资产负债表日的情况提供了进一步的证据，证据表明的情况与原来的估计和判断不完全一致，则需要对原来的会计处理进行调整。也就是说，调整事项的发生，可以对资产负债表日存在的情况提供新的或进一步的证据，从而表明原先依据资产负债表日存在状况所确定的有关财务报表数据已不恰当，因此尽管调整事项是在资产负债表日的下一会计期间发生的，但仍需要据此对报告期财务报表进行调整。

（二）资产负债表日后非调整事项

资产负债表日后非调整事项是指表明资产负债表日后发生的情况的事项。非调整事项的发生并不影响资产负债表日企业的财务报表数据，只是说明资产负债表日后发生了某些情况。对于财务报告使用者而言，有些非调整事项是重要的，这些事项虽然不影响资产负债表日的财务报表数据，但可能会影响资产负债表日以后的财务状况和经营成果，如不加以说明将会影响财务报告使用者作出正确估计和决策，因此需要在即将对外报出的财务报告中对这些事项进行适当披露。需要强调的是，对非调整事项本身的会计处理是在资产负债表日的下一会计期间进行的，但是出于重要性考虑，仍需要在报告期财务报表附注中进行适当披露。

（三）调整事项与非调整事项的区分

资产负债表日后发生的某一事项究竟是调整事项还是非调整事项，关键在于该事项表明的情况在资产负债表日或资产负债表日以前是否已经存在。如果该情况在资产负债表日或之前已经存在，就属于调整事项；反之，则属于非调整事项。

【例 14－2】甲公司第 1 年 12 月向某客户赊销商品一批，合同约定 3 个月内付款，至第 1 年末客户尚未付款。甲公司在编制第 1 年度财务报告时，根据相关资料和信息判断，乙公司财务状况不佳，有可能破产清算，估计该应收账款将有 30% 无法收回，故按 30% 计提坏账准备。第 2 年 2 月 10 日，甲公司收到通知，该客户已宣告破产清算，甲公司估计有 60% 的应收账款无法收回。董事会批准的甲公司第 1 年度财务报告对外公布日期为第 2 年 3 月 10 日。

本例中，该客户发生破产清算是在第 2 年 2 月 10 日，而董事会批准财务报告对外报出日为第 2 年 3 月 10 日，故属于资产负债表日后事项。导致甲公司应收账款无法收回的事实是该客户财务状况恶化，该事实在资产负债表日已经存在，该客户宣告破产只是证实了资产负债表日其财务状况恶化的情况。因此，该客户破产清算导致甲公司应收账款无法收回的事项属于调整事项，需要对第 1 年财务报表相关数据进行调整。

【例 14－3】甲公司为扩大生产经营，第 1 年 10 月引入一条新的生产线，价值 1 000 万元，预计使用年限 10 年，预计净残值为 50 万元，按照直线法计提折旧。董事会批准的甲公司第 1 年度财务报告对外公布日期为第 2 年 2 月 20 日。第 2 年 1 月 25 日，甲公司意外发生火灾导致该生产线毁损。

本例中，董事会批准的财务报告对外报出日为第 2 年 2 月 20 日，火灾导致生产线毁损发生在第 2 年 1 月 25 日，故属于资产负债表日后事项。但在资产负债表日，该意外火灾是不可预测的，生产线发生意外损失这一事项是在资产负债表日以后才发生，属于非调整事项，应当在第 2 年对该事项进行会计处理，但由于具有重要性，需要在第 1 年财务报表附注中对相关信息进行披露。

第二节 资产负债表日后调整事项

一、资产负债表日后调整事项的内容

企业发生的资产负债表日后调整事项，通常包括但不限于以下各项：

（1）资产负债表日后诉讼案件结案，法院判决证实企业在资产负债表日已经存在的现实义务，需要调整原先确认的与该诉讼相关的预计负债，或确认一项新负债。

这一事项是指导致诉讼的事项在资产负债表日已经发生，但尚不具备确认负债的条件而未确认，因此法院判决后应确认为一项新负债，或者虽已确认，但需要调整已确认负债的金额。

（2）资产负债表日后取得确凿证据，表明某项资产在资产负债表日发生了减值或者需要调整该项资产原先确认的减值金额。

（3）资产负债表日后进一步确定了资产负债表日前购入资产的成本或售出资产的收入。

如果资产负债表日前购入的资产已经按暂估金额等入账，资产负债表日后获得证据，可以进一步确定该资产的成本，则应该对已入账的资产成本进行调整。

如果企业在资产负债表日已根据收入确认条件确认资产销售收入，但资产负债表日后获得关于资产收入的进一步证据，例如发生销售退回等，此时也应调整报告年度财务报表相关项目的金额。也就是说，财务报告期间或其以前期间销售商品在资产负债表日至财务报告批准报出日之间发生退回的，应作为资产负债表日后调整事项处理。

我国税法规定，企业所得税汇算清缴应在下一纳税年度的 5 月 31 日前完成。报告年度所属期间的销售退回发生于报告年度所得税汇算清缴之前的，应调整报告年度利润表的收入、费用等，并相应调整纳税年度的应纳税所得额和应纳所得税额；报告年度所属期间的销售退回发生于报告年度所得税汇算清缴之后的，应当调整报告年度利润表的收入、费用等，但按照税法规定在此期间的销售退回所涉及的应纳所得税额应作为本年度的纳税调整事项。

（4）资产负债表日后发现财务舞弊或差错。这一事项是指资产负债表日后发现报告期存在的财务报表舞弊或差错，以及报告期以前期间存在的财务报表舞弊或非重要会计差错。企业发生这一事项后，应当将其作为资产负债表日后调整事项，调整报告期财务报表相关项目的数字。需要强调的是，资产负债表日后发现报告期以前期间存在的重要会计差错，应当按照前期差错更正的方法进行会计处理，而不应按照资产负债表日后调整事项进行会计处理。

二、资产负债表日后调整事项的会计处理

企业发生资产负债表日后调整事项，应当调整资产负债表日已编制的财务报表。由于

资产负债表日后事项发生在报告年度的次年，报告年度的有关账目已经结转，特别是损益类账户在结账后已无余额，所以年度资产负债表日后发生的调整事项，应分别按以下情况进行处理：

（1）涉及损益的事项，通过“以前年度损益调整”账户核算。调增以前年度利润或调减以前年度亏损的事项，贷记“以前年度损益调整”账户；反之，借记“以前年度损益调整”账户。

（2）涉及利润分配调整的事项，直接通过“利润分配——未分配利润”账户核算，例如由于调增以前年度利润，需要补提盈余公积时，借记“利润分配——未分配利润”账户，贷记“盈余公积”账户。

（3）不涉及损益以及利润分配的事项，直接调整相关账户。

（4）通过上述账务处理后，还应同时调整财务报表相关项目的数字，包括：①资产负债表日编制的财务报表相关项目的期末数或本年发生数；②当期编制的财务报表相关项目的期初数或上年数；③经过上述调整后，如果涉及报表附注内容的，还应当调整报表附注相关项目的数字。

【例 14－4】甲公司第 1 年 12 月销售商品一批，开出增值税专用发票注明的价款为 100 万元，增值税 16 万元，甲公司已根据收入确认条件确认收入并结转主营业务成本 80 万元，该款项尚未收取，甲公司于第 1 年 12 月 31 日计提了 1.16 万元的坏账准备，并确认递延所得税资产。董事会批准的第 1 年度财务报告对外报出日为第 2 年 3 月 15 日。第 2 年 2 月 10 日，由于产品质量问题货物被退回，并按规定开具了红字增值税专用发票。甲公司于第 2 年 4 月 10 日完成所得税汇算清缴，所得税税率 25%，按照净利润的 10% 提取盈余公积。假定甲公司未来期间很可能取得用来抵扣暂时性差异的应纳税所得额。

本例中，销售退回业务发生于资产负债表日后、财务报告批准报出之前，属于资产负债表日后调整事项。另外，销售退回发生在第 1 年度所得税汇算清缴之前，所以在进行第 1 年所得税汇算清缴时，允许扣除该销售退货的销售收入 100 万元以及营业成本 80 万元。

甲公司第 2 年 2 月 10 日会计处理如下：

（1）调整销售收入。

借：以前年度损益调整	1 000 000	
应交税费——应交增值税（销项税额）	160 000	
贷：应收账款		1 160 000

（2）调整销售成本。

借：库存商品	800 000	
贷：以前年度损益调整		800 000

（3）调整坏账准备。

借：坏账准备	11 600	
贷：以前年度损益调整		11 600

（4）调整所得税。

借：应交税费——应交所得税	50 000	
贷：以前年度损益调整		50 000

借：以前年度损益调整　　2 900

　　贷：递延所得税资产　　2 900

（5）将“以前年度损益调整”余额转入利润分配。

借：利润分配——未分配利润　　141 320

　　贷：以前年度损益调整　　141 320

（6）调整盈余公积。

借：盈余公积　　14 132

　　贷：利润分配——未分配利润　　1 4 132

（7）调整财务报表相关项目。

资产负债表项目年末数的调整：调减应交税费 210 000 元，调减应收账款 1 148 422 元，调增库存商品 800 000 元，调减递延所得税资产 2 900 元，调减盈余公积 14 132 元，调减未分配利润 127 188 元。

利润表项目本期金额的调整：调减营业收入 1 000 000 元，调减营业成本 800 000 元，调减资产减值损失 11 600 元，调减营业利润、利润总额 188 400 元，调减所得税费用 47 100 元。

股东权益变动表本期金额的调整：综合收益一行的未分配利润调减 141 320 元、所有者权益合计调减 141 320 元；提取盈余公积一行的盈余公积调减 14 132 元、未分配利润调增 14 132 元。

第三节　资产负债表日后非调整事项

一、资产负债表日后非调整事项的内容

有的资产负债表日后非调整事项对企业的影响较大，为防止误导财务报告使用者，需要在报告期财务报表附注中披露相关信息。非调整事项主要包括但不限于以下事项：

（1）资产负债表日后发生重大诉讼、仲裁或承诺；

（2）资产负债表日后资产价格、税收政策、外汇汇率发生重大变化；

（3）资产负债表日后因自然灾害导致资产发生重大损失；

（4）资产负债表日后发行股票和债券以及其他巨额举债；

（5）资产负债表日后资本公积转增资本；

（6）资产负债表日后发生巨额亏损；

（7）资产负债表日后发生企业合并或处置子公司；

（8）资产负债表日后企业利润分配方案中拟分配的以及经审议批准宣告发放的股利或利润。

二、资产负债表日后非调整事项的会计处理

资产负债表日后非调整事项，是表明资产负债表日后发生的情况的事项，与资产负债

表日存在的状况无关，不应当调整资产负债表日的财务报表。但有的非调整事项对财务报告使用者具有重大影响，如不加以说明，将不利于财务报告使用者作出正确估计和决策。因此，应当在报告期间的财务报表附注中披露每项重要的资产负债表日后非调整事项的性质、内容及其对财务状况和经营成果的影响，无法估计的应当说明原因。

知识题

1. 何谓资产负债表日后事项？
2. 如何确定资产负债表日后事项涵盖的期间？
3. 何谓资产负债表日后调整事项？调整事项主要包括哪些内容？
4. 何谓资产负债表日后非调整事项？非调整事项主要包括哪些内容？
5. 如何区分调整事项和非调整事项？
6. 简述资产负债表日后调整事项的会计处理方法。

技能题

一、目的：掌握资产负债表日后调整事项的会计处理。

二、资料：

甲公司第1年12月向某客户赊销商品一批，价税合计116 000元，合同约定3个月内付款，至第1年末客户尚未付款。甲公司在编制第1年年度财务报告时，根据相关资料和信息判断，乙公司财务状况不佳，有可能破产清算，估计该应收账款将有30%无法收回，故按30%计提坏账准备。第2年2月10日，甲公司收到通知，该客户已宣告破产清算，甲公司估计有70%的应收账款无法收回。董事会批准的甲公司第1年年度财务报告对外公布日期为第2年3月10日。甲公司适用的企业所得税税率为25%，按照净利润的10%提取盈余公积，未来期间很可能取得用来抵扣暂时性差异的应纳税所得额。

三、要求：根据上述资料写出甲公司资产负债表日后调整事项的会计分录。

第十五章

会计政策、会计估计变更和差错更正

【学习目标】

通过本章的学习，掌握会计政策变更的会计处理方法、会计估计变更的会计处理方法、重要前期差错更正的会计处理方法；熟悉会计政策的概念、会计政策变更的条件、会计估计的概念、会计估计变更的情况、会计政策变更和会计估计变更的判断、追溯调整法、未来适用法；了解会计政策变更的披露、会计估计的披露、前期差错更正的披露。

第一节　会计政策变更

一、会计政策的概念

会计政策（accounting policies）是指企业在会计确认、计量和报告中所采用的原则、基础和会计处理方法。其中，原则是指按照企业会计准则规定的、适合于企业会计核算所采用的具体会计原则；基础是指为了将会计原则应用于交易或事项而采用的基础，主要是计量基础，即计量属性，包括历史成本、重置成本、可变现净值、现值和公允价值；会计处理方法是指企业在会计核算中按照企业会计准则等规定所采用或选择的、适合于本企业的具体会计处理方法。原则、基础和会计处理方法构成了会计政策相互关联的有机整体，对会计政策的判断通常应当考虑从会计要素角度出发，根据各项资产、负债、所有者权益、收入、费用等会计确认条件、计量属性以及两者相关的处理方法、列报要求等确定相应的会计政策。例如：存货的取得、发出和期末计价的处理方法，长期股权投资的取得及后续计量的成本法和权益法，投资性房地产的确认及后续计量模式，固定资产、无形资产、生产性生物资产的确认条件及其减值政策、金融资产的分类、金融负债的分类、所得税会计处理方法、收入的确认条件、费用的确认条件等都属于会计政策。

【例 15－1】《企业会计准则第 1 号——存货》规定，在资产负债表日，存货应当按照成本与可变现净值孰低计量，存货在资产负债表日采用“成本与可变现净值孰低”是具体会计原则，该具体原则涉及存货的历史成本和可变现净值属于计量基础，当资产负债表日存货的成本高于其可变现净值时，应计提存货跌价准备，而计提存货跌价准备时具体是按照单个存货项目计提还是按照存货类别计提则属于具体会计处理方法。

二、会计政策变更的概念、条件及判断方法

（一）会计政策变更概念

会计政策变更是指企业对相同的交易或者事项由原来所采用的会计政策改用另一会计政策的行为。以下几种情况不属于会计政策变更：

（1）本期发生的交易或者事项与以前相比具有本质差别而采用新的会计政策。企业本期发生的交易或者事项与以前相比具有本质差别而采用了新的会计政策，不属于会计政策变更。

【例15－2】甲公司取得乙公司60%的股权并能够控制乙公司，甲公司在其个别财务报表中采用成本法核算对乙公司的长期股权投资。几年后，甲公司出于公司战略调整需要，处置了乙公司50%股权，剩余股权份额为10%，不再对乙公司具有控制、共同控制和重大影响，因而将剩余10%股权转为“以公允价值计量且其变动计入其他综合收益”的金融资产核算。因为处置股权前后，甲公司对乙公司的投资已经发生了本质变化，其对乙公司的影响程度由控制变为了无控制、无共同控制且无重大影响，会计处理上将原先的长期股权投资转换为金融资产核算，不属于会计政策变更。

（2）对初次发生的交易或者事项采用新的会计政策。企业对初次发生的交易或者事项采用新的会计政策，不属于会计政策变更。

【例15－3】甲公司经批准初次发行公司债，并将该债券划分为“以摊余成本计量的金融负债”并以摊余成本进行后续计量。由于该公司初次发生该项交易，采用摊余成本计量该金融负债不属于会计政策变更。

（3）对不重要的交易或者事项采用新的会计政策。企业对于不重要的交易或者事项变更了其会计政策，虽然从性质上讲本应属于会计政策变更，但是可以不作为会计政策变更处理，这样既不会导致会计信息质量下降而影响财务报表使用者的决策，同时也降低了企业对会计准则的遵从成本，符合成本效益原则。

【例15－4】某新设立的啤酒厂由于业务量不大，用于出借给客户的啤酒包装物数量不多，价值也较低，于是为简化核算，对于出借给客户的啤酒包装物采用一次摊销法，将出借客户的包装物成本在第一次出借领用时一次性计入当期费用。一年以后，由于业务量扩张，出借给客户的啤酒包装物使用量逐渐增多，且价值较大，该啤酒厂决定将出借客户的啤酒包装物改为“五五摊销法”，将出借客户的包装物成本分摊计入不同期间的费用。该啤酒厂出借客户包装物的成本在企业生产经营中所占的费用比例不高，改变其会计处理方法后对企业的财务状况和经营成果影响并不大，不具有会计意义上的重要性，属于不重要的事项，其会计政策的改变不属于我国企业会计准则所称的会计政策变更。

（二）会计政策变更的条件

为了保证会计信息的可比性，使财务报表使用者能够正确判断企业的财务状况、经营成果和现金流量的变化趋势，一般情况下企业采用的会计政策应当遵循“可比性”，在前后各期保持一致，不得随意变更。但是，满足以下两个条件之一的，可以变更会计政策。

1. 法律、行政法规或者国家统一的会计制度等要求变更

当法律、行政法规或者国家统一的会计制度要求企业变更会计政策时，企业应当按照规定变更会计政策，并按照国家相关会计规定执行。

【例15－5】某上市公司2007年以前采用应付税款法核算所得税，2007年开始执行我国新发布的企业会计准则，根据《企业会计准则第18号——所得税》的规定，将所得税的核算方法改为资产负债表债务法，并按照《企业会计准则第38号——首次执行企业会计准则》的规定进行了追溯调整。

2. 会计政策变更能够提供更可靠、更相关的会计信息

会计是受会计环境影响的。由于经济环境、客观情况的改变，使企业原先采用的会计政策所提供的会计信息已经不能够恰当地反映企业的财务状况、经营成果和现金流量等情况，在这种情况下，应改变原有会计政策，按变更后新的会计政策进行会计处理，以便提供更可靠、更相关的会计信息。

【例15－6】某公司执行企业会计准则，购置了大量不动产用于出租，由于不具备公允价值计量模式的应用条件，一直采用成本模式对其投资性房地产进行后续计量。近年来，随着房地产交易市场的不断发展，其投资性房地产所在地存在活跃的房地产交易市场，该公司能够从房地产交易市场取得同类或类似房地产的市场价格及其他相关信息，从而对其拥有的投资性房地产的公允价值作出科学合理的估计，为了更加客观地反映其投资性房地产的价值，提供更可靠、更相关的会计信息，该公司可以将投资性房地产的后续计量方法由成本模式改为公允价值模式。

对于会计政策变更，需注意以下两个方面的问题：

（1）满足上述第2个条件进行会计政策变更时，必须有充分、合理的证据表明其变更的合理性，并说明变更会计政策后，能够提供关于企业财务状况、经营成果和现金流量等更可靠、更相关的会计信息的理由。对于会计政策的变更，企业仍应经股东大会或董事会、经理（厂长）会议或类似机构批准，并按照法律、行政法规等的规定报送有关各方备案。如无充分、合理的证据表明会计政策变更的合理性，或者未重新经股东大会或董事会、经理（厂长）会议或类似机构批准擅自变更会计政策的，或者连续、反复地自行变更会计政策的，将视为滥用会计政策，应当按照前期差错更正的方法进行处理。

（2）上市公司的会计政策目录及变更会计政策后重新制定的会计政策目录，除应当按照信息披露的要求对外公布外，还应当报公司上市地交易所备案。未报公司上市地交易所备案的，将视为滥用会计政策，按照前期差错更正的方法进行处理。

（三）会计政策变更的判断

当企业发生的某会计变更事项至少涉及会计确认、计量基础或列报项目的变更这三者之一时，该变更事项就属于会计政策变更，此时必须按照《企业会计准则第 28 号——会计政策、会计估计变更和差错更正》有关会计政策变更的规定进行相关会计处理。

【例 15 - 7】某飞机制造厂专门设计制造民用大型飞机，在执行我国新的企业会计准则之前，用于建造飞机的相关借款费用直接计入当期损益。2007 年起执行新的企业会计准则，按照《企业会计准则第 17 号——借款费用》的规定，将符合资本化条件的相关借款费用予以资本化，计入飞机的制造成本。在该变更事项中，计量基础并未发生变更，即都是以历史成本作为计量基础，但会计确认发生了变更，2007 年以前期间将相关借款费用确认为一项费用，而 2007 年当期将符合资本化条件的相关借款费用确认为一项资产，会计确认的变更也导致该事项在资产负债表和利润表相关项目的列报发生变更。因为该变更事项涉及会计确认和列报的变更，所以属于会计政策变更，需要按照会计政策变更的有关规定进行会计处理。

三、会计政策变更的会计处理

（一）追溯调整法和未来适用法的含义

根据我国现行的企业会计准则，会计政策变更的会计处理涉及两种方法：追溯调整法和未来适用法。

1. 追溯调整法

追溯调整法，是指对某项交易或事项变更会计政策，视同该项交易或事项初次发生时即采用变更后的会计政策，并以此对财务报表相关项目进行调整的方法。

2. 未来适用法

对于会计政策变更而言，未来适用法是指将变更后的会计政策应用于变更日及以后发生的交易或者事项的方法。在未来适用法下，不需计算会计政策变更累积影响数，也无须对以前期间的会计账簿及财务报表金额进行追溯调整，也就是不会因为会计政策的变更而改变以前期间的既定结果，只需要在会计政策变更当期及未来期间采用变更后的会计政策进行会计处理即可。

（二）根据法律、行政法规或国家统一的会计制度等要求变更会计政策的会计处理

企业法律、行政法规或国家统一的会计制度等要求变更会计政策的，应当按照国家相关会计规定执行，国家没有发布相关的会计处理办法的，采用追溯调整法进行会计处理。例如，2006 年 2 月 15 日我国发布了《企业会计准则——基本准则》和 38 项具体会计准则，其中涉及多项会计政策变更的问题，《企业会计准则第 38 号——首次执行企业会计准则》明确规定了相关的会计处理方法，企业第一次执行企业会计准则而发生会计政策变更时，可以根据《企业会计准则第 38 号——首次执行企业会计准则》进行相应的会计处理。再如，2017 年财政部发布《关于修订印发一般企业财务报表格式的通知》，对一般企业财务报表格式进行了修订，执行企业会计准则的企业应当视此为会计政策变更，按照

新的财务报表格式列报2017年度财务报表，并根据《企业会计准则第30号——财务报表列报》等相关规定，对可比期间的比较数据进行调整。

（三）企业为能够提供更可靠、更相关的会计信息而变更会计政策的会计处理

企业为了能够为财务报表使用者提供更可靠、更相关的会计信息而变更企业会计政策时，企业应当采用追溯调整法进行会计处理，将会计政策变更累积影响数调整列报前期最早期初留存收益，其他相关项目的期初余额和列报前期披露的其他比较数据也一并调整。

会计政策变更累积影响数，是指按照变更后的会计政策对以前各期追溯计算的列报前期最早留存收益应有金额与现有金额之间的差额。累积影响数可以通过以下步骤计算：根据新会计政策重新计算受影响的前期交易或事项；计算两种会计政策下的差异；计算差异的所得税影响金额；确定前期中的每一期的税后差异；计算会计政策变更的累积影响数。

（四）确定会计政策变更累积影响数不切实可行的会计处理

在应用追溯调整法进行会计政策变更会计处理时，可能存在确定该会计政策变更累积影响数不切实可行的情况。所谓不切实可行，是指企业在采取所有合理的方法后，仍然不能获得采用某项规定所必需的相关会计信息，而导致无法采用该项规定，则该项规定在此时就是不切实可行的。

企业发生会计政策变更，如果确定会计政策变更累积影响数不切实可行，需要按照以下方法进行会计处理：

（1）确定会计政策变更对列报前期影响数不切实可行的，应当从可追溯调整的最早期间期初开始应用变更后的会计政策。

（2）在当期期初确定会计政策变更对以前各期累积影响数不切实可行的，应当采用未来适用法处理。

四、会计政策变更的披露

企业应当在财务报表附注中披露与会计政策变更有关的下列信息：

（1）会计政策变更的性质、内容和原因。具体包括：会计政策变更的简要阐述、变更的日期、变更前采用的会计政策和变更后采用的新会计政策及会计政策变更的原因。

（2）当期和各个列报前期财务报表中受影响的项目名称和调整金额。具体包括：采用追溯调整法时，计算出的会计政策变更的累积影响数、当期和各个列报前期财务报表中需要调整的净损益及其影响金额以及其他需要调整的项目名称和调整金额。

（3）无法进行追溯调整的，说明该事实和原因以及开始应用变更后的会计政策的时点、具体应用情况。具体包括：无法进行追溯调整的事实、确定会计政策变更对列报前期

影响数不切实可行的原因、在当期期初确定会计政策变更对以前各期累积影响数不切实际可行的原因、开始应用新会计政策的时间和具体应用情况。

【例 15-8】甲公司 2015 年 12 月购置商品办公楼一栋，取得增值税专用发票注明的价款为 1 000 万元，增值税 110 万元。2016 年 1 月，甲公司将该办公楼出租，租赁合同约定每年租金为 100 万元，采用成本模式对该投资性房地产进行后续计量，预计净残值为 0，预计使用年限为 20 年，采用直线法计提折旧（折旧年限和折旧方法符合税法规定）。2016 年 12 月 31 日，该办公楼的公允价值为 1 200 万元，2007 年 12 与 31 日公允价值为 1 300 万元。2018 年 1 月 1 日，甲公司将该投资性房地产改为公允价值模式进行后续计量。已知甲公司适用的企业所得税税率为 25%，每年按照净利润的 10% 提取法定盈余公积。甲公司流通在外的普通股股票 1 000 万股。

甲公司将投资性房地产的后续计量由成本模式改为公允价值模式，属于会计政策变更，应当按照以下方法和步骤进行会计处理：

（1）计算由成本模式改为公允价值模式的累积影响数。根据所给资料，甲公司将投资性房地产后续计量由成本模式改为公允价值模式的累积影响数计算过程如表 15-1 所示：

表 15-1　会计政策变更累积影响数的计算　单位：万元

时间	公允价值 ①	成本 ②=原值-累计折旧	税前差异 ③=①-②	所得税影响 ④=③×25%	税后差异 ⑤=③-④
2016 年末	1 200	950	250	62.5	187.5
2017 年末	1 300	900	400	100	300

甲公司 2018 年 12 月 31 日比较财务报表列报前期最早期初为 2017 年 1 月 1 日。甲公司该投资性房地产在 2016 年末按公允价值计量的账面价值为 1 200 万元，按成本计量的账面价值为 950 万元，两者的税后差异为 187.5 万元，即为甲公司 2017 年初由成本模式改为公允价值模式的累积影响数。甲公司该投资性房地产在 2017 年末按公允价值计量的账面价值为 1 300 万元，按成本计量的账面价值为 900 万元，两者的税后差异为 300 万元，其中 187.5 万元是对 2017 年初留存收益的累积影响数，112.5 万元是应调整 2017 年当年净利润的金额。

（2）2018 年 1 月 1 日编制有关项目的调整分录。

① 对 2016 年有关项目的调整分录。

调整会计政策变更累积影响数：

借：投资性房地产——成本　10 000 000
　　　　　　　——公允价值变动　2 000 000
　　投资性房地产累计折旧　500 000
　贷：投资性房地产　10 000 000
　　　利润分配——未分配利润　1 875 000
　　　递延所得税负债　625 000

因为在 2016 年末，投资性房地产的账面价值 1200 万元大于其计税基础 950 万元，产生250万元的应纳税暂时性差异，因而应确认250×25% =62.5万元的递延所得税负债。

调整利润分配：

借：利润分配——未分配利润　　187 500

　　贷：盈余公积　　187 500

② 对2017年有关项目的调整分录。

调整会计政策变更累积影响数：

借：投资性房地产——公允价值变动　　1 000 000

　　投资性房地产累计折旧　　500 000

　　贷：利润分配——未分配利润　　1 125 000

　　　　递延所得税负债　　375 000

因为在2017年末，投资性房地产的账面价值1 300万元大于其计税基础900万元，产生400万元的应纳税暂时性差异，因而应确认400×25% =100万元的递延所得税负债，由于2016年末已确认62.5万元，所以2017年需进一步确认递延所得税负债37.5万元。

调整利润分配：

借：利润分配——未分配利润　　112 500

　　贷：盈余公积　　112 500

也可以将以上2016年和2017年有关事项的调整分录合并编制调整分录如下：

调整会计政策变更的累积影响数：

借：投资性房地产——成本　　10 000 000

　　　　　　　　——公允价值变动　　3 000 000

　　投资性房地产累计折旧　　1 000 000

　　贷：投资性房地产　　10 000 000

　　　　利润分配——未分配利润　　3 000 000

　　　　递延所得税负债　　1 000 000

调整利润分配：

借：利润分配——未分配利润　　300 000

　　贷：盈余公积　　300 000

（3）财务报表调整和重述。甲公司在列报2018年财务报表时，应调整2018年资产负债表有关项目的年初余额、利润表有关项目的上期金额以及股东权益变动表有关项目的上期金额和本期金额。

① 资产负债表项目的调整。调增投资性房地产年初余额400万元，调增递延所得税负债年初余额100万元，调增盈余公积年初余额30万元，调增未分配利润年初余额270万元。

② 利润表项目的调整。调减营业成本上期金额50万元，调增公允价值变动损益上期金额100万元，调增所得税费用上期金额37.5万元，调增净利润上期金额112.5万元，调增基本每股收益上期金额0.0375元。

③ 股东权益变动表的调整。调增盈余公积上年年初金额18.75万元，未分配利润上

年年初金额 168.75 万元，所有者权益合计上年年初金额 187.5 万元；调增盈余公积上年金额 11.25 万元，未分配利润上年金额 101.25 万元，所有者权益合计上年金额 112.5 万元；调增盈余公积本年年初金额 30 万元，未分配利润本年年初金额 270 万元，所有者权益合计本年年初金额 300 万元。

（4）附注说明。甲公司为了提供更可靠、更相关的会计信息，从 2018 年 1 月 1 日起对经营出租的办公楼由原来的成本模式改为公允价值模式进行后续计量。此项会计政策变更采用追溯调整法，2017 年的比较财务报表已重述。2017 年初运用新会计政策追溯调整计算的会计政策变更累积影响数为 187.5 万元。调增 2017 年的期初留存收益 187.5 万元，其中调增盈余公积 18.75 万元，调增未分配利润 168.75 万元。2017 年调减营业成本上期金额 50 万元，调增公允价值变动损益 100 万元，调增所得税费用上期金额 37.5 万元，调增净利润上期金额 112.5 万元，调增基本每股收益上期金额 0.0375 元；调增 2018 年年初投资性房地产 400 万元、递延所得税负债 100 万元、盈余公积 30 万元，未分配利润 270 万元。

第二节　会计估计变更

一、会计估计的概念

会计估计（accounting estimates），是指企业对结果不确定的交易或者事项以最近可利用的信息为基础所作的判断。由于商业活动中内在的不确定因素影响，许多财务报表中的项目不能精确地计量，而只能加以估计。估计涉及以最近可利用的、可靠的信息为基础所作的判断，但是会计估计并不会削弱会计确认和计量的可靠性。根据会计确认、计量基础和列报项目所选择的、为取得与该项目有关的金额或数值所采用的处理方法属于会计估计。

常见的会计估计变更包括：坏账准备计提方法和计提比例的确定；存货可变现净值的确定；采用公允价值模式下的投资性房地产公允价值的确定；固定资产、采用成本模式的投资性房地产、生产性生物资产的预计使用寿命、预计净残值及折旧方法的确定；使用寿命有限的无形资产的预计使用寿命、预计净残值及摊销方法的确定；可收回金额按照资产组的公允价值减去处置费用后的净额确定的，公允价值减去处置费用后的净额的确定，可收回金额按照资产组预计未来现金流量的现值确定的，预计未来现金流量的确定；合同完工进度的确定；权益工具公允价值的确定；债务人债务重组中转让的非现金资产的公允价值、由债务转成的股份的公允价值和修改其他债务条件后债务的公允价值的确定；债权人债务重组中受让的非现金资产的公允价值、由债权转成的股份的公允价值和修改其他债务条件后债权的公允价值的确定；预计负债初始计量的最佳估计数的确定；金融资产公允价值的确定；金融工具预期信用损失的确定。承租人对未确认融资费用的分摊及出租人对未实现融资收益的分配；非同一控制下企业合并成本的公允价值的确定；可变对价的确定。

二、会计估计变更的概念及判断方法

（一）会计估计变更的概念

会计估计变更，是指由于资产和负债的当前状况及预期经济利益和义务发生了变化，从而对资产或负债的账面价值或者资产的定期消耗金额进行调整。

会计估计变更的情况包括以下两种：

1. 赖以进行估计的基础发生了变化

企业进行会计估计依赖于一定的基础，如果赖以进行估计的基础发生了变化，则会计估计也相应发生变化。

【例 15－9】甲公司 3 年前购建的一台机器设备原定预计使用年限为 10 年，由于技术更新换代，该资产的受益年限缩短，估计其尚可使用年限为 3 年。

2. 取得了新的信息、积累了更多的经验

企业进行会计估计是就现有资料对未来所做出的判断，随着时间的推移，企业有可能取得新的信息、积累更多的经验，在这种情况下，企业可能不得不对会计估计进行修订。

【例 15－10】甲公司针对核心员工实施一项设定受益计划，一开始估计的离职率为 5% 并据此确认计量设定受益计划，两年后由于获得了新的信息，重新估计的离职率为 2% 并据此重新计量设定受益计划。

（二）会计估计变更的判断方法

会计估计变更的前提是资产和负债的当前状况及预期经济利益和义务发生了变化。一般而言，当企业发生的某会计变更事项未涉及会计确认、计量基础和列报项目的变更时，该变更事项属于会计估计变更，此时必须按照《企业会计准则第 28 号——会计政策、会计估计变更和差错更正》有关会计估计变更的规定进行相关会计处理。

【例 15－11】甲公司原先采用直线法计提固定资产折旧，根据固定资产的实际使用情况，企业决定改用年数总和法计提固定资产折旧。该事项前后采用的两种折旧计提方法都是以历史成本为计量基础，对该事项的会计确认和列报项目也并未发生变化，只是固定资产折旧、固定资产净值等相关金额发生了变化。因此，该变更事项属于会计估计变更。

三、会计估计变更的会计处理

根据《企业会计准则第 28 号——会计政策、会计估计变更和差错更正》，企业对会计估计变更应当采用未来适用法进行处理。

对会计估计变更而言，未来适用法是指在会计估计变更当期和未来期间确认会计估计变更影响数的方法。

需要强调的是，会计估计变更并不意味着以前期间的会计估计是错误的，只是由于情况发生变化或者掌握了新的信息，积累了更多的经验，使得变更会计估计能够更好地反映企业的财务状况和经营成果，因此不必对会计估计变更进行追溯调整和重述，如果以前期间的会计估计确实是错误的，则属于会计差错，应当按照会计差错更正的会计处理方法进行处理。

会计估计变更仅影响变更当期的，其影响数应当在变更当期予以确认，如应收账款计提比例的变更等；既影响变更当期又影响未来期间的，其影响数应当在变更当期和未来期间予以确认，如固定资产预计尚可使用年限、折旧方法、预计净残值的变更等。企业难以对某项变更区分为会计政策变更或会计估计变更的，应当将其作为会计估计变更处理。

四、会计估计变更的披露

企业应当在财务报表附注中披露与会计估计变更有关的下列信息：

（1）会计估计变更的内容和原因。包括变更的内容、变更日期以及会计估计变更的原因。

（2）会计估计变更对当期和未来期间的影响数。包括会计估计变更对当期和未来期间损益的影响金额，以及对其他各项目的影响金额。

（3）会计估计变更的影响数不能确定的，披露这一事实和原因。

【例15－12】甲公司2010年12月购入管理用设备一台，取得增值税专用发票注明的价款为100 000元，增值税17 000元，预计使用寿命为10年，净残值为10 000元，自2011年1月起按直线法计提折旧。2016年1月1日，由于技术更新换代，估计预计使用寿命变更为8年，即该设备尚可使用年限为3年，预计净残值不变，仍为10 000元。税法规定的最低折旧年限为10年，企业所得税税率为25%，假定符合《企业会计准则第18号——所得税》规定的递延所得税资产确认条件。

该变更属于会计估计变更，采用未来适用法，无须调整以前各期折旧，也不计算累积影响数，只需从2016年1月开始采用新估计的尚可使用年限计提折旧即可。

（1）变更日以后发生的经济业务改按新估计使用寿命计提折旧。按原估计，每年计提的折旧额为(100 000－10 000)÷10＝9 000元，从2011年至2015年计提的累计折旧为9 000×5＝45 000元，2016年1月1日固定资产净值为100 000－45 000＝55 000元。2016年1月1日改变尚可使用年限后，从2016年起的未来3年每年计提的折旧额为(55 000－10 000)÷3＝15 000元，因此2016年只需编制以下会计分录：

借：管理费用	15 000	
贷：累计折旧		15 000

2016年末，该设备的账面价值为100 000－45 000－15 000＝40 000元，计税基础为100 000－9 000×6＝46 000元，该设备的账面价值小于计税基础，产生46 000－40 000＝6 000元的可抵扣暂时性差异，因此确认递延所得税资产6 000×25%＝1 500元，申报2016年企业所得税时应调增应纳税所得额6 000元，确认递延所得税会计分录如下：

借：递延所得税资产	1 500	
贷：所得税费用		1 500

（2）附注说明。本公司一台管理用设备，原值100 000元，原预计使用年限为10年，预计净残值为10 000元，按直线法计提折旧。由于技术更新换代，该设备已不能按原预计使用寿命计提折旧，本公司于2016年年初变更该设备的预计使用寿命为8年，以反映该设备的真实使用寿命。此会计估计变更导致本年度净利润减少4 500元，年末固定资产余额较变更前减少6 000元，递延所得税资产增加1 500元。

第三节　差错更正

一、会计差错概述

为保证所提供的财务报表真实、完整，企业应当建立健全内部稽核制度。但是，在企业日常会计核算中仍然可能会由于各种原因造成会计差错。会计差错（accounting errors），是指企业在会计确认、计量、列报或披露的过程中出现的错误，包括计算错误、应用会计政策错误、对事实的疏忽和误解、舞弊等。

对于本期发现的与本期有关的会计差错，由于报告当期尚未结账，财务报表尚未对外报送，此类差错可以在发现时通过直接调整本期相关项目而予以更正。

前期会计差错简称前期差错，是由于没有运用或错误运用下列两种信息，而对前期财务报表造成省略或错误：编报前期财务报表时预期能够取得并加以考虑的可靠信息；前期财务报告批准报出时能够取得的可靠信息。由于报告期已经结账，此类差错需要采用特定方法予以更正。

二、前期差错更正的会计处理

前期差错按重要性可分为两类：一类是重要的前期差错，另一类是不重要的前期差错。前期差错的重要性取决于在相关环境下对遗漏或错误表述的规模和性质的判断，前期差错所影响的财务报表项目的金额或性质，是判断前期差错是否具有重要性的决定性因素。重要的前期差错是指足以影响财务报表使用者对企业财务状况、经营成果和现金流量做出正确判断的前期差错。不重要的前期差错是指不足以影响财务报表使用者对企业财务状况、经营成果和现金流量做出正确判断的前期差错。

（一）不重要的前期差错的会计处理

该类前期差错不必调整财务报表相关项目的期初数，但应调整发现当期与前期相同的相关项目。属于影响损益的，直接计入发现当期与前期相同的损益类项目；属于不影响损益的，应调整发现当期与前期相同的相关项目。

（二）重要的前期差错的会计处理

对于重要的前期差错，企业应当在其发现当期的财务报表中调整前期比较数据，并通过以下处理对其进行追溯更正：

（1）追溯重述差错发生期间列报的前期比较金额。

（2）如果前期差错发生在列报的最早期间之前，则追溯重述列报的最早前期的资产、负债和所有者权益相关项目的期初余额。

对于发生的重要的前期差错，如影响损益，应将其对损益的影响数调整发现当期的期初留存收益，财务报表其他相关项目的期初数也应一并调整；如不影响损益，应调整财务报表相关项目的期初数。

在编制比较财务报表时，对于比较财务报表期间的重要的前期差错，应调整各该期间的净损益和其他相关项目，视同该差错在产生的当期已经更正；对于比较财务报表期间以前的重要的前期差错，应调整比较财务报表最早期间的期初留存收益，财务报表其他相关项目的数字也一并调整。

如果确定前期差错影响数是不切实可行的，可以从可追溯重述的最早期间开始调整留存收益的期初余额，财务报表其他相关项目的期初余额一并调整，也可以采用未来适用法。当企业确定前期差错对列报的一个或多个前期比较信息的特定期间的累积影响数不切实可行时，应当追溯重述列报的最早前期的资产、负债和所有者权益相关项目的期初余额（可能是当期）；当企业在当期期初确定前期差错对所有前期的累积影响数不切实可行时，应当从确定前期差错影响数切实可行的最早日期开始采用未来适用法追溯重述比较信息。

需要说明的是，因为前期差错发生在以前年度，而以前年度的相关账目已经结账，因此，在发现前期差错的当期调整涉及损益的重要前期差错时，应通过“以前年度损益调整”账户核算，并最终将该账户余额结转至“利润分配——未分配利润”账户。

对于年度资产负债表日至财务报告批准报出日之间发现的报告年度的会计差错及报告年度前不重要的前期差错，应当按照《企业会计准则第 29 号——资产负债表日后事项》的规定进行会计处理。

三、前期差错更正的披露

企业应当在附注中披露与前期差错更正有关的下列信息：前期差错的性质；各个列报前期财务报表中受影响的项目名称和更正金额；无法进行追溯重述的，说明该事实和原因以及对前期差错开始进行更正的时点、具体更正情况。

【例 15－13】不重要的前期差错更正的会计处理。甲公司当年 12 月发现一台价值 5 000 元的管理用电子设备，该设备购置于去年 12 月，在购置时错误地计入了当期管理费用，应当计入固定资产并按直线法计提折旧，预计使用年限 5 年，预计净残值为 0，不考虑所得税。

甲公司判断认为，该差错属于不重要的前期差错，于当年 12 月发现差错时进行如下更正处理：

借：固定资产	5 000	
贷：管理费用		4 000
累计折旧		1 000

如果该错误在使用5年以后才被发现，该差错会自动抵销，不需要做任何会计处理。

【例15-14】甲公司当年12月发现，去年漏记一项办公楼折旧费200 000元，但在申报去年企业所得税纳税时已扣除了该项折旧，并确认了50 000元的递延所得税负债。甲公司适用的企业所得税税率为25%，按照净利润的10%提取法定盈余公积，发行在外的普通股为1 000万股。

甲公司判断认为，该差错属于重要的前期差错，需要追溯重述法进行更正。

（1）分析差错的影响数。

少计折旧费用　　200 000

少计累计折旧　　200 000

多计所得税费用　　50 000

多提法定盈余公积　　15 000

（2）编制调整分录。

① 补提折旧：

借：以前年度损益调整　　200 000

　　贷：累计折旧　　200 000

② 调整递延所得税。

借：递延所得税负债　　50 000

　　贷：以前年度损益调整　　50 000

③ 将“以前年度损益调整”科目的余额转入“利润分配——未分配利润”。

借：利润分配——未分配利润　　150 000

　　贷：以前年度损益调整　　150 000

④ 调整盈余公积。

借：盈余公积　　15 000

　　贷：利润分配——未分配利润　　15 000

（3）财务报表调整和重述。

甲公司当年资产负债表的年初数、利润表的上期金额及股东权益变动表的上期金额和本年年初金额分别按调整前和调整后的金额列示。

① 资产负债表项目的调整。调减固定资产年初余额200 000元；调减递延所得税负债年初50 000元；调减盈余公积年初余额15 000元；调减未分配利润年初余额135 000元。

② 利润表项目的调整。调增营业成本上期金额200 000元；调减所得税费用上期金额50 000元；调减净利润上期金额150 000元；调减基本每股收益上期金额0.015元。

③ 股东权益变动表项目的调整。调减盈余公积上年金额15 000元、未分配利润上年金额135 000元、所有者权益合计上年金额150 000元；调减盈余公积、本年年初金额15 000元、未分配利润本年年初金额135 000元、所有者权益合计本年年初金额150 000元。

知识题

1. 何谓会计政策？在何种条件下企业可以变更会计政策？

2. 何谓会计估计？在什么情况下会发生会计估计变更？

3. 如何区分一项变更是会计政策变更还是会计估计变更？

4. 请简要解释会计政策变更的追溯调整法和未来适用法。

5. 企业为能够提供更可靠、更相关的会计信息而变更会计政策时，应当如何进行会计处理？

6. 企业发生会计政策变更时应当在附注中披露哪些内容？

7. 企业发生会计估计变更时应当如何进行会计处理？

8. 在年度资产负债表日至财务报告批准报出日之间发现的前期差错如何更正？

9. 在财务报告批准报出日后发现的前期差错如何更正？

技能题

练习一

一、目的：掌握会计政策变更的会计处理。

二、资料：

甲公司第 1 年、第 2 年分别以 4 500 000 元和 1 100 000 元的价格从股票市场购入 A、B 两只以交易为目的的股票（假设不考虑购入股票发生的交易费用），市价一直高于购入成本。公司采用成本与市价孰低法对购入股票进行计量。公司从第 3 年起对其以交易为目的购入的股票由成本与市价孰低法改为公允价值法计量，公司保存的会计资料比较齐备，可以通过会计资料追溯计算。假设所得税税率为 33%，公司按净利润的 10% 提取法定盈余公积，按净利润的 5% 提取任意盈余公积。公司发行股票份额为 4 500 万股。两种方法计量的交易性金融资产账面价值如下表所示。请写出甲公司会计政策变更的会计处理（以元为单位）。

两种方法计量的交易性金融资产账面价值　　单位：元

	成本与市价孰低	第 1 年末公允价值	第 2 年末公允价值
A 股票	4 500 000	5 100 000	5 100 000
B 股票	1 100 000		1 300 000

三、要求：根据上述资料写出甲公司会计政策变更的会计分录及财务报表调整。

练习二

一、目的：掌握重要前期差错更正的会计处理。

二、资料：甲公司对所得税一直采用资产负债表债务法核算，适用的所得税税率为 25%，按净利润的 10% 计提法定盈余公积，不计提任意盈余公积。2017 年 6 月 30 日，甲公司对以前的会计资料进行复核，发现以下问题：甲公司自行建造的办公楼已于 2016 年 6 月 30 日达到预定可使用状态并投入使用，甲公司未按规定在 2016 年 6 月 30 日办理竣工决算及结转固定资产手续。2017 年 6 月 30 日，该“在建工程”科目的账面余额为 2 190 万元，其中包括建造该办公楼相关的专门借款在 2016 年 7 月至 12 月期间发生的利息 50 万元、应计入管理费用的支出 140 万元。该办公楼竣工决算的建造成本为 2 000 万元。甲公司预计该办公楼使用年限为20年，预计净残值为零，采用年限平均法计提折旧。至2017年6月30日，甲公司尚未办理结转固定资产手续。甲公司在2017年3月已完成去年企业所得税汇算清缴，应在去年税前扣除的费用经专项申报允许在今年抵扣。经判断，上述会计差错属于重要会计差错。

三、要求：根据上述资料写出甲公司会计差错更正的调整分录（以万元为单位）。

练习三

一、目的：会计估计变更的会计处理。

二、资料：

甲公司当年进行如下会计变更：

1. 1月1日，将A设备的折旧方法由年限平均法变更为年数总和法。A设备入账价值为3 300万元，预计使用年限为5年，预计净残值为300万元，至当年1月1日，已使用2年，该设备用于公司行政管理。

2. 7月1日，将B设备的使用年限由10年缩短至6年，预计净残值为零，仍采用年限平均法计提折旧。B设备系前年12月份购入，用于行政管理，入账价值为10 500万元，购入当时预计使用年限为10年，预计净残值为500万元。

三、要求：根据上述资料写出甲公司变更当年的相关会计分录（以万元为单位）。

附 录

一、企业会计准则目录

2006 年 2 月 15 日，财政部第 33 号令发布了包括《基本准则》和第 1 ~ 38 号具体准则的企业会计准则体系。企业会计准则从 2007 年 1 月 1 日起首先在上市公司施行，之后逐步扩大到所有大中型企业。其后，财政部陆续对会计准则进行修订，并发布企业会计准则解释，同时，也陆续发布并施行新的具体准则。

《企业会计准则——基本准则》（2014 年修改）
《企业会计准则第 1 号——存货》（2006 年发布）
《企业会计准则第 2 号——长期股权投资》（2014 年修订）
《企业会计准则第 3 号——投资性房地产》（2006 年发布）
《企业会计准则第 4 号——固定资产》（2006 年发布）
《企业会计准则第 5 号——生物资产》（2006 年发布）
《企业会计准则第 6 号——无形资产》（2006 年发布）
《企业会计准则第 7 号——非货币性资产交换》（2019 年修订）
《企业会计准则第 8 号——资产减值》（2006 年发布）
《企业会计准则第 9 号——职工薪酬》（2014 年修订）
《企业会计准则第 10 号——企业年金基金》（2006 年发布）
《企业会计准则第 11 号——股份支付》（2006 年发布）
《企业会计准则第 12 号——债务重组》（2019 年修订）
《企业会计准则第 13 号——或有事项》（2006 年发布）
《企业会计准则第 14 号——收入》（2017 年修订）
《企业会计准则第 15 号——建造合同》（2006 年发布）
《企业会计准则第 16 号——政府补助》（2017 年修订）
《企业会计准则第 17 号——借款费用》（2006 年发布）
《企业会计准则第 18 号——所得税》（2006 年发布）
《企业会计准则第 19 号——外币折算》（2006 年发布）
《企业会计准则第 20 号——企业合并》（2006 年发布）
《企业会计准则第 21 号——租赁》（2018 年修订）
《企业会计准则第 22 号——金融工具确认和计量》（2017 年修订）
《企业会计准则第 23 号——金融资产转移》（2017 年修订）
《企业会计准则第 24 号——套期保值》（2017 年修订）
《企业会计准则第 25 号——原保险合同》（2006 年发布），2020 年发布修订后的《企

业会计准则第25号——保险合同》*

《企业会计准则第26号——再保险合同》（2006年发布）

《企业会计准则第27号——石油天然气开采》（2006年发布）

《企业会计准则第28号——会计政策、会计估计变更和差错更正》（2006年发布）

《企业会计准则第29号——资产负债表日后事项》（2006年发布）

《企业会计准则第30号——财务报表列报》（2014年修订）

《企业会计准则第31号——现金流量表》（2006年发布）

《企业会计准则第32号——中期财务报告》（2006年发布）

《企业会计准则第33号——合并财务报表》（2014年修订）

《企业会计准则第34号——每股收益》（2006年发布）

《企业会计准则第35号——分部报告》（2006年发布）

《企业会计准则第36号——关联方披露》（2006年发布）

《企业会计准则第37号——金融工具列报》（2017年修订）

《企业会计准则第38号——首次执行企业会计准则》（2006年发布）

《企业会计准则第39号——公允价值计量》（2014年发布）

《企业会计准则第40号——合营安排》（2014年发布）

《企业会计准则第41号——在其他主体中权益的披露》（2014年发布）

《企业会计准则第42号——持有待售的非流动资产、处置组和终止经营》（2017年发布）

★企业会计准则解释

第1号2007年发布

第2号2008年发布

第3号2009年发布

第4号2010年发布

第5号2012年发布

第6号2014年发布

第7、8号2015年发布

第9~12号2017年发布

第13号2019年发布

第14号2021年发布

第15号2021年发布

二、企业会计科目表

会计科目和主要账务处理依据企业会计准则中确认和计量的规定制定，涵盖了各类企业的交易或者事项。企业在不违反会计准则中确认、计量和报告规定的前提下，可以根据

* 执行《企业会计准则第25号——保险合同》后，不再执行财政部2006年2月印发的《关于印发〈企业会计准则第1号——存货〉等38项具体准则的通知》中的《企业会计准则第25号——原保险合同》和《企业会计准则第26号——再保险合同》，以及2009年12月印发的《保险合同相关会计处理规定》。

本单位的实际情况自行增设、分拆、合并会计科目。企业不存在的交易或者事项，可不设置相关会计科目。对于明细科目，企业可以比照本附录中的规定自行设置。会计科目编号供企业填制会计凭证、登记会计账簿、查阅会计账目、采用会计软件系统时参考，企业可结合实际情况自行确定会计科目编号。

企业会计科目表

顺序号	编 号	会计科目名称
		一、资产类
1	1001	库存现金
2	1002	银行存款
3	1003	存放中央银行款项
4	1011	存放同业
5	1012	其他货币资金
6	1021	结算备付金
7	1031	存出保证金
8	1101	交易性金融资产
9	1111	买入返售金融资产
10	1121	应收票据
11	1122	应收账款
12	1123	预付账款
13	1131	应收股利
14	1132	应收利息
15	1201	应收代位追偿款
16	1211	应收分保账款
17	1212	应收分保合同准备金
18	1221	其他应收款
19	1231	坏账准备
20	1301	贴现资产
21	1302	拆出资金
22	1303	贷款
23	1304	贷款损失准备
24	1311	代理兑付证券
25	1321	代理业务资产
26	1401	材料采购
27	1402	在途物资
28	1403	原材料

续表

顺序号	编 号	会计科目名称
29	1404	材料成本差异
30	1405	库存商品
31	1406	发出商品
32	1407	商品进销差价
33	1408	委托加工物资
34	1411	周转材料
35	1421	消耗性生物资产
36	1431	贵金属
37	1441	抵债资产
38	1451	损余物资
39	1461	融资租赁资产
40	1471	存货跌价准备
41	1501	持有至到期投资
42	1502	持有至到期投资减值准备
43	1503	可供出售金融资产
44	1511	长期股权投资
45	1512	长期股权投资减值准备
46	1521	投资性房地产
47	1531	长期应收款
48	1532	未实现融资收益
49	1541	存出资本保证金
50	1601	固定资产
51	1602	累计折旧
52	1603	固定资产减值准备
53	1604	在建工程
54	1605	工程物资
55	1606	固定资产清理
56	1611	未担保余值
57	1621	生产性生物资产
58	1622	生产性生物资产累计折旧
59	1623	公益性生物资产
60	1631	油气资产
61	1632	累计折耗

续表

顺序号	编 号	会计科目名称
62	1701	无形资产
63	1702	累计摊销
64	1703	无形资产减值准备
65	1711	商誉
66	1801	长期待摊费用
67	1811	递延所得税资产
68	1821	独立账户资产
69	1901	待处理财产损溢
		二、负债类
70	2001	短期借款
71	2002	存入保证金
72	2003	拆入资金
73	2004	向中央银行借款
74	2011	吸收存款
75	2012	同业存放
76	2021	贴现负债
77	2101	交易性金融负债
78	2111	卖出回购金融资产款
79	2201	应付票据
80	2202	应付账款
81	2203	预收账款
82	2211	应付职工薪酬
83	2221	应交税费
84	2231	应付利息
85	2232	应付股利
86	2241	其他应付款
87	2251	应付保单红利
88	2261	应付分保账款
89	2311	代理买卖证券款
90	2312	代理承销证券款
91	2313	代理兑付证券款
92	2314	代理业务负债
93	2401	递延收益

续表

顺序号	编 号	会计科目名称
94	2501	长期借款
95	2502	应付债券
96	2601	未到期责任准备金
97	2602	保险责任准备金
98	2611	保户储金
99	2621	独立账户负债
100	2701	长期应付款
101	2702	未确认融资费用
102	2711	专项应付款
103	2801	预计负债
104	2901	递延所得税负债
		三、共同类
105	3001	清算资金往来
106	3002	货币兑换
107	3101	衍生工具
108	3201	套期工具
109	3202	被套期项目
		四、所有者权益类
110	4001	实收资本
111	4002	资本公积
		其他综合收益
112	4101	盈余公积
113	4102	一般风险准备
114	4103	本年利润
115	4104	利润分配
116	4201	库存股
		五、成本类
117	5001	生产成本
118	5101	制造费用
119	5201	劳务成本
120	5301	研发支出
121	5401	工程施工
122	5402	工程结算

续表

顺序号	编 号	会计科目名称
123	5403	机械作业
		六、损益类
124	6001	主营业务收入
125	6011	利息收入
126	6021	手续费及佣金收入
127	6031	保费收入
128	6041	租赁收入
129	6051	其他业务收入
130	6061	汇兑损益
131	6101	公允价值变动损益
132	6111	投资收益
	6115	资产处置损益
	6117	其他收益
133	6201	摊回保险责任准备金
134	6202	摊回赔付支出
135	6203	摊回分保费用
136	6301	营业外收入
137	6401	主营业务成本
138	6402	其他业务成本
139	6403	税金及附加
140	6411	利息支出
141	6421	手续费及佣金支出
142	6501	提取未到期责任准备金
143	6502	提取保险责任准备金
144	6511	赔付支出
145	6521	保单红利支出
146	6531	退保金
147	6541	分出保费
148	6542	分保费用
149	6601	销售费用
150	6602	管理费用
		研发费用
151	6603	财务费用
		利息费用

续表

顺序号	编 号	会计科目名称
152	6604	勘探费用
153	6701	资产减值损失
		信用减值损失
154	6711	营业外支出
155	6801	所得税费用
156	6901	以前年度损益调整

三、小企业会计科目表

会计科目和主要账务处理依据小企业会计准则中确认和计量的规定制定，涵盖了各类小企业的交易或者事项。小企业在不违反会计准则中确认、计量和报告规定的前提下，可以根据本单位的实际情况自行增设、分拆、合并会计科目。小企业不存在的交易或者事项，可不设置相关会计科目。对于明细科目，小企业可以比照本附录中的规定自行设置。会计科目编号供小企业填制会计凭证、登记会计账簿、查阅会计账目、采用会计软件系统参考，小企业可结合实际情况自行确定会计科目编号。

企业会计科目表

顺序号	编 号	会计科目名称
		一、资产类
1	1001	库存现金
2	1002	银行存款
3	1012	其他货币资金
4	1101	短期投资
5	1121	应收票据
6	1122	应收账款
7	1123	预付账款
8	1131	应收股利
9	1132	应收利息
10	1221	其他应收款
11	1401	材料采购
12	1402	在途物资
13	1403	原材料
14	1404	材料成本差异
15	1405	库存商品

续表

顺序号	编 号	会计科目名称
16	1407	商品进销差价
17	1408	委托加工物资
18	1411	周转材料
19	1421	消耗性生物资产
20	1501	长期债券投资
21	1511	长期股权投资
22	1601	固定资产
23	1602	累计折旧
24	1604	在建工程
25	1605	工程物资
26	1606	固定资产清理
27	1621	生产性生物资产
28	1622	生产性生物资产累计折旧
29	1701	无形资产
30	1702	累计摊销
31	1801	长期待摊费用
32	1901	待处理财产损溢
		二、负债类
33	2001	短期借款
34	2201	应付票据
35	2202	应付账款
36	2203	预收账款
37	2211	应付职工薪酬
38	2221	应交税费
39	2231	应付利息
40	2232	应付股利
41	2241	其他应付款
42	2401	递延收益
43	2501	长期借款
44	2701	长期应付款
		三、所有者权益类
45	3001	实收资本

续表

顺序号	编 号	会计科目名称
46	3002	资本公积
47	3101	盈余公积
48	3103	本年利润
49	3104	利润分配
		四、成本类
50	4001	生产成本
51	4101	制造费用
52	4301	研发支出
53	4401	工程施工
54	4403	机械作业
		五、损益类
55	5001	主营业务收入
56	5051	其他业务收入
57	5111	投资收益
58	5301	营业外收入
59	5401	主营业务成本
60	5402	其他业务成本
61	5403	税金及附加
62	5601	销售费用
63	5602	管理费用
64	5603	财务费用
65	5711	营业外支出
66	5801	所得税费用

参考文献

[1] 财政部会计司:《企业会计准则讲解》,人民出版社2010年版。

[2] 财政部:《小企业会计准则》,经济科学出版社2011年版。

[3] 财政部:《企业会计准则》(合订本),经济科学出版社2017年版。

[4] 财政部:《企业会计准则应用指南》(2018年版),立信会计出版社2018年版。

[5] 中国注册会计师协会:《会计》,中国财政经济出版社2021年版。

[6] 中国会计准则委员会:《国际财务报告准则》(2015),中国财政经济出版社2015年版。

[7] 财政部会计司:《企业会计准则第14、16、22、23、24、37、42号应用指南》(2018),中国财政经济出版社2018年版。

[8] 詹姆斯·M. 里夫:《会计学——财务会计分册》(第23版)(杜兴强译),中国人民大学出版社2011年版。

[9] 简·R. 威廉姆斯:《会计学——企业决策的基础(财务会计分册)》(英文版·原书第17版)(赵银德等译),机械工业出版社2017年版。